フランスにおける憲法裁判

植野 妙実子 著

日本比較法研究所
研究叢書
99

中央大学出版部

装幀　道吉　剛

は　し　が　き

　1958 年第五共和制憲法において，「憲法院」の規定が入り，実質的には 1970 年代から，フランスでは法律に対する合憲性審査を中心とする憲法裁判が行われるようになった．これにより，それまでは命令の合法性審査を担っていた行政裁判所（その最高裁判所はコンセイユ・デタ）によって人権保障がなされていたことに代わって（代わってというよりは「加えて」が正しいのだが），憲法院が人権保障に大きな役割を果すこととなった．これはフランスにおいては，革命以来伝統的に「法律は一般意思の表明である」として，法律の審査や法律に対する統制は排除されてきたことを考えると歴史的転換を示すものであった．当初，この法律の合憲性審査は，法律案が上下両院で可決されたあと，審署・公布前の事前審査という形で行われていた．したがって，大統領，首相，国民議会議長，セナ議長，いずれかの議院の 60 名の議員によって提訴され，提訴権者も限定されていた．この最後の提訴権者は 1974 年の憲法改正によって追加されたものであるが，このことは少数派（野党）の異議申立てを可能にした．ついで 2008 年 7 月の憲法改正で，長い間の懸案事項であった，いわゆる事後審査（市民などが通常の裁判の中で憲法裁判を提起できる）もとり入れられ，人権保障機関としての憲法院の役割についての認識も一層高まった．こうしたことから，人権保障が進んだと評価される一方，憲法院での事前審査と事後審査の整合性，憲法院以外の裁判機関での合憲性審査の取り組み，憲法院と議会との関係なども大きな課題としてうかびあがっている．

　筆者は 1987 年から 1988 年にかけての在外研究を中央大学の協定校であったフランスのエックス・マルセイユ第三大学でルイ・ファヴォルー教授の下ですごした．ファヴォルー教授は，フランスの憲法院研究の第一人者であり，フランスでいち早く憲法裁判のもつ重要性に着目した研究者である．ファヴォルー

教授は 1984 年より国際憲法裁判学会円卓会議を主宰しており，それまでフランスの憲法の分野では軽視されていた実定法としての憲法研究に取り組み，憲法裁判の発展のために比較憲法研究を重視した研究者でもある．筆者もファヴォルー教授の勧めにより，1987 年以来，国際憲法裁判学会円卓会議に出席して，日本の憲法裁判についての報告を毎年担当し発表している．2014 年で国際憲法裁判学会円卓会議は 30 回を数え，1987 年に参加した頃はパビヨンランファンの 2 階の小会議室であったが，それから温室，さらに 2 階の大会議室へと，参加者も増え続け，現在ではエックス・マルセイユ大学法学部のサルデザクト（大教室）へと拡大し，参加者も 130 人程となっている．EU 諸国はもちろんのこと，アジア，中東などから，学者のみならず，憲法裁判官も参加，さらには欧州人権裁判所裁判官も出席して，憲法裁判のあり方や裁判基準をめぐって活発な議論を展開している．大学出版局と出版社エコノミカの共同で，年報も出しており，現在では議論の詳細もわかるようになっている．

　創設者であるファヴォルー教授は，1980 年代当時フランスでは『憲法と政治制度』という教科書の題名が示すように，憲法と政治学の融合を主に扱っていたことに対し，実定法的見地から憲法裁判の重要性を説き，また『公的諸自由』の名において，コンセイユ・デタの法律を基準とする命令の合法性の審査を通して，人権保障が図られてきたことに対し，憲法裁判による憲法を基準とする法律の合憲性の審査を通して基本的権利の保障をすることの重要性を説いた．彼が編集した『憲法』は政治制度と基本権保障を扱う画期的な教科書となり，今日ではこの様式にしたがう研究者も多い．2014 年はファヴォルー教授の没後 10 年にあたり，彼が生前書きためていた憲法裁判官についての論稿がまとめられて出版され，記念式典も行われた．また 2014 年の国際憲法裁判学会円卓会議のテーマは「憲法裁判官と学説」であり，この会議でえた成果は本著の最後に反映している．いわゆるファヴォルー学派とはフランスで，憲法を実定法としてとらえ，学説からだけでなく判例も通して，緻密に解釈する研究者をさすと思われるが，現在このスタイルは多かれ少なかれ，フランスの憲法研究者の間で定着している．現在若干の揺れ戻しがあり，旧来型の憲法学のあ

り方を問う動きもあるが，彼の功績は大きい．

この学会に毎年出席する機会をえて，とりわけフランスがどのような問題意識を憲法裁判に対してもっているのか，知ることができた．立法過程における法律の違憲性を問う事前審査も存在していることで，フランスの憲法裁判は，人権保障の役割を果すだけでなく，公権力の調整や，法律の質の保証の分野にまで役割を広げている．本著は，こうした点に着目しながら，フランスの憲法裁判の歴史，制度，現状を紹介して，日本との比較をする中で，日本の問題もうきぼりにすることを試みるものである．

私が 1987 年から 1988 年にエックサンプロヴァンスで在外研究を過ごしたときの仲間は，私のいわば財産である．エックサンプロヴァンスは私の第二のふるさとである（ちなみに第三のふるさとは最初の留学生活を送ったパリであり，当時パリ第一大学のフランソワーズ・ドレフュス教授の下で過ごした）．円卓会議で議論を共に戦わせた（といってももっぱら私は聞く方であったが）ティエリー・ルノー，アンドレ・ルー，ザグビエ・フィリップらは現在では憲法学会の重鎮となっている．私が授業に参加したときの仲間，ステファン・カポラルはジャン・モネ大学の名誉学部長，カトリーヌ・メランティエは行政裁判所裁判官，エリック・オリーヴァはニース大学からエックス・マルセイユ大学の教授として戻ってきた．また特にすでに退官しているピエール・ボナシ教授には論文の書き方をおそわり，3 行 1 句点 trois lignes, un point の，文章を簡明に書くという教えは今でも忘れられない．会議を支えている，ベッソン夫妻，カトリーヌ・スリエ，ミレイユ・ヴェルアーゲにも在外研究以来，いろいろとお世話になっている．未だに拙いフランス語で報告をしているが，継続してここまでこられたのも，ファヴォルー教授はじめ彼らの支えがあったからである．とりわけエックス・マルセイユ第三大学に博士論文を提出することを熱心に勧めてくださった清水睦先生，ファヴォルー教授，またファヴォルー教授のご逝去のあと，指導教授を引き継いで下さったルノー教授に心から御礼を申し上げたい．また私の研究生活を見守ってくれた両親，息子にもこの場を借りて感謝の意を伝えたい．

iv

　一言感想を述べておきたい．残念ながら，日本の民主主義は遅れているといわざるをえない．こうした状況は，基本的に国民を信用していない，個人として人を尊重していないということに根ざすように思う．国民を監視すると同様に，裁判官，公務員，教員も囲い込まれ，人としての自由な言動を奪われている．このことは市民性の発達が阻まれていることにつながる．こうしたことが批判する力を失い，結果的に，権力の独断体制をつくりあげている．言動の自由のないところには，権力分立の重要な要素である，権力への適正なコントロールは生まれない．発展のない社会，ダイナミズムのない社会になっている．フランスのあり方がベストとはいわないが，一体何を守ろうとしているのか疑問に思う．円卓会議において，憲法裁判官や憲法院事務総長，学者が憲法裁判とはどうあるべきかと自由に議論しているのをみると，開かれた国家にこそ進歩がある，日本における民主主義の浸透はまだ先のようだと感じるのである．

　なお本書の構成は，憲法裁判を担当している憲法院の組織・制度の紹介，事後審査制の手続，憲法院の大きな二つの役割から，権力分立をめぐる問題と基本権保障に関わる問題をとりあげ，最後のまとめとして今日的課題といわれている，憲法裁判官はどのようにして判決を下すのか，判断するのかに触れた．またフランスの憲法裁判を理解する上で必要な資料を翻訳して本書末尾につけた．

　本書の刊行は日本比較法研究所の加藤裕子氏，関口夏絵氏の叱咤激励がなかったら実現しなかった．また中央大学出版部の小川砂織氏にも校正等でお世話になった．中央大学非常勤講師の兼頭ゆみ子氏には入力，資料収集等で日頃よりアナログ的生活をしている私を助けてもらった．これらの方々にも心より御礼を申し上げたい．

　2015 年 2 月

植野妙実子

フランスにおける憲法裁判

目　　次

はしがき

第1章　憲法裁判の歴史と憲法院 ···················· *1*

1. は じ め に　*1*
2. 合憲性審査の歴史　*2*
3. 憲法院の進展　*13*
4. まとめにかえて　*23*

第2章　合憲性優先問題QPCの意義と概要 ············ *31*

1. は じ め に　*31*
2. 導入の背景　*32*
3. QPC の概要　*38*
4. まとめにかえて　*48*

第3章　憲法院の政治的意義 ······················ *51*

1. は じ め に　*51*
2. 憲法院の誕生　*52*
3. 憲法院の組織と機能　*58*
4. 憲法院の法的，政治的役割　*65*
5. まとめにかえて　*74*

第4章　フランスにおける憲法裁判の性格 ············ *81*

1. は じ め に　*81*
2. 権力分立と司法権の発達　*81*

目　　　次　vii

3.　憲法院の特殊性　*85*

4.　まとめにかえて　*101*

第5章　憲法裁判官の任命 ……………………………………………*105*

1.　は じ め に　*105*

2.　憲法裁判のヨーロッパ型とアメリカ型　*106*

3.　日本の裁判官の任命　*111*

4.　フランスの裁判官の任命　*115*

5.　憲法裁判官の正当性　*118*

6.　まとめにかえて　*123*

第6章　公的諸自由と基本権の保障 ……………………………………*131*

1.　は じ め に　*131*

2.　公共性の意味　*133*

3.　公共秩序と公的諸自由　*134*

4.　公共利益あるいは一般利益　*138*

5.　基本権の保障　*142*

第7章　憲法院における比例性原則 ……………………………………*147*

1.　は じ め に　*147*

2.　比例性原則の根拠　*148*

3.　比例性の審査の類型　*150*

4.　比例性の審査の要素　*153*

5.　比例性の審査の程度　*158*

6.　比例性の審査の範囲　*160*

viii

7. まとめにかえて　*162*

第8章　法的安定性の概念 ……………………………………………… *169*

1. は じ め に　*169*

2. 起源と基礎　*171*

3. 具体的内容　*173*

4. 憲法上の根拠　*182*

5. 学説の動向　*183*

6. まとめにかえて　*191*

第9章　立法裁量論をめぐる問題 ………………………………………… *199*

1. は じ め に　*199*

2. 学説の動向　*200*

3. 判例の動向　*208*

4. フランスの立法裁量論　*214*

5. まとめにかえて　*220*

第10章　権力分立の観念と憲法院 ………………………………………… *225*

1. は じ め に　*225*

2. 権力分立をめぐる問題　*227*

3. 権力分立と国民主権　*231*

4. 権力分立と権力集中　*234*

5. 職務の分立と政治的権力　*236*

6. 権力の均衡と作用　*239*

7. まとめにかえて　*241*

目　　次　ix

第11章　法律の質の保証 ……………………………………………247

1.　は じ め に　*247*

2.　法律の制定過程　*248*

3.　修正権の行使　*255*

4.　法律の質に対する憲法院の統制　*266*

5.　まとめにかえて　*288*

第12章　憲法裁判官と対話 ……………………………………………303

1.　は じ め に　*303*

2.　フランスにおける「憲法裁判官と対話」　*304*

3.　日本における「憲法裁判官と対話」　*314*

4.　まとめにかえて　*319*

資　　　料　*325*

1.　第五共和制憲法（抜粋）

2.　憲法院に関する組織法律の価値を有する 1958 年 11 月 7 日 58-1067
号オルドナンス（抜粋）

3.　憲法院構成員の義務に関する 1959 年 11 月 13 日 59-1292 号デクレ

4.　2010 年 2 月 4 日の合憲性優先問題のための憲法院における手続に
関する内部規則

5.　憲法 61-1 条の適用に関する 2009 年 12 月 10 日 2009-1523 号組織法
律についての 2009 年 12 月 3 日 DC2009-595 号憲法院判決

初 出 一 覧

第 1 章

憲法裁判の歴史と憲法院

1. は じ め に

　フランス第五共和制憲法は，いわゆる司法権 autorité judiciaire とは別に，憲法院 Conseil constitutionnel について定めている．この憲法院の役割をどうとらえるのかは難しい問題である．というのも，フランスの憲法院は，他のヨーロッパ諸国の憲法裁判所と同様に違憲立法審査権を行使しているが，この審査権は事前審査という形で立法過程の中に組み込まれていた．さらに付託権者も政治的役割を果す者にかぎられていた．そこで，憲法院は裁判機関というよりも政治的機関であるという批判が根強くあったのである．2008 年 7 月の憲法改正により漸く市民の申立てによる事後審査の道が開かれた．

　ところで，フランス人権宣言 16 条は，憲法が権力分立と人権保障からなることを示すが，その権力分立とは，立法機能と執行機能の分立をさす．司法権は法の創造には関わらないが，裁判官は実際に「規範の生産」には関わるとされている．一方では，裁判官は，紛争当事者にとって規範となる判決文を生み出すという点で，他方では，裁判官は，適用できる条文を解釈し，法律条文や憲法条文など，より高い次元の規範の内容を決定するという点で関わる．憲法は，まず憲法自身の適用に関わる紛争を解決することを管轄する機関を定めている．同時に自由のために重要な役割を果す裁判組織の基本原理も定めている．このようにして第五共和制憲法は，憲法院と司法機関についてそれぞれ定める．行政裁判については憲法は明示していないが，それは憲法的価値を有す

2

る原理として認められるとされている[1].

　ここでは，憲法裁判の歴史をふりかえり，憲法院の組織，機能などの考察を通して，憲法院の統治構造の中で果す役割を考える．

2. 合憲性審査の歴史

(1) 1958年までの審査

　フランスにおける合憲性審査の歴史は，1715年から1958年の憲法制定にいたるまでに，三つの時期に区分できるとされている[2].

　1)　1814年までの状況

　第一の時期は1715年から1814年憲章までの時期である．

　フランス国王は，原則的に，君主国家の不文の慣習憲法とでもいうべき王国基本法を尊重していた．1715年にはじまったルイ15世の統治下において，国家の主要な裁判機関であったパルルマン（高等法院）が，裁可 sanction という任務を負っていた[3]. このような形で，王国の最高規範に当時の法的価値をもつ行為が適合しているかどうかの審査は行われていた，とされている．

　革命は，まさにこのことが引金となり，すなわちパルルマンが国王の命令を認めなかったので，ルイ16世が1789年5月5日に三部会を召集したことに起因する．ルイ16世にとっては，三身分によって代表される国民の正当性に基づいてパルルマンの抵抗を抑えることが重要な問題であった．しかしながら三部会は，1789年6月17日，国民の意思の受託者として，制憲議会へと性格を変えていった．ここには，国王の必要性と人民の意思の接合がみられるという[4].

　このような状況があったので，革命期の立法においては，過去の裁判官の役割は廃止されることとなった．裁判官の役割は，国民主権を代表する資格を与えられている政治的権力保持者に対して，建言をなすものではなくなったのである．憲法の存在と権力分立機構は同一視されるが（人権宣言16条「権利の保障が確保されず，権力分立が定められていない社会は，憲法をもっているとはいえない」），これは，立法権や執行権と対等に対立する司法機関の導入を考

えるものではない．もっとも，公権力によって憲法の限界を超える危険性が配慮されなかったわけではない．『第三身分とは何か』の著者であるシエースは，1795 年（共和歴 3 年テルミドール 2 日），憲法陪審（憲法審査官）jurie constitutionnaire（Jury de Constitution とも表記）を導入することを共和国憲法起草者に説いているが，そのときの議論が，明確に合憲性審査の導入に対する拒絶を示している．「憲法に対する侵害への抗議を判断する特別な任務とともに真の代表者団体を創設すること」が問題となった．シエースは，「憲法に保護を与えたい，有益な歯止めをかけたいとするなら，憲法審査官を設けるべきだ」と主張している．彼の案は満場一致で否決された．ここには裁判官政治に対する不信がみてとれる[5]．

1799 年 11 月，ブリュメールのクーデタによって権力を掌握したナポレオンは，共和歴 8 年憲法を制定する．この憲法においては，シエースの影響により，憲法の尊重に配慮するいわゆる護憲元老院 Sénat conservateur が創設された．その 21 条には「護憲元老院は，護民院 Tribunat または政府により違憲として提出されたすべての文書を支持または無効にする」と定められた．しかし，護憲元老院はその役割を果したとはいえなかった．実際には，護憲元老院はナポレオンによる憲法の侵害を支援したのであり，合憲性審査は，破毀院の判決によって行使されていた[6]．

2）　1875 年までの状況

第二の時期は，1875 年までであり，第三共和制の成立前までである．1814 年憲章，1830 年憲章，そして 1848 年憲法のいずれも，合憲性審査にはふれていない．

ルイ 18 世による 1814 年憲章は，ナポレオン体制より自由主義的といわれるが反革命的であった．この憲法は，既述したように合憲性審査については定めておらず，さまざまな訴訟を通して法律や命令の規定に合憲性の問題が生じたときは，裁判所自らが解決をはかっていた．7 月王政や第二共和制の下では，抗弁の方法による合憲性審査が受け入れられていた[7]．

ルイ・ナポレオンによるクーデタが国民投票で承認され，ルイ・ナポレオン

を大統領とする 1852 年憲法が制定される．この憲法は，元老院に憲法の尊重を監視する新しい権限を与えた．すなわち，その 26 条には次のように定められた．

「元老院 Sénat は，次なる審署に反対する．

1号　憲法，宗教，道徳，信仰の自由，個人的自由，法の前の市民の平等，所有の不可侵，司法官の終身性の原則，これらに反する，もしくはこれらを侵害する諸法律．

2号　領土防衛を危殆に陥らせるような諸法律．」

そこで破毀院の判決による合憲性への言及は抑制されることとなった．といっても，1852 年から 1870 年までの元老院の憲法尊重のための監視機能はこれも十分働いていたわけではない．結局は，1814 年の状況に後戻りすることになる．また元老院自体は 1870 年 5 月 21 日憲法にみられるように，第二の立法議会へと変身していった．このことは他方で二つの帝政の「憲法の番人」に対する共和主義者の反感を買うことにつながっていく．ディディエ・モスによれば，「法律の合憲性審査と国民主権とは根本的に相容れないと理解される」ことになるのである[8]．

3）　第三共和制

第三の時期は，第三共和制，第四共和制の時期である．第三共和制についてはディディエ・モスが，学者，裁判所の双方の態度について詳細に述べている．

第三共和制の 1875 年の憲法的法律（憲法律）の起草においては，合憲性審査の問題は意味をもたなかったという．それは，一方では，「憲法」とされるものが存在せず，三つの組織に関わる法律は，基本法として尊重されるには足りないものだという事実があったからである．他方で，この時代の支配的な考え方は議会主義 souveraineté parlementaire というものであった．カレ・ド・マルベールは，1875 年の憲法律の学説上の基礎となるものを説明している．すなわち『一般意思の表明としての法律』の中で，「主権者を体現する議会の観念からは，結果として，事件に適用される法律条文と憲法の間の衝突があることを申立てられた場合に，裁判官には，内容を画定するために憲法を解釈す

るというような権限はない，ということである」としている[9]．

　『比較的フランス憲法の諸要素』を著したエスマンは，「裁判所が法律の合憲性の裁判官たりうるかについては，1875年以降，少しも問題としてあがったことはない」と述べている．しかしエスマンは，1894年3月15日に一院制支持のナケが下院において，一院制の問題点を正すための確かな方法の一つとしてアメリカの制度を紹介していることを示している．ナケは，「市町村長のアレテ（命令）が法律に違反するときに，裁判所が阻止できるのと同様に，法律が違憲の場合には，違憲の法律にしたがうことをやめさせることのできるアメリカのような司法最高裁判所の導入をすべきである」と説いていた[10]．

　オーリュウは，『憲法提要』の中で，「法律の違憲性の宣言は，行政命令の違法性の宣言と同じものである」と述べている．彼は，抗弁・申立てによる憲法適合性の審査を支持していた．フランスにおける法律の合憲性の裁判上の審査を実現する実際の方法として，二つあると述べ，一つは特別裁判所の創設であり，もう一つは通常裁判所に，申立てを受けた事件の中で，憲法問題があるときにはそれを判断する完全な権限を認めることであるとしている．そして解決方法として後者を勧めている[11]．

　カレ・ド・マルベールもその著書の最後では，「一般意思と法律の同一視ができない状況になれば，法律が憲法に合致しているか確認するために，法律に対して司法審査をすることに反対する理由はない」と述べている[12]．

　デュギーも『憲法概論』の第三版において，「この本の第一版においては，迷いはあったが，フランスの裁判所に法律の合憲性審査の権限を認めないとした．しかしそれはまちがっていた．今日では，迷いなく，それを受け入れることができる．私はさらに，裁判所にこうした権限を認めない国は，真の法治国家体制にないということも付け加えておこう」と述べている[13]．

　さらに，1930年に著されたトロタバの『フランスの憲法と政治』の中でも，「理性的に考えると，裁判官にこうした審査を行使することを禁止する理由は何もない」と述べられている[14]．

　このように第三共和制も末期になると，裁判官の法律の合憲性審査を認める

6

著書も増えてきたが，それでも反対を示す法学者も存在していた．ジョゼフ・バルテルミーとポール・デュエズは，『憲法概論』の中で裁判機関による審査に次の二つの論拠から反対をしている．一方で1875年の憲法律は司法権については語っておらず，実定法に関する憲法的権限を与えるためには十分な意思が示されている必要があろうから，他方でフランスでは，司法権は議会の職務の検閲を行使するために必要な威信をもってはいないから，としている[15]．

ディディエ・モスによれば，こうした法学者の分析は，議員の意見にも反映し，何回か，憲法保障のための特別裁判所あるいは通常裁判所による裁判官の審査が提案されているという[16]．1934年2月20日に設けられた国家改革委員会の優先事項に含まれてはいなかったが，ジャック・ボルドーが率いる専門委員会では，合憲性審査を含む提案はなされていた．しかし，「第三共和制の下で合憲性審査が知られていないということではなかったが，合憲性審査の観念は，抗弁の方法であっても受け入れられなかった」とミッシェル・ベルポーはまとめている[17]．

この時期に裁判所において合憲性審査に対してどのように対応したのかについては，司法裁判所と行政裁判所の双方についてみる必要がある．

司法裁判所の最高裁判所である破毀院は，1789年8月に制憲議会によって司法制度の再構築の中で誕生したが，裁判官による法律の侵害を押さえるための破毀のメカニズムの必要性，いわば法律維持のための「監視役」として設けられた[18]．破毀院自身，共和歴5年（1797年）に，法律の執行を命じたり，停止したりする司法裁判所の防禦は，抗弁においても手段としても認められないと判示している[19]．1833年に破毀院刑事部は，1830年11月8日法は裁判所規則について定めるが，違憲性を理由として攻撃することはできない，と判示している．しかし，1851年に同じく刑事部は，戒厳令に関する1849年8月9日法が1848年憲法106条に適合している旨，判示している[20]．

他方で行政裁判所の最高裁判所であるコンセイユ・デタにおいては，1936年に法律の合憲性審査についての判決を下している．そこでは，法律の合憲性審査は本来コンセイユ・デタで議論すべき問題ではない，と判示している．

政府委員（論告担当官ともいう）のラトゥルヌリは，「権力分立原則は，我々の国では特別な面をみせている．……法律の解釈における裁判官の権限が拡大したとしても，議会から発せられた立法行為を力づくで奪うことまではできない」と述べる．評釈を書いたエイゼンマンは，「フランス法における議会主権は，いかなる場合においても，法律と同様に憲法律であってもそれを制定するためにとられた手続の憲法的適正性の審査を除くものではない」と述べ，さらに「通常法律の規定に内在する憲法的適正性の審査は可能である．違憲の申立てを承認しがたいとするのは，異論の余地のない主張とは思えない」と書いている．しかし彼も最後には，「政治的観点また妥当性という観点から，法上必要性を承認することができないとする判決の結論には賛同する」としている[21]．

4）　第四共和制

1940 年 6 月ドイツとの休戦が調印されて，フランスは，ドイツ治下の占領地区と非占領地区に二分された．非占領地区の政府はヴィシーにおかれ，7 月にペタンが元首となり，同時に 1875 年憲法は廃棄された．他方で，1940 年 7 月から 1944 年夏まで，ロンドンでドゴールを中心に自由フランス政府が形成され，国内レジスタンスと連携した．新しい体制についての，レジスタンスの運動家たちの構想の中には，合憲性審査についてふれるものが多くあった[22]．

しかしながら，共産党及び社会党（正しくは SFIO 労働者インターナショナルフランス支部で社会党の前身）の影響を受けて準備された，1946 年 4 月 19 日憲法草案の中には，合憲性審査の制度は採用されていない．委員会では議論されたが，ピエール・コットの総括報告書の中ではふれられなかった．ジャック・ボルドーは 1946 年 2 月 7 日，司法最高裁判所を創設する法律案を提案していた．その裁判所は，権力分立，既判力，憲法の中で確立している立法手続の原則やフランス人の権利と義務の宣言，これらを侵害する法律条文の無効 nullité を宣言することが予定されていた[23]．

1946 年 4 月 19 日憲法草案は，その冒頭に人権宣言をおき，自由と社会的・経済的権利を細かく定めていた．他方で，政治体制は，諮問機関であるフランス連合評議会はあるものの，「国民議会のみが立法権をもつ」（66 条）とする

一院制であった．「権力の一元的支配の中で，普通選挙によって選ばれた代表者で構成される国民議会は，骨格をなす存在，すべての制度の要である」とされた[24)]が，多数決原理が支配する中でどのように国民の自由や権利を守るのかについては，具体的には憲法草案には表れてはいない．但し，その21条には，「政府が，憲法により保障される自由と権利を侵犯するとき，あらゆる形式による抵抗は，最も神聖な権利にして，至高の義務である」と定められていた．

人民共和派 Mouvement republicain populaire はこの草案の批判を展開する中で，コントロールの欠如について次のように指摘している[25)]．「一元的議会制に必要不可欠と思われる保障となる合憲性審査の制度をもっていないので，最高機関である議会がもし専制に陥り，憲法を侵害したような場合の制約となるものが存在していない．」

かくして右派の反対にあって，1946年5月5日，この憲法草案は国民の直接投票において，否決された．

そこで，第二の制憲議会のための選挙が行われたが，その結果共産党の代りに人民共和派が第一党となった[26)]．ピエール・コットからポール・コスト・フロレに総括報告者が代わり，より均衡のとれた憲法草案が提示されることとなった[27)]．4月19日憲法草案との大きな違いは，一つは国民議会と共和国評議会の二院から構成される議会制となったこと，二つは法律の合憲性審査を主たる目的とする機関ではないが，憲法委員会 Comité constitutionnel が創設されたことである．

法律の合憲性審査については，さまざまな案が出された．しかし，ジャネット・ブグラブの分析によると，法律の合憲性審査を新憲法の中に導入することに合意をえられなかった，それは結局，憲法の優越性を保障するメカニズムを導入することに合意がえられなかったことを意味する，という．解放後の三大政治勢力のうち，共産党と社会党が政党としてその導入に反対していたことも大きい．またさまざまな導入の方法についての意見のある中で一定程度満足させ，憲法を迅速に採択させるために妥協がはかられ，憲法委員会の誕生にいたった，という[28)]．

国民の直接投票によって成立した第四共和制憲法，1946 年 10 月 27 日憲法の中で，憲法委員会は第 11 篇の「憲法改正」の中の 91 条から 93 条に定められている．すなわちその役割は，91 条に「憲法委員会は，国民議会の表決した法律が憲法の改正を想定しているか否かを審査する」とされた．その方法は，92 条に「共和国評議会がその議員の絶対多数をもってこれを決した場合」に「大統領及び共和国評議会議長の合意に基づく要求により，諮問される」形をとった．憲法委員会は法律を審査し，国民議会と共和国評議会の同意がえられるように努め，同意がえられない場合は，採決を行う．また憲法第 1 篇から第 10 篇までの憲法改正の可能性につき採決の権限をもつ．憲法改正を要する法律は，国民議会に回付して再審議に付する，とした．

憲法委員会は，法律と憲法の齟齬を審査はするが，対象となる憲法は第 1 篇から第 10 篇までであり，権利について言及している前文は除かれている．また，齟齬があった場合には，憲法改正の必要性を判断するのであり，国民の自由や権利を守るための法律の合憲性審査のあり方とは異なるものであった[29]．

ロジェ・ピントは「このメカニズムは，合憲性審査を構成しない，国民議会に直接憲法改正を行うことを強いるものである」と述べている．他方で，当時，法律の合憲性審査として評価する学者もいたが，その学者においても効果は疑われていた[30]．

結果として憲法委員会の試みは挫折した．12 年間において，共和国評議会への猶予期間を問う，とるにたらないわずか 1 件について，付託があっただけで，ほとんど活動しなかったからである[31]．

(2)　第五共和制憲法と憲法院の創設

第四共和制の 12 年間で，内閣交代は 12 回に及んだ．経済復興，冷戦への対応，植民地の独立運動など戦後のフランスの政治的課題は多かった．とりわけアルジェリアは，普仏戦争の結果，アルザスからアルジェリアへ入植したフランス人も多く，「100 万人の白人入植者が，900 万人のアルジェリア人を支配」していた．そこで，アルジェリア独立運動の激化の中で，「フランスのアルジェ

10

リア」の擁護のためにドゴールに政権を担うことが求められた．1958 年 6 月
1 日ドゴール内閣が発足するが，主要閣僚はアルジェリア独立容認派であった．
1961 年 1 月，アルジェリアの民族自決政策が国民投票によって承認される[32]．

1) 第五共和制憲法の成立

　こうした流れの中で 1958 年 10 月 4 日第五共和制憲法が国民の直接投票によ
って成立する．したがって第五共和制は，第四共和制下の政局の継続的不安定
への反省，体制の脆弱さの克服，そしてアルジェリア独立戦争にみられるよう
な内乱の危機の回避に由来するものである[33]．呼び戻されたドゴールはすでに
1946 年 6 月 16 日，バイユーでの演説において自らの憲法構想を明らかにして
いた[34]．第五共和制憲法にはそのときの彼の憲法構想が反映されている．その
内容は，執行機関の強化と共和国大統領の国家の監督者・保証人としての新し
い役割の権限付与を含んでいた．制憲者たちは，過去を断ち切り，より強い国
家と安定した権力を確立することを望みながらも，同時に共和主義的，自由主
義的，議会主義的な伝統と結合することも望んでいた．ピエール・パクトは，
第五共和制憲法の着想を，「国家復興の望み」と「議会主義とのつながりの受
容」という形でまとめている[35]．結果として，大統領制と議院内閣制の二つの
制度を併せもつ，半大統領制という新しい体制を生み出し，相対的にこれまで
の議会よりは，少ない権限をもつ，合理化された議会主義という形がとられ
た．こうした中で憲法院は，議会を監視することを本質的な目的として設置さ
れたのであった[36]．

2) 憲法院設立の目的

　憲法院の創設について，フランソワ・リシェールは次のように述べる．「1958
年の制憲者の目的は，公権力の行為の合憲性審査を保障しようというところに
は全くない．ましてや市民の権利や自由を保障しようなどということもない．
憲法院の創設は，1958 年憲法の一般的観念によって説明される．それは，議
会を，とりわけ国民議会を犠牲にして，執行府を強化することを考えるもので
あったが，国民議会議員は直接に普通選挙で選ばれる代表者でもあった．そこ
で，議会にその権限の枠組みの中にとどまることを強いるための効果的なメカ

ニズムを設立することが必要とされたのであった」[37].

　したがって，憲法院設立の第一の目的は，議会を監視することであった．議会が憲法を曲げるということがないように監視する必要があった．それゆえ，組織法律は憲法院の合憲性審査のあとでなければ審署されない（第五共和制憲法46条・61条，特に断りのない場合は第五共和制憲法の条文をさす）．次に，上下それぞれの議院の議員が憲法に定められていない政府の活動をコントロールする方法や政府の責任を利用する方法を付加しないように監視する必要があった．それゆえ，上下それぞれの議院の規則は，憲法院の合憲性審査のあとでなければ施行できない（61条）．さらに，議会が憲法上付与されている枠から外れることがないように監視する必要があった．それゆえ，憲法院は，政府の請求に基づいて，政府に留保されている領域を侵害するあらゆる議員提出法律案や修正案に反対することができるのである（41条）．憲法に反することが疑われる法律は，審署前に憲法院に政治権力によって付託されることが可能であり，その場合憲法院は，その審署を妨げることができる（61条・62条）．憲法において政府に留保された領域に抵触する法律は，命令という方法で政府が変更することができるように，憲法院によって変更されることもできる（37条2項）．また議員の任期についても憲法院は監視する．そこで，それぞれの議院は憲法院に委ねるための選挙の審査をとりあげる（59条）．被選挙資格がないことが明らかとなったときの議員の資格喪失（1958年10月24日オルドナンス8条），あるいは任期中に兼職禁止の職務についている議員の罷免（同オルドナンス20条）を宣言して，憲法院は議員の任期を終了させる[38].

　憲法院にはその他の権限も付与された．一つは，レファレンダム（人民投票）の施行の適法性を監視すること（60条）と共和国大統領の選挙の適法性を監視すること（58条）が憲法院に委ねられた．二つは，憲法院は，純粋に法律的な面から，フランス憲法に反する条約の批准の承認に反対する（54条）．三つは，憲法院は，共和国大統領の職務行使の障碍事由を認定する（7条）．また憲法16条は特に重大な状況において認められるものであるが，憲法院は例外的な権限の使用（非常事態措置）について諮問される（16条）[39].

12

3) 新しい機関の必要性

リシェールは憲法院について二つの点で興味深い考察をしている．一つは，コンセイユ・デタになぜ憲法院の役割を委ねなかったかであり，二つは，憲法院の名の由来・構成・任命についてである．このことはどのような性格の機関なのかにも関わる問題であった．

憲法院の権限は，16条で妥当性という面において諮問的役割を果すが，その他は，法という面において，判決を下す役割も果す．フランスにはすでに，裁判所として判決を下し，かつ諮問もされる機関として，コンセイユ・デタが存在する．しかしながらコンセイユ・デタにこれらの任務を付加することが提案されてはいない．その理由には二つある．一つはコンセイユ・デタは，このような任務を果すのにはふさわしくない．コンセイユ・デタは，行政機関に属し，行政の活動に協力している．いかにその構成員が公平だとみなされるとしても，執行権の一部をなしているからである．そこで，立法権と執行権との間の仲裁をするのは難しいと考えられた．

また歴史的にふりかえっても苦い経験があり，反対があった．統領時代や帝政時代に，議会はコンセイユ・デタの監視の下におかれ，法律案がコンセイユ・デタによって作成された．1852年1月14日憲法はルイ・ナポレオンの下で大統領の任期を10年にした憲法であったが，50条においてコンセイユ・デタが，大統領の指導の下で，法律案・命令案を作成し，行政に関する事項の争訟も解決することが定められていた．立法院は法律案及び租税を審議し，評決する（1852年憲法39条）が，修正案もコンセイユ・デタに送付され，コンセイユ・デタの採択をまって審議される（同憲法40条）．コンセイユ・デタはしばしば修正案を否決し「他愛ない虐殺」と呼ばれることを行っていた．このようなことから，コンセイユ・デタに立法府の活動のコントロールを任せることは考えられなかったのである[40]．

他方で，憲法院すなわちコンセイユ・コンスティテュショネルという命名についても考察している．なぜコンセイユなのか．1946年憲法のようにコミテ（委員会）ではなく，また，イタリアのようにクール（裁判所）でもなく，ド

イツのようにトリィビュナル（裁判所）でもない．リシャールは，コンセイユ
という表現はその曖昧性のゆえに好まれたという．コミテという名称は下位機
関にすぎない．コミィシオン（委員会）も同様である．クールとかトリィビュ
ナルは裁判官のコントロールの下に議会をおくイメージとなる．コンセイユと
いうことばが，1946 年憲法のコンセイユ・ドゥラ・レピュブリック（共和国
評議会）やコンセイユ・デタを想定させ，政治機関であると同時に裁判機関で
もある憲法院の名にふさわしいと考えられたからである．

　憲法院の構成については，裁判官だけで構成するとなれば，「裁判官政治」
を連想させる．議会によって選挙させることになれば，政党の取引の道具とな
ってしまう．それが大統領及び上下それぞれの議院の議長の 3 名に 3 名ずつ任
命させる仕組みをとった理由である．そこに大統領経験者が終身として加わる
形とした．また憲法上，兼職禁止の規定以外のいかなる無能力も定められては
いない．

　憲法院の構成員の任命については，終身という形をとらなかった．終身では
すぐに構成員が年をとる．判決が柔軟でなくなる危険もある．そこで比較的長
い 9 年間という任期を定めるが，再任はなく，3 年ごとに 3 分の 1 ずつ改選す
ることで，継続性と発展性とを確保できるようにした，という[41]．

3. 憲法院の進展

(1) 憲法院の構成と権限

　第五共和制憲法において，憲法院は第 7 篇の 56 条から 63 条に定められてい
る．1974 年 10 月 29 日の憲法的法律による改正で 61 条 2 項が改正されて，「60
名の国民議会議員もしくは，60 名のセナ議員による憲法院への付託」が加わ
った[42]．2005 年 3 月 1 日の憲法的法律による改正で，60 条が改正されて，「11
条，89 条，第 15 篇に定める人民投票の施行の適法性を監視する」となった．
さらに 2008 年 7 月 23 日の憲法的法律によって次の改正が行われた．① 56 条
1 項に，「13 条の最後の項で定められた手続は，これらの任命にも適用される．

14

各議院の議長による任命は，当該議院の常任委員会の意見のみにしたがって行われる」が加わった．②61条1項に，組織法律と議院規則についての規定の間に「11条に定める議員提出法律案は人民投票にかけられる前に」が挿入された．③違憲の抗弁による合憲性審査については，具体的事件の審理の中で，法律の憲法適合性が主張されたときにコンセイユ・デタまたは破毀院からの移送によって憲法院が付託を受けることが，61-1条に新たに定められた．④62条1項の頭に「61条に基づき」が加わり，⑤2項に「61-1条に基づき違憲と宣言された規定は，憲法院判決の公表の日以後あるいはこの判決が定める期日以降，廃止される．憲法院は，この規定から生じた効果を検討する条件及び限界を定める」が新たに定められた[43]．これらの改正は憲法院の当初の目的とは異なる進展を示すものである．

　最近，フランスでも旧来のタイプの『憲法と政治制度 droit constitutionnel et institutions politiques』と題する憲法の教科書[44]ではなく，新しいタイプの『憲法 droit constitutionnel』と題する憲法の教科書が現れ，その中で基本的な権利や自由までも扱うものが出てきている[45]．

　エリック・オリーヴァは，後者のタイプの教科書を著しており，第6章の「規範―憲法規範と国際規範」で，憲法を扱う中で「憲法の優越性―憲法の番人としての憲法院」について述べている．そこでは基本法である憲法は，法律の合憲性審査を保障する憲法院による特別な保護の対象であると，明確に示されている[46]．

　1）　憲法院の構成

　憲法院の構成や構成員の任命のあり方は56条が定める．これはさらに1958年11月7日オルドナンスによって具体化されている．①任期9年で再任なしの9名の構成員と，②元共和国大統領の当然の終身の構成員からなる．9名の構成員は3年に3分の1ずつ改選される．共和国大統領により3名，上下それぞれの議院の議長により3名ずつが任命される．元共和国大統領は当然の終身の構成員ではあるが，57条の「大臣または国会議員の職務と兼職はできない」ことから，過去においてはコティとオリオルだけが構成員として在籍した．任

命される構成員の任期は9年であるが任期途中で退任した後任を務める者は，務めた年数が3年以内であれば，再任されうる．任命された構成員は，辞職することもできる．義務の懈怠や心身の故障のときには憲法院によって辞職を宣言されることもある．

憲法院院長は，共和国大統領によって，元共和国大統領の当然の構成員の間からでも，任命された構成員の間からでも，任命され，その構成員としての任期が終わるまで務める．したがって，もし，元共和国大統領の間から院長が選ばれたなら終身まで院長を務めることになる．

憲法院院長は，国家組織の中においても非常に重要な地位を占め，また憲法院自体の中でも決定的な役割を果す．院長は，各事件の報告者を任命し，審議日程を定め，可否同数の場合の裁決権も有する．

なお，構成員の任命にあたっては，いかなる年齢や専門領域についての要件は課せられてはいない．唯一の要件は，オルドナンスの10条にある市民的，政治的諸権利の享有である．構成員の質の確保は公権力による任命によって担保されると考えられている．実際，構成員としては，元大臣も選ばれているが，破毀院の裁判官，コンセイユ・デタの評定官，法学部教授など法律家としての素養を有する者も選ばれている．そしてほとんどすべての構成員が任命以前には，政治的活動をしていた，あるいは，政治的指向を示す機会を有していた者たちである．院長として任命された人物も，任命する大統領と同じ政治的感性をもっている．しかし，審議の秘密もあり，憲法院の中で右派・左派という政治的切断 coupure は存在していないようにみえる，といわれている[47]．他方でこの制度は政権交代を前提としていて，政権交代があるときには右派と左派の双方が存在して微妙なバランスがとれるともいえよう[48]．この政治的任命のあり方は，憲法院の本質をどうみるかにも関わる大きな問題でもある[49]．

56条に関わる2008年の改正は，13条の改正と関連している．13条は共和国大統領の職務の中のオルドナンス，デクレの署名，国の文官・武官の任命について定めている．その5項は新設で，「よりよくコントロールされる行政権」という考え方の下で，「3項に掲げられたもの以外の官職または職務について

は，権利や自由の保障または国民の経済的・社会的生活にとってその重要性に
鑑み，共和国大統領の任命権が各議院の権限を有する常任委員会の意見のあと
で行使されることに対しては，組織法律が定める」とされた．憲法院の構成
員，司法官職高等評議会の構成員の有識者，権利擁護官に適用されることが憲
法上明らかにされている[50]．

2) 構成員の義務

57条は，憲法院の構成員の兼職禁止規定であり，大臣，国会議員との兼職
を禁じている．組織法律によって1958年11月7日オルドナンスでは，経済・
社会・環境評議会の構成員，権利擁護官との兼職も禁じた．さらに，憲法院の
判決の対象となりうる問題に意見を求められること，あるいはそれらの問題に
公的に態度を明らかにすることは禁じられており，弁護士や教授の職務に就く
ことも禁止されている．1995年1月19日組織法律はこの兼職禁止をさらに拡
げて，すべての議員職との兼職禁止と国会議員に適用されている兼職禁止の憲
法院構成員への適用を認めている．実際は，任期中いかなる公職への任命もさ
れないし，公務員であった場合は，抜擢されての昇進もない．但し，多くの構
成員が任期中にレジョン・ドヌールを受けたりしているが，こうしたことは組
織法律の趣旨に反する，とリシェールは指摘する[51]．

他方で，政治的活動については，構成員に禁止されていない．しかしながら
構成員の義務に関する1959年11月13日デクレでは，政党や政治団体の責任
者としての地位や幹部職に就くことはできないとされている．義務違反への制
裁は憲法院自身が決定する．構成員が市民的，政治的諸権利の享有を失うこと
になったり，兼職が禁止されている職務を受け入れていたりしたときには，罷
免となる．この決定は無記名投票により行われる[52]．

この他の構成員の義務としては，慎重配慮の義務 obligation de réserve と憲
法院の審議内容を公にしてはいけない秘密保持義務がある．慎重配慮の義務と
は，公務員にとって，職務外で意見を表明することはできるが，慎重で適度な
方法をとることが望まれていることをさす．受益者による公役務を考慮して侵
害をもたらすような行動を慎むべきことが公務員には課せられていることをさ

し，公役務の中立性に由来するものである[53]．また裁判官の身分規程である 1958 年 12 月 22 日オルドナンス 10 条には，すべての政治的討議は司法機関には禁止されると定められている．憲法院は司法機関ではないが，構成員は在任中，憲法院の判決の対象となっている，あるいはなりうる問題について公に態度を明らかにすることやこれらの問題について意見を述べることはできない．就任にあたって構成員は大統領に，「職務を適切に忠実に果し，憲法を尊重して，その職務を公正に行い，審議や投票の秘密を守り，憲法院の権限下にある問題に対し，いかなる公的な立場もとらず，いかなる諮問にも応じません」と宣誓する[54]．

3） 憲法院の権限

憲法院の権限は，①憲法上の権限 autorité constitutionnel に関わる裁定，②選挙争訟の裁定，③憲法争訟の裁定，④法律と命令の管轄の配分の裁定，⑤共和国議会と海外公共団体議会の管轄の配分の裁定，これらに 2008 年の憲法改正により，⑥事後の管轄裁判所からの移送による法律の合憲性審査が加わった．

ここでは A 合憲性審査と B 合憲性審査以外の権限に分けて検討する[55]．すなわち憲法に書かれていることを配分規定も含めて，審査する場合とそうでない場合とに分けた．なお，憲法院の判決は確定的であり，いかなる上訴・上告も許されない．判決は公権力，すべての行政機関，司法機関を拘束する．

A． 合憲性審査の権限

規範が憲法に適合しているかどうかを審査する．義務的な付託といわゆる任意の付託がある．法律に関しては，制定過程の中で上下両院を通って採択された後，審署前に付託される事前審査という形をとっている．2008 年の改正で事後審査も加わった．ここには二つの言及すべき問題がある．一つは，審査の際の参照憲法規定の問題であり，もう一つは，審査の適用範囲，何を対象として審査するのかの問題である．

a． 合憲性審査の参照規範

当初憲法院は，狭義の意味の 1958 年憲法すなわちその本文自体を参照規範としていた．しかし，1970 年 6 月 19 日判決において，憲法前文を判決文冒頭

の参照条文の中に掲げるということが行われた．ついで，1971 年 7 月 16 日の結社の自由に関わる判決で，憲法前文への法律の適合性の審査が行われた[56]．合憲性ブロック bloc de constitutionnalité ということばが用いられて議論され，憲法前文，すなわち，そこに掲げられている 1789 年人権宣言，1946 年憲法前文，さらに 2005 年 3 月 1 日からは 2004 年環境憲章が加わって，これらも合憲性ブロックを形成すると考えられている．また 1946 年憲法前文の中には，「共和国の諸法律によって承認された基本的諸原理」も入っている．これが何を具体的にさすのかも別途問題となる[57]．

b．合憲性審査の適用範囲

第一に，法律と命令の管轄の配分の審査がある．これは当初憲法院に期待されていた重要な活動であり，命令領域への法律の侵犯を防ぐ手立てとして不受理（41 条）と法律から命令への移行（37 条 2 項）の二つがある．

第二に，組織法律と議院規則の合憲性審査がある（61 条 1 項）．これら二つは，義務的付託であり，組織法律については審署前に首相が，議院規則については施行前にそれぞれの議院の議長が，付託する．

第三に，通常法律の合憲性審査がある．通常法律については審署前に，当初は大統領，首相，上下いずれかの議員の議長による付託が認められていたが，60 名の国民議会議員もしくは 60 名のセナ議員による憲法院への付託も認められた（61 条 2 項）．こうした市民の権利や自由の保護についての合憲性審査の限界としては，レファレンダムによる法律の審査は「国民主権の直接の表明」として対象としない，と判示されている[58]．

第四に，国際条約の合憲性審査がある．国際条約については，当初は，大統領，首相，上下いずれかの議院の議長による付託が認められていたが，1992 年の改正で 60 名の国民議会議員もしくは 60 名のセナ議員による憲法院への付託が認められた（54 条）．通常法律の場合と異なり，憲法院が，国際協約に憲法に違反する条項が含まれていることを宣言したときには，憲法改正のあとでなければ当該国際協約の批准または承認はされない．

第五に，フランス本国の法律と地方法律との管轄の配分の審査がある．74

条3項には，海外公共団体の諸機関の付託を受けた憲法院が，当該公共団体の権限領域を法律が干渉していることを確認した場合には，その法律を当該公共団体の議決機関が修正することができる，との規定がある．また77条1項には，ニューカレドニアの議決機関の一定のカテゴリーの文書は，公布前に憲法院の審査に付されることも定められている．

第六に，違憲の抗弁による合憲性審査が2008年の改正で加わった（61-1条）．裁判所で係争中の事件において，法律条文が憲法に保障されている権利や自由を侵害している旨の主張があったとき，コンセイユ・デタあるいは破毀院からの移送により，この問題について憲法院は付託を受ける．2009年12月10日組織法律によって要件が定められた．

第七に，政府提出法律案・議員提出法律案の不受理の際の意見の不一致の場合の憲法院の裁定がある．39条は，議長協議会が組織法律の定める規律が遵守されていないと判断する場合に，政府提出法律案を議事日程にのせることができない．議長協議会と政府とで意見の不一致があるときは，当該議院議長または首相が憲法院に付託する，と定める．41条は，議員提出法律案もしくは修正案が，法律の領域に属さず，また38条によって付与された委任に反することが明らかとなった場合に，政府または提出を受けた議院の議長は不受理をもって対抗できる．政府と当該議院議長とで意見の不一致があるときは，いずれかが憲法院に付託する，と定める．

B．合憲性審査以外の権限

第一に，共和国大統領の選挙と任期に関する権限がある．憲法院は選挙運動以外の大統領選挙のすべての段階に関与する．大統領選挙の際の立候補の推薦を受け付け，候補者の合意を確認する．候補者の提出した資産の申告を確認し，候補者のリストを作成する．候補者の死亡もしくは障碍の問題を裁定し，新たに選挙全体の手続を行う．大統領選挙期日の延期を宣言する．選挙の実行の適法性を監視し，結果を公表する．選挙民，候補者，知事による異議申立てを受け付け，裁定する．

政府の付託を受け，憲法院は大統領の一時的もしくは決定的な障碍の認定を

する（7条）.

第二に，非常事態措置について諮問されたり，意見を求められたりする．非常事態措置について実行の要件と措置について諮問される（16条）．非常事態権限行使の30日後に国民議会議長，セナ議長，60名の国民議会議員もしくは60名のセナ議員の付託により，憲法院は要件の充足を審査する．憲法院は最短期間で公開で意見を述べる（16条）．非常事態権限行使の60日後，またその期間をこえればいつでも，憲法院は当然にこうした審査を行い，同様に意見を述べる（16条）．

第三に，国民議会議員とセナ議員，それぞれの選挙と任期に関する権限がある．59条から，憲法院が，国民議会議員選挙・セナ議員選挙の争訟を裁定する．選挙結果の公表から10日以内にすべての候補者，選挙区の選挙民から申立てを受ける．憲法院は国会議員の被選挙資格と兼職禁止抵触の訴訟を審査する．被選挙資格については，選挙の異議申立てがあったときに審査する．無資格であることがわかると，当該議院理事部，法務大臣あるいは検事局が憲法院に付託する．兼職禁止については，当該議院理事部，法務大臣あるいは当事者からの付託を受ける．また憲法院は，選挙運動資金の裁判も担当する．

第四に，60条にしたがって，憲法院は，11条，89条，第15篇に規定されたレファレンダムの施行の適法性を監視し，結果を公表する（60条）．1958年11月7日オルドナンスにより，レファレンダム施行の組織についての憲法院への諮問は義務となっている．2008年の改正によっていわゆる人民発案の権利が導入されて，選挙民の10分の1の支持をえて，国会議員の5分の1による発案で，レファレンダムが組織されることとなった．この発案は議員提出法律案の形をとるが，憲法院は憲法の規定が尊重されているか統制する（11条3項・4項）[59].

(2) 判例の進展と課題

合憲性審査は，対象法文が憲法に適合しているかを検討することをさすが，その論拠，攻撃防禦方法 moyens にはいくつかのカテゴリーがみられる[60].　一

つは，無権限，管轄違いとされることで，これには他の管轄を侵犯する積極的無権限と，自らの固有の権限を完全には行使していない消極的無権限とがある．二つは，手続的瑕疵とされることであるが，立法手続上不適法とされたことは回復できる．三つは，憲法の侵犯で，多くは基本権が対象である．しかし，合憲性審査は妥当性 opportunité の審査に及ぶこともあることから，これを戒め，憲法院は，立法府と同一の評価の権限はもっていない，と判示している[61]．四つは，権限濫用で，この論拠の存在を認めるかは議論のあるところでもあるが，一般利益ではなく，財政上の利益のみで採択された法律はこれを理由として違憲とされた[62]．

　憲法院の判決は，付託されてから原則 1 カ月で下されることとなっているが，緊急の場合には 8 日の期間内で裁定する．また，法律の合憲性審査は，付託されたことにとどまらず，職権で，請求をこえて違憲の論拠や意見をとりあげる．

　憲法院には四つの判決のカテゴリーがある．一つは，憲法に適合しているとする合憲の判決，二つは，留保付（条件付）合憲の判決，すなわち，合憲とみなされるためにはどのように条文を解釈したらよいのかが示されている判決，三つは，法律の一部違憲判決，四つは，法律の全体としての違憲判決である．

　1)　判例の進展

　憲法院は当初その権限を厳格に解釈されていた，とリシェールはいう．すなわちその権限は，厳格に憲法及び組織法律によって確定されている，と考えられていた．そこで国民議会議長の諮問に答えなかったり（1961 年 9 月 14 日），レファレンダムによる法律の審査を断ったり（1962 年 11 月 6 日）した．組織法律に基づくオルドナンスの合憲性の審査を断ったり（1960 年 1 月 25 日），選挙争訟における法律の違憲性の抗弁を認めなかったり（1959 年 7 月 16 日），国民議会議員選挙運動中の大統領の政治討論参加の適法性を裁定することを断ったり（1967 年 6 月 8 日）もしてきた[63]．

　しかし，1965 年頃から少しずつ変化がみられるようになる．憲法 34 条以外の条文の対象となる事項に法律領域の拡大をはかり，ついで組織法律，1946

年憲法前文，1789 年人権宣言の対象となる事項にまで法律領域を拡げていった．また，法律が法の一般原理に違反するか否かも審査している．さらに，国内法よりも国際法の優越性の原則を承認し，裁判官の不可動性や司法官の独立に反する政府の主導による組織法律に反対した[64]．

憲法院は，7 条によって大統領の障碍のみならず，辞任や死亡の際も介入することを明らかにした．何よりも当初想定されていなかった，憲法前文及び直接的・間接的にそれに基づく条項，すなわち，1789 年人権宣言，1946 年憲法前文，共和国の諸法律によって承認された基本的諸原理によって認められた権利や自由を立法府に課す，ということを判決として下した[65]．このようにして憲法院は，権力に対して市民の権利や自由を守る機関として立ち現れたのであった．しかし，こうした役割も，限られた公権力保有者である，大統領，首相，上下両院議長によって権利や自由に反する法律ではないかという疑義があるときに付託されるという形をとっていたために，散発的 sporadique と評されていた．

1974 年 10 月 29 日の憲法改正で，60 名の国民議会議員もしくは 60 名のセナ議員が憲法院に付託することが可能となって，憲法院の権利や自由の擁護者としての立場は強化されることとなった．この改正には二つの目的があった．一つは，反対派（少数派）のコントロールの手段を強化すること，二つは，市民の権利や自由の保護を強化することである．結果的には，前者の目的は達せられ，後者の目的は前者を通してのみ達せられることとなった[66]．

そこでさらに市民の権利や自由の保護のための憲法院への付託の手段が模索されていた．1990 年と 1993 年に，司法裁判所・行政裁判所から，合憲性について先決問題の移送という形をとる事後審査の改正案が考えられたが，賛成をえられなかった[67]．2008 年の改正において，それが漸く実現したのである．

2) 憲法院をめぐる問題

憲法院に対する大きな批判は，その正当性 légitimité についてである．すなわち，憲法院評定官はいかなる権利をもって普通選挙で選ばれた議員で構成される議会で採択された法律を無効にできるのかという疑問である．オリーヴァ

は，「当然この質問は重要だが，正しくない．憲法院の構成員の任命の問題す なわち機関の正当性と憲法院の判例の問題すなわち活動の正当性を混同しては いけない」という[68]．確かに合憲性審査は着実に進歩を示しているといえよう．

憲法院の構成員の政治的権力からの任命をむしろ民主的正当性として擁護す る考え方もある[69]が，この問題は既述したように，憲法院の性格をどうみるか にも関わる重要な問題である．したがって，政権交代と憲法院との関係の分析 も必要となる[70]．市民の権利や自由の保護のための機関として認められる今日 であっても，憲法院は，はたして裁判機関なのかと，疑う声もある．ドゥ・ギ ーレンシュミットもその一人で，憲法院は多くの点で裁判機関というよりは基 本的に政治的機関である，としている．その理由として，「制憲者の意図がそ もそもその点にない．付託のあり方や構成員の任命が裁判機関とはいえない． 憲法院は，裁判所がもっていない多くの権限をもっている．また審理の形も裁 判とはいえない．公開の法廷で行われるものでもなく，検察官も弁護士も存在 しない．手続的に成文規範からなる原則というものに則っていない．職権です べての論拠をとりあげる権限をもっていて，付託された条文のみならず，同一 の法律の他の条文も検討する．このような制度は，共和国の諸機関に『作為的 利益保全 réserves injonctions』をもたらすものであり，裁判の伝統から一層は ずれるものである．すなわち調整としての政治的機関である」，とする[71]．

4. まとめにかえて

市民の権利や自由の保護のために法令の合憲性審査が重要な地位を占めるよ うになってきたのは，世界的な傾向といえる．フランスにおいても，その実現 は，実質的には1970年代に入ってからと，だいぶあとにはなったが，議論は 早くからされていた．その導入には議会主権という考え方からの反対があっ た．人権保障機能については，審査が制定過程における事前審査という形をと っていたので，限定的であるという指摘は以前からあった．事後審査の導入を 通じて，市民の権利や自由の保護の充実に期待がかかるところである．

他方で，憲法院の性格をどうみるかは難しい問題である．一つは，合憲性に関わる審査（ここには憲法に定められた管轄の審査も含まれるとして）のみならず，大統領の障碍事由の認定，大統領選挙の監視，レファレンダムの監視，非常事態措置についての諮問，政府提出法律案・議員提出法律案についての意見の不一致の際の裁定なども果し，これらの認定，監視，諮問，裁定などの役割を総体としてどう評価するのかという問題がある．もう一つは，いわゆる政治的任命の問題であり，政治権力保有者とされる大統領，上・下両院議長が，政治的意見の表明を前提として，評定官を選ぶというこの仕組みをどう評価するのかという問題もある．オリーヴァは，政治的任命の問題と現に人権保障機関として機能していることを混同すべきではないと述べる[72]．しかし，政治的任命を通して着任した評定官が，あくまでも賢人として，政治的意図をもたずに付託された法律に対して結論を出せるのかという疑問は拭いきれない．ドゥ・ギーレンシュミットも，政権交代の際の憲法院の判決のぶれを忘れるべきではない，と指摘する[73]．

　セクションはそれぞれ分かれてはいるが，訴訟や諮問，調査などを行っている．コンセイユ・デタが行政訴訟を担当することは行政権による自律的コントロールとして説明されている．しかし，このあり方には「公正な裁判の保障」から疑義も出されている．確かに憲法院は，政治的任命を通して，政治権力内部からのコントロールを行っているという風にも解せる．政治的任命を通して，政治権力という後盾があるからこそ，政治権力に対するコントロールも安心して任せられると権力側は考える．しかもこの権力の根源は何といっても主権者にあり，正当性をもっている．その意味では，憲法院は人権保障機関としての裁判機能のみが重要なのではない．しかも，実際は政治権力のコントロールというよりも，政治権力相互の調整，仲裁をはかっている．憲法院の重要な任務は，政治権力の仲裁としての機能なのである．2008 年の改正によって，裁判機能の強化が行われたが，他方で数回にわたる憲法改正によって，徐々に政治権力の仲裁機能も拡大してきている．このようにみると，行政権のいわば内部から活動するコンセイユ・デタと，政治的任命を通してではあるが，政治

第1章　憲法裁判の歴史と憲法院　*25*

権力の仲裁を客観的にはかることが要請されている憲法院とでは統治構造にお
ける位置づけが異なることが理解できる．裁判機能と政治権力仲裁機能を併せ
もつ憲法院はフランスの歴史と伝統に基づいたフランス的帰結といえるのであ
る．

1）　Francis HAMON et Michel TROPER, *Droit constitutionnel*, 30e éd., LGDJ., 2007, p.
　　823.
2）　Louis FAVOREU et alii, *Droit Constitutionnel*, 10e éd., Dalloz, 2007, p. 269. 第一の時
　　期を「高等法院から帝国元老院まで」，第二の時期を「司法裁判所への介入から元
　　老院審査の弱体化まで」，第三の時期を「審査の希望から憲法委員会の象徴的役割
　　まで」としている．この区分は指標が明確でなく，不満が残るが，一般的な憲法史
　　の分け方に沿ったものといえる．Cf. Par ex., Serge VELLEY, *Histoire constitutionnelle
　　française de 1789 á nos jours*, Ellipses, 2001.
3）　「パリのパルルマンは裁判機能をもつのみならず，政治的要求ももっていた．と
　　いうのは，国王の王令（勅令）を登録する必要があったからである．パルルマンは
　　しばしば建言することで国王の政治選択と対立したが，国王は『親裁 lit de justice』
　　によって，こうした異議をかわすことができた（なお親裁とは国王の意のままにこ
　　とを進めるため人の配置がえをすること―植野）．しかし，司法官職の世襲制が，
　　パルルマンの自立を強めていったのである．」Thierry DEBARD, *Dictionnaire de
　　droit constitutionnel*, Ellipses, 2002, p. 213.
4）　Sous la direction de Michel VERPEAUX et Maryvonne BONNARD, *Le Conseil
　　constitutionnel*, La documentation française, 2007, p. 16 (écrit par Didier MAUS).
5）　*Ibid.*, pp. 17-18. シエースは司法官を信用してはいなかったが，合憲性審査を望ん
　　でいたという．シエースの共和歴3年テルミドール2日に提示した憲法審査官 jurie
　　constitutionnaire の案については次のものを参照．François LUCHAIRE, *Le Conseil
　　constitutionnel*, Economica, 1980, p. 8. また浦田一郎『シエースの憲法思想』勁草書
　　房 1987 年も参照．
6）　Sous la direction de Michel VERPEAUX et Maryvonne BONNARD, *op. cit.*, p. 17,
　　なお護憲元老院については次のものを参照．François LUCHAIRE, *op. cit.*, p. 10.
7）　Louis FAVOREU et alii, *op. cit.*, p. 269.
8）　Sous la direction de Michel VERPEAUX et Maryvonne BONNARD, *op. cit.*, p. 18.
　　なおルイ・ナポレオンと元老院については次のものを参照．François LUCHAIRE,
　　op. cit., p. 11.
9）　Reymond CARRE de MALBERG, *La loi, expression de la volonté générale*, Sirey,

26

1931, p. 130. 続いてカレ・ド・マルベールは, 対比的にアメリカの例をあげている. アメリカでは, 1802年にマーシャル判事が示しているように, 最高法である憲法の下に法律があるゆえに, 裁判所が法律の憲法への一致を調べ, 保障することが当然かつ不可欠であると考えられている. アメリカの裁判官は, 疑義のあるときは, 憲法や法律を解釈することが要求されている. 違憲と認められた法律条文を排除して憲法を適用していく, と述べている. *Ibid.*, pp. 130 et 131.

10) Adhémar ESMEIN, *Eléments de droit constitutionnel français et comparé*, 6ᵉ ed., Sirey, 1914, rééd. Editions Panthéon-Assas, 2001, pp. 601 et 602. ナケの発言は注にある. 法律の合憲性については次の部分を参照. *Ibid.*, pp. 588 et s.

11) Maurice HAURIOU, *Précis de droit constitutionnel*, Sirey, 1923, p. 321. 法律の合憲性の裁判上の審査による権力の制限については次の部分参照. *Ibid.*, pp. 302 et s.

12) Raymond CARRE de MALBERG, *op. cit.*, p. 221.

13) Léon DUGUIT, *Traité de droit constitutionnel*, tome III, Edition de Boccard, 1930, p. 724.

14) Louis TROTABAS, *Constituition et gouvernement de la France*, Armond Colin, 1930, pp. 90 et 91.

15) Joseph BARTHELEMY et Paul DUEZ, *Traité de droit constitutionnel*, Dalloz, 1933, rééd. Economica, 1985, pp. 225 et 226.

16) Sous la direction de Michel VERPEAUX et Maryvonne BONNARD, *op. cit.*, p. 22.

17) Michel VERPEAUX, Le contrôle de la loi par la voie de l'exception dans les propositions parlementaires de la IIIᵉ Republique, *RFDC*, n° 4, 1990, pp. 688 et s.

18) Jean-François WEBER, *La Cour de cassation*, La documentation française, 2006, p. 15. 破毀院は誕生において, 手続の侵害や法律の誤った適用に対して介入する特別訴訟の形をとる裁判所と定義されている. *Ibid.*, p. 16.

19) Sous la direction de Michel VERPEAUX et Maryvonne BONNARD, *op. cit.*, p. 23. その根拠となったのは, 1790年8月16日 – 24日法で, その10条は立法府を裁判することを, 13条は行政府を裁判することを, 司法機関に禁じていた. なお次のものも参照. François LUCHAIRE, *op. cit.*, p. 15.

20) Sous la direction de Michel VERPEAUX et Maryvonne BONNARD, *op. cit.*, pp. 23 et 24. 判決は次の二つである. Cass. Crim., 11 mai 1833 et Cass. Crim., 15 mars 1851.

21) *Ibid.*, p. 24. なお次のものも参照. François LUCHAIRE, *op. cit.,* p. 15 ; Louis FAVOREU et alii, *op. cit.*, p. 282. 判決は次のものである. CE, 6 nov. 1936, *Arrighi, S.* 1937. 3. 33.

22) レジスタンスの構想については次のものを参照. Jean-Eric CALON, *Les projets constitutionnels de la Résistance*, La documentation française, 1998 ; Jeannette BOUGRAB, *Aux origins de la Constitution de la Quatrième République*, Dalloz, 2002, ①.

23） Sous la direction de Michel VERPEAUX et Maryvonne BONNARD, *op. cit.*, p. 26, note (51).

24） *Ibid.*, p. 27.

25） *Ibid.*, p. 27. 人民共和派その他の第四共和制憲法起草時における法律の合憲性審査についての考えは次のものを参照. Jeannette BOUGRAB, Le contrôle de constitutionnalité des lois dans l'élaboration de la Constitution du 27 octobre 1946, *RFDC*, n° 38, 1999 ②, pp. 285 et s.

26） 1945 年 10 月 21 日制憲国民議会選挙では, 共産党が第一党となる. 11 月 14 日にドゴールを首班とする共産党, 社会党, 人民共和派の三党連立内閣が成立する. しかし, 1946 年 1 月ドゴールは議会と対立し, 首相を辞任し, 後任は社会党のグーアンとなった. 5 月 5 日に 4 月 19 日憲法草案が国民投票で否決される. 6 月 2 日の制憲国民議会選挙では, 人民共和派が第一党となる. 6 月 24 日, ビドーの三党連立内閣が成立. 10 月 13 日に憲法草案が国民投票で可決される. 11 月 10 日, 国民議会選挙では共産党が第一党になる, という流れがあった. Michel de GUILLEN-CHMIDT, *Histoire constitutionnelle de la France depuis 1789*, Economica, 2000, pp. 111 et s. なお福井憲彦編『フランス史』山川出版社 2001 年 424 頁以下も参照.

27） この表現はディディエ・モスによる. Sous la direction de Michel VERPEAUX et Maryvonne BONNARD, *op. cit.*, p. 27.

28） Jeannette BOUGRAB, *op. cit.* ②, pp. 312 et s.

29） François LUCHAIRE, *op. cit.*, p. 12.

30） Roger PINTO, *Eléments de droit constitutionnel*, 2ᵉ éd, Morel et corduant, 1952, p. 515.

31） Jeannette BOUGRAB, *op. cit.* ②, p. 314.

32） Michel de GUILLENCHMIDT, *op. cit.*, pp. 138 et s. 福井憲彦編 前掲書 430 頁以下も参照.

33） 山口俊夫『概説フランス法 上』東京大学出版会 1978 年 123 頁参照.

34） さしあたり次のものを参照. Charles de GAULLE, Discours de Bayeux, 16 juin 1946, *Documents d'études*, n° 1.04, 2008, pp. 35 et 36.

35） Pierre PACTET, *Institutions politiques, droit constitutionnel* 19ᵉ éd., Armand Colin, 2000, pp. 326 et s.

36） ヴェリーは, 第五共和制の特色を, 刷新された議会制のいわば円天井の要 clé de voûte である共和国大統領, 堅固な政府, 弱体化した議会, 新しい権限をもつ憲法院, としている. Serge VELLEY, *op. cit.*, pp. 103 et s.

37） François LUCHAIRE, *op. cit.*, p. 19.

38） *Ibid.*, pp. 19 et 20.

39） *Ibid.*, p. 20.

40) *Ibid.*, pp. 20 et 21.

41) *Ibid.*, pp. 21 et 22.

42) Cf., *Ibid.*, p. 29. 現在 10 分の 9 がこの形の付託である．Sous la direction de Michel VERPEAUX et Maryvonne BONNARD, *op. cit.*, pp. 55 et 56 (écrit par Pascal JAN).

43) 2008 年の改正はバラデュールのイニシアティブによるところが大きかった．その中心となる考えは，「諸機関のバランスを再度とらせること rééquilibrage des institutions」であり，三つの柱，「よりよくコントロールされる執行権」，「強化された議会」，「市民のための新しい権利」をたてている．憲法院に関わる改正にもこれらの考え方が反映している．Edouard BALLADUR, *Une Ve République plus démocratique*, Fayard-La documentation française, 2008.

44) こうした教科書はフランスの伝統的な憲法の考え方にそったもので，統治構造を扱う．『政治制度と憲法』と題する場合もある．憲法学と政治学とが学問的に近接していた名残でもある．Par ex., Jean-Claude AQUAVIVA, *Droit constitutionnel et institutions politiques*, 10ᵉ éd, Gualino éditeur, 2007.

45) 憲法院の判例の発達により，憲法学の守備範囲が，憲法＝第五共和制憲法本文（統治構造）ではなく，憲法＝第五共和制憲法　前文（人権規定）＋本文（統治構造）とみなされ，憲法学の中で基本権の保障も扱うようになった．Par ex., Louis FAVOREU et alii, *op. cit.*

46) Eric OLIVA, *Droit constitutionnel*, 4ᵉ éd., Dalloz, 2004, p. 240.

47) Sous la direction de François LUCHAIRE et alii, *La Constitution de la République française*, 3ᵉ éd., Economica, p. 1405 (écrit par François LUCHAIRE).

48) Cf., Louis FAVOREU, *La politique saisie par le droit*, Economica, 1988.

49) Sous la direction de Michel VERPEAUX et Maryvonne BONNARD, *op. cit.*, pp. 33 et s. (écrit par André ROUX).

50) Sous la direction de François LUCHAIRE et alii., *op. cit.*, p. 1406 (écrit par François LUCHAIRE) et p. 498 (écrit par Charles REIPLINGER).

51) *Ibid.*, pp. 1408 et 1409.

52) *Ibid.*, p. 1409.

53) Murielle JASKO, *Dictionnaire des fonctions publiques*, Editions du Papyrus, 2006, p. 187.

54) Louis FAVOREU et alii, *op. cit.*, p. 293.

55) 六つの分類はエリック・オリーヴァを参照．三つの分類はジャン・クロード・アクアヴィーヴァを参照．Cf. Eric OLIVA, *op. cit.*, pp. 242 et 243; Jean-Claude AQUAVIVA, *op. cit.*, pp. 202 et s.

56) CC, n° 70-30 DC du 19 juin 1970, *RJC-I*, p. 21 et CC, n° 71-44 DC du 16 juillet 1971, *RJC-I*, p. 24.

第 1 章　憲法裁判の歴史と憲法院　*29*

57）　ドミニック・テュルパンは，合憲性ブロックには 1958 年憲法前文・本文のみな
　　　らず，前文に掲げられている法文，さらに憲法的価値を有する諸原則，場合によっ
　　　ては法律，オルドナンスも含みうる，としている．Dominique TURPIN, *Le Conseil
　　　constitutionnel*, 2ᵉ éd., Hachette, 2000, pp. 55 et s.

58）　CC, n° 60-20 DC du 6 novembre 1962, *RJC-I*, p. 11.

59）　これらの権限については，次のものを参照した．Jean-Claude AQUAVIVA, *op. cit.*,
　　　pp. 202 et s. ; Louis FAVOREU et alii, *op. cit.*, pp. 294 et s.

60）　Eric OLIVA, *op. cit.*, p. 245.

61）　CC, n° 74-54DC du 15 janvier 1975, *RJC-I*, p. 30. そこには，「憲法 61 条は憲法院に
　　　議会と同一の評価や決定の一般的権限を委ねてはいない．付託された法律が憲法に
　　　適合しているかを宣言する権限のみが与えられている」と判示されている．

62）　CC, n° 95-369DC du 28 décembre 1995, *RJC-I*, p. 646.

63）　François LUCHAIRE, *op. cit.*, p. 28.

64）　Par ex., CC, n° 70-39DC du 19 juin 1970, *RJC-I*, p. 21; CC, n° 67-31DC du 26 janvier
　　　1967, *RJC-I*, p. 16; CC, n° 70-40DC du 9 juillet 1970, *RJC-I*, p. 22.

65）　François LUCHAIRE, *op. cit.*, p. 29.

66）　*Ibid.*, pp. 29 et 30.

67）　Cf., Louis FAVOREU et alii, *op. cit.*, p. 253.

68）　Eric OLIVA, *op. cit.*, p. 248.

69）　第五章「憲法裁判官の任命」参照．

70）　François LUCHAIRE, Le Conseil constitutionnel et l'alternance politique, *RFDC*, n°
　　　57, 2004, pp. 9 et s.

71）　Michel de GUILLENCHMIDT, *op. cit.*, pp. 246 et 247.

72）　Eric OLIVA, *op. cit.*, p. 248.

73）　Michel de GUILLENCHMIDT, *op. cit.*, p. 247.

第 2 章
合憲性優先問題 QPC の意義と概要

1.　は じ め に

　フランスでは 2008 年 7 月 23 日の大幅な第五共和制憲法の改正に伴って，違憲の抗弁による法律の事後的合憲性審査が導入された．これを合憲性優先問題（略して QPC）という．これにより，フランスでは法律の合憲性審査に二つの道が存在することになった．すなわち従来からの事前審査とこの改正により導入された事後審査である．しかし，この事後審査は違憲の抗弁による方法とはいえ，いわゆるアメリカ型の付随的違憲審査制とは異なるものである．ここではまず，この QPC の導入にいたる歴史をふりかえり，その導入の意義を考えるとともに，この制度の概要を示してみる．

　なおこの憲法改正で新設された市民による違憲の抗弁に関する 61-1 条の規定，及びこれに関連して 62 条に 2 項として挿入された規定は次のようである．

　61-1 条 1 項　裁判所で係属中の訴訟の際に憲法が保障する権利及び自由を法律規定が侵害していると主張された場合，憲法院は，所定の期間内に見解を表明するコンセイユ・デタまたは破毀院からの移送によって，この問題の付託を受けることができる．

　2 項　本条の適用条件は組織法律で定められる．

　62 条 2 項　61-1 条に基づき違憲と宣言された規定は，憲法院判決の公表の日以後あるいはこの判決が定める期日以降，廃止される．憲法院は，この規定から生じた効果を検討する条件及び限界を定める．

2. 導入の背景

2008 年 7 月 23 日の憲法改正によって新しい条文 61-1 条を新設することで違憲の抗弁による合憲性審査の事後審査の道が開かれた．しかしこれは，突然誕生したものではない．そこにいたるまでの長い道のり，議論があった．過去においては主に二つの憲法改正案の試みをあげることができる[1]．

まず 1990 年の改正案がある．憲法院院長であったロベール・バダンテールのイニシアティブによる 1990 年 3 月 29 日の憲法改正案の中に，憲法 61 条，62 条，63 条の改正が提案されていた．そこでは 61 条の改正については次のようであった．「憲法ですべての人々に承認されている基本権（基本的権利）に関する法律の規定は，裁判所で係属中の訴訟の際に抗弁の方法で憲法院の下に提示することができる」．ここには二つの重要な要素が含まれている．一つは，基本権を参照することであり，二つは，抗弁の方法による審査が予定されていることである．後者のことは，どのような裁判所においてであろうとも，そこでの訴訟の際に主たる訴訟の上に付加される形をとることをさしている．違憲性の抗弁に関わる手続は，コンセイユ・デタ，破毀院，またはどちらにも属さないすべてのフランスの裁判所の移送に基づき，憲法院に付託される．この改正案ははじめて最高裁判所による義務的フィルターという考えを示すものであった．憲法院は，裁判所から直接に付託されているのではなく，コンセイユ・デタもしくは破毀院による異議申立てについての誠実な審査の結果，付託を受ける．この改正案は国民議会では採択されたが，セナでは採択されなかった[2]．

次に 1993 年の改正案がある．1993 年 3 月 10 日に提出された憲法改正案は，ヴデルが主宰する憲法改正のための諮問委員会によって共和国大統領に提出された結論に着想をえたものである．それは，憲法 61-1 条の次なる文章を提案していた．「裁判所で係属中の訴訟の際に，憲法ですべての人々に承認されている基本的権利を法律規定が侵害していると主張されたとき，この問題はコンセイユ・デタもしくは破毀院，あるいはどちらにも属さないすべての裁判所に

よって，憲法院に移送される」．この草案においても同様に，コンセイユ・デタや破毀院によるフィルターの原則を見い出すことができる．この草案は1993年の選挙のあとの新しい議会内多数派の存在を理由として賛成をえられなかった[3]．

　最後に2007年の改正案である．2007年に共和国大統領は，第五共和制の改革及び制度の均衡回復に関する考察委員会に憲法改正の提案をさせることを委ねた．この委員会はエデュアール・バラデュールによって主宰された．2007年10月29日に大統領に提出されたこの委員会の提案の中に，法律の合憲性の事後的審査の提案が含まれていた．それが2008年4月23日に上程された憲法改正案，その中には憲法の中に，すべての訴訟当事者に合憲性問題を訴訟の際に提起する権利に道を開く，61-1条の提案が含まれていたのだが，その提案につながっていくのである[4]．

　バラデュール委員会の改革案の柱は，「よりよくコントロールされた執行権」「強化された議会」「市民にとっての新しい権利」であり，法律の合憲性の事後審査は，3番目の柱に関わる[5]．そこには次のように説明されていた．「第五共和制の改革及び制度の均衡回復の作業は，統治者の特権を明確化し，枠づけることや，議会を強化することにとどまらない．それは，唯一の主権保有者である市民自身に，より一般的な方法で，新しい権利が承認されることを含むものである」．

　このように述べて同委員会は，三つの新しい権利を提案している．一つは，意見の多様性の中で代表される権利の提案であり，選挙方法や経済社会評議会の改革，人民のイニシアティブの権利の改革を示している．二つは，社会に，より開かれた自由を，より守る裁判のあり方を提案している．この下で，司法官職高等評議会の構成と役割について，また国家検事長の役割の設定について考察している．三つは，基本権の保護と保障についてであり，法律の憲法への適合性審査をさらに発展させることで，基本権の保護を拡大し，保障を強化することを提案している．この三番目の提案に関しては，まず，フランスにおける法律の合憲性審査が定着していることを確認し，とりわけ1974年10月29

日の憲法改正によって，上下両院で採択された審署前の法律の，60名のいずれかの議院の議員による合憲性審査の憲法院への付託が実現したことで，審査が拡大し，主要な重要法律が審査に付されるようになったことを確認している．しかしながら審査に付されない1958年以前の法律が存在し，以降であってもさまざまな理由で，ときとしては政治的な理由で，憲法院の付託の対象となっていない法律がある．これらは，それを適用する司法裁判所や行政裁判所で憲法に反していると宣言されることなく，有効なものとされている．こうしたことから，フランスの法制度に権利侵害をもたらしており，市民から十全な市民の権利の行使の能力を奪う形となっている．

　他方で，法律の国際条約適合性審査の実施から，また憲法55条の条約もしくは協定が「法律に優越する権威をもつ」の文言から，同一の法律がこのような審査の対象となりうる不統一disparitéが問題となる．すなわち司法系列，行政系列のすべての裁判官は，訴訟の際に国際条約に反すると判断することを理由として法律規定の適用を退けることができる．しかし，この裁判所には，同一の規定が憲法的価値をもつ原則に反しているかどうかを評価する権限はもっていない．このような場合，国際条約から導かれる原則は実際にはしばしば憲法の原則に近接するものである．その結果，訴訟当事者にとっては，憲法自体よりも国際法の規範の方により価値を認めることになる．

　そこで委員会は，公権力に対し，すべての訴訟当事者に抗弁の方法で，裁判所において訴訟に適用される法律規定の憲法への不適合性を援用することを許すことを目的とする改革を推奨する，とした．その方法として，定められた条件の下で憲法院に付託することを裁判所の任務とすることが考えられた．訴訟当事者は，立法手続の，あるいは立法権と命令制定権の，それぞれの権限の尊重の守護者を自認するわけではないので，当然にそこでは実体的な憲法規範しか援用できない．審署後の法律の憲法への適合性審査という新しい形での手段voies et moyensを決定することは大きな困難が予想された．しかし，こうした補充的な権利擁護手段が法的安定性を侵害するという議論はとりあげなかった．というのも，法的過誤をただすことは，訴訟当事者が利益をえるべき安定

性にはつながらない，というパラドックスが存在するからである．より重要な議論は，このような改革が新規的な問題あるいは重大な困難を示す問題を付託されたコンセイユ・デタや破毀院の義務的移送に基づいて，憲法院自身が裁定する，このような新しい権限を憲法院に委ねることなしには実施することはできない，という点であった．

委員会はこのような提案の革新的な性格を少なからず評価している．法律の国際条約への適合性審査を認めるよりも，憲法院の権限を増大させる傾向にはなかったことを認め，憲法院に現在よりも一層緊密な連携のとれた条件の中で，権限を行使することをめざすものであると考えた．しかし，また，憲法への，そして国際条約の全部または一部で承認された基本原則への，法律の適合性の審査を憲法院の唯一の権限の下に再編成することには利点よりも困難な点も多く存在する．

国際条約への法律の適合性審査は，フランスの裁判制度の中に定着しつつある．それが一層の改善が可能であるとしても，そのようなやり方で憲法院による「調整」が市民に確実性を示す「新しい権利」の道を開くことを主張することはできない．この補充的な権限を憲法院に認めることは，訴訟の展開において訴訟当事者にそれを引き出すことの利益を明確に意識させることがない限り，憲法院の性格を変質させることになる．反対に，一方で，二つの最高院である破毀院とコンセイユ・デタの間で，他方で，超国家的裁判組織である欧州司法裁判所や欧州人権裁判所の間で，憲法院を微妙な位置におくことに付随する多くのリスクがない方法も考えられなければならない．こうした欧州の裁判機関の介入が存在することは，訴訟当事者にとって，本来憲法院を迂回することで与えられるはずの統一性と簡略化が確立できないことになる．

そこで委員会としては，当初の目的に照らし，フランスの裁判制度の中に同時に不確実性と厳格さをもちこむ作業という仮定を退け，むしろ，訴訟当事者の援用による抗弁の方法で唯一憲法への法律の適合性審査の拡張を原則とすることを定めるように努力した．ここでもさまざまな制度が論じられたが，それぞれが利点と難点をもつものであり，純粋に裁判上のテクニックであるこの問

題を裁定することを望むものではなかった．そこで1993年のヴデル委員会によって整理された，コンセイユ・デタ，破毀院もしくはそのいずれにも所轄とならないすべての裁判所からの排他的な移送に基づき憲法院に付託される制度が多くのメリットをもち，特にその単純さがすぐれていると考えられた[6]．

委員会は結局，憲法61条の改正案として公権力に次のように示している．「憲法院は，裁判所で係属中の訴訟の際に，憲法で承認された基本的自由と権利に法律の適合性を評価することを目的として抗弁の方法で付託される．憲法院は，訴訟当事者の請求により，組織法律に定められた条件で，コンセイユ・デタ，破毀院，その下にある裁判所，もしくはいずれにも所轄とならないすべての他の裁判所からの移送に基づき付託される」（提案74号）．また憲法62条は，次なることを定める．この枠組の中で違憲を宣言された規定は，判決の中で憲法院により定められた期日以降廃止され，係属中の訴訟手続に適用することはできない．委員会は，憲法院が組織法律の対象となる裁判所の移送に基づき，付託される条件も提案する．この組織法律は，憲法院のこの権限の拡大から生じる組織，権能，手続の変更について定める．こうした改革を進めることは，法治国家の重要な進歩に関わるであろう，としている．

さらに委員会は，憲法院にあてられる任務の裁判的性格を強化することは，憲法院の構成についても効力が現れなくてはいけないと考えた．それが，委員会が56条2項の，元共和国大統領は「当然に終身の憲法院構成員となる」は将来的に廃止される，とする提案である（提案75号）．この当事者は一般的に公的生活を負担し続けたいと主張するが，その意思は，しばしば憲法院の構成員に課せられる秘密保持義務や慎重配慮義務と矛盾する．元共和国大統領が裁判的役割を果すことはないと思われるので，彼らが行使した職務に値する生活の条件を保障する退職年金を授けられるとする優遇措置を設けるしかない，とする[7]．

QPCの制度はこの提案74号が結実したものである．QPCにフィルターをかけるという発想は以前から存在していた．また法律の条約への適合性審査が大きな導入の引きがねになったこともわかる．他方，提案75号の56条2項の

改正は成立しなかった.

　この QPC についての改革案は当然多くの議論を呼んだ[8].　元憲法院院長であるピエール・マゾーは導入反対派であり,　複雑さ,　機関の不均衡,　裁判所の飽和状態,　法的不安定性のリスクをあげた.　憲法院の付託の可能性の拡大を単に事前審査の欠落を修復するにとどめるのならば,　認められるとする者もいた[9].　しかし,　バダンテールの示した改革案は次の点で重要な利点をもっていた.　第一に,　憲法的価値を有するさまざまな法文の中に記された基本的権利や個人的自由の擁護の必要性に応えるものであること,　第二に,　フランスの裁判所では欧州人権条約を援用して法律の適用の排除にいたることができるのに,　憲法に記されている基本的権利の保護を理由として法律の適用の排除にいたることができなかった,　こうした裁判制度を終わらせること,　第三に,　これまで国家の権限を有する者及び 60 名の国民議会議員もしくは 60 名のセナ議員にしか認められていなかった憲法院へのアクセスを憲法的未成年者として扱われていた市民に認めることでこうした扱いをやめること,　第四に,　違憲な法律,　特に 1958 年以前に施行された違憲な法律を法秩序から排除すること,　このような意義があった[10].

　憲法改正案は 2008 年 7 月 21 日に採択されたが,　それは歴史的にすれすれのきわどい採択となった.　61-1 条については,　大きな議論は起きなかった[11].　マチュー・ディザンはここに意識の伸展と好意的な政治的背景の記しをみるべきである,　としている.　また議会での作業は結果的に 61-1 条に重要な二つの技術的な進歩をもたらした.　それは,　一つは 1958 年以降の法律に対してしか異議を唱えることができないという制限がなくなることで,　審査の適用範囲が拡げられたということである.　二つは,　憲法院への移送について見解を表明するためのコンセイユ・デタや破毀院に認められる期間が付加された,　ということである.　さらに,　新しい権限の下で下される憲法院の判決の効果について,　憲法 62 条が改正され,　その 2 項が特に QPC の判決のためにあてられた.　それにより憲法院は,　法律を「裁判する」ための権限をもつと同様に,　法律が憲法に反するということを「宣言する」権限も有することとなった.　法律の合憲

性審査の事前審査のみでなく，事後審査も行使することができるようになって，当事者の対審的審理を行うことで真の「合憲性の訴訟」が憲法院で展開することとなった．この憲法改革は，憲法院の裁判化 juridictionnalisation の完遂を示す，とディザンは評価している[12]．

　なおマーク・ギヨームの説明によると QPC 導入の目的は次の三つである．一つは，憲法から導き出される権利を主張することができるようにすることで，訴訟当事者に新しい権利を与えること，二つは，違憲な規定を法秩序から排除すること，三つは，国内法秩序において憲法の優越性を確立すること，である[13]．

3．QPC の概要

(1)　QPC についての根拠法文

　憲法 61-1 条の具体化のためにさまざまな規範・法文が明確化されている．それらは全体として QPC の手続を組織するための首尾一貫した法的集成 corpus juridique を形成している，とされる[14]．

　憲法 61-1 条の適用に関して，2009 年 12 月 10 日 2009-1523 号組織法律が採択された．この組織法律は 1958 年 11 月 7 日 58-1067 号オルドナンスに「二章 bis　合憲性優先問題」を設けるものである．これは，この手続の主な要素を述べ，「優先的な」性格をそれに与え，それにふさわしい名で呼ぶことを定めるものでもある．この組織法律は 2010 年 3 月 1 日から施行された．

　さらに 2009 年 12 月 3 日 DC2009-595 号憲法院判決も参照されなければならない．これは，2009-1523 号組織法律に対して，組織法律の義務的付託を定める憲法 46 条 5 項及び 61 条 1 項に基づき，首相によって 2009 年 11 月 25 日に憲法院に付託されたことに対する判決である．

　この判決においては，適用される参照規範として，憲法 61-1 条，62 条 2 項，ならびに 1789 年人権宣言 12 条，15 条，16 条から生じる裁判の適正な運営という憲法的価値を有する目的をあげ，組織法律の規定全体を検討している．こ

の判決は，この組織法律を憲法に適合していると宣言したが，三つの留保をつけている．この三つの留保のうち二つは同じ内容のものである．

　一つは，判決理由 18 及び 23 の示すもので，合憲性優先問題がコンセイユ・デタもしくは破毀院の所轄である裁判所で，またはコンセイユ・デタもしくは破毀院自身で提起されたときに，原告によるあらゆる訴えの手段の行使にもかかわらず，憲法院が「合憲性優先問題」を付託された際に憲法院の判決をまたずに終局的な判決が訴訟でもたらされることがあっても，憲法院の判決を考慮に入れさせるために，訴訟当事者が新しい訴訟をおこす能力を奪ってはならない，としたことである．二つは，判決理由 28 が示すもので，コンセイユ・デタや破毀院による審査における特別な手続的規定の欠如から，23-3 条から 23-7 条までの規定は正義と公平に適った手続の尊重を要求するものとして理解されなければならない，とした．デクレで，必要な手続的補足を行う規定をもたらすようにすることも確認されている．

　二つのデクレが組織法律を補完するために，また QPC を実施するために公示された．2009 年 12 月 10 日の組織法律 4 条は，共和国大統領のデクレと組織法律制定者が定めた手続規範によってこのような補完がなされることを命令制定権に認めている．このデクレは，大臣会議で審議され，憲法院とコンセイユ・デタの諮問を経て採択される．

　まず 2010 年 2 月 16 日 2010-148 号デクレがあり，憲法 61-1 条の適用に関する組織法律の適用についてのものである．司法裁判系列と行政裁判系列の裁判所での合憲性優先問題の手続を定めている．のちに破毀院での合憲性優先問題の審査手続に関する 2010 年 10 月 15 日 2010-1216 号デクレで，この該当部分が改正されている．次に同日の 2010-149 号デクレがあり，これはコンセイユ・デタ，破毀院，憲法院の審査の際の司法扶助の継続についてのものである．

　これらに加えて憲法院内部規則及び関連する通達もある．また，法文に加えて判例も重要である．

　憲法院，コンセイユ・デタ，破毀院の判決は多くのさまざまな規定の意味

40

を，少なくとも創造的な方法で明確にする，補完する，ある意味先取りをする
ものともなっている．とりわけ憲法院の判決は，憲法62条2項に定められた
判決の効果を時間的に調整する権限を実施する点で重要なものとなってい
る[15]．

(2)　QPC の提示する問題点

　憲法61-1条の違憲の抗弁における合憲性審査の規定から，QPC の提起され
る構造は，まず「裁判所で係属中の訴訟」があり，そこで適用される法律規定
の「憲法が保障する権利及び自由の侵害」が主張されたとき，「コンセイユ・
デタまたは破毀院からの移送によって」，憲法院は QPC の付託を受ける，と
いう形になることがわかる．したがってここでは，「裁判所」の定義と違憲性
を訴えることのできる「法律」の定義がまず問題となる．

　他方，組織法律は「コンセイユ・デタまたは破毀院の所轄である裁判所で適
用される規定」「コンセイユ・デタ及び破毀院で適用される規定」「憲法院で適
用される規定」に分けて各節で説明しており，「コンセイユ・デタまたは破毀
院からの移送」の前にもう一つのフィルターとしての段階が，それぞれの所轄
である裁判所に存在することを示している．それを示すのが23-2条である．
この二つのフィルターのあり方を探ることも重要である．それぞれの段階で何
が問題となるのか，明らかにする必要がある．コンセイユ・デタもしくは破毀
院の段階においては問題の「新規的な性格」と「重大な性格」の意味を明らか
にする必要がある．さらに憲法院判決の作用，影響を知る必要がある．これ
は，62条2項が述べるように「違憲と宣言された規定は，憲法院判決の公表
の日以後あるいはこの判決が定める期日以降，廃止される」とされたことで，
憲法院が法律の廃止時期を勘案して定めるという新しい権限を手にすることに
なるが，これが立法府の権限とどのように関わるかが大きな問題となっている
からである．

　EU の裁判機構との関係も考えておかなければならない．そもそも「合憲性
の優先問題」という問題のたて方は，法律規定の憲法適合性と条約適合性の問

第2章　合憲性優先問題 QPC の意義と概要　*41*

題が競合したときに，憲法適合性の問題を優先させるという意味である．ということは，訴訟当事者は，憲法適合性の問題も条約適合性の問題も双方同時に提起できることを意味している．したがってここでは，憲法適合性，条約適合性，それぞれの問題の提起にどのようなメリット，デメリットがあるかを知る必要がある．なお合憲性優先問題の提起は訴訟当事者に許されるものである．職権で裁判所が提起することはできない（組織法律 23-1 条，23-5 条）．

　裁判において第三者の訴訟参加者が立証をすることもあるが，その参加者がQPC を提起できるかも問題となる．訴訟参加者を認める意義は，裁判の適切な運営，個人的権利の保護にあり，原告や被告の申立てに協力するなど，補充的な役割にとどまらない．したがって，裁判の適正な運営への配慮や QPC のもつ一般利益という性格を理由として，訴訟参加者が QPC を提起することは可能であるとする意見もある[16]．ベルトラン・マチューによれば訴訟参加人が多く見受けられることは，審査の抽象的利益や共同の利益を証明するものである，という．実際は訴訟参加人が提示した，請求を基礎づける理由をとりあげることがある[17]．

⑶　手　　　続

　マチューは次のように述べる[18]．

　「違憲の抗弁による合憲性審査を導入した憲法制定者及び組織法律制定者の意思は，訴訟当事者に門戸を広く開くこと，合憲性問題についての明確な認識を可能にすること，手続の過度の引き延ばしにより法的安定性を損ねないようにすること，このようなところにある．これらの目的は，QPC が提起された裁判所に関しても，移送担当裁判所や憲法院における手続に関しても，見い出されるものである．」（パラグラフ 11）

　「合憲性の問題は，コンセイユ・デタもしくは破毀院の所轄である裁判所で提起できる．この請求は控訴の訴訟においてはじめて提起することもできる．同様にこの請求は，コンセイユ・デタや破毀院における審理の際に，破毀における上告ではじめて提起することもできる．

42

したがって合憲性の問題は判決裁判所と同様に予審裁判所にも，実体裁判所にも，一時的な判断を下す裁判所にも，通常裁判所にも，特別裁判所にも関係する.」(パラグラフ 12)

なお，レヴィは，憲法 10 篇は，政府の構成員の刑事責任を定め，共和国司法院で裁判されると定めるが，ここでも QPC は提起できるという[19].

「特別な規範がとりわけ刑事手続に関係して存在する.

1958 年 11 月 7 日 58-1067 号組織法律の 23-1 条はまず次のことを明らかにしている．それは，もし刑事事件の予審のときにこの請求が提起されたら，この問題に対して見解を述べなければならないのは第二審の予審裁判所，すなわち予審部である．さらにこの請求は重罪院では提起することはできない．但し，重罪院の判決の控訴において個別的な書面によるのなら提起できる.」(パラグラフ 13)

レヴィは，QPC が重罪院で提起できないことについて，この制限は，「この裁判体の特別な構成と刑事裁判の開始の前に決定される，法上，手続上の問題に付随する利益」に関わることから正当化される，としている[20]．なお，重罪院は陪審制度をとっている.

裁判所の定義が問題となる．結果的に制裁権限を発動する独立行政機関で提起された QPC は受け入れられた．急速審理手続裁判官の前でも QPC は提起できる．憲法院が選挙関係裁判所として裁定を下す場合，ここでも提起できる．他方で，権限裁判所では提起することはできない[21].

マチューは裁判所の定義に関して，2000 年 7 月 27 日憲法院判決（n° 2000-433DC）をあげる．その判決理由 50 は次のように述べる．「権力分立原則，また他のいかなる憲法上の原則も規範も，公権力の特権の範囲内で行使をする行政機関が，その任務の遂行に必要な措置において制裁権限を行使することに対し，妨げとなるものはない.」

移送担当裁判所での手続は次のようである.

「組織法律は，違反すれば不受理となるとして，問題は個別のかつ理由を付した文書において示されなければならない，と定める．個別の文書の要求は，

合憲性の問題の優先的な性格の論理的帰結である．実際，合憲性（憲法適合性）と条約適合性の二つの問題が手続的にもまた内容的にも別々であるときに，合憲性と条約適合性の双方一緒になった請求がもちだされない方がよい，ということである．

1958 年 10 月 4 日憲法の 61-1 条は，合憲性問題は裁判所で係属中の訴訟の際に提起されなければならない，と定めている．

申立てられた裁判所は，条件が併せ整っているなら，『遅滞なく』問題をコンセイユ・デタや破毀院に伝達しなければならない．コンセイユ・デタや破毀院は，判決を下すため判決理由の提示を考慮するのに，3 カ月の期限を有する．コンセイユ・デタや破毀院が定められた期間内に自らの意見を表明しないならば，合憲性の問題は自動的に憲法院に送られる．合憲性の問題を申立てられた裁判所が，それをコンセイユ・デタや破毀院に送った場合は，その裁判所は当該系列の最高裁判所の，もしくは憲法院がそれをすることになるのなら憲法院の判決を受理するときまで，判断することを延期しなければならない．しかしながら，このような準則には多くの例外もある．予審の審理についても同様である．審理の中心問題が自由剥奪措置となる場合は，判決を下すことに対して延期はない．裁判所が，一定の期間内や緊急の場合に自らの見解を述べることを主張した場合は，合憲性の問題に対する解答を待つことなく，判決を下すことができる．また，当事者の権利に修復できない結果や明らかに行き過ぎた結果をもたらす危険性がある場合には，判決の延期がないことがある．コンセイユ・デタや破毀院でも同様の準則が適用されている．」（パラグラフ 19）

第一審で提示した QPC をコンセイユ・デタもしくは破毀院でとりさげることができるかについては，問題の撤回は認められる．（パラグラフ 24）

なお，本案を扱う事実審裁判所によって移送しないと宣言された判決に対しての訴えについては，破毀院と同様，コンセイユ・デタでも，移送の拒否に対する訴えは本案の判決 décision au fond に対する訴えとしてしか申立てることはできない．（パラグラフ 27）

憲法院での手続は次のようである．

「コンセイユ・デタもしくは破毀院が，憲法院に付託することを決定したなら，この付託には当事者の趣意書と申立書がそえられる．この付託には，理由の説明がなされなければならない．さらに，これらの裁判所は，QPC を付託しないことを決定した場合，その判決のコピーを憲法院に提出しなければならない．これによって，憲法院は QPC に関わる訴訟の全貌を把握することができる．

憲法院は付託されたら，直ちに，共和国大統領，首相，上下両院議長に通知する．彼らは，憲法院に所見 observations を示すことができる者たちである．合憲性の問題の客観的な性格は，問題が憲法院に到着したときの次なる事実により強められている．それは，問題が提示された際は，どのような理由によるものであれ，審理の消滅があったとしても，合憲性の問題の検討に重要ではないという事実である．

憲法院は 3 カ月以内に判決を下す．その判決は，理由が付され，当事者に送付され，コンセイユ・デタもしくは破毀院に，また問題が提起された裁判所に通知される．同様に，憲法院が問題の付託の際に知らせなければならなかった諸機関にも通知される．

憲法院における手続は，憲法院の内部規則に広くしたがっている．組織法律は単に，当事者が直接対審的に彼らの意見を表明する，原則として公開法廷で行う，ということを定めるにすぎない．」（パラグラフ 29）

マチューの，憲法院での事後審査は事前審査と同様に客観的な審査の性格をもつとの指摘は重要である．

憲法院においては訴訟参加が認められている．マチューは手続の対審の性格は，議論の中に訴訟参加者が入ることで強化されるとしている．（パラグラフ 30）

⑷　QPC の対象となる規定

憲法 61-1 条の定める違憲の抗弁は，法律規定を対象とするが，ここでいう法律規定は広義に理解されている．例えば 38 条のオルドナンスは法律の領域

に属する措置を一定期間オルドナンスで認めるものであるので，法律規定としてみなされる場合がある．他方でレファレンダムによって採択された法律，16条の枠組の中で採択された規定は審査の対象とはならない．これは事前審査での見解と同様となる．（パラグラフ37）

　合憲性の問題の展開には二つの条件が必要となる．

　─異議を申立てられた規定が，係争すなわちQPCを提起するきっかけをつくった元の争い，または手続に適用可能であるか，あるいは提訴の根拠を構成するかでなければならないことである．

　─異議を申立てられた規定が，憲法院判決の理由及び主文においてすでに憲法に適合していることを宣言されていないこと，但し，事情の変更がある場合は別である．

　事情の変更とは，法上の事情，特に憲法条文の変更のみならず，事実上の事情の変更も対象とする．事情の変更の評価は，まず申立てられた本案の裁判所によって，合憲性の問題の受理可能性の審査について責任をもつ裁判所によって行われる．（パラグラフ38）

　対象とならない法律規定としては次のものがあげられる．

　条約traitéの批准を認める法律はQPCの対象とはならない．国家によって締結された条約conventionsを認める法律規定も同様である．さらに国家の活動の目標を定めるにとどまる計画法律loi de programmationの規定は，規範としての効果portée normativeを有さないものであり，係争に適用されないものとみなされる．

　適法化法律は取消の対象となった，またはそうなりうる行政機関の行為を立法手段によって遡及的または将来的に適法化する行為をさすが，「十分な一般利益」という正当化する理由によって裁判所が判断を下している[22]．（パラグラフ40）

　命令規定が法律に併合された場合，命令が法律に基礎をもっている場合など微妙な問題も存在する．

　憲法院の適合性の宣言については，「理由及び主文において」となっている．

この双方の必要性が問題となる．主文では宣言しているが，理由では明確でないなどの場合もある．憲法院はしばしば一つの条文について違憲とすることもある．このとき近接する条文に対する訴えは可能なのかの問題もある．組織法律は，事前審査における義務的付託となるが，この場合の合憲の判断は法律全体に下されたと考えられている．（パラグラフ 49）

　事情の変更には，法上の変更，事実上の変更がある．法上の事情の変更としては，憲法の新しい規定の制定，判例変更，法律の改正があげられる．他方で事実上の事情の変更がどのような場合をさすのか，判断は難しい．（パラグラフ 52-56）

(5)　二重のフィルター

　合憲性問題を提起された裁判所は，三つの条件を充足していれば，コンセイユ・デタか破毀院かに問題を送らなければならない．ここに第一のフィルターが存在する．三つの条件は，異議を申立てられた規定が係争もしくは手続に適用可能であるかあるいは提訴の根拠を構成することが必要であること，憲法院によって憲法に適合していることが宣言されていないこと，合憲性の問題が重大な問題を提示しているという事実があることである．この表現は，気まぐれなあるいは時間稼ぎのための合憲性の問題の提起を退ける狙いがあるとマチューはいう．これは，問題の適切性についての最小限のコントロールを裁判所が行使するということをさしている．

　問題の移送先の破毀院あるいはコンセイユ・デタは，第二のフィルターをかける．まず，最初の二つの条件に適っているかその評価を検討する．さらに「問題が新規的なものかまたは重大な性格を提示しているか」を検討する．最初に提起された裁判所で行われた審査よりも，より精緻で具体的な審査が行われる．憲法院は，法律は，適用される機会がなかったあらゆる憲法規定の解釈が申立てられることを課している，と述べている．また憲法院は，問題の新規的な性格は異議を申立てられた規定が憲法院において検討されたことがないことのみを唯一の理由としては移送できない，と述べている．憲法院が憲法的価

値を承認しなかった，あるいは射程（具体的な適用範囲）を明白に述べなかった，ということが一つの原則であり（新規的な問題），憲法院の判例によって特殊事件として適用されるべき性格を備えているということがもう一つの原則である（重大な問題）．（パラグラフ58）

　合憲性問題の新規的な性格と重大な性格は，裁判所の判断の核心ともなるものである．ここでは判決の既判力の問題や法律規定自体の解釈の問題など，さまざまな問題が提示されている[23]．

⑹　その他の問題

　援用可能な憲法規範については，61-1条の規定が「憲法が保障する権利及び自由を法律規定が侵害している」と定めることから厳密に「憲法が保障する権利及び自由」の規定に限られるのかがまず問題となる．マチューは，「手続的保障であってもこれが一方では権限規範と，他方では権利と自由の保護と密接に絡み合う場合には援用が可能」と示唆している．（パラグラフ91）例えば制度に関する問題でも裁判所の独立原則は裁判機能の行使と不可分と考えられている．（パラグラフ93）マチューはまた憲法的価値を有する目的（例えば社会権），あるいは憲法院で用いられる判断基準でその根拠が憲法にあるもの（法的安定性や比例性原則）についても言及している．（パラグラフ99以下）

　最後に憲法院判決の効果の問題をとりあげておかなければならない．一つは，一般的に時間的効果といわれるものである．もう一つは解釈留保である．

　時間的効果とは次のようなものである．「憲法院は，法律規定が憲法に適合する，あるいはこれに反すると宣言することができるが，後者の場合，違憲性の宣言によりその法律は廃止される．憲法62条は，違憲と宣言された規定は憲法院判決の公表の日以後あるいはこの判決が定める期日以降，廃止されると定める．そして，憲法院は，この規定が生じさせた効果を問題とする条件や限界を決定する．」（パラグラフ115）

　これは場合によっては，判決の効果すなわち法律規定の廃止を延期することで立法府にしかるべき対応をとる時間を与えることにもなる．しかし，こうし

たことを憲法院がするのは，むしろ立法府の権限を侵害するものであるとの批判もある[24]．

解釈留保とは，このように解釈されれば合憲だと憲法院が判断するもので，法律の解釈を狭めるものである．法律解釈の指示となる．場合によっては法律適用の指示ともなる．（パラグラフ 127 以下）これは事前審査のときからも行われていたが，憲法院の権限を相対的に強めることにつながっている．

4. まとめにかえて

事後審査の導入は，単に市民に違憲性を疑われる法律を訴える道を開いたというだけでない．第一に，憲法院自体が事前審査と事後審査の整合性に配慮しなければならなくなったこと，第二に，コンセイユ・デタ，破毀院のみならず下級裁判所も憲法院の判決に注意を払うようになったこと，第三に，立法府がそして行政府も憲法院の判例動向に注意を払うようになったこと，があげられる．マチューはまた，2008 年の憲法改正の本質的な要素として，憲法院が明確にした「一般利益」の定義に立法府がしたがい，応えるようになったことをあげている[25]．結局，事後審査の導入は，憲法院の既判力を高め，権力間の中でも憲法院の地位は強固なものとなった．また市民の間に憲法や権利規定についての認識も一層深まっていくといえよう．フランスはこの事後審査の導入によって，憲法を頂点とする法治国家への発展を真にとげたことになる．

1) この点につきさまざまな論稿があるが，ここでは専ら次の二つのものをとりあげた．Mathieu DISANT, *Droit de la question prioritaire de constitutionnalité*, Lamy, 2011, pp. 12 et s ; Philippe BELLOIR, *La question prioritaire de constitutionnalité*, L'Harmattan, 2012, pp. 9 et s.
2) Philippe BELLOIR, *op. cit.*, pp. 10 et 11.
3) *Ibid.*, p. 11.
4) *Ibid.*, p. 11.
5) Eduard BALLADUR, *Une Ve République plus démocratiques*, Fayard, 2008, pp. 135 et

s.

6) *Ibid.*, pp. 168 et s.

7) *Ibid.*, pp. 173 et s.

8) Mathieu DISANT, *op. cit.*, p. 17.

9) Cf. Yves GAUDEMET, La conformité des lois à la Constitution à propos de la révision constitutionnelle, *D.*, 2008, p. 1708.

10) Mathieu DISANT, *op. cit.*, p. 17 et s.

11) 議会での議論についてはさしあたり次のものを参照．François LUCHAIRE et alii, *La Constitution de la République française*, Economica, 2009, pp. 1445 et s.

12) Mathieu DISANT, *op. cit.*, p. 19.

13) Marc GUILLAUME, *La question prioritaire de constitutionnalité.* 憲法院のサイトから引用．マーク・ギヨームは憲法院の事務総長である．

14) Mathieu DISANT, *op. cit.*, p. 26.

15) *Ibid.*, pp. 28 et s.

16) Sous la direction de Dominique ROUSSEAU, *La Question prioritaire de constitutionnalité,* Lextenso éditions, 2010, pp. 8 et 9 (écrit par Arnaud LIZOP).

17) Bertrand MATHIEU, *Question prioritaire de constitutionnalité*, Lexis Nexis, 2013, p. 7. 以下マチューの本の引用はパラグラフ番号で示した．翻訳は，ベルトラン・マチューノ／植野妙実子゠兼頭ゆみ子訳『フランスの事後的違憲審査制』日本評論社 2015 年．

18) *Ibid.*, p. 7 et s.

19) Sous la direction de Dominique ROUSSEAU, *op. cit.*, p. 23 (écrit par David LÉVY).

20) *Ibid.*, p. 21.

21) Bertrand MATHIEU, *op. cit.*, pp. 8 et s.

22) 適法化法律の統制については，次の判決によって判例変更があった．それによると，「一般利益の非常に重大な理由 motif impérieux によって正当化される」ことが必要としている．Décision n° 2013-366QPC du 14 février 2014.

23) たとえば判例上の確立した解釈をさす「生ける法 loi vivante」の問題などがある．Bertrand MATHIEU, *op. cit.*, pp. 70 et s.

24) この点についての論稿は多くあるがさしあたり次のもの参照．Guillaume DRAGO, L'influence de QPC sur Parlement ou la loi sous la dictée du Conseil constitutionnel, *Jus Politicum*, hors série 2012, pp. 93 et s.

25) Bertrand MATHIEU, *op. cit.*, pp. 125 et s.

第 3 章

憲法院の政治的意義

1. はじめに

1988 年秋, フランスのエクサンプロヴァンスで, フランス政治学会, フランス憲法学者学会の共催による, 1958 年 10 月 4 日憲法 30 周年記念シンポジウム『憲法という表現 L'écriture de la Constitution』が開かれた (1988 年 9 月 8, 9, 10 日フランスのエクサンプロヴァンスで, ディディエ・モス, ルイ・ファヴォルー, ジャン・リュック・パロディの責任の下で開催). この中で, 大きな変化としてとらえられ, 絶えず議論の中心となったのは, 憲法院をめぐる憲法状況の変化であった. 1958 年第五共和制憲法と共に生まれた憲法院は, 30 年の間に, 違憲審査権の拡大により, その存在が無視できないほど, 大きく成長していったのである.

従来, フランスでは, 一般意思の表明としての法律が法の基準であり, 合法性の審査を通して行政権力のコントロールを行ってきた. その責にあったのがコンセイユ・デタで, ここにおいて自由や権利の保障がなされてきたのである. 法律の審査を行う憲法院の存在は, こうしたフランスの伝統にいわば逆らうものであった.

フランスの憲法学者, ルイ・ファヴォルーは 1988 年に『法にとらわれる政治 La politique saisie par le droit』(注 72 参照) を著し, 憲法院の政治的影響力について述べている. フランスの憲法院という機関が, 上下両院で法律案が採択されたあとに審署前の段階で提訴を受けるが, 1974 年の改正によって各議

院の 60 名の議員によっても提訴が可能になったことから，単に違憲立法審査機関としての法的役割を果すだけではなく，多数派主導の法形成に対する少数派のプロテストとしての政治的役割も少なからず果すようになったからである．

　憲法院はどのような性格を有する機関なのか．フランス政治の中で憲法院はどのような位置を占めているのか．憲法院の政治的役割を探るのが本稿の目的である．

2.　憲法院の誕生

　第五共和制において憲法院が誕生した．憲法院は，第四共和制憲法の中に定められた憲法委員会 Comité constitutionnel の制度を継承したといわれているが，本質的には全く新しい機関である．元来，フランスには議会において国民の代表者により定められる法律が最高性を有すると考えられており，この法律を違憲審査機関によって統制しようという考えはなかった．

(1)　法律中心主義

　どのようにして，第五共和制憲法の憲法院という制度が生まれたのか明確ではない，といわれている[1]．

　フランスの共和国の伝統の中で中心的な地位を占めていたのは「法律中心主義 légicentrisme」である．それは「法律は一般意思の表明である」ということばによって示される．ディドロは百科全書の中で「一般意思は常に正しい．それは誤らなかったし，誤ってもいない」と述べている[2]．ルソーは「一般意思は，多数によって組み合わされ，釣合をとられた個別的利益の結果である」としながら，「全体の意思と一般意思は異なる．一般意思は共通の利益しかみない．全体の意思は私的な利益に着目する，個別的意思の集合である」と指摘している[3]．このような一般意思は量的なものではなく質的なものであった．この点についてトゥルパンは次のように述べる．意思に「一般的」という価値

が付与されるのは，市民存在の普遍性からではない．その価値が先験的に証明できない，基本的に不確かな公準によるようなものとして考えられる一般利益，すなわち共通の福祉に合致するという事実からであった．このような危険な観念は，彼らの真の利益がどこにあるかを提起できない少数派や，特権や他の利益の保護に執着している少数派に，「理由」を課すことを正当化する．この観念によると，統制というすべての考え，すなわち法律の検閲という考えと対立する，と述べている[4]．

1789 年人権宣言 6 条は「法律は一般意思の表明である．すべての市民は，自ら，またはその代表者によって，その形成に協力する権利を有する」と定める．ここにおいては，憲法が普遍的である人権を担保しているから最高性を有するという考え方はみられず，同じ人権宣言の 16 条には，憲法について「権利の保障が確保されず，権力の分立が定められていないすべての社会は，憲法をもたない」と定められている[5]．

ガンザンによれば，この人権宣言は，シエースとルソーの思想を混同している，という．そこには，シエースが明らかにしたナシオン（国民）の二つの基本概念，国民代表と法律という要素がある．シエースの考え方によると，個人が政治的権利を有するとしても，主権を有するナシオンの枠内で国民代表を通じてにすぎない．したがって，ナシオンが総体としての権利を有する．それが，主権の伝統的な標識である法律を制定する．それが武力を保持し，すべての市民の間に配分された租税を徴収し，この税の必要性を確認する．さらにそれは，すべての公務員に報告を求める権利をもつ．そして，ナシオンは，権力分立を内容とし，個人の自由を保障するような憲法を規範化する[6]．ガンザンはこのようにナシオンの権利を述べた後，次のように語る．

「1789 年の人々にとっては，これらのナシオンの権利が，とりわけ，近代公法の二つの柱である権力分立とナシオン主権が，個人の自由を保障するものと考えられた．ルソーにならって，憲法制定者は，法律を一般意思の表明とし，それが自由を最もよく保護できるものであるとした．このような法律中心主義は，社会が法律を介して個人の権利を保障するということを意味する．個人

54

は，法律にしたがいながら，国民代表が表明する一般意思にしたがいさえすれ
ばよかった．」[7]

　権力分立を保障して，人権を保護する憲法は，実際には立法権の優位を示す
ところとなっていった[8]．

　トゥルパンは，ルソーが「公共意思を一般化するのは，投票者の質ではな
く，投票者を結びつける共通の利益である」と述べて以来，直接投票による立
法も，議会における立法も同じになったと述べる．そして，この同等性が結局
代表制による立法の最高性をもたらすようになった[9]．カレ・ド・マルベール
が示すように「意思の最高性の考え方は，議会そのものの主権的権力を基礎づ
けるものとして利用された」[10]のだったし，実際には，ルネ・カピタンが有名
な論文の中で述べたように「議会の主権性と人民の主権性がフランスにおいて
は存在する」[11]ということになったのである[12]．

(2)　合憲性審査の試み

　法律は一般意思の表明である，とされ，一般意思は誤らない，と考えられた
が，その誤まるはずのない一般意思の表明である法律は，同時に権利を保障す
るものとも考えられていた．しかし，実際には法律は，権利を保障する場合も
あるが，侵害する場合もある．権利の保障の確保と権力分立の定立が侵害され
た場合は，どのように対処したらよいのか．アベ・シエースは，この点につき
「異なるさまざまな権力が互いの権力を侵害しはじめた場合，この公の無秩序
に対する真の方策は，憲法制定権力に訴えることであり，被害者となった者が
そこで制憲議会の招集を要求する権利を有する」としていた[13]．テルミドール
２日，シエースが国民公会において，「憲法陪審 Jury de Constitution すなわち
真の代表者団体」に，前述した憲法制定権力の行使という任務をあてることを
提案した．しかし，彼の提案は認められず，満場一致で否決された[14]．

　彼の提案は二度実行されている．共和暦８年（1799 年）の護憲元老院 Sénat
conservateur と第二帝政（1852 年）の元老院 Sénat である．

　護憲元老院は，シエースの構想に基づき設立されたものである．共和暦８年

憲法 21 条は「護憲元老院は，護民院 Tribunat または政府により違憲として提出されたすべての文書を支持または無効にする．被選出名簿はこの文書の中に含まれる」と定める．しかし実際には，護憲元老院はナポレオンまたはその閣僚がした行為や制定する法律をその構成員からしても，違憲であると宣言することはなかった[15]．

　ナポレオンの甥であり，ナポレオン三世の称号で皇帝となったルイ・ナポレオン・ボナパルトの起草による 1852 年 1 月 14 日憲法は元老院を復活させ，同じ役割を与えている．その 25 条は「元老院は，基本的規約 pacte fondamental と公の諸自由の守護者である．いかなる法律も，その審査に付されなければ公布されえない」と定め，26 条は「元老院は，次なる審署に反対する．1 号　憲法，宗教，道徳，信仰の自由，個人的自由，法の前の市民の平等，所有の不可侵，司法官の終身性の原則，これらに反する，もしくはこれらを侵害する諸法律，2 号　領土防衛を危殆に陥らせるような諸法律」と定めている．しかし元老院もあえて違憲の法律に反対しようとはしなかった[16]．

　第三共和制においては，これらの二度の試みの失敗から，同じ任務を課すことはなかったのである．第三共和制下の憲法はまた，人権宣言というものも掲げていないのであった．オーリュウやデュギーは，人権宣言が憲法としての性質を有するとし，法律の合憲性審査を確立する必要性を支持した．これに対しエスマンやカレ・ド・マルベールは，人権宣言の実定法としての効力を否定し，法律の合憲性審査を考えていない[17]．

　1986 年においてトゥルパンは，今日でもなお法律の合憲性の統制は，いささかのためらいもなく認められているというわけではない，と述べている[18]．

(3)　憲法院の進展

　第四共和制憲法は，共和国大統領により主宰され，両議院の議長ならびに両議院が選出する議院外の委員 10 名（国民議会から 7 名，共和国評議会から 3 名）で構成される憲法委員会を設けた．第四共和制憲法 91 条，93 条は，この憲法委員会に，国民議会の表決した法律が憲法の改正を目的としているかどう

56

かを審査する権限を付与した．しかし，これは，硬性憲法を採用する国家における違憲審査制とは異なり，憲法改正を前提とした，いわば，消極的な統制といえる．改正を要する法律は，国民議会の再審議に付されるが，それでも国民議会が最初の表決を維持する場合には，憲法が改正されるまで公布することはできないとされていたからである．実際，憲法委員会は 1948 年 6 月 16 日，18 日の 1 回だけ招集されたにすぎない[19]．

　第五共和制憲法は，ドゴールによる行政権優位の性格が反映されているものである[20]．その特色は，とりわけ，これまでのフランスの伝統の中心にあった法律中心主義が覆えされ，34 条には，国会によって表決される法律事項が列挙されて制限されることとなった．また 38 条では，法律事項を一定期間オルドナンス（命令）の形で政府により定めることが認められた．この第五共和制憲法においては，56 条から 63 条にかけて，憲法院についての主たる規定が置かれている．どのようにして，この憲法院という制度が生まれたのか，誰がこの制度の第一番目の提唱者だったのか，その制度を創設した理由は何であったのか，いずれも，明確ではない[21]．

　この経緯についてロイック・フィリップは次のように述べている[22]．ジャノー，ホワイエ，リシェールによって憲法院に関する条文の準備をとりわけ委託された小さなグループが構成された．このグループにより示されたさまざまな提案が，大した修正も受けずに起草グループにより認められていった．条文からはこの新しい制度の創設の目的というものは見い出せない．起草グループによる検討は 7 月 8 日に行われたが，議論は憲法院が必要であるか否かの問題から始められ，なぜということは語られずに直ちに法律の合憲性審査について意見が交わされたという．そしてこのことは，憲法規定の尊重を確保する機関を設立しようという意思から生じているとする．この憲法規定とは特に議会の権限の制限に関する規定である．しかもその意思は真の憲法裁判権を創設することを望むものではなかった．最初は，憲法院は立法作用に関して援用された．起草者たちは，議員の発議権を制限するものと理解し，提案や修正案の受理可能性について，異議のあるとき，憲法院が裁定すると考えた．しかも起草グル

ープのメンバーは憲法裁判権という点については原則的に反対であること，また法律の合憲性審査に対しては不信感をもっていることを確認している．起草委員長ルネ・カッサンも憲法裁判所という考え方には反対であった．このような反対は，アンシャン・レジーム下の高等法院 Parlement の悪弊や，二つの帝政の上院の不幸な記憶といった歴史的理由によるものである．また，権力分立や代表制民主主義のフランス的観念からも正当化されるものである．1958 年においても，人々は常に法律は一般意思を表明していると考え，したがってそれは最高のものであり，異議を唱えることはできないとした．新しい憲法がこうした伝統と縁を切るということは考えられなかった．このことは現行 1958 年第五共和制憲法 3 条に次のように表現されている．「国民の主権は人民に属し，人民は，その代表者によって，及び人民投票の方法によって，主権を行使する．」すなわち，代表者には法律によって表現される国民主権が預けられることになる．法律が憲法の下に置かれることを認めるとしても，それは，一定の特別な場合に限られ，一般的な方法ではないのである．その上，ニューディール政策に反対したアメリカの最高裁判所の悪い印象も重なっていた[23]．

　当時の法務大臣ミッシェル・ドゥブレも同様に，裁判官の要求に対する憲法院による法律の合憲性審査に反対した．リシェールは，憲法院は現実には憲法の番人とはならないこと，その役割は，国家の大きな機関に対立する法秩序に関するいくつかの争訟を裁定することに限られる，とした．結局，ジャノーは，憲法審議委員会で，憲法院が憲法前文の規定に関して，とりわけ 1789 年人権宣言の内容に関して合憲性審査を行使することは，問題とはならない，と報告した．したがって，1958 年憲法草案の起草者たちの憲法院創設の目的は，公権力の行使の合憲性の一般的な審査をするところにあるのではなく，また市民の権利や自由を保障するものでもなく，議会が憲法上の権限の枠から出ることを妨げる効果的な機関として考えられたのであった[24]．コンセイユ・デタがこの任務にあたることが考えられなかったわけではない．しかし立法権と行政権との間の仲裁者のような役割をコンセイユ・デタに求めることは不可能だということがわかった．そこで特別な機関の創設が必要だとされたのである．に

もかかわらず，憲法院により行使される立法府の行為の審査が管轄と手続の審査に限られるのか，それとも憲法の中に含まれる基本的な規定の審査にまで及ぶのかは明確にされたわけではなかった．管轄とは34条，37条，38条に関わることであり，手続とは40条に関わる．基本的な規定とは，法の下の平等，選挙の平等，政党の自由，個人的自由，地方公共団体の自由な行政をさし，それぞれ，2条，3条，4条，66条，72条に関わるものであった[25]（なお，これらの条文は1988年当時に対応するものがあげられている）．

ロイック・フィリップは次のように憲法院の設立をまとめる．いずれにしても，この新しい制度は比較法的見地から創設されたものではない．ほとんど役割のなかった第四共和制の憲法委員会を思いおこさせる．草案の起草者たちは単にこの古い憲法委員会の権限を拡大することを欲した．それが次のような7月29日の原草案 avant-projet の提案理由の陳述となった，とする．そこには「憲法の適用を監視する任務を有する，公平な機関の必要性はすでに1946年の憲法制定者たちも感じていたところのものです．そこで1946年憲法は憲法委員会を創設しました．今問題となっております篇は，憲法院という名称で，このような組織の権限を発展させることをめざすものです」と述べられていた[26]．

しかし，この名前の変化は，人々が憲法委員会を真に改めること，その構成，その性格や判決の効果，その申立て方法，その権限の拡大についても改正することを望んでいることを意味していたのであった[27]．

3. 憲法院の組織と機能

前述したように憲法院は第五共和制になってはじめて登場してきた機関である．さまざまな統制の任務を担う憲法院という組織は，1958年第五共和制憲法の独創性の一つを現すとされている．この独創性はまず，伝統という点で，この領域において，かつて効力のない一時的な政治的機関は存在したが，議会の権限に衝撃を与えるような真の決定権限を授けられた司法的機関は決して認められたことがなかったということである．次に，他の諸国に存在する憲法裁

判機関と比較して，誕生した憲法院が非常に異なった機関である，ということであり，このことは現実にこの組織を支配する独特の観念に結びつくと考えられた[28]．

　当初「議会の監視者」[29]として専ら考えられていた憲法院は，二つの事柄を契機として明確に人権保障のための憲法裁判機関として位置づけられるようになった．一つは，1971 年 7 月 16 日の憲法院判決で，これ以降，憲法院が，立法府に 1958 年憲法前文によって保障されている権利と自由を尊重すべきことを，判断する機関として発達したのである．二つは，1974 年 10 月 29 日の憲法改正である．これによって，憲法院への申立てが，共和国大統領，首相，国民議会議長，セナ議長に限られていたものから，60 名の国民議会議員もしくは 60 名のセナ議員によっても，審署前に憲法院への申立てをすることができるようになった．このことが憲法院にさまざまなそして重要な問題に答えさせる結果となったのである[30]．

(1)　憲法院の構成

　憲法院は，当然の構成員と任命される構成員とによって構成される．当然の構成員とは，元共和国大統領であり，終身の構成員となる．しかしこの構成員はときとして，存在するといった方がよい．1962 年まで当然の構成員は存在しなかった．任命構成員は 9 名で，共和国大統領，国民議会議長，セナ議長がそれぞれ 3 名ずつ任命する．その選択は完全に自由であり，構成員は，何らの団体の提案や推薦にも拘束されない．またその資格は，法的知識があることを要求するものでもない．しかし，実際はそのほとんどが法律家として養成されたか，法律家である．任命構成員の任期は 9 年で 3 年毎に 3 分の 1 ずつ改任される．再任はされない[31]．

　このような任命方法をとるということが，とりわけ第五共和制のはじめに，憲法院を批判の対象とすることになったのである．構成員が政治的権力によって任命されること，専門家でないことが問題とされた．そして憲法院の公正な判断力や独立性に疑問があるとされた．しかも，この憲法院の制度は，大統領

60

が，大統領を支持する多数派の占める国民議会によって支えられている場合に
しか機能しないと考えられたので，任命権を授けられた三つの権力のうち，二
つは原則として多数派に属するということが確認された．実際のさまざまな経
験を経て，これらの批判が根拠がないことだと証明された．任命された人々
は，彼らの完全な独立性を示し，また彼ら自身の判断能力も示した．憲法院は，
必要があれば，権力を規制することも辞さずに，その任務を全うしていった[32]．

　憲法院院長は，大統領によって，任命構成員と当然の構成員の中から任命さ
れる．今日まで常に大統領が任命する任命構成員の中から選ばれている．憲法
院院長は，賛否同数の場合の裁決権を有する[33]．

　構成員の地位に関しては，兼任が禁止されているいくつかの場合があり，場
合によっては職権による解任をもって制裁されることもある．憲法院の構成員
と政府，議会の構成員とを兼ねることはできない．組織法律によってもその他
の兼職禁止が定められている．構成員は，憲法院の判決の対象となる，あるい
は対象となりうる問題について公的な立場をとることはできない．同様に指導
や責任というあらゆる職務を政党の中で行使することもできない[34]．

(2)　憲法院の権限

　ファヴォルーは，憲法院の権限を二つに大別して説明している（なお，この
分類はファヴォルーにおいてもパクトにおいても事前審査が行われていた当時
のものであるが，本質的には変わらないといえる）．一つは，法律の合憲性審
査以外の憲法院の権限であり，選挙争訟（7，58，59，60条），公権力間の関
係についての争訟（例えば34条と37条の立法権と行政権の権限配分の審査が
これにあたる），国家とそれを構成する公共団体との権限分割の決定，国内法
秩序における国際規範の評価（54条）をあげている[35]．二つは，法律の合憲
性審査であり，事前審査に付されるものと，事後審査に付されるものがある．
2008年7月の憲法改正の以前は，通常は事前審査であり，一度，法律が制定
されれば，憲法院においても，行政裁判所，司法裁判所においても法律の合憲
性は問題とされなかった．しかしながら，37条2項による例外がある．すな

わち，34 条，37 条により，法律と命令の管轄がそれぞれ決められたが，法律が誤って命令事項を定めた場合，命令制定権限を有する機関は，あらかじめ，立法機関が侵した過ちを確認させてから同様の事項をデクレで定めることができる．これが法律変更 délégalisation といわれるものである[36]．また現在では違憲の抗弁による事後審査が存在する．

　他方パクテは，まず，憲法院の有する権限の基本は，憲法や組織法律の中に存在するもので，憲法院が憲法から派生する一つの価値を承認するところにある，と述べる．そして憲法院という憲法的権威の実行として行使されるもの，選挙訴訟，憲法訴訟の三つから憲法院の権限を考察している[37]．

　第一の憲法的権威の実行とは，憲法院が明確ないくつかの場合において意見を表明したり，他の場合において裁定したりする権限が与えられていることである．62 条 2 項に定められているように，裁定に対しては，いかなる上訴も認められず，すべての機関に課せられる．諸機関は，憲法院が憲法訴訟として下すにいたった裁定を区別できないからである．しかしながら憲法的権威の実行として憲法院が行使することを考えると，より論理的でより現実に一致するものと思われる[38]．

　それには次の五つの場合がある．第一に，16 条に従い，憲法院は，規定の条件で諮問されなければならない．（2008 年 7 月の憲法改正で 6 項が新設され，この件についての憲法院の裁定権限が加わっている．）第二に，7 条にしたがい，政府の申立てを受けて，憲法院は，一時的あるいは決定的な大統領の障碍を認定する．第三に，同条に従い，憲法院には，同条に定められている要件において，候補者の障碍もしくは死亡の場合の，大統領選挙の期日の延期を宣言することが委ねられている．第四に，憲法 7 条と，大統領選挙に関する組織法律を改正する 1962 年 11 月 6 日のレファレンダムによる法律にしたがい，憲法院は，立候補を受け付け，立候補者のリストを作成し，選挙活動を監視し，投票結果を監視し，公表する．大統領選挙の実施について政府からの諮問も受ける．第五に，憲法院自身に関する組織法律にしたがい，レファレンダムの実施について諮問され，投票行動と投票結果を監視する[39]（現行 60 条の規定参照）．

62

　第二の選挙訴訟としての憲法院の管轄は，さまざまな選挙に関する組織法律と憲法院自身に関する組織法律で定められている．憲法院は大統領選挙における，立候補者のリストに関する，また選挙実施の適正化に関する異議申立てを判断する．選挙活動費用の検証も行う．国民議会議員選挙やセナ議員選挙における，被選挙欠格争訟，兼職禁止争訟ならびに国民議会議員およびセナ議員の選挙に関するすべての訴訟を判断する．訴訟は，選挙結果の公表後 10 日以内に申立てられなければならない．選挙関係支出の資金に関する訴訟も行う．（これらについては現行 58, 59 条の規定参照．）またレファレンダムの投票において，いわゆるレファレンダムの実施に関する異議申立てを判断する[40]．

　第三の憲法訴訟については憲法がさまざまな場合を定めている．この場合において明白に憲法院は裁判という役割を果している．一つは，議会がその権限管轄を逸脱していないかどうかを検証する場合である．二つは，何らかの規範の憲法への適合性を検証する場合である．前者においては，権限の調整者である裁判所としての役割を果し，後者においては，規範の合憲性を判断する裁判所としての役割を果す[41]．さらに現在では市民による違憲の抗弁の方法による提訴，いわゆる事後審査があるが，これは市民から直接，憲法院に訴えるものとはなっていない．

(3)　憲法院の判断根拠

　まず憲法院は，一般的な権限を有するものではない．1961 年の判決が述べているように，「憲法は厳格に憲法院の権限を限定した．そしてそのことは，憲法が定めた場合において，憲法が定めた態様にしたがってのみ，裁定し意見を述べることが要請されているにすぎない．」[42]

　その場合，憲法院はどこに判断基準を置くのか．それが参照規範 normes de référence の問題である．参照規範は当然憲法ということになるが，フランスの憲法は，とりわけ組織や公権力の運営について述べられていて，基本的権利や自由については前文で言及されているにすぎない．憲法院が憲法の本文のところにとどまっているのであれば，自由と権利を護る憲法裁判所として発展す

ることは難しかったであろう．しかし，1970 年から 1973 年にかけて，憲法院は四つの判決において憲法前文の法的効力を認めることによってまさに革命とも呼ぶべきことを実現した[43]．

　第五共和制憲法は前文において「フランス人民は，1946 年憲法前文で確認され補充された，1789 年宣言によって定められた人間の諸権利および国民主権の諸原理への愛着を厳粛に宣言する」とした．そして 1946 年憲法前文においては，1789 年宣言によって認められた人及び市民の諸権利と諸自由ならびに共和国の諸法律によって承認された基本的諸原理を再確認するとともに，さらに現代に特に必要なものとして，政治的，経済的及び社会的諸原理があらためて宣言されていた．そこで，1958 年憲法の他に 1789 年人権宣言，1946 年憲法前文，共和国の諸法律によって承認された基本的諸原理も，参照規範となる．さらに今日では 2004 年環境憲章もあげられている．

　「1789 年 8 月 26 日人及び市民の権利宣言」は，従来コンセイユ・デタによる「法の一般原理」を導き出す源であると考えられていた．それまではコンセイユ・デタが人々の権利の保障をはかる機関だったのである．1973 年 12 月 27 日の判決においてはじめて明確に援用され，1789 年人権宣言から立法府の侵害を導き出す方法が，憲法院によって検討されたばかりでなく，申立てを受けた条文の無効を正当化するためにも用いられた[44]．

　1946 年憲法前文も同様に，1975 年 1 月 15 日判決においてはじめて適用されたものである．この憲法前文は前述したように「我々の時代に特に必要な政治的，経済的及び社会的諸原理」という名の下で，新しい諸権利や諸原理を 10 余りの条文で示している．その中には，健康権，居住権，争議権などもあげられている[45]．

　1946 年憲法前文はさらに「共和国の諸法律によって承認された基本的諸原理」も確認しているが，これについては，1971 年 7 月 16 日判決においてはじめて憲法規範としてみなされた．この判決は結社の自由に関するもので，前述したようにこれを契機として憲法院は大きく裁判機関として進展することになる．憲法院はさらに，いくつかの大原則を認めるとりわけ第三共和制下の自由

主義的な法律を援用している．結社の自由，組合の自由，集会の自由はこのように
うにして認められた[46]．

(4) 憲法院の運営

　権限，管轄により，憲法院への申立て方法はさまざまである．組織法律や両
議院規則のための義務的な審査の場合は，審査は自動的に行われる．多くの場
合の任意的な事前審査の場合は，それぞれさまざまな政治権力によって申立て
がなされる[47]．2008 年 7 月の改正による市民の違憲の抗弁による事後審査は，
いわゆる二重のフィルターの下で，行政裁判系列，司法裁判系列のそれぞれの
最高裁判所から移送される．

　選挙訴訟に関しては，憲法院は，それぞれ条件にしたがって申立てを受け
る．この分野は以前と異なってかなりの改善がみられる．

　事後審査以外の憲法訴訟に関しては，憲法院の申立ては，首相によって行わ
れる場合（37 条 2 項），首相もしくは両議院議長によって行われる場合（41
条），大統領，首相，国民議会議長，セナ議長，60 名の国民議会議員あるいは
60 名のセナ議員によって行われる場合（54 条及び 61 条）がある．61 条によ
る事前審査の場合は，法律の合憲性が問題となるが，審署前に申立てをしなけ
ればならない．憲法院の審査は審署の期間を中断する（61 条 4 項）[48]．パクテ
はこの審査につき，審査は裁判的，統一的ではないが，その性格は予防的と指
摘している．

　憲法院における審理においては，院長は原則として，報告担当評定官
conseiller-rapporteur を任命する．報告担当評定官は，訴訟記録を検討し，報
告書を作成する．審理の期間は非常に短く，41 条の場合は 8 日間，37 条 2 項，
46 条，54 条，61 条の場合は 1 カ月である[49]．緊急の場合は 8 日間に期間は短
縮される（例えば 61 条）．事後審査の場合は移送を受けてから 3 カ月である．

　憲法院の判決は，7 名以上が出席する本会議において下されなければならな
い．憲法 61 条 1 項は，違憲とされた条文は，審署することも施行することも
できないとしている．また同条 2 項は，憲法院の判決に対してはいかなる訴え

もできない．憲法院の判決は公権力ならびにすべての行政機関および司法機関に課せられるとしている[50]．

パクテは事前審査が中心であった当時，次のことを指摘している．

「憲法院にとって，他の裁判所に自らの基本的な立場を課すことはそれだけに難しい．他の裁判所は，まかされている事例を通して，類似のやり方を追求するからであり，また破毀院やコンセイユ・デタが自ら注意を払わないならば，これらの高等裁判所と併せた判例の統一性を，憲法院の利益のために確保することを許すいかなる手続もないからである．」[51] しかし，市民の違憲の抗弁による提訴が認められた今日では，状況は変わり，憲法院の判決は司法系列・行政系列の各裁判所にとって重要なものとなっている．

4. 憲法院の法的，政治的役割

フランスの憲法院の特色は，第一に，当初から人権保障のための裁判機関として明確に位置づけられていたものではなかったことがあげられる．第二に，その合憲性審査のあり方が，いわゆるアメリカ型[52]とは異なり，抽象的な性格をもつということである．限定された申立て者による法律審署前の事前審査の方法によっても，市民による事後審査の方法によっても，その効果は絶対的である．フランスでは一般市民の提訴の可能性を長い間探っていた[53]．

ところで，憲法院の判決がどのような影響力をもっているかが問題となる．法的分野のみならず政治的分野にどのような影響力をもっているのか．そしてある意味では，ここにもなお，フランスの憲法院の特色を見い出すことができる．事前審査において60名の議員による申立てを認めたことは，少数派，反対派による多数派主導の法律や政策の阻止という意味で，憲法院への付託が用いられるようになった．憲法院が政治的な論争の的となっている事柄にどのように応えるかも，大きな政治的影響力を有するところとなった．

また事後審査の導入後には，その影響力がどのように変化しているのか．裁判機関としての地位の確立は憲法院に対する見方を変えたのかも問題になる．

(1) 憲法院の重要性

憲法院の役割の重要性は次の二点にあるといえよう．第一は合憲性審査であり，第二は人権保障である[54]．

憲法院は当初，立法権と行政権の所管事項の監視が専らの任務と考えられていた．そこで合憲性審査についても，はじめは，立法権が行政権の所管事項を侵害することを防ぐのが任務とされていた．しかも，当初は，改正前の61条によって，大統領，首相，国民議会議長，セナ議長により憲法院への申立てが行われていた．すなわち，理論的にはこれらの四つのうち少なくとも三つは多数派に属していると考えられていた．というのも，大統領は国民の直接投票により国民から直接選ばれ，この大統領が首相を任命する．しかし，首相以下政府は，国民議会によって信任されなければならないからである．実際，反対派というものが存在しないのならば，争うことの意味がない．そのような場合，審査は，現行権力の保護のために行われていたといえる[55]．

1974年10月29日の憲法改正は，60名の国民議会議員もしくは60名のセナ議員に憲法院への申立ての権利を与えることにより，この事態を変えることになった．すなわち，反対派グループによる申立てが可能となったのである．ここにおいて人々は，憲法院に付託されない「疑わしい」法律というものはそれほど多くはなかろうと考えた．さらに市民や裁判所にまで憲法院への申立ての可能性が拡げられればよいのであろうが，それでもなお，1974年の改正によって，憲法適合性の尊重への意識は前進したといえる[56]．

合憲性審査は，憲法院の拡大的判断により一層強化された．一方では，尊重されるべき規範について，憲法院は，厳密な意味で唯一憲法から解釈されるとするのではなく，憲法の前文の言及する法文や原理ならびに組織法律も含む，真の合憲性ブロック véritable bloc de la constitutionnalité から解釈されると考えた．他方では，付託される規範について，憲法院は，単に付託されたいくつかの条文だけでなく，それを含む法文全体を審査する権限が与えられたと考えて，管轄の拡大的観念を採用していった[57]．

憲法院はまた，権利や自由を軽視するにいたった法律に対して権利や自由の保護を確固としたものにするために，前文が言及する法文や原理の規定に明確に依拠する自由主義的な判例を作成していった．そのいわば転機を記したのが，結社の自由に関する1971年7月16日の判決であり，ファヴォルーによれば，この判決とともに「『大判決 grandes décisions』の時代が開かれたのであり，そこでは憲法院が，憲法全体に組み込まれている諸権利の宣言であるものを示した」とされる[58]．この事件はセナ議長により付託されたものだったが，公権力に関わる憲法条文ではなく前文への適合性が問題となった．憲法院は，公の諸自由や市民の諸権利を保護する基本原理に法文の内容が違反していることを理由として，法文の部分違憲を判示した[59]．

ファヴォルーは，そこで，60年代の憲法院が創立期の憲法院といえるなら，70年代の憲法院は，その時期に合憲性審査の活動がかなり発展したという意味で，憲法院の「爆発期 détonateur」である，としている[60]．1974年10月29日の憲法改正も，改正当初は，全く重要でない，利益のないことだと考えられていた．しかし，「機関としての真の『発展 décollage』が生じたのも，憲法院の役割があらわに au grand jour になったのもこのときからだった」[61]．

(2) 憲法院の法的役割

フランスでは元来憲法学とは，『憲法と政治制度 droit constitutionnel et institutions politiques』[62]という名で著わされ，政治制度すなわち統治構造を説明するのが通常であった．これは1958年憲法がその本文で政治制度についてしか定めていないことに由来する．権利は，憲法学の枠の外にあり，『公の諸自由』[63]の名の下で，理論と適用——コンセイユ・デタが法の一般原理などを用いてどのように権利保障を担ってきたか——が説かれる[64]．これらはいずれも大学の講義のタイトルを示していた．憲法学は，権利保障の観点よりもむしろ政治学と深く結びつくものとして考察されていたのであった．

ところが，憲法院が本格的に憲法裁判機能をもって活動するようになる頃から違う傾向が現れた．憲法学の政治学的傾向から，憲法学への法律学的傾向が

68

現れたのである[65]．逐条コンメンタールが登場し，憲法判例研究が盛んになった．憲法を政治制度の面からあるいは政治権力の面からみるのではなくて，憲法条文の解釈と適用が問題となってきた．また，憲法院が人権保障機関として進展してくるにつけ，人権保障機関としての憲法院の判例研究も重要となった[66]．

　当然，憲法院が法律の合憲性審査を行うということになれば，その方法が事前審査であれ，憲法の下の法律という階層性（ヒエラルヒー）を確認しなければならない．それまでフランスでは，憲法が法律とならび，憲法も憲法的法律として法律の一つと考えられてきたこととは大きく発想の転換が必要になる．日本国憲法が違憲審査制を採用し，その下で憲法の最高法規性が確認されているのも同様である．しかもこの場合最高法規性は憲法がさまざまな人権規定を含むことに由来する．フランスにおいても，憲法の最高的，普遍的価値の承認の問題が起きてくる．そこで，法治国家の意味が新たに問われることとなる．

　法治国家の原理とは，国家の中のさまざまな機関が法的に権限が付与されたところでしか行動できないことをさす．あらゆる現実の力の活用は法規範に基づかなければならない．すなわち権力の行使は，それにより法によって設立され，枠づけられた権限 compétence に変わっていく[67]．しかし，階層化されたピラミッドで表される法秩序が，フランスで直ちに採用されたわけではない．「コンセイユ・デタが，その判例の発達により，法の下に行政権を置くことを保障したとしても，憲法の最高性が法律の合憲性審査の確立によって保障されるには 1958 年を待たなければならなかった」とシュバリエも書いている[68]．

　判例研究が盛んになると構成員の資質も問題となる．既述したように任命される構成員には何らの条件も付されておらず，法律家であることは問われない．それゆえ裁判機関ではなく政治的機関だと批判されもした．しかし，実際は，すでに古くから，彼らの多くが法律家としての研修を受けたか，実績を積んだかした者達だという．

　ファヴォルーのまとめによれば，1988 年までに憲法院の構成員となった 42 名のうち，31 名は法曹関係 monde juridique の人間である．9 名がコンセイ

ユ・デタの構成員，2名が破毀院の裁判官，9名が弁護士，1名が法律顧問，1名が国営公企業の法務局長，8名が法学関係教授，1名が政治学校教授である．

　次に学歴については，8名が法学士，2名が法学高等研究免状，8名が法学博士，8名が法学教授資格者，さらに10名が政治学院の修了者ないし元学生であり，法学関係は42名中36名にのぼる[69]．

　ファヴォルーは憲法院の構成は法律家優勢がみられると述べる．1988年当時，法学関係の3名の教授（憲法院院長バダンテールはまた長い間弁護士でもあった），3名の弁護士ないし代訴人（そこには欧州共同体司法裁判所元所長とセナ立法委員会元委員長が含まれる），残り3名は法律家としての研修を受けてはいないが，1名はメディアトゥールの調停員であったし，1名は国際人権擁護連盟の元会長，最後が元政府事務総長である．ファヴォルーはまた同時に，元議員や元大臣が多く任命されていることを指摘している[70]．

　別の論文でファヴォルーは，アンドレ・サガラ（コンセイユ・デタ評定官で元政府事務総長，在任期間1977〜1986年），ロベール・ルクール（弁護士，1979〜1989年），ジョルジュ・ヴデル（行政法教授，1980〜1989年）らのような法律家が活躍していた時期に判例も著しく発達し，彼らの痕跡が刻みつけられているとしている．特にヴデルは，憲法院の「判例学」に一つの拡がりampleurと疑いもない「影響力 aura」を与えることに貢献したとする[71]．

(3)　憲法院の政治的役割

　このような法律学的傾向から，憲法院の判決を通して再び政治学の傾向を重視する研究もみられるようになった．

　すでに述べたように，フランスでは憲法院が政治的機関であるか裁判機関であるかについて根強い対立があった．1980年代に入り，相次ぐ政権交代alternance から，憲法院がどのような態度をとるかが注目された．これこそ，憲法院がどのような性格の機関であるかを示すものだと考えられた．

　ファヴォルーは，憲法院が公正な裁判機関であるということを示すために，政権交代と憲法院の態度の関係について詳細に論じている[72]．

1981 年に社会党のミッテランが大統領に選ばれたとき，フランスにとって
これは大きな政治の変革であった．社会党は国有化をはじめとする社会党らし
い政策をうち立てた．しかし，1986 年にはシラクが首相となり，ミッテラン
大統領の下で共和国連合（R. P. R.）のシラクが首相となるという保革共存 co-
habitation の時代を迎えることになった．シラクはそれまでの社会党らしい政
策を次々と打ち壊す政治を行った．国有化に対しては民営化政策をもってき
た．1988 年の大統領選挙で再び社会党に政権が戻り，ロカール内閣が誕生し
たが，1980 年代のフランス政治には変革につぐ変革の，複雑な波があったの
である．

ファヴォルーは保革共存の下で法律と政治の新しい関係が確立されたとす
る．そしてそれは二つの定理で説明できるという．一つは法は政治を正常な状
態に保つ．二つは，政治は法によって改善される，ということである[73]．

第一の定理は，政治制度の作用がとりわけ保革共存以来，いくつかの法的
装 置の働く方法に依存していることであり，また法規範の組合せや働きに照
らし合わせることなくしては，ある時期に確認されたそれぞれの問題の個別性
を説明することもできないということである．保革共存の時期には，改革の
「誘導 canalisation」を大統領はするのであるが，それは憲法院の存在や介入な
しに果せなかったのである．これにより，政府や議会の多数派の利益を侵害し
ながらも，大統領は規範の凍結 blocage normatif を導いた．シラク首相を中心
とする多数派は，公約を実現するために，改革を進めることのできる規範確立
の方法を探った．それには，命令，法律（組織法律および通常法律）ならびに
憲法の各方法がある．しかし，実際には多数派は，通常法律による改革に頼ら
ざるをえない．しかもその方法とされた通常法律は憲法院の判決の対象領域に
あたり，そこでは，立法府の権限を拡大する方向で，1958 年以来継続性を有
する首尾一貫した判例形成が行われていた．さらに 1970 年代初めから，権利
や自由の合憲性すなわち憲法化 constitutionnalisation を認めるのにともない，
通常の立法府の管轄を犠牲にして憲法に関わる立法府の管轄が拡げられていっ
たのである[74]．多数派は法律による政治改革を試みるが，それは憲法院によっ

て一定の統制をうけることになる．憲法院による政治改革に対する法的枠づけは無視できないものとなるのである．第二の定理は，憲法院により保障された憲法の適用は，政治制度や政治機関に影響を及ぼすということである．保革共存の時期は，二重の軌跡を残した．それまでフランスの制度に隠されていたいくつかの点を想起させ，制度のいくつかの点を変化させた，とする[75]．

その後の別の論稿でファヴォルーは，法秩序への憲法院の影響力を「法治国家の完全な実現」とする一方で，政治秩序への影響力を「法律と政治との新しい関係」として次のように述べている．第一に，憲法院による監視が政界を平静に収める．また憲法院が政治改革を方向づけ正常化を促す．第二に，憲法院は多数派と反対派の間のバランスをとる錘のような役割を果す．結局，憲法院は，政府の行動の監視をするのである．第三に，第五共和制憲法にはそもそも，行政権の拡大が意図されていたが，憲法院の発達により，憲法の範囲内の立法化の道が通常の改革の方法であることを印象づけた[76]．

(4) 政治的背景

ここで多少の解題を試みる．ファヴォルーが『法にとらわれる政治』を著わした1988年の欧州共同体内の政治状況においては，最も右に位置するものがイギリスといえようが，全体的に社会主義（もしくは社会民主主義）政権である国家が多かった．1992年に欧州の統合が行われる．このことは経済的のみならず，政治的にも大きな意味をもっている．1988年にフランスで大統領選挙が行われた際，すでにこの統合が選挙のあり方に大きな影響を及ぼしていた．

ミッテランは初の社会党の大統領として1981年に誕生した．しかし，この当選は意外というものではなかった．その前の1974年の大統領選挙において，得票率では保守派を上まわりながらも，ジスカール・デスタンに敗れていたからである．その後1977年に共同政府綱領を発表して，具体的な政策を示している．1981年以降のミッテラン大統領の下での政策はこれに沿ったものだったのである．

しかし，1981 年と 1988 年とでは，ミッテランの大統領選の政治的主張は大きく異なっている．1981 年の大統領選，及びそれ以降のしばらくの政治は，いわば社会党らしさを出すことに心血が注がれた．社会党は，国有化，分権化，公務員制度の再編を中心に政策を進めた．しかし，1986 年の国民議会議員選挙で，国民は右派的政策に解決を求めるという結果が出た．これを受けて首相となったシラクは，次々とミッテランの下での政策を覆した．国有化に対しては民営化で迎えうち，公務員の内部昇進への労働組合員の道を阻止するというように対応した．このとき，大統領は左派，首相は右派の二頭政治の中で，大統領は外交，首相は国内政治を担当することで亀裂を防いだのであった．

1988 年，ミッテランは再び大統領に選ばれ，国民のミッテランへの信任が確認された．同時に，同年，国民議会議員選挙でも社会党は圧倒的ではないにしても多数を獲得し，政権は社会党に移ったのである．

1988 年の大統領選挙で，シラクはなぜ負けたのだろうか．第一には，シラクが首相時代にとった，反社会党的な政策が極端すぎて一般に受け入れられなかったということである．シラクはミッテランの政策を次々と覆した．これが破壊的な行為と受けとめられた．第二には，シラクが極右の国民戦線との提携を認めたことである．ル・ペンを党首とする国民戦線は，移民によるフランスの危機を訴え，フランスのナショナリズムの高揚を説く．これは移民問題の難しさに悩む地方の住民には支持が多いが，インテリからはファッショであると危険性が指摘されているものである．結局シラクが国民戦線との連携を認めたことは，シラクのイメージダウンに繋っていった．第三に，国民は，1981 年以降の社会党の政策，1986 年以降のコアビタシオンの下での政策を通して，失業問題や経済危機が，右にも左にも解決がないことを知ったのである．そして，シラクでは，「分裂の人 homme de la division」となってしまう．今，求められているのは，国家を弱める分裂 division ではなくて国家を強める統一 unité である，と国民は判断した．つまり，従来の制度を活用しながら，新しい成功をもたらす人として，ミッテランが選ばれたのであった．

1981 年におけるミッテラン大統領の誕生は，社会主義を現すものであった．

しかし 1988 年においては，ミッテランは融和 conciliation の象徴である．より緩和された存在また社会的分裂を避けるという意味で選出された．ミッテランが選ばれたからといって国民は社会主義政治を期待しているのではなかった．国民は，いわば中道の中の左派を選びとったのである．以前は右派と左派とは明確に異なっていた．しかし，今は，同じ共同体の経済の中での右派であり，左派であるにすぎない．ミッテランが統一を呼びかけ，開放政策をとり，人権尊重を説くのもこのことと無関係ではない．1988 年当時フランスの社会問題とされていたのは，移民，女性，社会保障，教育の各問題である．

さらに 1988 年，ミッテランは首相にロカールを任命した．ロカールは社会党の中で最も右派といわれる人である．このことはミッテランが中道政治をとることを一層際立たせた．ロカールは第一に経済的合理主義者であって，少しもイデオロギー的でない．第二に政治的合理主義者であって，政治的駆引き cuisine politique が巧みである．第三に彼はインテリだというイメージがあり，国民にその点で評判が良い．実際，彼はさまざまな分野に通じている．結局，ミッテラン゠ロカールという路線は，イデオロギー的でない，堅実な中道左派という印象を与えた[77]．

ところでこの中道政治はまたヨーロッパ統合のための要請でもある．統合のためには，各国が極端な右派，極端な左派では困る．互いに歩みよれる程度の右派と左派，すなわち中道に近い右派，左派である必要がある．そうでないと統合に亀裂が入る危険があり，その例がサッチャー政権の下でのイギリスといわれた．

奇しくもこの中道政治に肩を貸したのが憲法院の存在であった．憲法の最高法規性を徐々に全面に出しながら，急激な政治改革を避け，正常化を図る．この憲法院の特色は，ある意味では，フランスの政治状況の中でこそ育まれていった，としても過言ではあるまい．

こうした文脈の中にファヴォルーの論稿の意味がある．

5. まとめにかえて

ジャック・ムニエは，「憲法院判決と政治的ゲーム」[78]の中で，ファヴォルーの考え方について次のように述べる.

「政治生活の中に『秩序』を導入しながら憲法院は，『ゲーム』とまさに一体化しているファンタジーをそこから除くことはしていない.『政治生活の安定化』とは単なる目的ではなく，ゲームの目的の一部あるいはゲームの目的そのものではないのか. ……『法によってとらわれて』政治は，抑制され，調整され，あるいは陳列されるように固定化されるのか. 注釈者の発言を過度に解釈することもなく，唯一習慣の重要性や時代遅れのことばによる慣例から，古い類推に固執する慣習が説明される. ゲームの尊重を課しながらも裁判官は，機関の生命であるプレイを排除するのである.『政治的ゲームの中の新しい参加者』である裁判官は，誤りばかりでなく，娯楽の目的さえもやじるのである.

しかし，そのゲームは死んではいない. 憲法院の活動によって調整されて以来，ゲームの形は変化し，憲法学者の解説の野心に仕えるものとなっている. 憲法の権威を弱めるどころか，よりよい保障となる『ゲームのためのゲーム』となっているのである.」[79]

今日では憲法院の実定法に与える影響，あるいは実証主義的役割の重要性を否定する者はいないであろう. まさにファヴォルーの指摘したように，憲法院の合憲性審査によって，憲法を最高法規とする法の階層性の考えや法治国家の概念は浸透していった. また合憲性審査を通して，憲法院が，右や左に揺れる政治を安定化させる作用を果すこと，議会の活動と同時に政府の行動も統制することも確かである[80].

さらに 2008 年 7 月の憲法改正によって，市民による違憲の抗弁の訴えに道を開いたことは，一層の憲法院の機能の強化を招くこととなった. というのも，一つはあらゆる法律が市民による提訴の対象となるため，立法府，議員は常に憲法を，すなわちここでは憲法が保障する権利及び自由であるが，それを

意識する必要がでてきたという点である[81]. しかも, この事後審査は, 事前審査が予防的に違憲判断を下せば, 法文が審署されないということになるのに対し, 一定期間適法とされて効力を有していた法律規定を将来に向けて消滅させる行為を行うものである. その際憲法院は, 必要があれば, 時間的効果, すなわち効果発生の延期もはかる. 憲法院が事前審査とは異なる形で議会の立法行為に介入することになり, このことは同時に政府の行為にも影響をもたらすことになっている[82].

ギョーム・ドラゴは次のように指摘する.「消極的な形で立法に加担すべき憲法院が, 法律を完成させるにあたっての直接的な参加者, 共同製作者となっている. これは喜ぶべきことなのか. 法律の至高性はこのことによりさらに侵害を受けている. これが最後の侵害となるのであろうか.」[83]

しかし, この緊張関係こそがよりよい法律を作りあげることに結びついている, また立法府や政府の権力の統制につながっている, ともいえるであろう. また, ドミニク・ルソーは, 憲法院がこうした立法府の権限領域にも力を及ぼすことについて, 現在では権力分立よりも権力の融合現象がみられる, と指摘していることも付記しておく[84].

1) Loïc PHILIP, Le conseil constitutionnel, rapport sur "L'écriture de la Constitution" dans le colloque du XXXᵉ Anniversaire de la Constitution au 4 octobre 1958, Aix-en-Provence, 8, 9 et 10 septembre 1988. この報告の出版は次のようである. *L'Écriture de la Constitution de 1958*, Economica, 2000. なお本章における法文についてはインターネットを参照した他, 次のものも参照している. L. DUGUIT, H. MONNIER et R. BONNARD, *Les Constitutions et les principes lois politiques de la France depuis 1789*, LGDJ, 1952 ; *Constitution, lois organiques et ordonnances relatives aux pouvoirs publics*, Imprimerie des Journaux officiels, 1986 ; 野村敬造『フランス憲法・行政法概論』有信堂 1962 年.

2) Denis DIDEROT, Droit naturel, in l'*Encyclopédie*.

3) Jean-Jaques ROUSSEAU, *Considérations sur le gouvernement de Pologne*, chap. VII; *Du Contrat social*, liv. II, chap. 3.

4) Dominique TURPIN, *Contentieux constitutionnel*, PUF., 1986, pp. 13 et 14.

5) Cf. Dominique ROUSSEAU, Une résurrection : la notion de constitution, *RDP*, 1990,

pp. 5-22, surtout pp. 7 et s.

6） Michel GANZIN, La Déclaration des droits de l'homme et du citoyen : droit naturel et droit positif, in *Les principes de 1789*, Presses universitaires d'Aix-Marseille, 1989, p. 94.

7） *Ibid.*, p. 94.

8） *Ibid.*, p. 94 et s.

9） Dominique TURPIN, *op. cit.*, pp. 14 et 15.

10） Carré de MALBERG, *La loi, expression de la volonté générale*, Sirey, 1931, p. 215.

11） René CAPITANT, *Revue international d'histoire politique et constitutionnelle*, nouv. série, t. IV, 1954, p. 163.

12） Dominique TURPIN, *op. cit.*, p. 15.

13） *Ibid.*, p. 16.

14） *Ibid.*, p. 16. なおシエースの考えについては，浦田一郎『シエースの憲法思想』勁草書房 1987 年参照．とりわけ，憲法陪審については 222 頁以下が詳しい．

15） Cf. Jean-Louis MESTRE, L'histoire de la Justice en France (1715-1958), *Rapport de la semaine juridique de AIX-CHUO*, à l'Université CHUO à Tokyo, 2 et 3 octobre 1990. この翻訳については，小島武司他編『フランスの裁判法制』中央大学出版部 1991 年 98 頁以下参照．

16） 同書 98 頁参照．

17） Dominique TURPIN, *op. cit.*, pp. 17 et 18.

18） *Ibid.*, p. 19.

19） Raymond BARRILLON et alii, *Dictionnaire de la Constitution*, 4e éd., Editions Cujas, 1986, pp. 81 et s.

20） 第五共和制憲法の当初の特質については，さしあたり，樋口陽一『比較憲法・全訂［第 3 版]』青林書院 1992 年 233 頁以下参照．

21） Loïc PHILIP, *op. cit.*, p. 1.

22） *Ibid.*, pp. 1 et 2.

23） ファヴォルーは長い間ヨーロッパで違憲立法審査制が採用されなかった基本的理由として次の三つをあげる．法律が一般意思の表明であるという法律の「神聖化」が専らの現象としてみられたこと．権力分立の観念の違い．アンシャン・レジーム下の高等法院の印象から 1789 年の革命家は，法律のみならず行政権の審査まで裁判所に禁止するにいたる．さらに法律の前の平等という観念がアメリカの制度を採用することをためらわせた．つまり，判決の効果が個別的である，という点が法律の前の平等に反するという．Louis FAVOREU, Modèle européen et modèle américain de justice constitutionnelle, *AIJC-1988*, Economica, 1990 ① , pp. 52 et s.

24） François LUCHAIRE, *Le Conseil constitutionnel*, Economica, 1980, p. 19.

25） Loïc PHILIP, *op. cit.*, p. 2.

26） *Ibid.*, p. 2.

27） Cf. *Ibid.*, pp. 2-11.

28） Marcel PRELOT et Jean BOULOIS, *Institutions politiques et droit constitutionnel*, 6e éd., Paris, Dalloz, 1972, p. 856.

29） 「議会制度の逸脱に対する武器」とも説明されている．Déclaration du garde des Sceaux lors de la présentation du projet de Constitution devant le Conseil d'Etat, le 27 août 1958, *RFSP*, mars 1959, p. 16.

30） Louis FAVOREU, Le contrôle de la constitutionnalité des normes juridiques par le Conseil constitutionnel, *RFDA*, 1987 ②, p. 845.

31） Cf. Louis FAVOREU, *Les cours constitutionnels*, Série de « Que sais-je? », n° 2293 PUF, 1986 ③, pp. 88 et 89. なお新たにワンダ・マストールによって補われたものが 2011 年に出版されている．Louis FAVOREU et Wanda MASTOR, *Les cours constitutionnels*, Dalloz, 2011.

32） Pierre PACTET, *Institutions politiques Droit constitutionnel*, 5e éd., Masson, 1981, pp. 461 et 462. 新しい版としては次のものを参照．Pierre PACTET et Ferdinand MÉLIN-SOUCRAMANIEN, *Droit constitutionnel*, 26e éd., Sirey, 2007, pp. 493 et s.

33） Cf. *Ibid.*, pp. 496 et 497.

34） Pierre PACTET et Ferdinand MÉLIN-SOUCRAMANIEN, *op. cit.*, p. 498. なお憲法院の構成員，conseiller をどう訳すかはその役割，機能とも関わっている．憲法院が明確に裁判機関であれば，判事もしくは裁判官とも訳すべきところであるが，憲法院には人権保障のための裁判機関以外の役割もある．また特に当初は裁判機関か政治的機関かは，基本的に立法過程における事前審査という形であったので，大きく議論され，評価の分かれるところであった．それゆえ，評定官とするのがふさわしいといえる．

35） Cf. Louis FAVOREU, *op. cit.* ③, pp. 90 et 91. また憲法院には 16 条による非常事態の措置に対して諮問される．

36） Cf. *Ibid.*, pp. 91-95.

37） Pierre PACTET, *op. cit.*, pp. 462-464 ; Pierre PACTET et Ferdinand MÉLIN-SOUCRAMANIEN, *op. cit.*, pp. 498-503.

38） *Ibid.*, p. 499.

39） *Ibid.*, pp. 499 et 500.

40） *Ibid.*, pp. 500 et 501.

41） *Ibid.*, pp. 501 et 502.

42） C. C., 14 septembre 1961, n° 12, in Louis FAVOREU et Loïc PHILIP, *G. D. C. C.*, 5e éd., Sirey, 1989, pp. 142 et s.

43) Louis FAVOREU, *op. cit.* ③ , pp. 92 et 93.

44) *Ibid.*, p. 93 ; n° 21, in *G. D. C. C.*, pp. 262 et s.

45) n° 23, in *G. D. C. C.*, pp. 277 et s.

46) n° 19, in *G. D. C. C.*, pp. 231 et s.

47) Cf., Pierre PACTET, *op. cit.*, p. 464.

48) Cf., *Ibid.*, p. 464.

49) Pierre PACTET et Ferdinand MÉLIN-SOUCRAMANIEN, *op. cit.*, pp. 510 et s.

50) *Ibid.*, p. 512.

51) Pierre PACTET, *op. cit.,* p. 465.

52) Cf., Louis FAVOREU, *op. cit.* ① .

53) 実際に 1990 年 4 月，一般市民による提訴が議会で問題となったとき，ファヴォルーは「市民の利益に対立する政治家の利益」という論稿を寄せている．*Le Monde*, 25 avril 1990.

54) Pierre PACTET, *op. cit.*, pp. 465-466.

55) Cf., *Ibid.*, p. 465. 政権交代はこのような想定を覆すものとなった．

56) *Ibid.*, p. 465. 同時にこの進展が憲法院の政治的意味をも変えることになるのである．

57) *Ibid.*, p. 466.

58) Louis FAVOREU, Le droit constitutionnel jurisprudentiel, *RDP*, 1989 ④ , pp. 406 et 407.

59) Pierre PACTET, *op. cit.*, p. 466.

60) Louis FAVOREU, *op. cit.* ④ , p. 407.

61) *Ibid.*, p. 407.

62) Par ex., Jacques CADART, *Institutions politiques et droit constitutionnel*, Tome I, 2ᵉ éd., LGDJ, 1978.

63) Par ex., Jacques ROBERT, *Libertés publiques*, 2ᵉ éd., Editions Montchrestien, 1977. 公的諸自由ともいう．

64) 法の一般原理もしくは法の一般原則という．植野妙実子「フランスにおける法の一般原則」比較法雑誌臨時 3 号（1983 年） 1 頁以下参照．

65) たとえば高橋和之「戦後フランス憲法学の諸特徴」公法研究 38 号（1976 年）220 頁以下参照．

66) たとえばファヴォルーは，従来の「公の諸自由」と区別して「基本的諸権利 droits fondamentaux」の名の下で憲法そして憲法院による人権保障を明らかにした．

67) Jacques CHEVALLIER, L'Etat de droit, *RDP*, 1988, pp. 313 et s.

68) *Ibid.*, p. 319.

69) Louis FAVOREU, Les juges constitutionnels, *Rapport de Vᵉ Table ronde inter-*

national de Justice constitutionnelle, pp. 7 et 8, Aix-en-Provence, 20 octobre 1988. この報告の出版は次のようである。Louis FAVOREU, Les juges constitutionnels-France, *AIJC-1988*, Economica, 1990 ⑤, pp. 141 et s. なおファヴォルーの憲法裁判官に関する論稿がまとめられて，2014 年に出版されている。Louis FAVOREU, *La constitution et son juge*, Economica, 2014 ⑥.

70) Louis FAVOREU, *op. cit.* ⑤, pp. 147 et s.

71) Louis FAVOREU, *op. cit.* ④, pp. 410 et 411.

72) Louis FAVOREU, *La politique saisie par le droit*, Economica, 1988 ⑦ ; Louis FAVOREU, Le Conseil constitutionnel et l'alternance, in *La Constitution de la cinquième République*, Presses de la Fondation nationale des sciences politiques, 1985 ⑧, pp. 422 et s.

73) Louis FAVOREU, *op. cit.* ⑦, pp. 81 et s.

74) *Ibid.*, p. 82.

75) *Ibid.*, p. 92.

76) Louis FAVOREU, La justice constitutionnelle, *Rapport de la semaine juridique AIX-CHUO*, à l'Université CHUO, à Tokyo 2 et 3 octobre 1990 ⑧, pp. 16-18. 小島武司他編・前掲書 24 頁以下参照。

77) 1981 年から 1988 年にかけてのフランスの政治動向については，ミッテランの下で法案作りにも携わったフランソワーズ・ドレフュス Françoise DREYFUS（パリ第一大学名誉教授，当時は講師）のインタビュー（1989 年 9 月）をもとにした。

78) Jaques MEUNIER, Les décisions du Conseil constitutionnel et le jeu politique, *Pouvoirs*, n° 105, 2003, pp. 29 et s.

79) *Ibid.*, p. 30.

80) 小島武司他編・前掲書，24 頁以下。

81) Guillaume DRAGO, L'influence de la QPC sur le Parlement ou la loi sous la dictée du Conseil constitutionnel, *Jus Politicum*, Hors série 2012, pp. 95 et 96. なお事前審査が憲法全般に対する訴えとなるのに対し，事後審査（QPC）は，「憲法が保障する権利及び自由」を対象とする訴えとなる（憲法 61-1 条）。ギー・カルカッソンヌはこの点，すなわち審査の対象と参照規範が事前審査と事後審査とで同じではないことを強調している。Guy CARCASSONNE, Le Parlement et le QPC, *Pouvoirs*, n° 137, 2011, p. 81.

82) Guillaume DRAGO, *op. cit.*, p. 98.

83) *Ibid.*, p. 109. なおこうした憲法院の権限の強化に関して憲法院と規範制定権力との関係，あるいは憲法院と議会との関係が問われるようになっている。たとえば次のような特集参照。Le pouvoir normatif du juge constitutionnel, *Les cahiers du Conseil constitutionnel*, n° 24, 2008 ; Le conseil constitutionnel et le Parlement, *Les nouveaux*

cahiers du Conseil constitutionnel, n° 38, 2013 ; Juges constitutionnels et Parlements, *AIJC-2011*, Economica, 2012.

84) 植野妙実子＝兼頭ゆみ子「憲法院とコンセイユ・デタ」比較法雑誌 48 巻 1 号
（2014 年）58 頁.

第 4 章

フランスにおける憲法裁判の性格

1. はじめに

　フランスでは，2008 年 7 月 23 日の憲法改正により，それまでの法律の合憲性審査の主たる形態であった立法過程における審署前の法律の合憲性審査（いわゆる事前審査）に加えて，具体的な裁判において，すでに適用されている法律の合憲性審査（いわゆる事後審査）も合憲性優先問題（QPC）として行えるようになった．このことでフランスにおいてもいわゆるヨーロッパ型の特別憲法裁判所による法律の違憲審査が事前・事後にわたり広く確立したと評価されている．しかし，そもそもフランスにおける違憲審査制とはどのようなものとして発達してきたのか．それは裁判と同じものなのか．また憲法裁判を担当する憲法院とはどのような存在なのか．特に権力間の中で憲法院はどのような機関として位置づけられているのか．そうしたことを考察せずに，フランスにおける違憲審査の性格を正しくとらえることはできないと思われる．

　フランスにおける憲法裁判のあり方についての議論をふまえながら，フランスの違憲審査制の性格の解明を試みたいと思う．

2. 権力分立と司法権の発達

　1789 年人権宣言は 16 条で憲法の実質を権力分立と人権保障にあるとしていたが，他方で 6 条は，法律は一般意思の表明であるともしていた．このことが

長い間法律の合憲性審査を阻む原因であった．憲法院の特殊性もこのことに関係している．

(1) 権力分立の観念の発達

フランスの近代立憲主義の基礎はフランス革命時に成立している．フランス革命時の1789年人権宣言（正式には人及び市民の権利宣言）16条には「権利の保障が確保されず，権力の分立が定められていないすべての社会は，憲法をもたない」と定められ，憲法の実質が権力分立と人権保障にあることが認められた．権力分立の解釈については多々あるが，フランスにおいて当時は特に，立法権と行政権の分立に注意が促された[1]．

「専制政治は憲法をもたない政体である．なぜなら専制君主はいつでも気まぐれで規範を変える．規範の内容のみならず，規範を制定する方法さえも変えることができる．憲法は，権限の配分，権力分立そのものを表す．したがって権力分立のない社会は憲法をもたないとされたのである．」[2]

同様に権力分立を，専制を防ぎ，自由を保障するところにある憲法上のテクニックとしての原理であるとする立場から，伝統的な権力分立の観念は二つに分けられていた[3]．専門性の原則と独立性の原則である．こうしたところから「権力が権力を差し止める」ことが期待された．しかし，この観念はすぐに主権の不可分性という基本原理からの批判にさらされることになる．代表的な批判はカレ・ド・マルベールにみられた．カレ・ド・マルベールの疑問は，どのようにして専門化された独立の権力が互いに抑制し，均衡を保つのか，とするものであった[4]．

フランス革命時には，権力分立のいわゆる消極的な側面が強調されていた．それは同一の人物があるいはグループがすべての権力を行使することがあってはならない，というものであった．そこから三つの事柄が導き出される．一つは兼務の禁止であり，権力は分けられる必要がある．二つは，専門性は，権力分立を満足させる一つの方法である．三つは独立性も均衡も問題ではないが，権力がいくつかにわかれていればよい，とするものであった．このような権力

分立のいわば曲解を経て，今日のフランスの権力分立は二つの政治体制の均衡に現れている，とされる．それが，議院内閣制と大統領制の政治制度の結合である[5]．

　ここからはフランスの違憲審査制は権力分立論の抑制作用から考察されるものではないことがわかる．

(2)　司法権の発達

　権力分立の観念がフランスにおいて立法権と行政権の分離を中心に考えられてきたのなら，司法権はどのように位置づけられて発展してきたのか．この点につき，1789 年の立法者たちは，二つの新しい原則を打ち立てようとしていた．それは，二つの裁判系列（司法と行政）の分離と裁判官の職業専門化である[6]．1790 年 8 月 16-24 日法において，二つの裁判系列の分離と裁判官の身分保障，裁判の前の平等，裁判の無償性，上訴の可能性，陪審員になる可能性を定めた．またそれに先立つ，1789 年 8 月 4 日法は，特権廃止を定めるものであったが，あらゆる裁判上の特権も廃止した．領主裁判権も廃止され，パルルマン（高等法院もしくは最高法院とも訳される）も停止された．革命時に追求されたのは，裁判官が政治や立法に影響を及ぼすことを妨げることであり，その理由はパルルマンが本来の任務をこえて，好ましくないと判断した法律（国王の命令）に反対することを主張したからであった．それゆえ裁判官の役割を限定することが望まれたのである．

　このことはまた裁判系列の分離が急がれた理由でもある．行政裁判系列は，市民と行政が対峙する事件を裁くものであり，司法裁判系列は，市民間の紛争を裁く民事裁判と，法律の侵犯を裁く刑事裁判とを扱うものとして分離された．裁判の要求は訴え書として作成され，すべての者の前の平等な裁判の確保のために裁判官は第三者から，すなわち国から報酬を受け取る存在となった．司法官職は，公の任務を担うとされ，職業専業化されることとなったが，その職務は，法典化された成文法（1804 年の民法典，1810 年の刑法典）に基づいて仕事をするものとされた．ここには司法権の専門性と独立性の発達がみられ

る．また「裁判官政治」を嫌い，行政権との隔絶が望まれていた．

またいくつかの原則が1789年人権宣言の理念から導き出された．それらは，権力の専断から市民を守り，裁判の決定の透明性を確保するために必要とされた[7]．

第一には，法律不遡及原則である．議会で成立した法文は，法律の公布の日より前の出来事には適用されない．しかしながら司法組織に関わるものでかつ刑罰には関わらない手続法は遡及適用されることもある．第二には，一事不再理の原則である．人は同一事件で二度判断されることはない．フランスではこれを既判力とも呼ぶ．第三に，アンシャンレジームの司法の過ちをくり返さないために，裁判の二審制が導入された．裁判所で下された判断に満足できない当事者は，控訴できる．第四に，被疑者を恣意的権力から守るためのいくつかの原則があるが，その中の一つに裁判の公開原則がある．第五に，対審制の原則である．すべての当事者はそれぞれの観点から防禦するために出席する，あるいは納得のいくように代理を依頼する．第六に，多くの場合，裁判は口頭でなされる．告訴と抗弁は公判で行われ，公判において裁判官は事件を判断しなければならない．第七に，すべての判決には，判決理由が付されなければならない．裁判官は自らの選択を正当化する理由を明らかにしなければならない．第八に，市民は同時に時効という観念によっても守られている．判決の執行にもこの観念は課せられる．最後に弁護人を依頼する権利もあげられる．これらの原則が裁判をめぐる原則として確立された．

ところで現行フランス第五共和制憲法は，破毀院やコンセイユ・デタの組織に関する規定を有していない．また手続に関する原則もわずかに定められているにすぎない．このことは，憲法に司法権（すなわち pouvoir）ではなく，司法組織・権限（すなわち autorité）と定められているにすぎないことに起因するともいえる[8]．

まず裁判機能は厳密に法律の適用の機能と考えられている．司法機関は，個人的自由の守護者とされているが，特に刑事的人権の保障は司法における重要な任務である．それは権力分立の観念に一致するものとされている．すなわ

ち，立法権や行政権が司法機能を行使することは禁止されている．ちなみに行政裁判機関は公的諸自由を守り，憲法院は基本的諸権利を守る．当然，裁判官に圧力をかけることも許されない．そこから司法官の独立が導き出される．行政権は裁判に干渉することはできないが，同時に裁判所も行政権の行使に干渉してはならない．フランスでは，それゆえ革命以降，行政を判断するのは行政府である．行政が当事者である訴訟は，司法機関が担当せず，コンセイユ・デタを頂点とする特別裁判所に委ねられた．行政裁判系列と司法裁判系列の分離は，法律で定められているが，憲法院は，共和国の諸法律により承認された基本的諸原理の一つとして，憲法的価値を認めている[9]．

3. 憲法院の特殊性

司法権を限定的にしかとらえないことから，憲法裁判を担う憲法院は全く別の存在として位置づけられている．しかし，憲法院の機関としての性格をどのようにとらえるのかはフランス公法の大きな問題となっている．それぞれの論者の見解を検討してみる．

(1) ゴーゼル・ル・ビーアンの見解

ヴァレリー・ゴーゼル・ル・ビーアンは，フランスにおいて長い間問題とされていたのは，憲法院が憲法「裁判所」としての質を備えているのかということである，という．憲法院は確かに法において裁定し，既判力を有するものとして課せられる権限をもって裁定するが，他の国内裁判権と比較するとある種の特殊性をもっている[10]．そこから，政治的な機関としての性格をもはや有していないといいきれるのか，とも問われる．また憲法院は，事前審査においては，議会とは異なるものの立法権の所轄にあるともいえ，付託されるのをまって法律が公布されるのを妨げる権限しかもっていない．何が憲法院の特殊性であるのか．任命の政治化を前面に出した，あるいは法律的専門性を要求していない憲法院の構成か，義務的付託とされている議院規則や組織法律について裁

定する際の争訟性の欠如か，2008 年改正前に典型的にみられた対審が課せら
れていないという訴訟手続の基本的な性格か，上訴することの不可能性か，統
制の予防的性格に由来する判決の政治性か，憲法院が判断していることがまさ
に政治問題であるからか，憲法院が請求された範囲をこえて裁定するからか，
など数々の理由をあげる．

　しかし，ゴーゼル・ル・ビーアンは，こうした特殊性は国内における他の裁
判所と比較するときに問題となるが，むしろ比較法的見地から他国の憲法裁判
所と比べると決定的な特殊性とはいえないとする．国内の裁判所との比較で
も，任命の政治化や，必要とされる裁判としての性格の欠如は，コンセイユ・
デタにもみられる．憲法裁判は本質的に政治に適用される裁判であるから，要
求された範囲をこえて裁定することもありうるのだ，という．このようなこと
を考えると多くの憲法院についての特殊性は消え去るが，いくつかの真の特殊
性と思われるものもある．それらは，一部に審査の義務的性格がみられるこ
と，対審が課せられていないこと，2008 年以前には先決優先問題の審査がな
いことがあげられる．評定官に法的資質が求められていないこと，終身の構成
員がいることも残念な点だとする．しかし，一部の義務的付託は大きな問題で
はなく，また 2008 年 7 月の改正で，対審構造は部分的にとりいれられ，優先
問題としての審査も導入された．今後は憲法院が真の憲法裁判所として発展す
ることを妨げるものはない，としている．

(2)　アモンとヴィエネールの見解

　2008 年 7 月の憲法改正前までは，議員を含む政治権力保有者のみに憲法裁
判へのアクセスが可能であった．そこで行われている統制 contrôle は，事前
審査ゆえに，抽象的で予防的であった．憲法裁判へのアクセスの方法は憲法に
規定されており，1958 年 11 月 7 日オルドナンスによって定められていた．
2008 年 7 月の憲法改正による事後審査の導入にともなって，2009 年 12 月 10
日組織法律が制定され，その適用に関する 2010 年 2 月 16 日デクレも制定さ
れ，また 2011 年 6 月 21 日には合憲性優先問題に関する内部規則も明らかにさ

れている．しかし，どのように裁判が展開するのかについては，わずかしか規定されていない[11]．事前審査の裁判の内部規則は存在せず，通常裁判とは異なって，憲法裁判官（すなわち憲法院評定官）は請求認容について幅広い方法で決定を下す．このような点は，フランスの憲法裁判の民主化を閉ざす事柄の一つとも指摘されている[12]．

　憲法院において判決は，少なくとも7名の評定官によって決定される．憲法に適合しているかの判断は，憲法院の構成員の1人による報告書に基づいて下される．この報告担当評定官はそれぞれの事件毎に憲法院院長によって裁量的に任命される．

　フランシス・アモンとセリーヌ・ヴィエネールによる『フランス及び他国における憲法裁判』は，この点につき，憲法院の旧構成員（1989年から1998年まで憲法院の評定官をつとめたジャック・ロベール）の証言を載せている[13]．

　「制限された時間内で報告担当評定官は，院長と密接に連絡をとる．報告担当評定官は，仕事の進捗状況を院長に知らせ，追求している手がかりや想定している結論も知らせる．院長の方は，彼の独自の考察を深めるために，他の構成員の意見も聴く．……しばしば，院長と報告担当評定官は，共に一致してこれが正しいと主張する」．院長のイニシアティブが強いと評されるのはこのようなことからもうかがえる．

　評議 délibération（審議とも訳す）の対象が何であれ（判決であろうが意見であろうが），多くの場合，報告担当評定官により提案された草案が最終的に採用されている．他の構成員の示唆を受けてたまに判決理由が多少変更されることはある[14]．しかし評議が新展開に陥るということはまずない．そこには，ある種の憲法院の判断についての，院長，報告担当評定官そして事務総長によって形成されるグループとしての一致主義的な反応 tropisme consensualiste がみられる，という．その反応とは，譲歩によって提示された結論への集結がみられるということである．アモンとヴィエネールは，この反応は政治的理由によっても説明される，とする．院長は他の評定官に対しある種の権限を及ぼす．というのも院長は大統領によって任命され，大統領はコアビタシオン以外

のときは議会内多数派の長でもあるからである．さらに他の評定官も多かれ少なかれ同様の政治基盤をもっていることが予想されるからである．そこには一つの政治的一体性，均質性 homogénéité politique がみられる．ドイツやイタリア，スペインでは必ずしも政権多数派によって任命がコントロールされていないので，こうした現象はおこらない．また 2010 年までは少なくとも合憲性審査の手続は公開法廷で行われることを想定していない．その結果，評定官は最終評議まで，そしてそこで報告書が配布されるまで，本件についての独自の考えをもつ可能性は少ない．合憲性優先問題の手続の中で規定された公開法廷がどのような変化をもたらすか知るにはまだ早い，としている．

(3) パスカル・ジャンの見解

いわゆる裁判にみられる特徴は，憲法院における憲法裁判にはみられない．パスカル・ジャンは，フランスにおける憲法裁判は，通常法律の任意的統制にかぎってと注意を促しながらも，この分野において独特の形である，と述べている．確かに 2008 年 7 月の憲法改正前までは，議員も含むが，政治権力保有者のみが憲法裁判へのアクセス権を有し，抽象審査が行われており，したがって予防的審査であった．憲法裁判のあり方や手続は，基本的には，憲法で定められ，また憲法院に関する組織法律に由来する 1958 年 11 月 7 日オルドナンスによって定められている．しかしすでに指摘したように，裁判の展開に関しては，成文化されていない．裁判過程についての内部規則は存在していない．裁判は公開で行われることもなく，評議の秘密により，何がどのように討論されたのかも知りえない（但し，現在は 25 年後に公開される）[15]．ジャンは，フランスの憲法裁判の民主化のために何が必要かと問題点を指摘している[16]（なお以下の問題点は事前審査についてのものである）．

1) 提訴の受理における問題

まず申立ての受理の際に行われる事務総長の確認が申立て権者に対して干渉となる場合があると指摘する．確かに申立てのサインの信憑性や受付日の確認が必要ではある．申立てはおそくとも法律の審署，すなわち大統領がサインす

る前日までになされなければならない．議員の提訴の場合には数の確認も必要である．

他方，申立て理由は必要とされていない．請求理由 conclusions et moyens もない「白紙」申立てが認められている．憲法院に法文の有効性を立証することが求められている．こうした受理のあり方は，憲法裁判の非訟的性格を示している．法的には，憲法院は原則として総合的に提訴された法律を判断するので，提訴の正当化も必要ない．政治的には，裁判の期待される効果として，議員たちにとっては違憲性ということを理由にして議論を長引かせることができることがあげられる．

憲法裁判は公共秩序に関わる裁判であるが，このことは，判例が広い自由主義をもつことを示している．法律の全体が訴えられるので，意見 observation はもともとの訴えを補完するものとして審理 séance のまぎわまで受け付けられる．意見は主要な立論と結びつくものである．新しい請求理由を発展させるかもしれない．請求理由の付託は次のようなことから正当化できる．第一に政府によってなされる防禦の説明に対する抗弁となること，第二に，合憲性の判断には期日が設けられていてあわただしく判決が準備されるが，そのことは，立法過程の最後の段階で出現した要素を見おとすことがあることである．

このような行動が受け入れられる期間とは，審査の期間である．審査は閉じられているわけではないので，報告担当評定官は新しい主張を考慮に入れることができる．新しい請求理由を受け入れることは行政裁判でもみられることである，という．

2) 非公式の対審

「憲法裁判所の手続においては，たとえ純粋に法的な問題を扱うにしても，また政党が提示する趣意書 mémoires écrits の説明が強調されるとしても，公開の原則，口頭陳述性が要求される．憲法裁判所で扱う事件は一般利益に関わるものであるから，なおのこと，公開法廷を保障する手続の公開原則は重要である」といわれている．フランスの憲法裁判の手続は，1928 年にケルゼンが示した基準に近いものではあるが，こえがたいいくつかの擬古趣味

archaïsmes があると，ジャンは指摘する．

　憲法院では，規範の合憲性審査が提訴されると，成文の趣意書の交換という形で対審が組織される．こうした対審は，議員による提訴が認められた 1970 年代半ばから徐々に実施されるようになった．法律の審査における対審の特殊性は，非公式な面をもっているが，オルドナンス 56 条に定められた判決文作成に関する議論を提供している．そこには，「オルドナンス第二篇に定められた手続準則は，内部規則により補完される」と定められているが，内部規則はない．

　最大 1 カ月，政府の要求で 8 日間の場合もありうる短い期間内での裁定となり，（対審のない選挙訴訟とは異なるやり方で）法律の合憲性審査における「対審」は行われている．問題となるのは，どのような観点からの対決を，誰を相手方として組織するのか，ということである．

　通常法律及び国際条約の合憲性についての判断が申立てられた場合，他の申立て権者に即刻，付託の通知が行われる．議員による付託の場合にはそのリストも送られる．両議院議長に知らされると議長はそれぞれの議院の議員にも申立てがあったことを知らせる．大統領と首相への通知は，法律の審署や条約の批准の権限とも関わるからである．多くの法律が政府提出法律案からなるので，憲法院は政府に，正確には政府事務総長 Secrétaire général du gouvernement（官僚，多くの場合コンセイユ・デタからの出向）にも申立てのあったことを知らせる．法律の「防禦」の役割は，集団としての執行機関に負わされるが，提訴者に対する応答として，示される意見によって合憲性についての議論の応酬という形での対審となる．

　政党も任務を分ちもつ．付託者は，法上の問題の解決のために評定官の判断を仰ぎ，政府事務総長は当該法律を防禦する．しばしば多数派会派は憲法院に防禦のための趣意書を提出するが，防禦側の（すなわち政権側の）政党の役割は政府事務総長によって主に果されている．法律は広い意味で政府に属するからである．しかし，実際は議会での法律の制定過程は複雑で，最終的に採択された法律には多くの議会における修正が含まれている．政府の主導による法律やその修正は，首相府の官僚によるところも大きい．最終的にはいくつかの規

定には防禦者がいないということもある．政府は直接的にも間接的にも法律の作成者とはいえない．作成に関わった者が意見をもちよる必要があろう．こうしたやり方は不十分な形にみえるが，裁判手続の中で会派を招いて意見を闘わせるというやり方をとるなら，憲法院は政治的論争の中に埋もれることとなる．外部での評判にとらわれて判断していると非難されることにもなりかねない．判決を下す前の裁判の公開は，申立てが政治化する恐れがある．司法部局の強化や憲法裁判官（すなわち憲法院評定官）のアシスタントの増強が最もよい解決方法と思われる．

手続規定が法文化されていないことや評議記録が公表されないことなどは，結果的には裁判の発展を阻害したり，裁判の正当性を侵害したりすることにはならなかった．

ここには通常裁判とは異なる憲法裁判の特別の性格が認められる．憲法裁判の役割は，事件を解決するという単純な裁定以外の重要要素，社会的・政治的側面におけるその影響力などの要素を考慮に入れて理解する必要がある．

フランスの憲法裁判は部分的に対審構造をとりいれることで，すべての当事者に論拠を理解させるようにしている．評定官は攻撃・防禦方法と結論を指揮する．政府事務総長による法律の防禦の特異性は修正されるべき点であろうが，評定官に猶予期間として1カ月しかないことなどを考えると対審の充実はこれ以上はのぞめない，とジャンは述べる．

3) 攻撃手段の不平等

裁判関連の書類（一件書類）は報告担当評定官や憲法院司法部局によって集められ，量的にはかなりのものとなる．その中には，付託文書（訴状），補充趣意書，政府事務総局の応答の意見とその補充文書，付託対象の文書，関連する国際規約などがあればそれも含まれる．この一件書類に，文書部局による関連資料も加えられる．それは事件に直接関連する文書であり，議会での審議記録，関連するフランス及び海外での判決，学説などの論文・研究報告書，また市民や公私を問わず専門的機関の意見書，政府事務総局の意見書が含まれる．

一件書類の重要な書類のみが訴訟当事者に伝えられる．それは請求者の趣意

書と政府事務総局の反論となる意見（異議）である．政府事務総局の代表者とともに審議する際，申立ての中にはあがっていなかったが報告担当評定官により提起された要素を主張する専門文書fiches techniquesは，評定官の側で所有している．単なる意見や反論と補完的な文書notes complémentairesの違いが「攻撃手段の平等」の原則を免除する形となっている．政府事務総局の提出書類全体の通知は，付託者に訴えた以外の他の理由を与えるのに直接の影響をもつであろう．論拠の交換は，法的議論を発展させ，報告担当評定官を啓発する可能性もある．

どのような文書が含まれているのか知ることは，憲法秩序の保護という中心問題に，報告担当評定官の審理，権限の拡大が適合的であるのか確認する機会をもたらす．攻撃手段の平等は，審理の一体性が報告担当評定官の細かな配慮の下にあれば，より尊重されているといえる．しかし，報告担当評定官は院長によって裁量的に指名され，秘密原則によって誰が担当したのかはわからない．

訴えがあれば，あるいはありそうだと思われるときにはその直前に，指名された報告担当評定官はその事件の審理に入る．手続は糾問主義に則っている．報告担当評定官は審理に必要なあらゆる行動をとり，任務遂行のために必要な手段を自由にとることができる．憲法院事務総長は審理の補助者としての役割を果す．通常法律の合憲性の審査の場合には，報告担当評定官は付託者（申立て者）と政府との対審を組織し，付託された法律の関係省庁の官僚を招集して質問したりすることもできる．議員の付託を起草した者に補充的な説明をきくこともできる．さらに非公式な接触をして，情報を収集することもできる．

しかしながら何人かの相手は特権的な交渉相手である．政府事務総局の代表者（憲法問題担当専門官）また法律の起草に関わった省庁の官僚などがそのような者としてあげられる．対談の目的は，法律条文のコンセプトや編集を説明する議会の討論にはない情報をえるためである．これがまた最初の論証の交換ともなるが，審理においてはこれは公的な性格をもたない．

いかなる原則も定められてはいないので報告担当評定官は付託者に尋問することも禁止されていない．事件の審理を透明にする手続規定の欠缺は付託者と

報告担当評定官との間の接触も妨げない．また裁判の糾問主義的性格は，報告担当評定官に交渉相手を選ぶあらゆる自由も与えている．

今日では，最小限の対審の保障が条約によって定められている．しかし問題は評定官の統制の拡大にあり，その結果，付託された法文を審査する責を負っている報告担当評定官自身の問題でもある．

どのような規範が審査の対象となろうとも，報告担当評定官によって行使される審査は，法文全体にもたらされる．評定官が職権で理由や規定を問題とすることは，法文上の根拠を必要としていない．法律の規範の訴訟は，公共秩序に関わる訴訟であるが，付託者によって示唆されていない問題を含むあらゆる問題を裁定することを許可する訴訟である．法律の合憲性審査のこのような拡大は 1996 年判決によっても認められている[17]．

このように述べながらもジャンは，憲法院が，職権で結論や理由をとりあげるとしても悪用してはいない，職権での権限行使は統計的にはわずかなのであまり重要性はない，と結んでいる．

ジャンは，裁判機関にふさわしい手続の充足を考える点からこのような問題を指摘していた．

⑷　フロモンの見解

フランスの憲法裁判のユニークな形は，憲法裁判の例外的形態として認識されているとミッシェル・フロモンはいう．「フランス人は，法や政治の世界で自らの機関の独創性に興奮している」と彼は批判する[18]．そして，フランスの例外を評価しようとして，多くの面でフランスが遅れていることを隠し，先進的な国々の中でフランスが孤立していることを正当化しようとしているが，このような知的麻痺状況から抜け出し，より批判的にフランスの機関を考察しなければならないと述べる（ここにおける批判も事前審査についてのものである）．

憲法裁判を裁判官による憲法規範の適用だと理解するなら，フランスの憲法裁判制度は，次のような点から提示される，という．第一に，憲法院には，法律や国際条約の合憲性を判断する，あるいは，憲法 34 条に列挙されていない

領域に関する法律を確認する手続が存在する．第二に，民事・刑事・行政の裁判所において申立てられた争訟に憲法的価値を有する法規範を適用するような事件が存在する．第三に，憲法院に集中する合憲性の審査があると同時に，すべての裁判所でも合憲性審査が広げられたやり方で行使されている．このように述べて，憲法院の合憲性審査の行使と民事・刑事・行政の裁判所による合憲性審査の行使を考察する．この中で憲法院の合憲性審査の行使につき，憲法院の法的地位の曖昧さと裁判機関としての手続に欠ける点のあることを指摘している．

憲法院の法的地位については，ミッシェル・フロモンは，第一に，憲法院がその地位においてもまたその手続においても裁判所 juridiction としては不完全であると指摘する．憲法院が真の裁判所であるためには，独立で公正である必要がある．憲法院は，評定官が任期中辞任させられない，また再任できないという点では，憲法院は独立といえる．しかしこれには例外があり，任期前に辞任するなどした評定官の補充の場合に3年以内務めたときの再任がある．問題なのは，共和国大統領経験者を評定官として迎えることで，憲法院の判断の形成がもはや大統領ではない政治家の「善意 bon vouloir」によって異なる妥協の産物ともなりうることである．また，憲法院の評定官の兼職禁止規定が十分でないことも独立をおびやかすと指摘している．

フロモンは，コンセイユ・デタも諮問的機能と裁判的機能とをもつが，真の裁判機関が裁判機能以外の機能を行使できるのか，と問題を投げかける．あるときは，憲法院は，単純な独立的な行政機関としてふるまうこともある．大統領選挙の候補者リストの決定，大統領選挙の結果やレファレンダムの結果の公表，投票の進行の監視をする．またあるときは，憲法院は，諮問機関としてふるまう．非常事態措置権行使の際の大統領から諮問される．あるいは，大統領選挙やレファレンダムを組織する際に政府から諮問される．さらに憲法院はまぎれもなく裁判所としても機能しているが，憲法裁判所として正確には議会の行為の合憲性の審査を担当する．他方で大統領や政府の行為の合憲性の判断には関わらない．またときとしては，単純な通常裁判所としてもふるまう．選挙

に関わる争訟で合憲性を判断することはこれにあたる.

　最後に憲法院のいくつかの権限が行政命令に根拠をおいていることも, フロモンは憲法院の法的地位の曖昧さの要因として批判する.

　さらにフロモンは, 高等裁判機関としてふさわしい裁判手続を備えているかも検証する. そこでは, 合憲性審査に関して憲法院によりとられている手続を外国の法律家に説明するのは容易ではない, という.

　第一に, 憲法院での合憲性審査においては, 広い意味での対審的性格がない. 申立てがあったことは, 他の付託権者である国家機関に通知されるが, 憲法61条の手続の枠内で, 採択された法律を防禦するのは議会ではなくて政府である. また口答での議論は行われない. それぞれの議院の最後に委ねられた委員会の報告者とも申立ての作成者とも接触はない. 憲法院は審理の始めに, 申立ての文書と, 場合によっては申立ての作成者の補充趣意書を受け取る. 次にそれに対する応答として, 政府による意見を受け取る. 唯一の対審手続の要素としては, 憲法院の報告担当裁判官と法律を防禦する政府事務総長との間で非公式に行われる接触がある.

　第二に, 手続の秘密性があげられる. 公的な議論が行われず, 報告担当評定官の名前も秘密である. 唯一この秘密性がないところは, 1983年から申立て書が, そして1994年から政府事務総局の応答の意見が官報で公開されるようになったことである.

　最後に, 非常に短い期間内に審理を終わらせなければならないことがあげられる. 憲法院は, 最大1カ月, 場合によっては1週間で裁定しなければならない. いかなる裁判機関も特に緊急の場合を除いてこのように限られた期間内に判断を下す義務をもつものではない.

　確かにこのような特殊な性格は憲法院による合憲性審査に固有の性格であると説明できるかもしれない. この審査は客観的で, 純粋に法上の問題しか対象としていない. したがって古典的な裁判手続を必要としないのだともいえる. しかし, このことにとどまらず, フランスの合憲性審査には重大な欠陥があると, フロモンはいう.

第一に，合憲性審査は，議会の行為しか対象としない．議院規則，議会で採択された法律，承認の法律の対象となる条約である．反対に大統領の行為や政府の行為は対象としていない．せいぜい政府が第五共和制の法律をデクレで修正する場合は対象となるくらいである．憲法院が執行権の審査をするときは，議会の仲介を通して行うにすぎない．

第二に，議会の行為の合憲性審査は，唯一憲法院に委ねられ，二つの分野で行われているが，その行使のあり方は他と比べると同等ではない．一つは，法律もしくは命令の領域に属するかの評価に関わるものであるが，あまり発展がみられずおろそかになっている．この分野は，コンセイユ・デタでの憲法34条と37条への命令の適合性の審査の発展と比較すると対照的である．二つは，法律や条約の合憲性審査である．これは，客観的，抽象的性格を有し，他の審査（裁判）の型と比べると不十分なものである．

客観的で抽象的・事前的な合憲性審査は，政治家からしか付託されない．このことは第一に個人の権利への侵害によって付託されるのではなく，付託権者による政治的妥当性の評価によるものである．実際，人権に重大な侵害をもたらす法律が政治家によって異議を唱えられることはない．なぜなら政治家は少数派の権利の保護や伝統的に保護されていない権利の保護をはかろうなどとは思ってもいないからである．また第二に，議会で採択された法文の施行の前にしか付託されない．法律や条約の採択の過程に組み込まれている．すなわち法律の反憲法的効果はまだ現れてはいない．権利を侵害された被害者の主張の検証ではなく，いわば法的な監査が憲法院に求められているのである．結局，付託権の保有者の一人によって必要とされうるそれに合致した意見を表明するにすぎない．違憲判断は，法文の廃棄か，議会の第二読会に送付するかを意味し，議会手続の再編を意味している．このような合憲性審査の特徴は特に組織法律の審査のときに顕著であるが，通常法律のときにも付託文書において理由は必ずしも必要とされていない．第三に，憲法院による合憲性審査は，純粋に抽象的なものである．実際，憲法院に要求されているのは，憲法に照らして個人に法規範を適用したことで生み出された効果を評価するのではない．憲法規

範と審査対象法文との間の明白な矛盾が存在するかを確認すること，審査対象法文が将来，憲法規範と矛盾する法的効果をもちうるかを予測することである．前者のケースは例外的で，行政訴訟における法律侵犯に該当する．後者のケースは憲法院に審査対象法文が憲法と相容れない効果を生み出しうるあらゆる場合を想定することを要求するが，短い期間に判断を下すには不可能な任務である．こうした特徴から，フランスでの合憲性審査は公権力の正規の運用を保障するものでないばかりでなく権利の保障も果すものではない．合憲性審査は仮定の上で審査されている．

　フロモンは，次のように述べる．確かにオーストリア，アイルランド，ドイツ，スペイン，ベルギーなども法律に対して抽象的な審査も行っているが，他方で古典的な裁判手続にもしたがって裁判は行われているし，裁判手続に広く違反するような手続にそって行われているわけではなく，判断する期間に条件をつけられているわけでもない．ヨーロッパの国々で行われているのは，優先問題として半抽象的・半具体的な手続もしくは人権保障の個別的訴えによる具体的な手続にしたがう憲法裁判である．これらの裁判は違憲の抗弁という性格をもち，裁判官にいつでも法律の適用に反対させる．たとえその法律が以前は合憲でも違憲の疑いがあるなら，憲法に反する法律が長い間存在するリスクはない．

　フランスで行われているような抽象的事前審査制にも大きなメリットはあるが，憲法規範の尊重に十分な審査とはいえない．唯一誇れることは条約に対する審査である，とする．そして国内法律に関しては，より充実した審査が必要だとして優先問題の具体的裁判の必要性を訴えていた．その理由は，1958年以前の法律，及び1958年以降の憲法院の審査の対象となっていなかった法律に対する合憲性審査が必要だからである，としている．フロモンのこの指摘は2008年7月の憲法改正で修正がはかられることとなった．

⑸　リシェールの見解

　憲法院が政治的機関であって裁判機関ではないという指摘はフランスでは多

い．その理由は後述するアンドレ・ルーの整理によれば，憲法裁判官の政治的任命によるとする考えが強い．

フランソワ・リシェールは，憲法裁判のフランスとアメリカとの比較を著す中で，「裁判官の任命は政治的か」の問に対し，両国ともそうだ，と述べている[19]．アメリカ合衆国では，最高裁判所の判事は1869年以降9名で，大統領によって任命されるが，上院の承認を必要とする．その政治的傾向は大統領や上院に望まれる傾向をもっていることが明らかである．しかしそのことは大統領の指図のままに動くということを意味してはいない．保守系の意見を理由として選ばれたとしても発展的だと思える社会改革のために最高裁判所の中では意見を述べることもある．

他方でフランスでは9名の評定官のうち，3名が大統領により，3名が上院議長，3名が下院議長により選ばれ，そこに終身の大統領経験者が加わる．それぞれの政治的傾向ないし所属は，任命前に知られている．

こうした任命の比較からは政治的機関であるという，フランスの憲法院に対する批判はあたらない，としている．

さらに，憲法院の役割は何なのかも問題となる．憲法制定権を有するのか．これに関しては，リシェールは両国においてそうだと述べる[20]．アメリカではそもそも法律の合憲性審査の根拠を示す法文がない．この権限は，1803年のマーベリー対マディソンの最高裁判所の判決に由来するものである．判例の発展が憲法規定の推敲にも関わってきた．また最高裁判所の判決が以前と異なる解釈を示すこともある．このようにして憲法の実質的形成に寄与している．フランスでも同様である．フランスでは，憲法院の権限は憲法上明らかにされている．1961年に憲法院は「憲法は厳格に憲法院の権限の範囲を定めており……憲法院は，憲法が定めた場合と態様にしたがってのみ裁定したり，意見を表明したりする」と述べていた[21]が，2000年には，選挙を組織するデクレの合憲性を問題とする個人の訴えについて裁定する権限を認めている[22]．また以前は意見の権限しかないと判断していたのに対し，憲法59条以下の条文によって選挙の実行の統制という一般的な任務に権限を拡げることもしている[23]．この

ような判例の転換はまれなことではない，とリシェールは指摘する．たとえ
ば，憲法院は1964年に憲法34条に列挙された事項以外の事項についてもたら
された法律を憲法に反すると判断したが，1982年7月30日の判決以降，34条
は立法府の管轄を制限するのではなく，独占的に留保されている事項を示すも
ので他の事項を定めることを妨げるものではない，としている[24]．このように
憲法院は憲法制定者の意図や法文に基づきながらも，それでも憲法規定を実質
的に変更するといえるのである．

　さらに憲法院は，憲法規範に広い意味を与えてより活用できるようにしたり
もする．7条の大統領の職務の行使の障碍事由の認定の条文は，辞職や死亡の
際にも活用された．また，1958年憲法前文は1946年憲法前文の規定の適用を
宣言しているが，「人類を隷従させ，堕落させることを企図した体制に対して
自由な人民が獲得した勝利の直後に」明らかに位置づけられている．1994年
に憲法院は，この規定によって「人間の尊厳の保護が憲法的価値を有する原
理」とし，この原理によって「すべての人々にふさわしい住居が与えられる可
能性は憲法的価値の対象である」としている[25]．同様に1946年憲法前文の
「1789年の権利宣言によって確立された人及び市民の権利と自由ならびに共和
国の諸法律によって承認された基本的諸原理を厳粛に再確認する」の規定があ
るが，憲法院はここから憲法的価値を認めるために，一方では基本原理を，他
方では共和国の諸法律によって承認された原理を導き出す．こうしたことから
リシェールは，憲法院は憲法制定権を有している，とする．

　リシェールのこうした考えに対しては，憲法解釈の拡がりや多少の変更を示
すだけで憲法そのものの根底の変更を意味するものではないともいえる．しか
し，時代の発展にしたがって時宜をえた判断をすることも憲法裁判官には求め
られるのであり，その意味で憲法条文の新しい解釈を示すことは，それを「憲
法制定権を有している」というかどうかは別としてもありうることであろう．

　それでは憲法裁判官は立法者なのか．この問いに対し，リシェールはアメリ
カよりもフランスではそういえる，としている[26]．アメリカでは，裁判官は法
律に書かれてあることと法律が理解されるべきこととの調整をすると考えられ

ている．しかし，違憲性の問題が現れてこなければ裁判所で提起されることはない．立法府の解釈の尊重もされている．他方でフランスでは，憲法院は解釈留保付合憲をしばしば申しわたしている．その場合，法律条文の意味を明確にしたり，適用を制限したりもしている．その上，憲法院は，違憲と思われる法律に対し，法律すべてを違憲とすることなく，いくつかの条文のみを違憲とすることもできる．これに対し執行府は，新たな読会を議会に要求することも，違憲とされた規定を除いて審署することも自由にできる．もし後者のことが選択されたなら，憲法院を通過することで法律は以前のものと同じものでも別のものでもない，ということになる．さらにフランスでは，憲法裁判所は立法府に命令を下すものではないが，法案を議会に提示することが政府にあるという環境を確認する．また立法府に，憲法規範に適合していない細かな手続を正規化する努力をするようにも促す．法律の欠陥や欠缺を示すこともある．こうしたことから憲法院は立法者となりうる，としている．

(6) ルーの見解

アンドレ・ルーによれば，憲法院の政治的性格は二つの点から問題にされているという[27]（これも事前審査を中心として問題にしている）．一つは，憲法院の構成員の任命の仕方であり，国家の政治権力保有者（大統領と上下両院議長）からの自由裁量的な方法で任命されることが，憲法院の構成の「政治化」を生むとするものである．二つは，憲法院の本質的な任務である法律の審査が司法的というよりは政治的利益を有する任務として提示されるからであるとする．この審査が，法律の審署の前に立法過程の中で行われ，いわば「立法協力者 co-législateur」として示されるからである．すなわち，裁判としての審査ではなく機関としての審査を行う．このことは，「憲法院の介入は，機関的に組織された付託に基づいており，その付託は訴訟ではなく憲法の要請に一致しているかを検証する，法律に対する補充的な読会を事前審査という形で開始させる」ともいわれている[28]．

ルーは前者の指摘については，任命の民主的正当性をどこに求めるかの違い

第4章　フランスにおける憲法裁判の性格　*101*

はあれ，憲法裁判官の任命の政治権力の介入は，憲法裁判自体のもつ特殊性を表している．裁判の正当性の強化にはむしろ好ましい．なぜなら法律の審査は著しく政治的な行為だからである．後者の指摘についても，法律の審査という任務は，司法的な面から切り離すことが難しい政治的な意味を含むものでもある．それゆえ「憲法院における司法活動というものは憲法規範を画定して立法府の行為を決定することを目的とする常に政治的な仕事でもある．憲法院の構成員は解釈に際して全く自由というわけではない．彼らは，先例，学説の分析，政治家の反応，世論の状況などを考慮しなければならない．こうしたことに縛られることが司法的というより政治的なのである」と指摘される[29]．

　しかし，アンドレ・ルーは，憲法院の構成や任務に政治的な面があるとしても，それは憲法院の司法的性格を除くものではないという[30]．その司法的性格は二つの点で示されている．一つは，本質的な要素で，憲法院が法を語る存在であり，法上裁定する存在であるからである．もう一つは形式的な要素で，既判力をもつからである．すなわち「判断されたことは再び問題とされることは許されず，決定的な方法ですべての当事者に課せられる」からである．憲法62条2項もそのことを「憲法院判決に対しては，いかなる訴えもできない．憲法院判決は，公権力ならびにすべての行政機関及び司法機関を拘束する」と述べている．アンドレ・ルーはこの二つの点から，憲法院は裁判機関としての質をもち，司法的に裁定する機関であると結論づける．

4.　まとめにかえて

　日本では，裁判所の違憲審査制は，権力分立の抑制と均衡の上に位置づけられ，他の権力——立法権と行政権——の抑制という形で行使されることとなっている．しかしこれが十分機能していないことはつとに指摘されている．他方で違憲審査の終審裁判所となる最高裁判所の裁判官は，長たる裁判官については内閣の指名による天皇の任命，他の裁判官については内閣の任命によることになっていて，すべての裁判官が実質的には内閣の任命によっているようにみ

えるが，実際は，最高裁判所の示すリストや団体からの推薦によって決まって
いるようで政治的任命だとする批判は見受けられない[31]．最高裁判所裁判官に
対する国民審査も 10 年毎に行われるが，民主的統制としては機能していない．
このことは民主的正当性をもっていない裁判官に重要な政治的判断を委ねてい
るともいえる．憲法裁判が政治的側面をもつものであることは日本でも同様で
ある．また日本の憲法裁判においても最高裁判所の終審としての判断は「個別
的効力」だといわれてはいるが，実際には一般性をもち，そうでないと法の前
の平等は守られないからであるが，やはり法律の改廃に関わる「立法協力者」
であることにかわりはない．

　違憲審査制のもつこうした重い位置づけがあるからこそ，最高裁判所は違憲
判断に慎重になり，消極的にもなるのである．しかしこれでは違憲審査制のも
つ制度の意義を失わせ，幅広い憲法解釈を立法府や行政府に結果的に許すこと
になり，憲法を中心とする社会の構築を危うくさせる．

　フランスでの憲法院をめぐる議論は，よりよい憲法裁判のあり方の追求に結
果的に結びついている．政治的機関であるとする批判は，裁判機関としての充
実を促している．憲法院では，判断基準の形成に力が注がれ，政治的任命と任
務を乗りこえるぶれない判決の累積を心がけようとしている．今日では比較法
的見地からの議論が行われたり，欧州人権裁判所，国内裁判所との連携もはか
られたりするようになっている．

　憲法院での手続は確かに裁判としての質を欠いている点があるといえるであ
ろう．しかし，フランスでは，コンセイユ・デタでのあり方をみると，「裁判
的に（裁判手続をともなって）」判断することは必ずしも必要とされていない．
コンセイユ・デタでも職権主義，書面審理主義，非公開主義に基づいて行わ
れ，公的報告者（政府委員もしくは論告担当官とも呼んでいたが）による論告
を中心として審理を進めている．但し，行政訴訟の場合，この公的報告者は評
決権を有してはいない．

　2008 年 7 月の憲法改正で法律の事後審査も加わり，事前審査と併せてどの
ように発展していくのかが注目される．しかし，事後審査においても裁判の性

格は抽象的だといわれている．個別の事件を離れて，憲法院が法律規定の違憲性を判断するからである．いずれにしても，何よりも意見や批判を自由に闘わせることが制度の発展には欠かせない．日本において最も足りないのは実はこの点だと思われる．

1) Sous la direction de Thierry RENOUX et Michel de VILLIERS, *Code constitutionnel*, Litec, 2011, pp. 211 et s.

2) Michel TROPER, L'interprétation de la déclaration des droits – L'exemple de l'article 16, *Droits*, 1988, n° 8, p. 121.

3) Francis HAMON et Michel TROPER, *Droit constitutionnel*, 28ᵉ éd., LGDJ, 2003, pp. 92 et s.

4) *Ibid.*, p. 94.

5) *Ibid.*, pp. 100 et s.

6) Dominique VERNIER, *La justice en France*, La Découverte, 1993, pp. 6 et s.

7) *Ibid.*, pp. 10 et s.

8) Francis HAMON et Michel TROPER, *op. cit.*, p. 785.

9) *Ibid.*, p. 786 ； Décision n° 86-224 DC du 23 janvier 1987.

10) Valérie GOESEL-LE BIHAN, *Contentieux constitutionnel*, Ellipses, 2010, pp. 96 et 97.

11) 今日では HP で裁判プロセスの大まかな流れは知ることができる．

12) Sous la direction de Michel VERPEAUX et Maryvonne BONNARD, *Le Conseil Constitutionnel*, La Documentation française, 2007, p. 53 (écrit par Pascal JAN).

13) Francis HAMON et Céline WIENER, *La justice constitutionnelle en France et à l'étranger*, LGDJ, 2011, pp. 78 et s.

14) 但し 1971 年の結社の自由に関する法律の評議においては，報告担当評定官の案は棄却され，院長ガストン・パルヴァルスキーの支持をえて対論が採用されている．*Ibid.*, p. 79.

15) 公文書公開に関わる 1979 年 1 月 3 日法は憲法院には適用されなかった．2001 年になり，憲法院は文書公開の件を取りあげて 6 月 27 日に憲法院の活動についての文書を自由に閲覧できることにする期間を 60 年後とした．さらに 2008 年 7 月の改革で 憲法 63 条にそって権力分立にも憲法院の独立にも侵害をもたらさないとして，憲法院文書へのアクセスの期間を 25 年後とした．2009 年 1 月 1 日から施行され，これを記念して憲法院の評議に関する本も出版されている．Bertrand MATHIEU et alii, *Les grandes délibérations du Conseil constitutionnel 1958-1983*, Dalloz, 2009.

16) Sous la direction de Michel VERPEAUX et Maryvonne BONNARD, *op. cit.*, pp. 53 et

s. (écrit par Pascal JAN).

17) Décision n° 96-386 DC du 30 décembre 1996.

18) Michel FROMONT, La justice constitutionnelle en France ou l'exception française, in *Le nouveau constitutionnalisme*, Economica, 2001, pp. 167 et s.

19) François LUCHAIRE, *Le juge constitutionnel en France et aux Etats-Unis*, Economica, 2002, pp. 17 et s.

20) *Ibid.*, pp. 7 et s.

21) Décision n° 62-20 DC du 6 novembre 1962.

22) Décisions du 25 juillet, du 23 août et du 6 septembre 2000.

23) Décision du 18 septembre 1992.

24) Décision n° 82-143 DC du 30 juillet 1982.

25) Décision n° 94-343-344 DC du 27 juillet 1994.

26) François LUCHAIRE, *op. cit.*, pp. 10 et 11.

27) Sous la direction de Michel VERPEAUX et Maryvonne BONNARD, *op. cit.*, pp. 33 et s. (écrit par André ROUX).

28) Pierre AVRIL et Jean GICQUEL, *le Conseil constitutionnel*, Montchrestien, 2005, p. 139.

29) Dominique ROUSSEAU, *Droit du contentieux constitutionnel*, 7ᵉ éd., Montchrestien, 2006, p. 58.

30) Sous la direction de Michel VERPEAUX et Maryvonne BONNARD, *op. cit.*, pp. 35 et s. (écrit par André ROUX).

31) 今関源成「最高裁判官の任命慣行の問題点」ジュリスト1400号（2010年）27頁以下。

第 5 章

憲法裁判官の任命

1. はじめに

　フランスの憲法裁判に関する大きな議論の一つは憲法裁判官の正当性の根拠である．フランスの長い間の伝統であった法律中心主義を踏みこえてもあえて，法律に対して違憲だと宣言できる根拠は何なのか，それが問われている．

　フランスの違憲審査制は，まず事前審査からはじまった．それは法律制定過程における審署前の抽象的審査である．大統領，首相，上下両院議長，上下両院いずれかの 60 名の議員によって付託することができる．判決の効果は絶対的で，憲法院の判決は公権力及びすべての行政機関，司法機関を拘束する．2008 年 7 月の憲法改正により，市民からの違憲の抗弁による法律の違憲審査（事後審査）が加わった．

　1970 年代より，憲法院が法律の違憲審査を実際に行うようになるにしたがい，憲法院がはたして政治機関であるか裁判機関であるかが議論されるようになった．これは憲法院の評定官の任命にも関わることでもあったが，また，長い間コンセイユ・デタを頂点とする行政裁判所が，人権の保障機関であったのに対して，新たに，憲法院が法律の違憲審査を通して人権の保障機関となることをどう位置づけるのかという問題とも絡んでいた．結局，行政裁判所は，合法性の審査を通して，「公の諸自由 libertés publiques」すなわち実定法によって確立された自由や権利の保障を行い，憲法院はいわゆる合憲性ブロックを根

拠に，1789年人権宣言や，1946年第四共和制憲法前文に定められているような自由や権利すなわち基本権の保障を法律の違憲審査を通して行うこととなったのである．憲法院が裁判機関であるという認識が，とりわけ判例の発達により，徐々に定着してきた．

しかしながらそれでもなお，法律は一般意思の表明であり，絶対的であるとする考え方の強いフランスにあっては，憲法裁判の存在は，一般意思の尊重に反し，それを覆す「価値」あるいは「解釈」を認めるものである．そこで，こうした価値や解釈を決める憲法裁判官の正当性が問われ，また価値や解釈を定める意味や作用も問われているのである．

2. 憲法裁判のヨーロッパ型とアメリカ型

フランスでの法律の合憲性審査を目的とする憲法裁判は，1958年第五共和制憲法においてはじめて誕生したものである．しかも，その役割を担う憲法院は，「議会制度の逸脱に対する武器」と説明され，当初は憲法34条と37条によって規定された立法事項と命令事項の管轄の分担を両議院に尊重させるよう監視することが第一の任務とされていた．しかし，同時に憲法院は，一方でこの法律領域の画定をし，他方で議院規則や組織法律の義務的付託を通して，憲法のさまざまな条項の適用の条件を明確にし，補完し，または定義するということをしてきた．このような背景に加えて，とりわけ二つの事柄から，一つは，1971年7月16日の憲法院判決によって，立法府は1958年憲法前文によって保障されている権利と自由を尊重すべきことが明らかにされたこと，二つは，1974年10月29日の憲法改正によって，上下いずれかの議院の60名の議員によって，憲法院への付託が可能となったこと，これらから提訴の可能性が増大し判決が重ねられるようになった．これらによって，当初は行政権の側から議会のあり方を監視する政治的機関ではないのかと，憲法院に対する批判が強かったが，徐々に人権保障を担う裁判機関として認められるにいたった．さらに2008年7月の憲法改正で事後的違憲審査制が認められ，人権保障機関と

しての躍進がみられた．ここには当然，第五共和制憲法そのものに対する考え方の変化も存在することがみすごせない．すなわち，第五共和制憲法は，それまでの議会優位のフランス政治のあり方を反省して，行政権優位の憲法として成立した．しかし，その後再び議会復権に向けての調整がはかられている．したがって相対的に，憲法院に当初期待されていた役割も変化したとみるべきであろう[1]．

ところで，ファヴォルーは，憲法裁判のあり方をアメリカ型とヨーロッパ型に分けて論じている．アメリカ型の特色として次の五つ——事後審査，個人による申立て，裁判所全体によって行われる審査，抗弁による方法，判決の相対的効果——をあげている．ヨーロッパ型の特色としては次の五つ——事前及び事後審査，個人・裁判所・権力による申立て，特別憲法裁判所，訴訟による方法及び抗弁による方法，一般的に判決の絶対的効果——をあげている[2]．とりわけ，アメリカ型においては具体的事件に基づく通常裁判にともなって普通の裁判所で憲法判断がされるのに対し，ヨーロッパ型においては，特別憲法裁判所で当該問題を事件と切り離して憲法判断がされる点が大きく異なり，それゆえ，裁判の効果も，個別的にすぎないのか，一般的に絶対的効果をもつものであるのかの違いもでてくるのである．当然，フランスの憲法院は，多少変則的ではある（当時は事前審査のみ）が，ヨーロッパ型であり，日本はアメリカ型だということになる．

フランスの憲法院における憲法裁判の特色は，2008年7月の憲法改正までは，法律の審署前の「事前審査」であった．したがって具体的事件をともなわない抽象的審査である．憲法院の判断は絶対的であるが，法律全体を違憲とするのではなく，各条文毎に検討がされることが多いので，違憲と判断された部分をはずして，法律を成立させることも可能である．最近では限定解釈を付して合憲と判断することも行われている．また，提訴権者は，2008年改正までは一定の政治権力を有する者にかぎられている．すなわち，共和国大統領，首相，両議院議長，さらに上下いずれかの議院の60名の議員によって，付託がなされるが，一般市民には認められていなかった．

このフランスの憲法裁判のあり方を，通常のヨーロッパ型の憲法裁判と足並みを揃えるべく，一般市民からの提訴も含めた事後審査制の採用を試みた改正案が 1990 年また 1993 年にも提案されたが，そのときは成立しなかった．フランスには現行憲法以前からの古い法律が多く，事後審査による憲法裁判が不可欠と指摘されながらも不成立に終わったのは，偏にこの改革が政治的抗争の中に巻き込まれたためだといわれている[3]．

このような憲法院の裁判機関としての進展，確立がみられる中で，新たに，問題となってきているのは，「法治国家」という概念であり，「民主主義」という概念である．フランスでそれまで支配的であったのは，法律中心主義であり，国民の意思を反映する法律を基本として行政権の統制をはかる行政裁判による人権保障が中心であった．したがって憲法裁判による人権保障は，必然的にその根本からフランスの制度の考え方を問い直すことになる．

ちなみに，ジャック・シュバリエは，以前より行政法の分野で法原理の検討をしていたが，『法治国家』[4]の中でこの傾向を，「合法国家から法治国家へ De l'Etat légal à l'Etat de droit」というタイトルで説明している[5]．すなわち，法治国家理論は，フランスの法概念にとって二つの役割を果しているという．一つは，フランスの政治制度の特色となるものをより明確にする認識的機能，二つは，議会至上主義に対する告発の根拠としての理論的論拠を示すための批判を果しているという．カレ・ド・マルベールは，ドイツでの法治国家についての議論を捨象し，フランスの政治の現実に適合させた点で貢献したという．しかしカレ・ド・マルベールにとっては，フランスは法治国家の制度 régime を適用したのではなく，「合法国家の制度 système」を適用したのである．この合法国家は少なくとも二つの本質的な点で法治国家とは区別される．一つは，法律が行政活動の限界を示すばかりでなく，行政活動の「条件 condition」をも示しており，行政機能は法律の執行をするにすぎないこと．二つは，法律に対する憲法の優位性は，憲法がいかなる訴訟の対象ともなりえないゆえ，保障されないことである．したがって，法治国家の概念が専ら，市民の利益の中でかつ市民の保護のために確立されたのに対し，合法国家の概念は権力の基本的組

織に関係する政治的観念に結びつくものであり，純粋に立法府すなわち議会の優越性を保障するものとなった．結局，合法国家の概念は，立法府自体を制限するすべてのメカニズムを排除し，司法の他には行政にしか関係しないものとなったのである．シュバリエはこのように，法治国家概念のフランス的適用である合法国家理論について説明したあと，次のように述べる．

　1875年憲法の下では議会が実際，ほとんど無制限の権限を所有し，憲法は，憲法制定権力に立法権をしたがわせられないし，立法府の活動の範囲を制限することもできない．さらに，議会が唯一，改正の手続を開始することができるので，憲法制定権力をその手中に収めているともいえる．結局，議会は「最高機関であるばかりでなく，いわゆる主権を有する機関でもあり，権利の憲法上の保障は，その重要性を失うことになる．」[6]こうした無制限の立法権は，法秩序の基本と両立せず個人の自由に対して危険であるように見受けられる．こうした無制限の立法権を認めることは，最高規範である憲法の位置づけを問題にして，規範のヒエラルヒー原理に反対する．また，個人の権利の保護に関わるすべての装置を除外して，個人の権利の規制に関するすべての権限を立法府に与えることになる．このような議会の全能は，ルソーの影響下で，革命時に優位を占めた法律を理想化された代表概念により有利に扱うこととなった．真理，理性，正義の化身 incarnation de la Vérité, de la Raison, de la Justice である法律は，そのいかなる正当性をも疑われることはなく，議論の余地のない明白な，神聖な行為として考えられたのである[7]．

　こうした点から法治国家という概念は，法律の無謬性を問題として，フランスではこれまで実現されなかった法律の合憲性審査の制度を正当化するものとなった．しかし，代表概念から議会の全能の肯定，法律の不可侵性，無謬性の確認の議論は，法律の合憲性審査が普遍的となった今日のフランスにおいても，決して無縁のものとはなっていないように思われる．

　それはたとえば，1996年3月半ば，社会党議員のエマニエリが収賄のかどで市民権の剥奪が裁判所によって宣言されたときも，国民の代表者として，選挙によって選ばれた議員を司法が一方的に市民権の停止を宣言できるのかと

か，こうした判決の準備にあたる予審判事の権限が広すぎるのではないか，などという議論が沸騰することにも現れていよう[8]．

　他方，日本では，特別憲法裁判所を設けず日常の裁判にともなって，通常の裁判所で憲法判断をするというアメリカ型が採用されている．日本国憲法81条によれば，「最高裁判所は，一切の法律，命令，規則又は処分が憲法に適合するかしないかを決定する権限を有する終審裁判所である」ということなので，下級裁判所も含めたすべての裁判所が，合憲性審査をすることができることが明らかである．

　この際，日本の場合に特徴的なことは，第一は，具体的事件にともなった日常の裁判の中で扱われることであり，抽象的な審査はできない，と考えられている．したがって，そもそも裁判の俎上にのらない利害関係が立証できないものに対しては，裁判にならないがゆえに合憲性審査の対象ともなりえない．このことが，合憲性審査の枠を狭めているという批判がある[9]．

　第二は，「一切の法律，命令，規則又は処分」を対象としていて，法律のみが対象ではないということである．フランスではこの点，主に法律の規定または全体を対象としており，この審査が立法権に対する統制として働くことが明確である．但し他に議院規則や国際条約の合憲性審査，法律と命令の管轄の配分，フランス本国と地方法律の管轄の配分も審査する．しかし，日本では，法律のみならず，一切の行政行為をも合憲性審査の対象とする点で，この審査は，立法権に対する統制であると同様に，行政権に対する統制をも二重に構成しているのである．この点で，法律に対する合憲性審査は，実際には少なく，その内容が行政訴訟に近い，行政行為に対する統制を問うものが，その成果は別として，合憲性審査のかなりを占めているといえる[10]．

　第三は，日本国憲法41条の「国会は，国権の最高機関であつて，国の唯一の立法機関である」との解釈の問題がある．この条文の意味するところの，とりわけ「国会は，国権の最高機関」という部分を重点的に解釈すると，必然的に代表概念を基本とする議会の優位性の議論につきあたり，議会に対する統制が充分になされない危険性がある．現実に，日本の裁判所は他の権限を踏みこ

えてまでも判断を下さないようにする自制心には充分配慮しているといえよう．立法裁量の尊重はすでにしばしば裁判所によって示されている[11]．結局，日本の違憲法令審査制は，何を統制しようとするのかが見えにくい制度だといえよう．

そこに加えて，司法消極主義ということが指摘された．現行憲法により違憲法令審査制が施行されて60年以上たつのに，違憲と判断されたケースが少なく，この審査の存在意義が問われている[12]．この議論を通して，憲法判断積極主義と違憲判断積極主義の区別も主張され[13]，また積極的な合憲判断を司法消極主義の典型だということも主張された[14]．

いずれにしても，違憲法令審査制は，憲法が最高法規であることを前提としており，同時に憲法が硬性であって容易には改正されず，また内容的には，普遍的価値を有する権利の保障が明記されていることが条件となろう．そこで，フランスでは，憲法裁判の進展につれ，何が「憲法」であるか，という合憲性ブロックの定義についての議論も盛んに行われた[15]．というのは，フランス第五共和制憲法の中には，直接的には政治制度についての規定がみられ，前文において権利規定についての言及がなされているだけだからであった．

3.　日本の裁判官の任命

日本国憲法98条によって憲法が最高法規であることが明記され，また同97条によって，その理由が，歴史的普遍的価値を有する人権の保障にあることも明記されているにもかかわらず，なぜ，違憲法令審査制の「衰退」が指摘されるのか．その理由の一つとしてあげられるのが，日本における裁判官の任命制度である[16]．

日本では裁判の独立を保障するため，裁判官の任命資格については厳格な要件が定められていると同時に強い身分保障がされているといわれる．憲法上では，裁判官の任命については主に78条から80条にわたって記述されている．とりわけ，違憲法令審査についての終審裁判所である最高裁判所の裁判官の任

命に関しては，次のように定められている．

最高裁判所の長たる裁判官（1名）は，内閣が指名して天皇が任命する（日本国憲法 6 条 2 項）．その他の裁判官（14 名）は内閣が任命し天皇がこれを認証することになっている（79 条 1 項，7 条 5 号）．最高裁判所の裁判官としての任命には，「識見の高い，法律の素養のある年齢 40 年以上の者」であることを必要とし，少なくとも 10 名は一定期間法律家としての経験をもっていなければならないとされる（裁判所法 41 条）．基本的には内閣の裁量に委ねられているといえよう[17]．

このように最高裁判所の裁判官の任命は内閣の裁量に委ねられているといわれているが，実際には内閣は最高裁判所が準備する名簿によって任命する[18]．最高裁長官が自己の後任人事を含む最高裁判所の裁判官の人事について，首相に意見を述べる慣例があることも知られている[19]．さらに任命過程の実態として，次のような大枠が慣行的にとられているであろうことが指摘されている[20]．

「第一に，キャリアの裁判官や検察官からの任用には，それぞれ部内（最高裁長官・法務大臣）の推薦，第二に，弁護士からの任命については，日本弁護士連合会の推薦であり，第三に，大学教授，内閣法制局長官からの任用は，おそらく最高裁長官，内閣官房長官からの推薦が有力となるだろう．そして，第四には，判検事・弁護士・学識経験者の枠がそれぞれ，5・5・5 の比率とされてきたが，近時，この枠は，裁判官増加へとかなり修正されている．第五に，キャリア裁判官の増加に関連して，一つは弁護士からの任命の場合についても，元裁判官の経験者がかなり有利になってきたこと，二つは，最高裁事務総局，とりわけ，事務総長経験者と高裁長官経験者が，過去の実績にかんがみ，有利なコースとされていることである．第六に最高裁長官任命については，かつてのように当初からの長官としての任命（田中〔耕〕，横田〔喜〕の二名）はもはや見られず，むしろ最高裁判事からの長官への昇格・任命方式が，横田〔正〕長官以降は，慣行化している．」

なお，第四については 1996 年の段階で裁判官 6，検察官 2，弁護士 4，大

学教授，外交官，行政官各1名である．この構成はまた2014年においても同じである．

　この指摘をまとめた和田英夫は，最高裁判所が，審判機能と司法行政機関という二つの機能を構成するものととらえると最高裁判所裁判官にも，この機能を全うすべき資格あるいは責務が必要となるとしている．それは，一つは「各種事件に直接・間接関連する諸法規・諸法理に通暁していなければならないこと」さらに，「政策の造形者」でもあるという事実を無視できないこと，二つは「15人の裁判官はそれぞれ最高司法行政官庁ともいうべき最高裁裁判官会議の一構成メンバーとして，大小複雑困難な諸案件を審議・決定する責務を負わされている」こと，司法行政機関を構成する一員として，決定に深く関与するという責任を回避することは許されないこと，と述べている[21]．

　下級裁判所の裁判官の任命を含めて，裁判官の任命には，不透明な部分が多い．次のようなことも指摘されている[22]．

　第一に，最高裁事務総局が，裁判所の中枢の地位を獲得し，司法行政の主宰者となっている．裁判所の人事，財政についてその権限を独占するのみならず，下級裁判所の裁判内容にも影響を及ぼしている．また，これら事務総局のポストについて裁判実務を離れていた者たちが，司法官僚層を形成し，エリートとして出世している．

　第二に，思想，信条を理由とする差別的人事が行われている．

　第三に，同じ職務を遂行しているにもかかわらず，裁判官の報酬に，上と下との金額の隔たりが大きすぎるという不平等が存在する．

　第四に，判検人事交流の問題点がある．

　判検人事交流は，人事政策の一環として行われ，法務省帰りの裁判官が裁判所の司法行政やこれと密接なつながりのあるポスト中枢を占めていることも指摘されていた．こうした人事交流は，結局，行政訴訟や国賠訴訟で政府側を援助するための裁判所からの人材送りこみとなる点，政府，行政に理解を示す裁判官を増加させている点，各省庁と裁判所における処遇の緊密性などの点で問題が多く，公正な裁判を生みにくくしていることが指摘されていた[23]．なお判

検人事交流は 2012 年 4 月に廃止されている.

その結果,日本の裁判官は,官僚化している.無個性である,系列化されている,歪んだ特権意識をもっている,裁判長は管理職化していると,指摘されている[24].

違憲法令審査制の戦後 60 年の歩みは概して,最高裁判所の保守性,消極性を示しているといえよう.そして,その原因は,その構成員である裁判官の選任方法にある,とされている.畑博行は,長い間,同一の政党が政権を担当してきたことで,「最高裁と政治機関の同質性が全般的に顕著」と指摘する.また「選任が国民の眼の届かぬところで行われるため,無難な人事が行われがち」で,さらに「問題は,15 人の裁判官のほとんどがそれぞれの分野で最も功成り名遂げた元裁判官,弁護士,検察官,大学教授,外交官などであり,就任年齢も平均 62,3 歳である.彼らが概して保守的で消極的な理由はそこにもあると思われる」としている[25].

ここには,いくつかの問題が交錯していよう.第一に,日本国憲法第 6 章司法で,大きな問題とされるのは,裁判官の独立である.この独立は,他の権力からの独立のみならず司法権内部での独立をも意味している.しかし,これまでの議論からは,一方では,究極的には政府の裁量に委ねられている任命方式からも,行政との緊密な関係が予想でき,他方では,司法行政のあり方から,最高裁事務総局の裁判官全体へのしめつけも予想できる.あらためて「独立」の意味を問う必要があろう.

第二に,とりわけ問題となるのは,任官も含めて,人事の不透明性ということであろう.1994 年,しばらくはなかった任官拒否事件が再びおこった.これも結局は理由が明らかにされなかったが,当該修習生は,箕面忠魂碑訴訟の原告補助参加人として中心的に活躍しており,任官拒否の意図が思想,信条に関わるものであろうことは充分に推測できるケースであった[26].何故,思想,信条をチェックしなければならないのか——公正な裁判確保のために.それでは「公正な裁判」とははたして何なのか.それは,憲法 76 条 3 項の「すべて裁判官は,その良心に従ひ独立してその職権を行ひ,この憲法及び法律にのみ

拘束される」の文言だけでは不十分なものなのだろうか.

　第三に，こうした問題を問う全国的な裁判官組織が，日本にはないことである．各国には裁判官の自主的な団体があり，勤務条件をはじめとして，裁判官の独立のような問題に対しても討議を重ねているのが普通である[27]．この点で，日本は内部から問題とすることができず，硬直化が進むだけで制度の進展もないように思われる．裁判所法では，52条で，国会や地方議会の議員になること，また積極的に政治運動をすることを禁止している．政党員になったり，一般国民としての立場において政府や政党の政策を批判することは許されている，と解釈されている[28]．市民権の行使や団結権の行使が禁止されているわけではないが，現実には，青法協問題などを契機として，自制する傾向がみられる．このことは，公務員の中立性の考えとも併せて，職務遂行と，個人的自由のあり方に一石を投じているといえよう．すなわち，公正さを確保することと，市民的自由や結社の自由を認めないこととは，いかなる関係にあるかということである.

　裁判官がその身分を失うときは次の五つの場合である．第一が弾劾裁判による場合，第二が分限裁判による場合，第三が欠格事由が発生した場合，第四に，最高裁判所の裁判官だけに関することであるが，国民審査の投票による場合がある．最後は，定年，任期満了，中途退官である.

　最高裁判所の裁判官に対する国民審査制は，アメリカ合衆国における「衆民審査制」に由来するが，日本では国民の側からの司法権へのコントロールとして効果があるとはいえない状況である．しかし，アメリカ合衆国には，もともと，裁判官公選制があり，衆民審査制も存在した[29]．その意味では，発想の根本自体が日本にはなかったのであろう.

4. フランスの裁判官の任命

　これに対し，フランスの憲法院については，フランス第五共和制憲法56条の憲法院の構成の規定から，9年任期の9名の構成員と当然に終身の構成員と

なる元大統領で構成されることが明らかである．9名の構成員のうち，3名は大統領により，3名は国民議会の議長により，3名はセナの議長により，それぞれ任命される．再任は認められない．3分の1を3年毎に任命し，改選する．この任命に2008年7月の改正で「各議院の議長による任命は，当該議院の常任委員会の意見のみにしたがって行われる」が加わった．また，大統領による任命には憲法13条が適用されるべきだと主張されている．元共和国大統領に関しては，第四共和制時のオリオルとコティは，憲法院の構成員として務めていた．現在ジスカール・デスタンは構成員となっているが（2014年10月），大統領経験者が当然の構成員となるこの制度には批判が多い[30]．憲法院の構成員として要求される資格は何もない[31]．しかし，徐々に法律家が選ばれるようになっている[32]．

　構成員の独立は，兼職禁止と義務によって保障されている．まず，憲法院の構成員は，政府の構成員，議会の構成員，経済・社会・環境評議会の構成員，権利擁護官，政党の管理職や責任者の職業に就くことはできない．公務員を兼ねることはできるが，憲法院の構成員の職務を遂行することを妨げないよう二つの制限が設けられている．一つは，任期中には公の職務 emploi public に任命されてはならない．二つは，任命された時点ですでに公の職務に就いている場合には，憲法院の構成員である任期中は勤続年数による昇進しか換算されない．この兼職禁止規定は1995年強化された．次に，憲法院での職務に就く前に，任命された構成員は大統領の前で宣誓する．そして三つの原則 règles を尊重することを約束する．公平であること impartialité の義務，討議や投票の秘密を守る義務，慎重であること réserve の義務の三つである．この最後の義務は，憲法院の構成員は，憲法院の管轄に関わる問題に，いかなる公的な立場 position publique も表明せず，いかなる意見も述べてはならないことをさす．

　憲法院の院長は，構成員の中から共和国大統領により任命される．実際には，大統領が自分自身任命した構成員の中から常に院長を選んでいる．院長の権限は重要で，彼が憲法院の仕事を組織するのであり，またとりわけ票決が分かれたときには，彼が裁決権を有する．

憲法院事務総長は憲法院の院長の提案に基づいて大統領のデクレによって任命される．彼は，憲法院の内部行政を管理する．申立て（付託）を記録したり，作業を準備したり，報告書を作成したり，年次判決集を出版したりするのが彼の仕事である[33]．

憲法院は当初，政治的機関である，と批判された．その理由にあげられていたのが構成員の任命が政治的になされ，裁判官の独立性と法律家としての専門的能力を欠いている，というものであった[34]．また高齢化している，女性が任命されていない，などの任命についての批判もみられた．最後の点については，ノエル・ルノワール（女性）が就任して，（当時，9名のうちのたった1名ではあったが）批判の対象とはならなくなった．現在では（2014年10月）3名の女性評定官がいる．

ノエル・ルノワールを含む1992年2月の3名の構成員の任命は，ある種の多様性を憲法院にもたらした，とディディエ・モスは，指摘する[35]．まずジョルジュ・アバディは元知事で大統領により任命された．ノエル・ルノワールは女性ではじめて構成員となったというばかりでなく，コンセイユ・デタの調査官でもあり，法務省の局長でもあった．とりわけ生命倫理学に関する法案を準備していた．彼女は国民議会議長のエマニエリによって選ばれている．マルセル・ルドルフは，セナ議員であり，アルザス州議会の議長でもあるが，セナ議長のポエによって選ばれている．彼は，元弁護士であって，司法管轄を有するセナの重要人物の指名の伝統の中で選ばれている．

また，憲法院の構成員の中でルノワールは，バルモンドワ町長であり，フォールはロット県の県議会議長，ルドルフはアルザス州議会議長であることも強調すべき点としている．この選挙は任命が示された後の3月に行われている．モスは，このように，構成員の多くが地方選挙で選ばれていることは，憲法院の構成員の個人的状況の問題，とりわけ，憲法院の構成員の職務をすべての公選の任務との兼職禁止を設定することを認めないのかという問題をあらためて提起せざるをえない，としている．というのも，これら3名は公選されたという資格から大統領に候補者を推薦する権利を有する．その推薦は構成員が意見

を述べることになる合法性に基づくものとみなされよう．また，公選されたということは，より広く政治的問題をみるのではなく，地方分権の視点に基づく態度をとることになろう．しかも，彼らは，憲法裁判官という職業において，知りえる問題について，そうした態度をとることになるのだ，と批判している．かくして，1995年1月あらゆる公選職を兼職禁止とする組織法律により，この点が改正された（L. O. M. 95-63 du 19 janvier 1995）．

　1995年2月，ミッテラン大統領が彼の任期の最後で任命をしたのは，元外務大臣のローラン・デュマで72歳である．セナ議長のモノリーによって選ばれたのは，エティエンヌ・ダイイーで，セナ議員であり77歳である．セガン国民議会議長によって選ばれたのは，ミッシェル・アムレルで，元国民議会事務総長であり69歳である．この2名は，議会で可決された法案を審査するという憲法院のやり方には反対を表明していた．ル・モンドは，このような2名が構成員に任命されても，憲法院の新しい発展に到達するものでしかないであろう，としている．というのも，徐々に多数派のあらゆる侵害に対して，憲法院が個人の諸自由や公の諸自由の気難しい保障機関となってきたからである．こうした原則の実施は，法治国家と呼ばれる現象とも結びつく．法治国家とは，多数派が国家を中心として集束する基本原則——人権と憲法——を尊重することを含む．憲法院の名声を確かなものとし，誰も異議を唱えなくなったのはバダンテールの院長としての功績によるものである（1986年から1995年まで院長を務めた），としている[36]．

5.　憲法裁判官の正当性

　政治的任命ゆえに政治的機関であり，裁判機関ではない，という批判は，それでは克服されたのであろうか．確かに，社会党のミッテラン大統領の下で2名も院長を任命しているので，反対派あるいは左派はそれなりの政治的恩恵も受けたということになろうか．保守派のジスカール・デスタンの時代から憲法裁判所としての活動が活発になった憲法院に対して，政治的機関だと批判して

第 5 章　憲法裁判官の任命　*119*

いたのは，左派と，行政法の研究者が多かった．行政法の研究者は，コンセイ
ユ・デタこそがフランスの歴史の中で人権保障機関として活躍してきたとする
のである[37]．

　ファヴォルーは，1988 年の日仏法学共同研究集会第 2 回会議においても[38]，
1990 年の中央大学日本比較法研究所におけるシンポジウムにおいても，政治
的任命を肯定している．とりわけ後者のシンポジウムの討論においては，比例
制度によって裁判官を任命する制度を紹介し，日本の憲法裁判の硬直化を打破
するためには，そうした方法も考えられると，示唆している[39]．比例制度によ
る裁判官の任命を採用している国は少なくなく，たとえば，ドイツも「議会に
おける政党勢力を反映した裁判官ポストの比例配分という観点」を連邦憲法裁
判所の裁判官の選出においてとっている[40]．

　また，イタリア憲法 135 条によって，イタリア憲法裁判所の裁判官は 15 名
であるが，3 分の 1 は大統領により，3 分の 1 は議会の合同会議により，残り
の 3 分の 1 は通常の及び行政の最高裁判機関により選任される[41]．この議会に
よる任命は，議会の構成員の 3 分の 2 の多数派が 2 回投票の 1 回目を投票する
ことにより，次に 5 分の 3 の多数派が 2 回投票の 2 回目を投票することによ
り，行われる．こうした一定の多数派 majorité qualifiée の設定は裁判官が政府
を構成する単なる多数派により任命されることを避けるために，また諸政党の
上に裁判官を位置づけるためにも望まれたのであった．最高裁判機関による任
命は次のように行われる．破毀院により 3 名の裁判官が選ばれ，コンセイユ・
デタから 1 名の裁判官，会計院から 1 名の裁判官が選ばれる．これらの任命
は，それぞれの最高裁判機関の中に，裁判長や，部局長を務める裁判官や検事
総長などからなる何人かの裁判官で構成する合同会議における選挙で決定され
る．大統領は，政府の提案を受けずに，5 名の裁判官を選ぶ．しかしながら，
任命のデクレは首相 président du Conseil des ministres によって副署されなけ
ればならない[42]．

　ジャン・クロード・エスカラスは，憲法裁判所を置いている多くの国で憲法
裁判官の任命が政治的になっていること politisation が確認できる，と述べて

いる．彼によれば，こうした現象は，同時に自然でまた必要なことだという．すなわち，自然だということは，政治的機関がこれらの裁判所の形成に，ときには専断的に協力しているという点で，必要だということは，憲法裁判官が，あるいは少なくとも憲法裁判官の一部が，彼らが裁定しなければならない仕事についての政界の事情に通じている必要があるという点である．エスカラスは続いて，イタリアでこの政治化の現象が異常に発達したことを認めている．というのもイタリアでは，憲法制定議会の意思を曲解するほどまで，この政治化現象がさまざまな任命の過程に影響を及ぼしているばかりでなく，憲法裁判官候補者の選挙に関しても，政治的参加が彼らの3分の2の任命には不可欠な前提条件となっているように思わせる結果となっているからだという[43]．

ところで，ヤン・アギラは次のように指摘する．フランスで，憲法院が真の裁判機関でなく，政治的機関だとする批判の中には，憲法院の構成員はさまざまな解釈の可能性のある中で一つの意味をとり出す解釈の自由を有している，すなわち彼らは，規範を確定する権限 pouvoir normatif を有していると考えられるが，そうした権限を裏づける民主性を有していない．彼らは選挙されたわけでもなく，人民の前に責任をもつということもないからだ，という批判がある．

これとは反対に，憲法院は，憲法を機械的に適用しているだけだ．彼らは解釈の自由を有しているのではなく，政治的，道徳的価値にふれるあらゆる評価を自制しなければならないからだとする意見もある[44]．

たとえば，ドミニク・ルソーは，「もし憲法院が法の創造，法律の作成に関わっていたとするならば，それは民主的とはいえない．しかし，憲法院が政治的活動 activité politique を行使しないことが認められるならば，それは民主的である」[45]と述べている．

アギラは，こうした意見が大きな過ちを犯していると指摘する．というのも，こうした意見は，裁判に関わる作業の現実を説明していない．すなわち裁判に関わる作業は，同時に創造的で政治的な性格を有しているのだ，という．そして，憲法院は，第二憲法制定議会でもないし，立法府に対応するものでも

ない．一つの裁判機関である，と結論する[46]．

　結局，憲法院は，裁判という性格に特別な任務を与えているように見受けられる．憲法院の判決が強い「規範形成責務 charge normative」を有しているか，あるいはそれらの対象がすぐれて政治的であるかという状況があるが，そうした状況は憲法院の任務の本質を変えるものではない．なぜなら解釈という作業は，部分的には創造的なものであり，規範形成の任務はあらゆる裁判所に共通のものであるからだという[47]．

　さらに彼は，憲法裁判の正当性について法治国家という概念と民主主義という概念の考察を通して言及する[48]．彼は次のようにいう．政治哲学は二つのタイプの民主主義に分ける．それは直接民主主義と代表民主主義である．前者は現実の人民に拠り，後者は抽象的な国民に拠る．前者の場合，選挙された者は命令委任を有する．彼らは彼らの選挙人を代表する．後者の場合，彼らは，国民を代表すべき使命をもっている．すなわち「歴史的継続性，世代の連帯，大きな共同体的利益の永続性の総括」である．憲法裁判の民主主義的性格の問題は，人々が考える民主主義の観念という同じことばにおいては生じない[49]．

　まず，直接民主主義に関しては，唯一人民から選挙された者が，人民の名で語ることができるという観念とかろうじて両立しうる．これに対し，憲法裁判と代表民主主義との一致点を見つけることは可能である．例えばドミニク・トゥルパンも裁判官は国民の代表者であるとしている．クロード・エメリも法律の合憲性審査は，政治学の観点からは，「賢人の拒否権」として分析することができるという．この観念は，アメリカ合衆国では，説明しやすい．アメリカ合衆国の連邦最高裁判所は，アメリカ国民の歴史的価値を「代表」していると認められている．直接民主主義を担う立法府と代表民主主義の道具である司法機関とのそれぞれの役割の調和的配分があるように思える．しかし，こうした正当性は，フランスには望まれない．というのも，議員が国民の代表者だと考えられているからだ[50]．

　「裁判官は誰も『代表』していない．選挙人の前にその行為を説明するものでもない．憲法裁判官の場合は一層そういえる．憲法裁判官の正当性は他にあ

る．それは，自由社会の最高法の基本は究極的には，いくつかの本質的な原則をすべての人々が尊重するところにあるという事実による．」[51]このような批判がフランスには存在している．アギラは，このような批判は，裁判所の任務の特殊性を説明していないとして次のようにいう．憲法院を国民の代表者として提示すると，国民は，議会と競合的な，国家の他の諸機関と同一のレベルに憲法院を位置づけるであろう．たとえ，裁判官の裁定者としての身分が主要な役割を果しているとは考えられないとしても[52]．

さらにアギラは，カール・フリードリッヒが用いた「憲法的民主主義」ということばを説明する．すなわち民主主義は，同意consentementの要求に基づくばかりでなく，憲法にも基づくものである．これが立憲主義の発展につながった．そこでの重要な問題は裁判官の正当性となる．そして，正当性の観念は，法律的な考察からよりも，政治学的もしくは社会学的分析に属する．というのも合法性は法規範への一致を前提としているが，ある行為の正当性は，共同体によって容認されている政治的社会的規範への一致を前提としているからである．憲法院への批判は常に，そうした正当性に関わるものである[53]．

そこで彼は，憲法裁判は正当性の二つの形態——手続的正当性と機能的正当性——に基づくとしている．手続的正当性とは，存在形式の手段に関わり，機能的正当性とは，裁判所の行為の内容と目的に関わるものである．

第一に前者については，裁判官の介入の方法について，第三者という価値，したがって，裁判所の権威に基づく公平さをもっているということが必要である．判決の価値はいくつかのよく知られている原則の尊重——公平な構成，政党の野望による権力の制限，手続の対審的・公共的性格，判決の動機の明確性——に基づいていることが手続的正当性として要求されるという[54]．

その中で，公平性を保障する裁判所の構成については次のように述べられている．判決が容認されることは，裁判官の中立性に信頼がおかれていることである．こうした基準から，憲法院の構成は，任命や法上の構成員である元大統領の参加の客観的な条件が示されていないなどの，構成員の任命方法や，政治的・職業的活動との兼職禁止規定がないに等しいなどの身分規程という点から

批判されていた．確かに外国においては，法律家であることなど，裁判官の任命の条件を定めることによって，ある種の透明性が確保されている．あるいは，任命手続の公共的性格によって透明性が確保されている．しかしながら政治的要素が決して全体的に除去されているわけではないことが指摘されている．議会を統制することを任務とする裁判管轄を有する構成員が，政治的な事柄に通暁していることが望まれているようにさえみえる．もし公平性が，対峙する諸利益に対してある種の距離をおくことを前提としても，身近な問題として理解することが必要とされている．実際には，判例上の継続性が憲法院の現実の公平性の存在を示しているとされている[55]．

　第二に，後者の機能的正当性については，裁判官は，割当てられた社会的任務を果すときに，正当であるといえる．彼の正当性は「職務的」とも呼びうるものである．裁判官は解釈の自由というものを憲法裁判の社会的な究極目的finalités sociales に一致する使い方をすることが要求されている．憲法院は，すでに示されているように憲法の二つの社会的な究極目的を，解釈という仕事の中で考慮に入れている．それは，公権力間の均衡と，人権保障である．このことから憲法裁判官は，議会の多数派のすべての権力と直面する政治的・社会的少数派の当然の保護者である．憲法的民主主義は，かくして議会制民主主義を性格づける多数派の推進力を食い止めることになる[56]．

　結局，憲法的民主主義は，議会と憲法裁判所という二つの支柱に支えられている．議会は，それぞれの市民が参加できなければならないという表現において，多数派の意思を表明する．憲法裁判所は，「共和国の良心」を構成する．憲法裁判所は，共同体の設立に関わる原則が尊重されているかどうか監視し，多数派の権力に直面する個人や少数派を保護する．これら二つの機関は双方とも社会平和に貢献しているのである，とアギレは結んでいる[57]．

6.　まとめにかえて

　日本の最高裁判所の裁判官の任命についてこれまで政治的任命であることを

124

真正面にすえて議論してきたことはなかったように見受けられる．その反面，独立性や中立性は強調されてきた．しかし，政治的任命は避けられない．ある意味では中立だとされる人物を任命することも充分に政治的任命を意味しているといえる．ならば，むしろ政治的任命の多様化をはかることの方がふさわしいのではないか．それが政権交代を必要とする根拠であろう．ファヴォルーはフランスの任命も現実には，比例性に近づいていると分析している[58]．日本も少なくとも首相，及び衆参両院議長の推薦によることを承認すれば状況が変わるかもしれないという．政治的任命であることを前提として，その上で独立性・中立性・公平性をあえて自覚させるという形もある．他方で日本のような選挙のあり方あるいは政治状況の上で政治的任命がはたしてうまくいくのかも考えなければならない．

次に，日本は実際，裁判所法 41 条にしたがって「識見の高い，法律の素養のある年齢 40 年以上の者の中から」最高裁判所の裁判官が任命されている．こうした条件から外交官や行政官を任命することも行ってきた．これも批判の対象とはされていない．また学識経験者の中に検察官が入るのかも疑問とされていない．しかし，たとえばフランスで一番問題とされているのは，憲法裁判官の条件であり，法律家でない者がどうして裁判官として活躍できるのかが常に議論の対象である．他方，アメリカ型憲法裁判をとる中で職業裁判官にとって到達地点となっているような現在の日本のシステムは，当然，問題とされるべきであろう．下級審の裁判に萎縮効果をもたらすからである．

さらに，憲法裁判官の自覚の問題がある．憲法裁判はなぜ必要か．実際には議会における多数派の行動を統制し，憲法に照らして人権の保障をはかり，少数派を保護する．このような観点から出される判決は下級裁判所にはあっても，最高裁判所には少ない．議会の多数派の憲法解釈で作られた法律に，憲法の意義に照らして適っていないと思われるものにメスを入れることが重要である．

日本の全体の制度の中で，官僚化が進んでいることが悪弊となっているのは明らかである．こうした所では，新しい意識や新しい観念は認められにくい．前にあったことを踏襲するだけで，旧い枠からはみ出せない．このような制度

の下では，誰がトップになろうが個性が発揮できず，変わらないことになる．日本の最高裁判所の裁判官も同様の制度の下にあるように思われる．となると，問題はむしろ，政治的な任命よりも，先進的な判決を示しえない裁判所の官僚的システムの中にこそ，問題があるといえるのではないだろうか[59]．政治的任命であったとしても，たとえばフランスでは大統領の宣誓の前に裁判官の公平さを確保する．日本では，その良心に従い独立してその職権を行い，憲法及び法律にのみ拘束されるはずである．しかし，それが官僚的システムの下で充分に発揮できないとしたら，その方が問題だといえるのではないか．

1) フランスの憲法院については，すでにさまざまな論文がある．従前の制度については次のものを参照．中村睦男「フランス憲法院」『今日の最高裁判所』法学セミナー増刊（1988年）225-230頁，司法研究所編『欧米諸国の憲法裁判制度について』法曹会1990年241-366頁．なお関連する拙稿に「憲法院と行政権」フランス行政法研究会編『現代行政の統制』成文堂1990年215-242頁．

　当時の議会復権の傾向については，さしあたり，次のものを参照．大山礼子「フランス議会」レファレンス440号（1987年）45-56頁．さらに2008年の憲法改正は，議会の機能を強化している．

2) 植野妙実子・前掲論文224頁．Louis FAVOREU, Modèle européen et modèle américain de justice constitutionnelle, *AIJC-1988*, Economica, 1990, pp. 51-66. この翻訳については次のものを参照．植野妙実子編訳『フランス公法講演集』中央大学出版部1998年147頁以下．

3) この内容と事情については，ジャン・ポール・ネグラン著植野妙実子訳「フランスにおける法治国家の歩み——公法の面から」比較法雑誌26巻2号（1992年）43-75頁．とりわけ65, 66頁に詳しい．なお，本改正案の翻訳については，矢島基美「1990年フランス憲法院提訴権改革法案」徳山大学論叢37号（1991年）参照．

4) Jacques CHEVALLIER, *L'Etat de droit,* 2ᵉ éd., Montchrestien, 1994.

5) *Ibid.,* pp. 29-34.

6) シュバリエはカレ・ド・マルベールのことばを引用している．Carré de MALBERG, *Contribution à la théorie générale de l'Etat,* 2 tomes, Sirey, 1920-1922, p. 616.

7) Cf., Jacques CHEVALLIER, Du principe de séparation au principe de dualité, *RFDA,* 1990, n° 5, pp. 712-723.

8) 1996年3月20日夜8時のフランス2の予審判事へのインタビュー．Le Monde, du 20 mars 1996.

9) なお司法審査権の範囲と限界については，さしあたり戸松秀典『司法審査制』勁草書房 1989 年 113 頁以下参照．また違憲審査制の性格については，さしあたり野中俊彦『憲法訴訟の原理と技術』有斐閣 1995 年 1 頁以下参照．

10) 行政訴訟の問題点については，さしあたり阿部泰隆『行政訴訟改革論』有斐閣 1993 年参照．

11) 同様に統治行為論も展開されている．藤井俊夫「違憲審査の対象」樋口陽一編『講座憲法学 6 権力の分立(2)』日本評論社 1995 年 95-130 頁．

12) たとえば樋口陽一『司法の積極性と消極性』勁草書房 1978 年．

13) 同書 126 頁．

14) 横坂健治「司法審査の積極主義と消極主義」憲法理論研究会編『違憲審査制の研究』敬文堂 1993 年 114 頁．

15) さしあたり，次のものを参照．Louis FAVOREU, Le principe de constitutionnalité, in *Recuil d'études in hommage à Charles Eisenmann,* Paris, éditions Cujas, 1977, pp. 33 et s.

16) たとえば戸波江二他『憲法(1)──統治機構』有斐閣 1992 年 127-128 頁（松井茂紀担当部分）参照．また違憲審査制の問題点を人的な面と制度的な面の双方にあり，相互に関連しあっている，とするのは，戸波江二「司法権・違憲審査制の 50 年」法律時報 66 巻 6 号（1994 年）87 頁．

17) たとえば戸波江二他・前掲書 127 頁以下参照．

18) 田宮裕『日本の裁判』弘文堂 1992 年 19 頁．なお本書第 12 章も参照．

19) 矢口洪一『最高裁判所とともに』有斐閣 1993 年 97 頁．

20) 和田英夫「最高裁判所裁判官のありよう」前掲法学セミナー増刊（1988 年）51 頁．

21) 同論文，47-50 頁．

22) 宮本康昭＝塩谷国昭「裁判官の処遇についての研究」法学セミナー増刊『現代の裁判』（1984 年）292-302 頁．他に最高裁による裁判官統制については，小栗実「最高裁による裁判官統制をめぐって」法律時報 59 巻 9 号（1987 年）46-50 頁．

23) 判検人事交流に関しては，次の特集参照．「特集・司法行政と裁判行動」法律時報 62 巻 9 号（1990 年）6 頁以下．

24) 山崎和夫「裁判官“四題”」前掲法学セミナー増刊（1984 年）288-291 頁．「官僚裁判官」のフォーマリズムという批判も存在する．奥平康弘『憲法裁判の可能性』岩波書店 1995 年 83 頁以下．

25) 畑博行「違憲立法審査制」ジュリスト 1073 号（1995 年）37-38 頁．

26) 瀧康暢「最高裁の人事政策は変わったか」法学セミナー 474 号（1994 年）4-5 頁．

27) 渡部保夫他『現代司法』日本評論社 1992 年 96-100 頁（木佐茂男担当部分）．フランスの司法官組合については次のものを参照．ピエール・リオン・カーン／山口

俊夫訳「『司法官組合』の経験——証言」日本弁護士連合会編『フランスの司法』ぎょうせい 1987 年 91-115 頁.

28) 『裁判所法逐条解説・中巻』法曹会 1969 年 170-183 頁. とりわけ 178 頁.

29) 田中英夫「アメリカの裁判官と日本の裁判官」前掲法学セミナー増刊 (1984 年) 94-101 頁.

30) Commenté sous la direction de Thierry S, RENOUX et Michel de VILLIERS, *Code constitutionnel*, LexisNexis, 2014, 6e éd., pp. 761 et s.

31) なお 1958 年 11 月 7 日オルドナンスには次の規定が置かれている.

　　3 条　職務に就く前に, 任命された憲法院構成員は共和国大統領の前で宣誓する. 構成員は, 適切に忠実にその職務を遂行し, 憲法を尊重して, 公平にその職務を行使し, 審議及び投票の秘密を守り, 憲法院の管轄に関わる問題について, いかなる公的な立場も表明せず, 意見も述べないことを誓う.

32) Jean-Claude ACQUAVIVA, *Droit constitutionnel et institutions politiques,* Dunod, 1994, pp. 177 et 178.

33) Cf. Louis FAVOREU et Loïc PHILIP, *Le Conseil constitutionnel,* 5e éd., Série de « Que sais-je? » n° 1724, PUF, 1991, pp. 9 et s.

34) Par ex., Dominique Rousseau, *Droit du contentieux constitutionnel,* Montchrestien, 1993, 3e éd., p. 39.

35) Didier Maus, *La pratique constitutionnelle française 1er octobre 1991–30 septembre 1992,* La documentation Française, 1995, pp. 163 et 164.

36) Le Monde du 24 février 1995.

37) Par. ex., Danièle LOSCHAK, Le Conseil constitutionnel, protecteur des libertés?, *Pouvoirs* n° 13, 1980, pp. 35-48.

38) 日仏法学会編『日本とフランスの裁判観』有斐閣, 1991 年. 当該論文は 240 頁以下.

39) 小島武司他編・前掲書 46 頁.

40) 司法研修所編・前掲書 215 頁.

41) 135 条［憲法裁判所の構成］
　　① 憲法裁判所は 15 人の判事をもって構成する. その 3 分の 1 は大統領により, 3 分の 1 は国会の合同会議により, 残りの 3 分の 1 は通常および行政の最高司法機関により選任される.
　　② 憲法裁判所の判事は, 通常および行政の上級裁判機関の司法官 (退職した者も含む), 大学の法律学の正教授ならびに 20 年の職歴を有する弁護士の中から選ばれる.
　　③ 憲法裁判所の判事の任期は 9 年とする. その始期は宣誓の日からとし, 再任されることはない.

④ 任期終了とともに，憲法裁判所の判事は，その職務と権限の行使を解かれる．

⑤ 憲法裁判所は，法律で定める規定にしたがい，その構成員の中から長官を選出する．長官の任期は 3 年とし，再選が許されるが，判事としての任期中に限られる．

⑥ 憲法裁判所の判事の職は，国会議員，州議会議院，弁護士としての職務行使および法律で指定する職務のすべてと兼ねることができない．

⑦ 大統領に対する弾劾の裁判においては，憲法裁判所の判事に加えて，元老院議員の被選資格を有する市民の名簿の中からくじで選出される 16 名の判事が参加する．この名簿は，国会が，憲法裁判所の判事の選任と同じ方式で，9 年ごとに作成する．

〔本条は 1967 年 11 月 22 日の憲法的法律第 2 号，1989 年 1 月 16 日の憲法的法律第 1 号により改正〕

（井口文男訳「イタリア共和国憲法」初宿正典＝辻村みよ子編『新解説世界憲法集第 2 版』三省堂 2006 年 148 頁より引用）

42) Louis FAVOREU, *Les Cours constitutionnlles*, Série de « Que sais-je? » n° 2293, PUF, 1986, pp. 72 et 73.

Cf. Marilisa D'AICO, Juge constitutionnel, juges du fond et justiciables dans l' évolution de la Justice constitutionnelle italienne, *AIJC*-1989, Economia, 1991, pp. 79-96.

43) Jean-Claude ESCARRAS, Rapport d'Italie dans la table-ronde : Les juges constitutionnels, *AIJC-1988*, Eeconomica, 1990, p. 169.

44) Yann AGUILA, *Le Conseil constitutionnelle et la philosophie du droit,* LGDJ, 1994, p. 80.

45) Dominique ROUSSEAU, *op. cit.,* p. 404.

46) Yann AGUILA, *op. cit.,* pp. 80-90.

47) *Ibid.,* p. 90.

48) 憲法裁判の正当性もしくは憲法裁判官の正当性（正統性とも書く）については，さしあたり，次のものを参照．

芦部信喜『憲法訴訟の現代的展開』有斐閣 1982 年 143 頁以下．

佐藤幸治『現代国家と司法権』有斐閣 1988 年 533 頁以下．

芦部信喜＝樋口陽一「対論」樋口陽一編・前掲書 280 頁以下．

ミッシェル・トロペール／長谷部恭男訳「違憲審査と民主制」日仏法学 18 号（1993 年）1-23 頁．

樋口陽一「違憲審査をする裁判官の正統性と法解釈編」ジュリスト 1037 号（1994 年）133-319 頁．

なお本章で「政治的任命」とは，樋口前掲論文 135 頁の注 5) が示す，政治的動

第 5 章　憲法裁判官の任命　*129*

機によって政治的機関によって任命される意味であり，その正当性の源である国民
に対して責任を負うことを説明できるような任命の仕方をさす．

49）　Yann AGUILA, *op, cit.,* pp. 94 et 95.

50）　*Ibid.,* pp. 95 et 96.

51）　ヤン・アギラの引用部分である．Roger ERRERA, Sur une révolution silencieuse :
à propos du Juge de la loi, *Commentaire,* n° 35, Automne 1986, pp. 424-426.

52）　Yann AGUILA, *op, cit.,* p. 96.

53）　*Ibid.,* pp. 96 et 97.

54）　*Ibid.,* pp. 97-101.

55）　*Ibid.,* pp. 97 et 98.

56）　*Ibid.,* pp. 101-103.

57）　*Ibid.,* p. 103.

58）　Louis FAVOREU, Rapport de France dans la table-ronde : Les juges consti-
tutionnels, *AIJC-1998* précité, pp. 141-154. なおフランスでの政治的任命に関する議
論はやはり代表概念にひきずられている点があることはみすごせない．

　　Cf. Louis FAVOREU, La légitimité du juge constitutiounel, *RIDC,* 1994, n° 2, pp.
557-581. この論文を扱ったものとして植野妙実子「憲法裁判官の正当性」比較憲法
史研究会『憲法の歴史と比較』日本評論社 1998 年 403 頁以下．

59）　桜井考一他「座談会：最高裁判所の機能の充実」ジュリスト 1053 号（1994 年）
9-38 頁参照．

第6章

公的諸自由と基本権の保障

1.　は じ め に

　1970年代から憲法院が人権保障を担うようになって，それまで，行政裁判所による命令の合法性審査（法律適合性審査）が人権保障の中心であったことにかわって，この分野で大きな役割を果すようになった．今日では憲法院にふれずに人権保障を語ることはできない．しかし，すっかり影をひそめてしまったようにみえる「公的諸自由」は，特段その役割が変化したりなくなったりしたわけではない（なお公的諸自由は公の諸自由ともいわれるがここでは後にみるように公的と私的の対立もあげられているので本章では公的諸自由とした）．法律の違憲審査の事後審査が施行されて以降は，行政裁判所において憲法に適合的と思われる法律を基準として適用し，命令を審査していることになる．その意味では，基準として適用される法律の地位は相対的に確固たるものになったといえる．他方で行政裁判所において，命令の合法性審査をするときに，少なからず憲法もしくは憲法院の判例を考慮するようになっていることもうかがえる．

　しかし，そもそも公的諸自由に対する行政裁判所の，特にコンセイユ・デタでの判決の積み重ねがあったからこそ，憲法院の基本権保障がスムーズにはかられている面があるのではないか．そのような意図で，公的諸自由と基本権の保障の意義をここではとりあげる．

　もう一つ考えておかなければならないことがある．それは，フランス憲法の

本文自体には人権のカタログがなく，人権規定については，第五共和制憲法前文から，1789 年人権宣言と 1946 年第四共和制憲法前文へ遡り，第四共和制憲法前文で 1789 年人権宣言と共和国の諸法律によって承認された基本的諸原理を確認する形をとっている．今日ではさらに 2004 年の環境憲章も人権規定のカタログの一つとして認められている．これらの規定は合憲性ブロックを構成している．その中で権利の限界を一般的に示しているのは，人権宣言 4 条であって，そこには「自由とは，他人を害しないすべてのことをなしうることにある．したがって各人の自然権の行使は，社会の他の構成員に同一の権利の享有を確保することにしか限界をもたない．これらの限界は法律によってのみ決定される」と定められている．また 5 条には「法律は社会に有害な行為しか禁止する権利をもたない．法律によって禁止されていないすべての行為は妨げられず，また何人も法律が命じていない行為を行うよう強制されない」と定められている．こうした規定は 6 条の冒頭のことば「法律は一般意思の表明である」を基礎としており，法律中心主義を示す規定として，そもそも憲法による法律の合憲性審査を否定的にとらえる根拠を提供するものでもある．したがって，日本国憲法におけるような，公共の福祉による規制を一般的に述べているところはなく，フランスの憲法の人権カタログにおいては，あくまでも「他人も同一の権利をもっている」という日本でいう内在的制約が明示されているにすぎない．それ以上の制約は結局判決の積み重ねによって認められているといえる．その場合のアプローチは，一般利益という日本でいう公共の福祉や公共の利益にあたるものにより，制約の合憲性をみる場合もあるが，いくつかの違憲判断基準を用いて，制約の合憲性を精査する形をとる場合もある[1]．なかでも比例性の原則——この場合，規制する目的に手段が比例的に適合しているかをみるのであるが——は，重要な違憲判断基準とされている．公的諸自由における判断基準と基本権における判断基準との連動も検討する必要があろう[2]．

2. 公共性の意味

　広辞林によれば「公」[3]の文字の意は「㊀まがった私心のないこと．かたよらないこと．㊁ひろくおよぶこと．普及．㊂差別のないこと．平等．㊃ともにすること．共同．㊄かくさないこと．明白．㊅役所，官府，政府，㊆国家または社会，世間または衆人」などとなっている．さらに「公共」は「おおやけ．社会一般．世間の衆人」の意である．

　他方，フランスで「公」あるいは「公共」に相当する public は次のように解釈されている[4]．Public はラテン語では publicus であり，人民，国家に関すること，公式の，すべての人々に共有の，公的使用に供するものを示す．フランス語で public の意は，まず人民全体に関するものをさす．その内容は第一に人民全体の共同体に関するもの，この意味で公共秩序の維持，公共利益 intérêt public の要求などが用いられる．第二に人民のすなわち組織された社会の，行政や政治に関するもの，第三に公人，すなわち政治や中央行政において職務を果す者，あるいは国民代表の一部をなす者，あるいは多少なりとも社会において公式の地位をえようとする者を示している．次に public にはすべての人々に共同の commun ものという意がある．その内容は第一に共同体や国家に属するもの，第二に少数派に留保されているのではなく，すべての人々が使用しているもの，あるいはすべての人々に開かれているもの．第三にすべての人々のために活動をするものを示す．さらに public にはすべての人々に知られていることの意がある．すべてのあるいは多くの人々の面前で起ること，すべてのあるいは多くの人々が知っていること，知られていること，すべてのあるいは多くの人々が感じ表現していることを示している．この最後の意味で世論（公論）opinion publique が用いられる[5]．

　ここで注意しておきたいのは，「国家の」という意と同時に「人民の」という意がこの public の中にこめられていることである．

　またフランスには public と似て使用されることばに général がある．たとえ

ば公共利益 intérêt public と同様の意味で一般利益 intérêt général が用いられる．général は次のように解釈されている．第一に，特殊に対して，諸状況のあるいは諸個人の総体に適用されること．第二に，ものごとや人々の総体の最大部分にわたること．第三に，社会のすべての構成員に関わること，諸個人の全体としての行為を意味する．第一の意味では一般法 loi générale，第二の意味では一般法則 règle générale，第三の意味では全体責任 responsabilité générale，一般利益 intérêt général があげられる．他に général には，同一ジャンルのすべての個別的専門性を総括する領域の部門，組織全体に関わり影響すること，役務や組織や命令の全体を含むこと，非常に拡大された範囲に及ぶ活動などの意味もある[6]．

　général は諸個人を単位として考えながらも一般化・概括化に重点がおかれているといえるであろう．

3.　公共秩序と公的諸自由

　警察規制の目的は公共秩序の維持である．この公共秩序は普通には街路における秩序と理解されているようであるが，法律的には，その目的やその性格について精緻な理論が展開されている[7]．

　秩序とは人類社会に必要な，社会的安定性のごとき組織調整 organisation と考えることができる．この秩序は国家が確保するものである．公共秩序は市民間の関係の安全や公共生活の正常の経過を保障するための制度全体として生じる[8]．

　ビュルドーは公共秩序を，所与の社会を定義する法的問題を総合したものである，と述べる[9]．公共秩序とは，内容がどうであろうと，すなわち街路における物的秩序[10]だけを目的とすると考えられても，市民間の平和的関係と経済的関係の便宜性に不可欠の，安全と公共道徳の諸条件の総合を公共秩序とするとしても，公共秩序を一般利益や国家の保全と取り違える傾向があるにしても，各人が承認しうる状態である．公共秩序は，ある一定の時期に実施されて

いる法的秩序の一般的調和の反映だからである．さらに自由主義的公共秩序は，私的自由に対するいかなる個別的命令も含まない．私的自由の基礎となる個人主義は自然法の原理に由来するが，公共秩序は共同体の法である．しかし公共秩序の観念に広い意味が与えられてくると，限定された範囲にとどめられなくなり，共同生活のすべての法的基盤を包括する．実際実定法はその総体において公共秩序からなるが，その実定法は社会秩序を実現すべく予定された専門的な手段のシステムであり，その基礎には法観念 idée de droit がある．

　しかし，実定法に描かれた公共秩序の観念よりも法観念の方が変化してしまう場合がある．この場合は実施されている規制を保障する秩序と法観念から生じる公共秩序との間に乖離がある．そこではもはや真の公共秩序は条文や立法者の意思の側にあるのではなくて法観念の側にあるといえよう[11]．

　すべての事柄は公共秩序から由来し，公共秩序に協力して，公共秩序に依存する．公共秩序は，社会的諸関係と経済的諸構造に，常に政治的な世界のさまざまなヴィジョン visions du monde にいわば生命を与える．公共秩序の観念は，法の観念や国家の観念に直接密接に関連するものである．個人は他者と対立するとき，法を創設する必要を感じる．その法は人々の意識が高まり結実するものであるが，法律となるものにかぎられず，法観念をも含む．公共秩序はこうした法観念に基づくので動的なものである．市民生活を満足するあらゆる条件のために，ある時期に確立された秩序というよりは，常に探るべき秩序と呼ぶべきである[12]．

　これらのことから市民の意識や市民の法に対する考え方が，公共秩序の観念と大いに関わっていることが理解できる．

　ところでフランスでは，行政裁判所における自由や権利の保障を示すことばを，公の諸自由もしくは公的諸自由 libertés publiques と呼ぶ．自由がなぜ「公的」と名付けられるのか[13]．自由が公共秩序の維持を目的とする規制を受けるゆえに，その関係を問うてみたくなる．

　リヴェロは，フランス法上 public ということばが，公法，公分野，公役務などいずれも権力の介入を示すことに着目して，公的自由の場合にもこのよう

な介入を意味しているであろうか，と述べている[14]．

公的自由はしばしば，結婚の自由，契約の自由などの私的自由と区別されて，国家組織と市民との関係に関する自由とされる[15]．しかしリヴェロはこれに対して，〈私的〉自由は存在しない，と述べる．互いの自由を尊重しなければならない義務が各人に課せられるが，この義務は必ず国家の干渉を仮定している．国家の干渉とは立法権によりこの義務を課し，司法権により制裁を課すことである．あらゆる自由は，諸個人間のあるいは権力と諸個人との関係に直接関わるものであるが，国家がその原則を承認し，その行使を調整し，その尊重を確保したときにはじめて，実定法の中に組み込まれることによって，公的自由である．自由を〈公的〉なものにするのは，その対象が何であれ，これを承認し，調整する権力の干渉である．この干渉により自由は実定法の中で認められる．公的自由とは実定法により認められた自己決定力 autodétermination ともいえる．〈人権〉という観念が実定法の外側にかつ実定法の上に位置しているのに対し，〈公的自由〉は公権力によって承認され調整された諸権利である．公的自由とは，国家によって認められた，自然法から実定法へと移行した人権である，と，リヴェロは述べる[16]．

リヴェロは，ここでは public を国家の干渉と考えている．しかしこの国家を形成しているのは誰なのか，この国家を決定するのは誰なのかが，問われなければならないであろう．リヴェロは実定法をもちこむことによりそれを示唆している．

公的諸自由については，1928 年にジェーズが公法国際研究所で「公的諸自由の法的意義」と題する報告を行っているが，明確には定義されなかったという[17]．

この報告の中でジェーズは，まず自由につき，「自由とは，社会的規律すなわち公共秩序の必要性の尊重という留保の下に，あらゆる分野で活動を行う可能性である」と述べ，したがって自由を確保するためには公共秩序，すなわち統治者の合法的な干渉の領域を定め，それにより諸個人の自由な活動の領域も定まる公共秩序の定義が必要であろう，という．ところで公共秩序とは，統治

者がどのようにその要求を認めるかによる．民主主義においては，何らかの手続にしたがって議会が公的諸自由の定義をする．その議会は平均的世論 opinion moyenne を代表している．したがって議会の公的諸自由の定義はこの平均的世論に合致する可能性が大きい．そこで公的諸自由の保障は議会制議会と議会制の手続の存在にかかる．裁判においても法律と平均的世論との真実と思われる平均的一致が示されながら，公的諸自由の保障がされる．公的諸自由は世論の要求する制限を受けるのである[18]．

　ジェーズは法の準則 régle de droit の存在を認めない．というのも一般利益にもっともよく一致した解決方法が確かに存在するからである．それはすべての利益が代表されている議会でなされる解決である．ジェーズは個人的自由 libertés individuelles の法的定義を次のようにまとめている．①個人的自由すなわちあらゆる領域においてその活動を行使する権利は，決して無制限ではない．個人的自由の制限は公共秩序の尊重である．②公共秩序を明確な方法で定義することは不可能である．公共秩序をある者は法の準則と呼び，他の者は自然法と呼ぶ．ジェーズにとっては公共秩序は社会平和の維持である．公共秩序の要求すなわち個人的自由に課せられる制限は，それぞれの国で定義される必要がある．人間が定義をするのだから誤ることもありうる．③したがって本質的には公共秩序は，所与の国家，所与の時代における共同体の平均的世論によって決定される．④もしこの決定が一人の人間によってなされる場合は独裁制であり，何人かの人間によってなされる場合は貴族制といえるが，いずれも平均的世論の決定からは遠いものとなる．しかし普通選挙で可能なかぎり自由に選ばれた議会によって可能なかぎりの表現の自由をともなって，多くの討論を経て，この公共秩序の決定をするならば，平均的世論により合致したものとなるであろう[19]．

　ここでは，ジェーズは，自由の制限が公共秩序の尊重にあることを指摘し，その公共秩序の尊重には主権のあり方が大いに関わっていることを言明しているのである．

4. 公共利益あるいは一般利益

公的諸自由に対するもう一つの規制を考える.

一般に行政機関が何らかの社会経済政策的規制を講ずる場合, 公共利益あるいは一般利益を目的としてすなわち事由 motif として考えることが多い[20].

実際に, 裁判所は, 講じられた行政措置が権力濫用にあたるかどうか, 事由を審査して判断する. そして裁判所は, 一般利益ではなく特殊利益 intérêt particulier に基づいて措置が講じられた場合, 合法的に探求された一般利益ではない利益に基づいて措置が講じられた場合を違法としている. 特殊利益すなわち私的利益 intérêt privé とは次のようなものといわれる. 一つは行政行為の設定者の個人的利益 intérêt personnel, 二つは一個人あるいは一私的団体の利益, 三つは宗派的あるいは政治的利益である. このような利益に基づいていると判断される場合は違法である. さらに, 一般利益に基づいて公的機関に措置を講じることが委ねられていても法律を侵すことはできない. そこで裁判所は, いかなる目的において行政機関に権限が授けられているかを明らかにし, それが尊重されているかどうかを審査する[21].

しかし, その根拠となる公共利益あるいは一般利益が何であるのかは明確に定義されていない. 公共利益が何であるかについては, 私的利益に対するものとは定義できないという. なぜなら公共利益は, 私的利益より優越するものであるにしても, 私的利益の集合だからである. 公共利益の追求は, 人々の権利や自由に対立してなされてはならないし, なされることはできない. 人々の必要の観点からなされなければならない, といわれる[22].

ジャノウは, すべての人々の利益である一般利益と一定の社会経済的カテゴリーの共同利益 intérêt collectif とを区別するのがよい, と述べる[23]. 判例でも, 一般利益ではなく共同的, 職種的 catégoriel 利益であると判断した場合がある[24].

しかしながらいずれにしても, 公共利益や一般利益が何であるのかは明らか

でない．さらに最近ではこうした利益のもつイデオロギー性が論議されるようになってきている．

たとえばシュバリエは次のように述べる．「一般利益の合法性，必要性，正当性に対する信頼を人々の間に浸透させることによって既存の社会的，政治的秩序の再生産を確保するのが，一般利益のイデオロギーの機能である．また一般利益のイデオロギーは，統合されてはいるが，流動的で平等主義の社会というイメージを広めるものであり，このような社会においては，権力装置 dispositifs de pouvoir は圧制の道具ではなく，全共同社会のための正常化と調整の手段となる．したがって一般利益のイデオロギーは，社会の構成員が支配的価値に同意することを強化し，さらに設立された権力システムの周囲に構成員が団結することをも強化することによって，向心的な作用 effet centripète をもつものである．」[25] しかし，さらにこのようなとらえ方は，一般利益のイデオロギーの真の内容を評価するのにまだ不充分である，ともいう．一方でイデオロギーは，社会の現実を仮想のものへと置き換え社会の現実の変形され，歪められ，むしろ逆のものでさえある一つの姿を提示する．このような仮想の姿は，現実の社会関係に対する無理解をひきおこさせる．イデオロギーの力によって，諸個人はもはや，社会の階層性や権力の諸関係についての意識ももたず，明確な理解ももたなくなる．そしてこのような隠蔽作用が，社会の結合と統一を守るのに不可欠なのである．他方で，イデオロギーは，社会的諸関係を規定し，構成員の行動に影響を与える．「したがってイデオロギーは，現実への無理解という消極的機能を単に果すばかりでなく，積極的な社会的影響力によっても特色づけられる．そしてイデオロギーの仮想という術策 détour は，決定的な方法で，社会の生産，再生産に貢献するのである．」[26]

実際には生産関係により規定され階級を形成している社会においては，国家の装置 appareil d'Etat[27] は社会的に中立ではありえないし，階級闘争を超えて存在することもできない．国家の装置は，社会の統一性を具体化しようとする場合に，現実では，その仲裁により政治的にも優勢となった経済的に最も権力のある階級の道具と化す．国家の装置が，構造的秩序の一定の自律を自由にし

たとしても，階級の権力とは区別される固有の〈権力〉を保有するのではない．なぜなら国家の政治的権力 puissance は階級の支配を強固にすることに役立っているからである．こうした状況において，〈一般利益〉の観念は幻想にすぎない．それぞれの利益が相容れない対立する社会集団の存在は，抽象的かつ客観的な〈共同の利益 bien commun〉を決定するすべての可能性を排除する．社会的支配のシステムの再生産の諸条件を確保することを委託された国家権力は，支配階級の政治的利益の方向で不可避的に行使される．たとえそれが，被支配階級に直接に経済的満足を与えることになったとしてもである[28]．一般利益のイデオロギーは，国家を社会における階級に対して中立かつ独立のように見せながら，国家という階級の政治的性格を隠蔽する機能を有している．この隠蔽作用は支配階級にとって不可欠のものである．国家を介して，支配階級の利益を社会の全構成員の共同利益として提示し，被支配階級の積極的な同意をえることができる．他のすべてのイデオロギーと同様，一般利益のイデオロギーも，その物質的基盤やその階級的起源を参照することなく考察することはできない．一般利益のイデオロギーは，支配的イデオロギーとして一つの階級の利益を表明している．その階級は，経済的に最も力をもっているので，社会に，自らの象徴システムをおしつけ，自らのヘゲモニーを確立する能力をもっている[29]．

　しかし，一般利益のイデオロギーは，一方で，その意識の決定の基礎に物質的基盤 base matérielle をもち，他方で，偽りの意識 fausse conscience を作りだす欺瞞にすぎないながらも，現実に深く入りこんでいる．イデオロギーは，現実についての認識を禁じ，現実を一種の〈不透明な体験〉に変化させるために，現実に対して植えつけられた単純な幻想的構築物ではない．一般利益のイデオロギーは，現実を再提示しながら，社会の構成過程の根源に存在するものである．そしてこの社会の構成は象徴的な意味を与えなければ理解できないのである．一般利益のイデオロギーは，社会と社会を構成する個別の機関の存在に不可欠な同一性 identité を生みだすかぎりにおいて，現代社会の中では体制形成的機能 fonction instituante を果す[30]．またイデオロギーの普及の目的は社

会的行動の一定のタイプを引き出すことにある．しかもそれは被治者にのみ向けられるのではない．個人の行動全体を，つまり被支配者のと同様支配者の行動をも，一般利益のイデオロギーは規定する．そこで，国家の指導者達dirigiantsも他の構成員と同様，社会や諸機関を強固にし，それらの同一性を確保する規範や価値観を植えつけられる．そして，彼らの決定や行動においてもそうした規範や価値観をさらに生みだすようになるのである[31]．指導者達は一般利益のイデオロギーから自らの権力の正当化や自らの個人的能力の価値付与の原則を導き出す．彼らは，自らが代表者となっているところの機関に同一化するよう努め，法律という神聖な庇護の下に自らの行為を位置づけるように努力する．しかしこうした同一化は，彼らの権威を強化し，あらゆる異議申立てから彼らの権威を守る一方で，彼らにとっては一つの拘束ともなるものである[32]．

　一般利益のイデオロギーは，したがって一方では幻想的反映であり現実の無理解をひきおこすが，他方で積極的に現実の意識の再生産も促す．政治的指導者は一般利益の観念をイデオロギーとして支配の一環の中で巧みに用いながらも，その実，自らもその観念の中にからめとられていく，という．

　政治的指導者は，あるときは指導者maîtresとして，機関の代表者としての自らの地位に特権を与え，危機に陥りがちな遠心的傾向tendances centrifugesに対して集団的共同的同一性を擁護する任務を託されたものとして自らを考える．またあるときは仲裁者médiateursとして，構成員の代表者としての自らの地位に特権を与え，一般的でかついろいろな点で公開的な対立を通して，さまざまな利益に共通な因子を引き出そうと努める[33]．

　この「一般」という意味ははたしてどこからくるのか．その点が問題となろう．シュバリエは別の論文で次のように述べている．

　論理的には，国家の装置は，建前としては民主主義的指導と司法統制という二重の保障と共に一般利益を示している．しかしながら，現に一般利益のイデオロギーはある程度衰退してきており，隠蔽機能もかつてほど発揮されていない．実際，国家は社会経済的活動において，非常に積極的な方法で干渉しなけ

142

ればならなかった．こうした介入 engagement はより明らかに国家の戦略 stratégie の方向を示すものであり，仲裁役 arbitre の特権的地位を失わせるものであった．正当化の伝統的メカニズムはかつてほど効果的には現われず，国家はもはやかつてほど鮮明には一般意思を託された者，社会諸集団の間の均衡を保障する者とは思われていない．一般利益は次第に特殊利益の対立の結果として示される．このことはまた決定の内容ではなく，その決定が生じる過程が強調されることにつながるのである．このようなイデオロギーの変化は，参加 participation の考え方に導かれた国家の装置の直接的正当化の新しいシステムの台頭を意味するものと見なすことができる[34]．

5.　基本権の保障

ところでリヴェロは，1987 年の著書の中で次のように述べる[35]．基本権の概念は最近まで実定法の中で無視されてきたものである．誰も基本権の存在を語っていなかった．基本権の概念の誕生は，第二次世界大戦後，世界人権宣言とともに生まれている．そして同時にヨーロッパにおいては，憲法裁判所の概念も完全に無視され，思いもよらないものとなっていた．この時代においては，法律の合憲性の審査は公法上，アメリカの特殊性を示し，映画のミュージカルコメディーのようなものであった．ヨーロッパは，ルソーの法律は一般意思の表明である，法律こそが至高性をもつとの考え方から抜けきれていなかった．議会の意思を統制するなどという考えは，ある種，偶像破壊論のようなものだという．今日，ヨーロッパにおける憲法裁判所による基本権の保障は，いわば革命のようなものである．またこの発展は，法治国家の論理ともからむ．法治国家とは憲法を頂点とする規範のピラミッドを形成することである．

リヴェロはしかし，問題点も指摘する．その基本的な問題点は，基本権の概念が曖昧なことである．権利が基本的であるのか，ないのかをどう区別するのか．基本権と人権の関係，基本権と基本的自由との関係はどのようであるのか．そして基本権の中核となるものは何か．これに対してリヴェロは，古典的

第 6 章　公的諸自由と基本権の保障　*143*

自由に関わるものであり人間 personne の尊厳に結びつく自由である，として
いる．

　このように基本権の保障は，国際的な人権の保障と結びつき，また憲法を頂
点とする法治国家の概念，合憲性審査の行使の発展と結びついている．行政裁
判所による公的諸自由の保障とは，双方が判例の発展を重要としている点にも
共通性がある．公的諸自由が公という名のゆえに「国家」や「法律」を基準と
する意味合いが強いのに対し，基本権ということばは普遍性を想像させる．基
本権保障における規制の検討には少なからず公的諸自由の保障における議論が
生かされている．さらに基本権の規制における「一般利益」の考え方にもシュ
バリエの考え方は無縁ではない．合憲性審査の統制の基底にも一般利益のイデ
オロギー性の問題は存在する．両者の相違をふまえ，またフランスにおける固
有の自由や権利の発展の仕方も考慮に入れることで，今日の憲法院における基
本権の保障はよりよく理解されることと思われる．

1)　植野妙実子「フランスにおける営業の自由」法律時報 54 巻 11 号（1982 年）154
　　頁以下参照.
2)　フランスの行政裁判所においては，外部的適法性・内部的適法性からのアプロー
　　チがされている．阿部泰隆『フランス行政訴訟論』有斐閣 1971 年 79 頁以下参照.
　　ゴーゼル・ル・ビーアンは同様のアプローチで違憲統制のテクニックを説明している.
　　Valérie GOESEL-Le BIHAN, *Contentieux constitutionnel,* Ellipses, 2010, pp. 147 et s.
3)　1936 年の『新訂詳解漢和大字典』（冨山房）でもほぼ同様に扱われていた．すな
　　わち，公（おおやけ）とは，ただしいこと，偏頗がないこと（私の対）．世間一般.
　　おしなべて．あからさま，明白．共有，共同．やくしょ官府．官のつとめ，仕事.
　　藤堂明保編『例解学習漢字辞典』（小学館）によると，私とは「ム（うででかこい
　　こむよう）と禾（作物）とを合わせた字．作物をめいめいが分けて自分のものと
　　することをあらわす」とされ，公とは「口（小さくかこむしるし）と）（（左右に分
　　ける）とを合わせた字．かくしているものをひらいて，おおっぴらにしてすっかり
　　見せることをあらわす」とされている．なお，清水睦著「憲法政治における"公"
　　と"私"」『増補日本国憲法の情景』中央大学出版部 1987 年 5 頁以下参照.
4)　*Grand Larousse de la Langue française,* t. VI, Librairie Larousse, 1973.
5)　フランス語アルファベット類語辞典によると public には，次の意味があげられて
　　いる．第一に，全体においてとらえられる人民に関すること，社会的政治的共同体

に属すること，国家や他の公法上の公人に属し，関わること．第二に，すべての
人々に開かれていて利用しやすいこと，その使用が個人に留保されているものでは
なく，すべての人々が参加できること．第三に，多かれ少なかれ多くの観衆を前に
して，立会人の面前で行われること，秘密ではないこと．第四には，世間や社会に
おいて果される多かれ少なかれ公認の職務に関すること．*Dictionnaire alphabétique
et analogique de la Langue française,* t. Vᵉ, Société du nouveau littré, 1962.

6) *Grand Larousse de la Langue française,* t. III, précité.

7) Par ex., Philippe BERNARD, *La notion d'ordre public en droit administratif,* LGDJ,
1966.

8) Ordre public, in *Encyclopædia Universalis,* Paris, Encyclopædia Universalis France,
1977, p. 177.

9) Georges BURDEAU, *Traité de science politique,* t. I (Présentation de l'univers
politique), LGDJ, pp. 290 et s.

10) 街路上の公共秩序は ordre matériel と考えられている．植野妙実子「フランスに
おける営業の自由と警察規制」法学新報 88 巻 1・2 号（1982 年）91 頁以下参照．

11) Georges BURDEAU, *op. cit.,* pp. 291 et s.

12) Ordre public, *supra,* p. 179.

13) 中村睦男『社会権法理の形成』有斐閣 1973 年 4 頁以下参照．

14) Jean RIVERO, *Les libertés publiques,* t. I (Les droits de l'homme), PUF, 1978, p. 22.
なお本文中〈　〉において示したことばはリヴェロの本の中でそのように示されて
いるものである．

15) Cf. Philippe BRAUD, *La notion de liberté publique en droit français,* LGDJ, 1968, pp.
72 et s.

16) Jean RIVERO, *op. cit.,* pp. 22 et s.

17) Par ex., Claude-Albert COLLIARD, *Libertés publiques,* 5ᵉ éd., Dalloz, 1975, p. 18.

18) Gaston JEZE, Les libertés individuelles, in *Annuaire de l'Institut international de
droit public,* 1929, pp. 162 et s.

19) *Ibid.,* pp. 207 et s. 但し，法の準則とは一般的，抽象的，強制的な社会的諸関係に
おける行為の規則であり，その制裁は公権力により確保される，といわれる．
Raymond GUILLIER et Jean VINCENT, *Lexique de termes juridiques,* 4ᵉ éd., Dalloz,
1978, p. 330.

20) 公共利益も一般利益も内容的には変わらない．但し，公共利益は市町村の干渉を，
一般利益は国家の干渉を示すことが多い．オラニ映画劇場経営者組合事件 Syndicat
des exploitants de cinématographes de l'Oranie において政府委員マイラは公共利益
の観念について次のように述べている．市町村の干渉の合法性を許容する公共利益
の観念は，一般的抽象的なものではない．住民の共同の必要に応じる特定地方の利

益に関わるものである，と．それゆえ，一般利益とは，干渉するのが国家である場合に，国民全体の必要に拡げられた公共利益に他ならない，といわれる．Cf. Françoise DREYFUS, *La liberté du commerce et de l'industrie,* Berger-Levrault, 1973, pp. 165 et 166.

21) Charles DEBBASCH, *Contentieux administratif,* 2ᵉ éd., Dalloz, 1978, pp. 726 et s.

22) Didier LINOTTE et Achille MESTRE, *Services publics et droit public économique,* t. I, Librairies Techniques, p. 49.

23) Benoît JEANNEAU, La responsabilité du fait des règlements légalement pris, in *Mélanges offerts à René SAVATIER,* Dalloz, 1965, pp. 375 et s. これに対し，一般利益が存在する活動と存在しない活動との区別はないとする意見もある．Didier LINOTTE et Achille MESTRE, *op. cit.,* pp. 50 et 51.

24) Cf. Trib. conflits, 9 déc. 1899, Canal de Gignac, *Les grands arrêts de la jurisprudence administrative* par LONG, WEIL et BRAIBANT, n° 7.

25) Jacques CHEVALLIER, Réflexions sur l'idéologie de l'intérêt général, in *Variations autour de l'idéologie de l'intérêt général,* Vol. 1, PUF, 1978 ①, p. 28. なお本文中〈　〉において示したことばはシュバリエの本の中でそのように示されているものである．

26) *Ibid.,* p. 28.

27) シュバリエは「国家の装置」と「行政機関 administration」とを若干の留保の下に同義語として扱うという．すなわち，現在では，政治的権力と行政機関とは分かち難く結びついている．第一に〈行政的システム〉と〈政治的システム〉が複雑密接である．〈政治権力〉と〈行政権力〉の区別ももはやその根拠は失われている．組織的な面と同様，物質的な面でもそれぞれの範囲を定めることは難しい．行政的任務は政治的任務と異ならない．つまりあらゆる行政措置は必然的に政治的影響をもち，政治行為は，その具体的な適用に照らし合わせることなしには考えられない．しかしながら政治システムの構成要素の中でも〈国家の装置〉を引離すことは可能である．というのも，国家の装置は政治システムの他の要素とは異なり，継続的に，永続的に，具体的な事例に一般的規範を適用して，個別的決定を講じることができ，またその決定の実行をともなわせることができるからばかりでなく，とりわけ強制手段の使用という排他的な特権を保持してもいるからである．こうした国家の装置は，一般には選挙され任命された人々により構成される．強制手段を独占することで国家の装置は，政治システムにおいて中心的な地位を占め，実際，均衡を保つ主要な要素となっている，と述べる．Jacques CHEVALLIER, L'intérêt général dans l'administration française, *Revue Internationale des Sciences Administratives,* 1975 ②, pp. 333 et 334. また国家の装置は社会的な層の形成 stratification と切り離しては考えられない，ともいう．国家の装置は階級闘争をこえて存在するのではなく，むし

ろ階級の支配を表明し，制度化するにすぎない．したがって，権力が特定の客観的利益を実現するための一つの階級の能力を示すのである以上，国家の装置はいわゆる〈権力〉は有していないのである．それは単に階級権力の組織化の結果生じた政治権力の〈行使の中心〉に過ぎない．*Ibid.,* p. 337.

28) Jacques CHEVALLIER, *op. cit.* ①, p. 35.

29) *Ibid.,* pp. 35 et 36.

30) *Ibid.,* pp. 36 et 37.

31) *Ibid.,* p. 39.

32) *Ibid.,* p. 40.

33) *Ibid.,* pp. 40 et 41.

34) Jacques CHEVALLIER, *op. cit.* ②, p. 338. なおシュバリエの一般利益論については，椎名慎太郎「公役務概念について」山梨学院大学法学論集 5 号 1982 年 24 頁以下にも紹介がある．

35) Jean RIVERO, *Le Conseil constitutionnel et les libertés,* 2e éd., Economica, pp. 179 et s.

第7章

憲法院における比例性原則

1. はじめに

　フランスでは今日，憲法院が，法律の合憲性審査を通じて，他の権力の抑止に一定の役割を果すようになっている．それは法律の制定を担当する立法権に対してだけではなく，法律案の提出が主に政府によることが多いということから，行政権に対する抑制の効果ももっている[1]．権力分立は人権保障の必然だとされるが，権力の抑制が適切に効果的に行われていなければ意味をもたない．そして，権力の抑制の適切かつ効果的な行使ができるかどうかは，制度上の問題であると同時に，判決の積み重ねの努力によるところも大きい．憲法院の役割は，1962 年 11 月 6 日の判決の中で，自らの任務を「公権力の活動の調整機関」と位置づけたところから明白となったが，さらに 1974 年 10 月 29 日の憲法改正によって，議会内少数派による憲法院への提訴が可能となったことで，その役割をさらに，権利や自由の保護へと拡大することとなったのである[2]．それ以来，多くの憲法判決を下す中で，一定の審査基準を模索してきたとされている[3]．中でも比例性原則は，近年注目されている原則であり，その根拠，内容などを探求することは大いに意義あることと思われる[4]．というのも，憲法院は，当初政治的機関にすぎない，という批判をあびていたが，設立より 50 年の間で，他の権力の抑止という点で効果をあげ，権利や自由や原理・原則の憲法的価値を明確にするという任務を果たし，信頼もえてきた．そこには当然，違憲審査基準の構築ということが関わっている．

148

こうしたフランスでの経験を解明しながら，日本の憲法裁判のあり方も考えていくのが本章の目的である．

2.　比例性原則の根拠

フランス第五共和制憲法本文には，比例性原則について直接ふれている文章はみあたらない．これに対し，1999年4月18日スイス連邦憲法（2000年1月1日施行）は，明確に比例性原則についてふれている．同憲法5条2項は次のように述べる．

「国家の処務は，公共の利益に基づき，かつ比例性原則に即したものでなければならない．」

この条文は，法治国家の活動の諸原則の一つとして掲げられているものである．こうした諸原則は，憲法，行政法，財政法の分野で特に発展してきたものであり，比例性原則の他に，合法性，公共の利益，信義誠実，国際法の尊重の各原則があげられている[5]．

さらに，スイス連邦憲法は，36条3項にも比例性原則について述べている．

「基本権の制限は，比例性原則に則したものでなければならない．」

36条は，基本権の制限についての規定で，1項は，基本権の制限が法律上の根拠を必要とすることを述べ，2項は，基本権の制限は，公益または第三者の基本権の保護に資することで正当化されることを述べている．さらに4項は，基本権の核心的内容は不可侵であることを述べている．

5条2項がいわゆる国家活動を支配する一般規定であり，連邦機関にも，州機関にも適用されるのに対し，36条3項は，個人を保護するという観点から，自由の制限に対し，比例性原則が，合法性の原則（1項）や公共の利益の原則（2項）と並んで，特に重要として掲げられているものである．これらの原則はしたがって，基本権と同様の価値をもつと考えられている[6]．

このように憲法の中に比例性原則を明示する規定があれば，どのようなときに比例性原則が用いられるのか，朧気でもわかる．しかしフランスのような場

合には，その条文上の根拠についてどのように解釈されているのか．ヴァレリー・ゴーゼル・ル・ビーアンは，その点につき概略次のように述べる[7]．

「フランス憲法には，条文上，比例性の一般原則を課すものは存在しないが，若干の措置の必要性や比例性を課す特別な規定がある．人権宣言8条は，刑罰が『厳格かつ明白に必要』であるときに定めらなければならない，と述べ，9条は，人身の自由が，有罪と宣告されるまでは，『不必要に厳しく』束縛されてはならない，と述べ，17条は，所有の剥奪は，合法的に確認された公の必要性の要求があるときに行われる，としている．また憲法74条10項は，海外の公共団体の地位に関わる規定であるが，その地位が組織法律において定められるとして，その組織法律の定める事項の一つに『地方の必要性により正当化される措置』をとるための要件，をあげている．2004年環境憲章5条は，予防 précaution 原則の適用においてとられる一時的な措置は，比例的なものでなければならない，と定めている．」

しかし，これらの規定のすべてが，法律の違憲審査がはじまったときから存在していたものではない．憲法74条10項の規定は2003年3月の憲法改正で入ったものであり，2004年環境憲章も2005年3月に設けられたものである．

ゴーゼル・ル・ビーアンも，「しかしながら，これらの条文が1979年から80年における最初の憲法院の比例性原則による審査の行使に根拠を与えたものではない」という．憲法院は，ストライキ権に関わる判決で，1946年憲法前文のストライキ権の制限は，「それを規制する法律の枠内で行使される」と述べ，この権利にもたらされる制限が，対立する要請，すなわち公役務の継続性と健康・公の安全の保障であるが，そうした要請に必要なものでなければならない，ということをはじめて明確な方法で示した．憲法条文に基づかないこのような審査が積み重ねられて，憲法的価値を有する異なる権利や自由にもたらされる制限全体が，比例性という物差しで定められるようになり，立法府により追求された目的との関係性において考えられるようになってきた[8]，としている．

ゴーゼル・ル・ビーアンは，また次のことも指摘する．フランスの憲法訴訟

150

における比例性原則による審査は，それでも逆説的な状況の中にある，と．一方では，憲法院の判例は，特に刑法の分野で，比例性原則を駆使して審査が行われるようになってきたことを示している．但し，社会権や若干の特別な権利に関わる分野では，こうした動きから遠く，特別な審査が行われていた．1990年代初め頃から，比例性原則は，要素という点においても，段階（程度）という点においても，一定の基準をもつようになってきた．換言すれば，精緻化subtilisation され，権利や自由にもたらされる規制全体が一般化 généralisation されたといえる．憲法院は「自由の行使にもたらされる侵害は，追求された目的に，適切で，必要で，比例的でなければならない」と判示している[9]．しかし他方で，憲法学説はこのことに無関心であった．その証拠に，憲法訴訟に関する教科書は，今日に至るまで，憲法院の判例の体系化 systématisation を試みていない．こうした無関心には，フランス本来の考え方とはいえない合理性rationalisation の審査を支持することに対するためらいがあるとか，理由はいくつかあげられている．漸く最近の，安全に関わる判決やインターネット規制に関わるアドピ判決などから比例性原則が注目されはじめたが，それらは1990年代初め頃から示された判決の延長上にあるのである．このように述べて，判例が一定の比例性原則の確立を示しているにもかかわらず，十分な分析がなされていないことを指摘している[10]．

3.　比例性の審査の類型

　ベルトラン・マチューとミッシェル・ベルポーの『基本権の憲法訴訟』は比例性の原則について紹介している数少ない憲法訴訟に関する本である．比例性原則は，「基本権の価値に関わる類型」のところで扱われる[11]．「基本権の価値に関わる類型」では，まず問題の所在が基本権の階層性にあることが示され，その階層性は，基本権のシステムの構造と性格にあることが示されている．そして第一に，基本権の調整と制限について述べ，一つには，基本権相互の調整の場合を考えなければならないし，二つには，一般利益の名の下での基本権の

制限の場合を考えなければならないとしている．また憲法上の原則への実質的
ではない侵害として正当化される場合もある．第二に，基本権の調整や制限の
指導原理について述べている．ここでその指導原理の主要なものとして，比例
性原則があげられている[12]．

　そこでは比例性原則は次のようなものとしてとらえられている．「立法府が
正しく問題とされている原理・原則を調整したかどうか，すなわち憲法には憲
法上の要請というものがいくつかあるが，それらのいかなる歪曲にもいたるこ
となく，憲法上の諸要請の間で均衡を実現したかどうか，ということが比例性
原則ということである．比例性の審査には異なるいくつかの形が存在するが，
憲法院は，どのようなメカニズムをとるにせよ，理論的には最小限の審査をす
るのである．」[13]

　そして，比例性原則を用いた審査として，第一に，憲法上の要請の間での調
整の道具としての比例性の審査，第二に，憲法上の要請の尊重の条件としての
比例性の審査，第三に，自律的な憲法上の要請としての比例性の審査をあげて
いる．さらに，比例性原則を用いて特に立法府の裁量の明白な過誤の審査をし
た場合も，別のカテゴリーとしてあげている．

　第一の憲法上の要請の間での調整の道具としての比例性の審査としては，
1997年の判決をあげることができる[14]．ここでは，憲法院は，公共秩序の尊
重と個人的自由の擁護という二つの憲法上の要請の間で，立法府によってなさ
れた調整を対象とする比例性の審査を試みている．この判決において憲法院
は，外国人の入国と滞在に関する違反の確認に関して，個人的自由は，憲法上
の原理や権利の擁護に必要な，いくつかの違反の捜査と調整されなければなら
ないことを示した．同様に，告訴されなかった外国人の留置の継続について，
憲法院は，公共秩序の維持に関する当該要請は，これらの規定が個人的自由に
過度の侵害をもたらさないことを含むと認めている．さらに，不法労働に関す
る事業所への警察の立ち入り捜査については，憲法院は，憲法的性格を有する
原理や権利の保護に必要な違反の捜査は，私的所有に必要な保護や個人的自由
の行使と調整されなければならないが，憲法上の価値をもつ目的であるとし

た.

　比例性の審査の行使において，憲法院はしばしば，解釈や適用の方向づけを示して，処理をしている．同様の判決で，知事が，手続の濫用があったときには，滞在証明書の申請を拒否することもできるという規定について，それを無効にする条件も示している．すなわち「手続の濫用」という表現は，法律への違反という規定として理解されなければならないとし，法律への違反とされた請求を却下することは，行政にとって明文の規定がなくとも常に可能と判断している.

　十分な「一般利益」の観念をめぐっては，法律による適法化 validation législative（行政機関の行為につき，立法手段によって遡及的あるいは将来に対して適法化をはかることをさす）も同様の論理をもつとする．適法化に適合する正当化として用いられた一般利益が，十分に重要のみならず，適法化がいくつかの憲法上の要請に侵害をもたらすとしても，一般利益はその侵害に対して比例的な重要性をも示しているとする.

　第二の憲法上の要請の尊重の条件としての比例性の審査は，直接に憲法に含まれている．この場合，比例性は，原則それ自体の欠くべからざる部分をなす．1996 年の判決において，憲法院は，刑罰の必要性について，憲法条文，すなわち必要性を法律の合憲性の条件としている人権宣言 8 条を援用して，比例性の審査を正当化している[15]．テロリストの活動と同一視された外国人への援助に関する処罰は違憲と判断したが，他方で，刑事制裁を重くする法律の他の条文は，憲法に合致していると判断した．その理由として，一方では，比例性を明らかに損なうとはいえないが，他方では，立法府によって定義された違反に付随する刑罰の必要性について，立法府の評価の代りに憲法院の固有の評価を据えることは憲法院の権限には属さないとした．また憲法院は，憲法上の目的の追求は，立法措置がこの目的の実現に十分に貢献するならば，憲法上の要請に侵害をもたらすことを正当化すると認めている.

　第三の自律的な憲法上の要請としての比例性の審査とは，比例性の要求は，一般的には，憲法条文の中に書かれていないが，憲法院は，比例性を自律的要

請としていることをさす．立法府は，憲法原理の調整とは無関係に，この比例性を尊重しなければならない．たとえば 1994 年の判決で，憲法院は，憲法 34 条の枠内で，立法府が地方議会の選挙制度を自由に設定する管轄を有することを認めている[16]．また，立法府が追求する目的に照らして定めた，法律の中の手段の適切性については，憲法院は最小の審査しかしない．しかしながら，このタイプの審査については，憲法院は，しばしば，明白な過誤がないことを確認する．すなわち明白な過誤とは，立法府により，目的 fins に達するために選択された手段 modalités が明らかにその目的に不適合であるときに存在するものである．

　最後の類型として，裁量の明白な過誤の審査としての比例性の審査がある．憲法院は，議会と同様の評価や決定の権限はもってはいない．法律によって講じられた方法が明らかに追求された目的に不適合であるとはいえない場合に，立法府が設定した目的を，他の方法で達成することができるかどうかを，憲法院は追求しない．このように立法裁量の明白な過誤の審査は，最小の審査として，合憲性審査の枠組の中で行われる．しかし，この審査においては，細かな点まで確認されることもあり，憲法裁判官には想定されているよりも大きな評価の権限が与えられているともいえる．たとえば，国境をこえるのに，必要な資格を持っているかを確認するためにあらゆる人の身分証の検査をすることについて，憲法院は，こうした検査が可能な国境地帯を 20 キロメートルをこえて拡張することは違憲である，と判示している[17]．

　これらの判決はいわば比例性の審査の確立の先駆となったものである．その後の判例動向をふまえて，ゴーゼル・ル・ビーアンは，次にみるように，さらに精緻な比例性原則に関する判決の体系化を試みている．

4.　比例性の審査の要素

　ゴーゼル・ル・ビーアンは，比例性原則の審査の要素として，適切性，必要性，比例性をあげている[18]．

(1) 適切性の審査

　適切性の審査は，1990 年に，選挙権の行使方法に関して，追求されている
目的に措置が適合しているか，という審査を通して行われた[19]．ついで，通常
の家族生活をすごす権利，雇用への権利，平等原則などに関して行われていっ
たという[20]．

　2006 年の社会保障財政法律に関する判決で，憲法院は，伝統的に行ってい
たような，追求されている目的に講じられた方法が不適合なら違憲とするやり
方をとらずに，次のように判示した．「家族の再編成の手続が，1946 年憲法前
文 10 項を十分に認識していないということはなく，また平等原則に反するも
のでもない．それゆえ，その手続は，適切で比例的な規範という点から，定め
られている．」[21]自由の行使にもたらされる侵害が，追求されている目的に「適
合」して adaptées いなければならないということは，この要請が措置の「適
切性 adéquation」を満たすものであるか検討されるということである．

　適切性の審査と他の要素に関わる審査との違いは，憲法院の 35 時間労働に
関わる二つの判決の中で明らかとなった．

　一つは，1998 年の労働時間削減に関する方針指導的誘導的法律 Loi d'orien-
tation et d'incitation についての判決である[22]．企業経営の自由を規制して，雇
用の保護という目的の実現をはかる，経済的評価という点で不確かな性格をも
つ法律であると，告発されていた．そこでは，追求されている目的ととられた
措置が適切性を欠くと訴えられた．これに対し，憲法院は，この法律によって
講じられた方法は追求された目的に対し明らかに不適合とはいえない，と判示
している．

　もう一つは，2000 年の労働時間削減に関する実施法律についての判決であ
る[23]．失業率が改善されたという状況の変化があった．そこで目的を達成する
法律の適正いかんということではなく，企業経営の自由に対する侵害という明
らかに過度の性格をもっている点が訴えの理由とされた．すなわち企業に課せ
られる新しい規制が，自由競争に委ねられるはずの義務と不釣合であると訴え

られたのである．実際は，労働時間削減に関する方針指導的誘導的法律のおかげで失業率が改善されたのかはわからなかった．これに対し，憲法院は，当該憲法上の要請の調整は，いかなる明白な過誤も損なうものではない，と判示した．

　このような審査において，違憲と宣言されているのは平等原則に関わるものである[24]．そこでは，規範の要請の尊重という特別な形をとっている．取扱いの差異が正当化されるには，法律の目的に「直接の関係 rapport directe」をもつ必要がある．ここで，ゴーゼル・ル・ビーアンは，適切性の審査について三つの事柄を明らかにする[25]．

　第一は，審査の任務に関わることである．権限濫用 détournement de pouvoir の審査は行使されうるが，審査の対象となる行為（法律）の個別の性格や法律をつくる機関（立法府）の性格に対しては，審査は行使されない．憲法院は，法律の手段が追求される目的に明らかに不適合であるか，いいかえれば，手段が提示された目的に明らかに反していないかを検討するのである．法律に一貫性がないなら，それは実際の法律制定の理由 mobile réel と提示された目的 objectif affiché との不一致の客観的な表徴ともいえる．したがって適切性の審査は，権限濫用の客観的な審査を行使することにもつながる．

　第二は，適切性の審査は十分性 suffisance の審査でもあるということである．この領域においては，十分性の審査は，比例性の審査の別の面を示すことにもなる．追求された目的を達成するのに，必要であることを逸脱したときにも，憲法的価値を有する権利や自由の尊重に十分でないときにも，法律の条文は違憲とされるのである．いわゆる社会権にとっても，また他の権利にとっても，立法府は合法的保障からそれらの権利の有効性を予測しなければならない．適切性の審査はこのようにみると，比例性の他の要素の審査と比較してより広い領域をもっているといえる．

　第三は，適切性の審査は措置の効果の審査ではないということである．使用された手段と追求された目的との間の合理的な関係だけが問われる．アドピ判決においては，追求された目的に対して，「段階的戦略 riposte graduée」の無

効性が主張された[26]．条文の規定が「たやすく歪められ，反生産的で，非適用的で，費用もかかる」と攻撃されたが，憲法院はこの点については応えなかった．措置の適合性は問題ないが，効果については不確定なものである．評価がときとして著しく政治的となることがあるのを知りながら，憲法院にそれを問い正すことは正当とはいえない．つまり労働時間削減の効果を正すことや労働法の規制の軽減の効果を正すことは，憲法院に向けられることではなく，議会こそが民主主義の中でこのようなことについての判断権をもっているのである．

(2) 必要性の審査

憲法院の判例において，必要性の審査は，保障においてにせよ，物的・人的・時間的なその適用においてにせよ，講じられた措置の審査を含むものである．異なる性格をもつ選択的な措置を探求するような場合は除かれる．憲法院は，何度も次なることを述べている．「憲法院は，議会と同一の評価と決定の一般的権力をもつものではない」[27]と．憲法院に審査を付託された法律で，講じられている方法が追求された目的に明白に不適合でない以上，立法府の設定した目的が他の方法によって達成できたかどうか探求することは，憲法院には属さない．したがって，審査は，当該権利にとって，より損害を与えない他の方法の探求をともなうものではない．採用された措置が，追求された目的の実現に必要であるということから逸脱していないという点を確認すればよいのである．この必要性は限定的 restreinte と呼ばれる．講じられた措置にしか関わらず，残りは立法府の裁量に委ねられる．

必要性の審査のこうした限定の唯一の例外は，安全に関わる留置についての判決の中にみられる．憲法院はそこでは，「個人的自由にもたらされる侵害の重大性に鑑みて，自由の侵害が少ないいかなる措置であっても，身体の十全さを侵害する行為であることを十分に予告することができないのなら，必要な措置とみなすことはできない」と判示した[28]．こうした例外は，アドピ判決では，コミュニケーションの自由の行使にもたらされた侵害にまで拡大されている．このような必要性の領域の拡大は，いわゆる第一位にある自由の保護，す

なわちより本質的な自由の保護の特徴の一つとなりつつある．重大な侵害がある場合であり，従来の自由やプライバシーの尊重など，厳格な意味で個人的自由に関わる場合である．

⑶　二つの要素の交錯

このように，適切性と必要性がフランスにおける比例性の審査の重要な要素である．それでは，必要性の審査が憲法院における比例性の審査のすべてを覆いつくしているということはいえるのか．先の留置に関わる判決においては，適切性の審査も行われ，また必要性の審査も行われた[29]．憲法院は，留置の個人に向けた適用範囲は，違反性という点でも有罪性という点でも，逸脱しているとはいえないことを確認している．必要性の審査は，措置の動機や根拠（すなわち立法理由）motifs の，すなわち追求された目的の審査の形をとって行われないときは，比例性の審査の構成要素は互いに交わることになる．とられた措置が分割できるときは，追求された一般利益という理由が欠けているために部分的に違憲とされることもある．このような言明は，追求された目的に対して，措置が総括的に逸脱しているとみなされるのと等しい．2000 年の狩猟に関する法律についての判決にも，このようなことがみられた[30]．憲法院は「地方の状況に応じて」週に 1 日の狩猟禁止の日を設けることが地方行政権に委ねられていることを認めたが，こうした行政権の権限の根拠に一般利益の追求を用いてはいない．この点で，水曜日の狩猟の禁止は，その目的が，子どもたちや子どもたちの同伴者の安全を確立することであるのとは，異なっているのである（なお水曜日は学校が休みで子どもたちが地域でスポーツなどをしている日であることが多い）．

このような諸要素をともなって比例性の審査は，フランスでは他国と比較すると，より限定的に作用しており，それがフランスの憲法裁判官の現実主義を示していると，ゴーゼル・ル・ビーアンは批判している．彼女によれば，こうした審査の水平面での限界が垂直面での限界もともなう，としている．垂直面での限界とは，比例性の審査の段階における限界を意味する．フランスの憲法

裁判官の，立法府に十分な裁量権を認めたいという意思が，審査の諸要素の限定のみならず審査の受け入れの限定にもつながっている，という[31]．

5. 比例性の審査の程度

　憲法院による比例性の審査は，常に限定的審査 contorôle restreint となるわけではない．この場合の限定的審査とは，明白な過誤の制裁に限られる審査という意味である．限定的審査は，明らかに比例性がないときのみ審査が行われる．こうした限定的審査が行われない領域もあり，そこでは完全 entier 審査が行われる．これがいわゆる審査の程度 degrés あるいは段階と表されるものである．

　ゴーゼル・ル・ビーアンは，まず審査の抱える難点を指摘している[32]．

　第一の難点は，判決それ自体によって与えられる指表 indication である．判決の射程は相対的なものでしかないが説明されなければならない．その指表がとるにたらない一般的な方法としてとらえられてはならない．体系化を試みることで，判例上の最小の合理性を確立していかなければならない．判決の累積，対立する例がないことなどによって，その合理性は正当に重要だと見なされていく．判決の体系的な分析を進めると，権利や自由の重要性や，法律によってもたらされた権利や自由への侵害の大きさによって，審査に強弱のあることもわかる．

　第二の難点は，憲法的価値を有する権利や自由の間で，取扱いの客観的な差異が存在したときに，ときとしては，その権利や自由にとって重大性の程度に応じて，もたらされる侵害の間で取扱いの客観的差異があったとき，それを認める意味は何かという問題が浮上する．判決はこれに対し，語っているときもあるし，語らないときもある．限定的審査では，語られるといえるが，明白に規制が現れていないときには語られない．後者のような場合，完全審査と呼べるのか．憲法院が，侵害があっても，追求された目的を満足させるものとして，「厳格に必要なものである」とか「厳格に比例的なものである」とかを，

要求するときには，憲法院は最大の審査をするということができ，このような完全審査でも立証は必要とされる．

　比例性の審査の程度について，判例の大枠を紹介するなら，事項（すなわち領域）matière は重要ではない．憲法規範の表示 formulation のあり方も決定的とはならない．刑罰の必要性についての審査は限定的であるのに対し，ストライキ権についての審査は完全審査といえる．最近の憲法改正から生じた諸権利，例えば環境憲章の中に定められている権利は例外をなしている．一般的には憲法上の権利の重要性が審査の程度を決定しているし，同様に侵害の重大性が一定の役割を果しているのをみることもできる．

　まず，専ら行われているのは，限定的審査であるが，既述したように，すべてがそうだというわけではない．権利の階層性の中で第一位を占めていると思われている権利や自由は，限定的でない比例性の審査の対象となっている[33]．こうしたカテゴリーには，コミュニケーションの自由，ストライキ権，のちにみるように若干の留保をつけなければならないが，個人的自由が含まれる[34]．これらの自由は，いわば二重の強化された保護の下にある．この場合，比例性の審査は完全審査として行われるばかりでなく，議会によってもたらされた制限が憲法的価値を有する原則や目的，他の権利によっても正当化されなければならない．単なる一般利益では十分ではなく，法的根拠が要求されるのもこのカテゴリーに固有のものである．最近の判例においてもこの傾向は確認されている．

　その他の権利や自由の制限は，単なる一般利益によって正当化されている．この場合は比例性の限定的審査の対象となる．その権利への侵害は，追求されている目的に対し，明らかに過度であるときのみ，憲法院により制裁を受ける．立法府に委ねられた裁量権はより大きく，これらの権利は第二位にあると考えられる．最近の判決においては，このようなものとして，企業経営の自由，契約の自由，平等原則，思想や意見の流通の多様性，地方自治体の自由行政の原則，地方自治体の収入の自由処分性の原則がある．所有権，選挙権，選挙候補者に関わる二つの平等原則の適用例については，より厳しい扱いを受け

ており，この点で第一位の権利と並んでいる[35]．裁判の権利，権力分立原則，
不遡及原則，法律の理解可能性という目的，責任を訴える権利は，中間的なカ
テゴリーを構成する．そこでは，十分な一般利益の必要性に応じて，完全審査
が行われる．

ところで，広義の個人的自由は別の発展をたどっている．2001 年 9 月 11 日
の事件以来，増大するテロの危惧に応えるためにもたらされた自由への侵害に
対する比例性の審査には，しばしば限定的審査が行われる．一部の狭義の個人
的自由への軽い侵害も同一の扱いを受けている．これに対し，安全，刑事訴訟
の枠組の中での人身の自由，住居の不可侵，通信の秘密，結婚の自由は，完全
審査の対象である．したがって，いわゆる個人的自由といってもその審査には
二つの傾向が同時に存在しているのである．このことは，権利の重要性に，侵
害の重大性が加わると完全審査が行われるということを示している[36]．

6. 比例性の審査の範囲

ゴーゼル・ル・ビーアンは，変質性の審査と十分性の審査をとりあげて，比
例性の審査の範疇に入るかを検討している．

比例性原則は，憲法によって保障される権利や自由が問題となっている場合
に用いられるが，次の点に注意が必要である[37]，という．

第一は，比例性の審査，とりわけ適切性の審査の極限的なケース cas limites
が，選挙の実施に関わる選挙権や契約設定の際の雇用権について存在すること
である．第二は，すべての権利が比例性の審査の対象となるわけではないこと
である．この場合，この審査にかわる一般原則の宣言が行われているかという
と，そうでもなく，他の審査方法は発達してはいない．

さらに，権利の二つのカテゴリーが区別されなければならない[38]，という．
第一のカテゴリーには，最近憲法の中で意識されるようになった権利が含まれ
る．これらの権利の行使の条件やその限界は，立法府によって定義されること
になる．立法府により大きな裁量を認めたいという意思を反映して，憲法院

は，変質性の審査 contrôle de dénaturation を行使している．これらの権利の実体的内容にもたらされた侵害の審査であり，憲法の侵害により多く関連するものである．立法府が地方公共団体の管轄を創設したり，拡大したりする場合であり，こうした措置が，結果として，地方公共団体の支出を増やすことにつながったりする場合である．憲法 72-2 条によって「法律によって定められた財源」の結果，講じられた措置にともなうものである．憲法院は，立法府にそのレベルを評価することが「地方公共団体の自由行政の原則を変質することがなければ」属すると判断している[39]．

　同様に，2004 年環境憲章 7 条により承認された，公的機関がもっている環境に関する情報へアクセスする権利の事例がある．OGM（遺伝子操作生物）に関わる判決においては，憲法院は次のように述べた．OGM の播殖のための許可請求について，バイオテクノロジー高等評議会の意見が公開されている以上，「立法府にその実施が属している情報への権利の原則を，立法府は変質させてはいない」[40]．

　今日では変質性の審査の領域は，しかしながら，補足的なものである．1999 年の末より前は，第二の地位におかれている所有権，企業経営の自由，中間的権利である裁判の権利でさえも対象となっていたが，それ以降は比例性の審査がなされている．この時期，憲法院はこれらの権利にもたらされた規制について，変質性の審査を行っていた．2000 年からは，変質性の審査をせずに，比例性の審査がこうした規制に対し行われている．変質性の審査は，比例性の審査の非常に粗い形として存在し，変質があるかないかを決定するために憲法院によって行われた比較衡量は，追求された目的と講じられた方法との間の関係ではなく，もたらされた侵害の重大性と予定されていた保障との間の関係で判断されている[41]．

　第二のカテゴリーには，いわゆる債権的権利 droits-créances が含まれる[42]．給付への権利，健康への権利，教育への権利，均衡のとれた健康に配慮した環境への権利が含まれ，特別な審査の対象となっている．そこには適切性の審査は含まれるが，これらの権利の実施の政策の十分性 suffisance の審査にとどま

っている．これらの権利にもたらされた制限は，正当性も必要性も問題とされない．唯一，保護の最小の限界をこえているかが，チェックされる．こうした限界をこえて，実施の具体的な方法は，立法府によってあらゆる妥当性をもって定められる．憲法院の分析は，多くの規定がこのような権利の実施に協力的であるときには，総括的なものでしかない．判例は，その実現の程度が，相対的な指数 coefficient で充当されるこれらの権利の性格を説明している．すなわち，国家がこうしたことを充当することができるのか，あるいは望むのかの財政の手段による，とする．家族政策の例がこのような傾向を顕著に表している．このような審査は，同様に，古典的な自由，あるいは，経済的，政治的，社会的権利，より最近では環境権のような，憲法的価値の要請の実施についても行われている．これらの権利の有効性は，実際は，立法府によって，法律の中に示された保障を経由して，確保される．そこで憲法院は，それらの実施が十分であるかを確認する．ここでの審査は，自由や権利に規制がもたらされているときのみ比例性の審査となる．憲法院は，権利の保障が，「適合的で特定的」でなければならない，とした．したがって，違反すれば消極的無権限 incompétence négative として制裁されるので，法律は，先に述べたような保障を定める必要がある．ここで行われる審査は適切性あるいは十分性の特定的審査としてなされることになる．憲法院はプライバシーの尊重に関する判決で，個人名を記載するデータを集めてファイルを作ることについて，さまざまな可能性があるので十分な明確性をともなう必要がある[43]，と判示している．

7. まとめにかえて

ゴーゼル・ル・ビーアンは，次のように比例性の審査の特徴をまとめている．

「階層性の最も上では，審査は常に完全審査で行われる．この対象となるのは，コミュニケーションの自由，ストライキ権，選挙権，裁判を受ける権利などである．階層性の中間においては，重大な侵害がある場合にしか，完全審査

は行われない．この対象となるのは，狭義の個人的自由であり，広義の個人的自由もおそらく同様である．これら二つの階層は，必要性がより強く要請される特徴をもっている．階層性の下では，審査がしばしば限定的審査となる権利や自由がある．この対象となるのは，企業経営の自由，契約の自由，平等原則等である．しかし，ここにおいても侵害の重大性があるときには，完全審査をともなうこともあり，審査のあり方は一概にはいえない．」[44]

　さらに権利や自由の階層性は，憲法院の判例における比例性の審査の特徴を通してはじめて理解できる，という．このことは単純な権利の階層性ではなく，実態との関わりの中で審査の体系を具体的に理解する必要があることを意味している．そして最後に，権利や自由への侵害の重大性という基準が，比例性の審査の諸要素という点においても，比例性の審査の程度という点においても，影響をもたらしていることを確認している．

　フランスでは，行政法の分野でも比例性は原則の一つとして要請されている．行政訴訟における事実の精査の中で措置の適切性を確認するために比例性の存在，不在が問われる．それは，過失と制裁，コストと利潤，都市計画規則への違反の難点と利点，使用料と公共サービスなどの間で問われている[45]．こうした経験が憲法院における判例に影響を及ぼした点は否定できない．

　また，ゴーゼル・ル・ビーアンの整理の仕方そのものにも，すでに培われてきた行政訴訟のあり方が反映しているように思う．完全訴訟の概念も行政訴訟の中に存在している．行政訴訟で確認された判例分析の手法がここにも反映している[46]．

　これまでみたように，フランスでの比例性原則は単なる比例的な措置を意味するのではなく，目的に沿った適切な必要な措置が講じられているかを問うものである．日本では，このような意味で比例性原則は十分に認識されていないし，主だった判決の中で活用されているともいえない．追求されている目的に適切な方法であったかについては，尊属殺重罰に関わる判決や薬局開設規制に関わる事件においてはみられるが，体系的に網羅できるところまでは発達していないようにみえる．しかしながら，日本においても，憲法13条や31条の規

定は比例性原則の要請を含んでいるとみることができ，比例性の審査の充実が望まれる．

　確かに日本では，すべての国家における行為の違憲性や違法性が係争の対象となるために，カテゴリー分けが必要となろう．そのそれぞれの領域で，違憲性や違法性の手法を分析し確立する必要がある．また憲法裁判に関していえば，フランスの法律の事前的抽象審査（但し 2008 年 7 月 23 日の憲法改正で合憲性優先問題の導入がはかられたが）と比較すると，日本の具体的事件にともなう憲法裁判は，問題が拡散しすぎて，体系的な解決方法を提示できないということもあろう．さらに合理性のテストも紹介されてはいるが，この合理性のテストと比例性の審査がどのように違うのかも検討の必要があろう．

　最後に，ゴーゼル・ル・ビーアンの「単純な権利の階層性」への批判も傾聴に値する．権利の階層性を基礎として権利のあり方を理解することが可能だとしても，実際にはより複雑な様相を呈している．いずれにしても憲法裁判への信頼を高めるには，判例における緻密で体系的な解決手段の構築が必要とされよう．

1)　Cf., Louis FAVOREU, *La politique saisie par le droit*, Economica, 1998.
2)　François LUCHAIRE, *Le Conseil constitutionnel*, Economica, 1980, pp. 27-28.
　　憲法院が 1789 年人権宣言や 1946 年憲法前文に照らして，法律の合憲性審査をする，いわゆる「革命的」判決となったのは，結社の自由に関する 1971 年 7 月 16 日判決，自由剥奪刑に関する 1973 年 11 月 28 日判決，法の前の平等に関する 1973 年 12 月 27 日判決である．*Ibid.*, p. 173.
3)　Cf., Bruno GENEVOIS, *La jurisprudence du Conseil constitutionnel,* STH, 1988.
4)　比例性原則に関しては，フランスでは一般的には次のように紹介されている．「共同体機関による共同体法の制定に関する原則で，これにより，共同体機関の活動が共同体条約の目的に必要以上なものにならないようにする．共同体の規制が構成国にとって可能なかぎり侵略的とはならない目的をもっている．」Sous la direciton de Rémy CABRILLAC, *Dictionnaire du vocabulaire juridique*, Litec, 2002, p. 305.
　　これによると共同体法の枠内で主に発達してきたことがわかる．しかし，日本においても刑法や行政法の分野での比例性原則は広く知られている．ヨーロッパでは憲法裁判の発達により，憲法の分野でも比例性原則が語られることが多くなってき

た．関連する文献に次のものがある．

川上宏二郎「行政法における比例原則」『行政法の争点（新版）』ジュリスト増刊 18-19 頁．

須藤陽子「行政法における『比例原則』の伝統的意義と機能」東京都立大学法学会雑誌 31 巻 2 号 327 頁以下，32 巻 1 号 501 頁以下，32 巻 2 号 101 頁以下（1990-1991 年）．

須藤陽子「行政法の基礎理論　比例原則」法学教室 237 号（2000 年）18 頁以下．

須藤陽子「比例原則と違憲審査基準」立命館法学 321・322 号（2008 年）264 頁以下．

高木光「比例原則の実定化―『警察法』と憲法の関係についての覚書」『現代立憲主義の展開（下）』有斐閣 1993 年 211 頁以下．

入稲福智「EC 裁判所の判例における法の一般原則」平成国際大学論集 5 号（2001 年）43 頁以下．

なお本章においては，比例性原則，比例性の審査という使い方で統一した．

5) Michel HOTTELIER, Le juge constitutionnel et la proportionnalité-Suisse, *AIJC-2009*, 2010, pp. 353 et s.

6) *Ibid.*, p. 355.

7) Valérie GOESEL-Le BIHAN, Le juge constitutionnel et la proportionnalité-France, *AIJC-2009*, 2010 ①, pp. 191 et s.（ゴーゼル・ル・ビーアンの論文に便宜上番号をふった．）なお，フランスでは比例性原則に関しては，ザグビエ・フィリップの著書が有名であるが，ゴーゼル・ル・ビーアンも比例性に関する多くの論文を書いている．注 33) も参照）．

Xavier PHILIPPE, *Le contrôle de proportionnalité dans les jurisprudences constitutionnelle et administrative françaises*, Economica, 1990.

Valérie GOESEL–Le BIHAN, Le contrôle de proportionnalité exercé par le Conseil constituionnel, *Les Cahiers du Conseil constitutionnel*, n° 22, 2007 ②, pp. 141 et s.

Valérie GOESEL–Le BIHAN, Le contrôle de proportionnalité dans la jurisprudence du Conseil constitutionnel : figures récentes, *RFDC*, n° 70, 2007 ③, pp. 269 et s.

8) Valérie GOESEL–Le BIHAN, *op. cit.* ①, pp. 191 et 192.

9) Décision 2009-580 DC du 10 juin 2009, *JORF* du 13 juin 2009, p. 9675. 比例性原則の三つの要素として，適切性，必要性，狭義の比例性があげられている．

10) Valérie GOESEL–Le BIHAN, *op. cit.* ①, pp. 192 et 193.

11) Bertrand MATHIEU et Michel VERPEAUX, *Contentieux constitutionnel des droits fondamentaux*, LGDJ, 2002, pp. 472 et s.

12) *Ibid.*, pp. 484 et s. Cf., Sous la direction de Michel VERPEAUX et Maryvonne BONNARD, *le Conseil constitutionnel*, La documentation française, 2007, pp. 100 et

101.

13) *Ibid.*, pp. 484.

14) Décision n° 97-389 DC du 22 avril 1997, *RJC-I,* pp. 707 et s. 『フランスの憲法判例』信山社 2002 年 73 頁以下，参照.

15) Décision n° 96-377 DC du 16 juillet 1996, *RJC-I,* pp. 671 et s.

16) Décision n° 94-341 DC du 6 juillet 1994, *RJC-I,* pp. 589 et s.

17) Décision n° 93-323 DC du 5 août 1993, *RJC-I,* pp. 535 et s.

18) Valérie GOESEL–Le BIHAN, *op. cit.* ①, pp. 194 et s.

19) Par ex., Décision n° 2003-468 DC du 3 avril 2003, *Rec.* p. 325.

20) Décision n° 2005-528 DC du 15 décembre 2005, *Rec.* p. 157.
Décision n° 2006-535 DC du 30 mars 2006, *Rec.* p. 50.
Décision n° 2005-530 DC du 29 décembre 2005, *Rec.* p. 168.

21) Décision n° 2005-528 DC précitée.

22) Décision n° 98-401 DC du 10 juin 1998, *RJC-I,* pp. 754 et s.

23) Décision n° 99-423 DC du 13 janvier 2000, *Rec.* p. 33.

24) Par ex., Décision n° 2000-441 DC du 28 décembre 2000, *JORF* du 31 décembre 2000, p. 21204.

25) Valérie GOESEL–Le BIHAN, *op. cit.* ①, pp. 195-197.

26) Décision 2009-580 DC du 10 juin 2009, précitée.

27) このことは憲法院の自制 autolimitation として語られるものであり，その内容は第一に，政治的性格をもつ審査はしない．第二に，立法府の裁量の明白な過誤に対する「最小の」審査をするとして紹介される．前者の審査のあり方の一つとして，憲法院は「評価の一般的権力」をもつものではないことがあげられる．このことばは次の判決にある．Décision n° 74-54 DC du 15 janvier 1975, *RJC-I,* pp. 30 et s ; Henry ROUSSILLON, *Le Conseil constitutionnel*, 3ᵉ éd., Dalloz, 1996, pp. 76 et s.

28) Décision n° 2008-562 DC du 21 février 2008. 注釈は次のものを参照．*Les Caheirs du Conseil constitutionnel*, n° 24, p 19. この判決は，ドイツの憲法裁判所における比例性の審査が三つの要素，すなわち適切性，必要性，狭義の比例性をもつことに影響を受けている，といわれる．Bruuno GENEVOIS, L'enrichissement des techniques de contrôle, hors série 2009, *Les Cahiers du Conseil constitutionnel*, p. 39.

29) Décision n° 2008-562 DC du 21 février 2008, précitée.

30) Décision n° 2000-434 DC du 20 juillet 2000, *Rec.* p. 107.

31) Valérie GOESEL–Le BIHAN, *op. cit.* ①, p. 200.

32) *Ibid.,* pp. 200 et s.

33) Cf. Valérie GOESEL–Le BIHAN, Contrôle de proportionnalité et Conseil constituionnel, *RFDC*, 1997 ④, pp. 227 et s. ; Le contrôle exercé par le Conseil constitutionnel :

défense et illustration d'une théorie générale, *RFDC*, 2001 ⑤, pp. 67 et s.

34）　フランスの個人的自由についてはさしあたり次のものを参照．西海真樹＝山野目章夫編『今日の家族をめぐる日仏の法的諸問題』中央大学出版部 2000 年 77-78 頁（植野担当部分）．なおここで問題としているのはいずれも，広義においても，狭義においても，単数としての個人的自由 liberté individuelle である．

35）　Cf. Valérie GOESEL–Le BIHAN, *op. cit.* ③.

36）　Valérie GOESEL–Le BIHAN, Le juge constitutionnel et la proportionnalité, précité ①, pp. 205-206.

37）　*Ibid.*, pp. 207-208.

38）　*Ibid.*, pp. 208 et s.

39）　Décision n° 2008-569 DC du 7 août 2008, *Rec.* p. 359.

40）　Décision n° 2008-564 DC du 19 juin 2008, *Rec.* p. 313.

41）　Valérie GOESEL–Le BIHAN, *op. cit.* ①, pp. 208-209.

42）　droits-créances は給付を請求する権利であるが，この権利として承認されているのは，健康の保護への権利，社会的保護と物質的安全への権利，教育や文化への権利，国民連帯への権利，雇用への権利があげられ，まだ承認されていないものとして，住居への権利をあげる本もある．Louis FAVOREU et alii, *Droit constitutionnel*, 10ᵉéd., Dalloz, 2007, pp. 877 et s.

43）　Décision n° 2004-449 DC du 29 juillet 2004, *Rec.* p. 126.

44）　Valérie GOESEL–Le BIHAN, *op. cit.* ①, p. 212.

45）　Alain PLANTEY et François-Chrles BERNARD, *La preuve devant le juge administratif*, Economica, 2003, p. 191.

46）　さしあたりフランスの行政裁判の解決手法に関しては次のものを参照．阿部泰隆『フランス行政訴訟論』有斐閣 1971 年 79 頁以下．なおフランスには行政訴訟の型の一つに，完全裁判訴訟 contentieux de la pleine juridiction という型がある．

第8章
法的安定性の概念

1. はじめに

　法的安定性 sécurité juridique という言葉がしばしば聞かれるが，この概念について日本では十分に議論されているようにはみえない．『法学辞典』によれば，法的安定性は，法的安全，または法的確実性ともいう，として，次の説明がある．

　「法によって保障せられる社会生活の確実な規則性をいう．すなわち法律生活の明確な予測可能性を指す．これは正義，法の目的と並んで基本的法価値である．その確保のためには，法ができるだけ明確な表現をそなえ，みだりに改廃されないことが必要．また法の解釈・適用の仕方が，人々の主観によって多種多様にわたることは厳に避けられなければならない．既得権尊重＝法律不遡及＝一事不再理等の原則は，その要請のあらわれである．」[1]

　法学の分野においては，法令の効力について次のように説明されている．

　「新しい法律を制定したり，既存の法律を改廃する場合には，社会生活の安定を確保する上で，それまでの法制度から新しい法制度に円滑に移行できるようにすることが重要であり，このため，新法令をその施行前にされた行為に対してさかのぼって適用し，旧法令が与えた効力を覆すことは法秩序を混乱させ，社会生活を著しく不安定にする可能性が高いことから，厳に戒めなければならないとされる．特に，罰則については，憲法39条が遡及処罰の禁止を規定している……．したがって，法令の遡及適用は例外的なものとされ，しか

も，それは一般国民の利害に直接関係がない場合や，むしろその利益を増進する場合に限られるのが原則である．」[2)]

　また，これに続いて次のように付加されている．

　「もっとも，社会の変化が急激で一般の価値観が大転換するような状況では，たとえ既得の権利や地位を侵害することがあっても，より高次の公共の福祉の観点から制度の改変が求められる場合もないわけではない．」

　他方で日本では憲法においては，法的安定性を基本原則としてあらためて言及してはいない．しかし日本国憲法は，39条（前段前半）で遡及処罰の禁止を定め，罪刑法定主義の一つとして，刑事法の分野での事後立法を立法権に禁止することで市民の自由や権利を保障する役割を果している．同条（前段後半及び後段）では，一事不再理も定められている[3)]．罪刑法定主義や表現の自由の分野では，明確性の原則も確立している[4)]．罪刑法定主義の根拠は31条にあるとされている．表現の自由の規制に明確性の原則が課せられるのは，表現の自由が民主主義にとって重要な権利だからである．他方で，既得権の尊重は13条を根拠に展開できるかもしれないが，今までそうした説明はなされてこなかった．憲法が本来国家権力を制限するところに意義があり，既得権の尊重は専ら私法分野に関わると考えられることにもよっていよう．

　フランスでは最近にわかに，法的安定性が憲法原則として認められるか否かについて議論されるようになっている．法的安定性を論点の一つとする憲法判例がいくつか下されたこととも関わっている．中でも憲法学者ベルトラン・マチューは，法治国家は基本的人権の保護を目的とするが，権力分立原則，合法性の原則，比例性の原則と並んで，法的安定性が法治国家の実質的必要性に合致するものとされ，基本的人権を保障する固有の法制度の価値をもつものとして理解される，と法的安定性の法的価値を擁護している[5)]．

　ここではまずベルトラン・マチューの法的安定性についての叙述の展開を追いながら，その定義を明らかにし，次に学会の動向をみる．法的安定性の観念にどのような意義と問題点があるかについて解明を試みたいと思う．

2. 起源と基礎

　法的安定性の起源として，共同体法があげられることが多い．フランスの法
律用語辞典の中では，次のような説明がされている．

　「共同体法の原則であり，それによれば，個人や企業が，法規範や法的状況
の中で最小限の安定性を求めることができるとするものである．この原則は，
共同体法文の不遡及性や正当な信頼性の原則のような実定法の規範からも生じ
る．

　他方で，行政法においては，共同体法とは異なり，この原則は独立した法原
則としては承認されてはいない．法的安定性の概念は，いくつかの古典的な判
例上の原則から着想をえている．たとえば，たとえそれが合法的でなかったと
しても，法上決定した創設的な個別的な行政行為の撤回の禁止のような原則が
ある．」[6)

　共同体法と同時に民法における法的安定性について述べている場合もある．
そこでは次のように説明されている．

　「法には，統一性が必要であり，相対的に安定的であり，個人にとって予測
可能なものでなければならない規範を定めることをめざすべきである．法はま
た，個人にとって適用される規定の内容を正確に知らされるべきであり，すな
わち，判例や遡及的な法文による急激な方向転換で問題とされるようであって
はならない．状況の安定性が尊重されるべきである．」[7)

　この本においても共同体法の一般原則としての法的安定性の説明において
は，やはり，正当な信頼性の原則が，予測可能性，既得権の尊重などと並んで
派生的な原則としてあげられている．それでは，正当な信頼性の原則とは何な
のか．

　「正当な信頼性の原則は，法的安定性の原則から導き出される共同体法の原
則で，それによれば，信義則に基づく，裁判を受ける者（実際は企業が多い）
は，経済的秩序に関する決定を法文に基づいて下したのであり，その法文の安

定性を信頼し，援用することができる．したがって，こうした法文の，あまりにも速い，予測できない変化は補償されることを正当化するだろうし，新しい規範は適用されないと考えられる．」[8]

このように説明されている．また行政法においてはこの原則はこのようには認められてはおらず，行政に対する遡及的行為をとることの禁止のような判例上の原則がある，と説明される[9]．正当な信頼性の原則もまた日本では問題とされていない．

他方で，ベルトラン・マチューの報告は次のような文章から始まっている．

「法的安定性の概念は，法の分野や政治的議論の中で広く用いられている．逆説的だが，その条文上の承認は弱く，憲法の中には存在していない．

法的安定性の原則は，事実，本質としてはドイツ法から生じた，そして共同体法を通じて定着した『輸入品』である．」[10]

そしてフランスにおける法的安定性の発展について多くの方法で説明できるという．一方では，法的安定性は共同体法の原則として共同体法の適用の分野でフランスに課せられてきた．欧州人権裁判所による法的安定性の援用は，規範制定権者や国内裁判官にとって強い後ろ盾となり，間接的に人権の保護を推進した．他方で，基本的人権に基づく，また普遍性をめざす法制度の発展により，フランス国内法は比較法の影響を受けやすい法となっている．さらに法的安定性は，法治国家の概念を発展させた．より広くは，法的安定性の原則は，徐々に複雑となり，不安定となる環境の発展に応じて課せられる，安定性の要求に応えるものとなっている．法的安定性の概念の発達は，法規範がシンプルで，明確で，受け入れやすく，予測可能性の高いものであることを要求するにいたったのである．

マチューはさらに，法的安定性の概念は法治国家の発展と不可分であり，その発展は，形式的な法制度から実質的な要求を含む法制度へと移行していることを示すという．それはまた，多数決民主主義の原理が弱まり，基本権保障の制度の強化へと移ってきていることに対応している．こうした発展は規範の内容に関心をもつゆえに，法規範の階層性の尊重に単に基づく法制度を乗りこえ

ることをめざす．ところで法治国家とは，基本権の保護を最終目的とする政治的・法的組織の制度である．したがって，権力分立，合法性の原則，比例性の原則，法的安定性は基本権を保障するための固有の法的制度という質を有する法治国家の本質的要求に呼応するものである．法的安定性は道具としての法が応えなければならない一定の要求を表現している．それは，欧州人権裁判所の名を借りてはいるが，いわば「法の優越性」の実現を方向づけるものである[11]．このように法的安定性の重要性を指摘している．

3. 具体的内容

ベルトラン・マチューは，1999 年の国際憲法裁判学会で，フランスの法的安定性についての報告を担当しているが，フランスにおける法的安定性について次の三つにわけて考察している．一つは，法的安定性の内容と原則の基礎についてであり，そこでは，定義と，法文上・判例上・学説上の根拠を扱っている．二つは，法的安定性の原則の適用範囲についてであり，そこでは，法的安定性の原則の受益者，法的安定性の原則の尊重が強いられる機関，法的安定性の原則の恩恵を受ける領域を扱っている．三つは，法的安定性の原則の実施と効果についてであり，そこでは裁判上のコントロールの方法とその内容，そして「法的安定性への権利」の性質を扱っている[12]．

法的安定性の原則と一般に呼ばれているが，法的安定性への権利 droit à la sécurité juridique と呼ばれる場合もあることを付記しておこう．ファヴォルー他が著した本においては，こうした権利を扱っている[13]．しかし，この権利は，公権力の活動を麻痺させる恐れのあるものとして承認されてはいない，という．もしこのようなものであるなら，公権力は現存する法律に変更を加えることがもはやできなくなってしまう．法的安定性への権利の名において，改革に対してたえず異議を申立てることが可能になってしまうからである，と述べる．

スペイン憲法は，法的安定性を明言する数少ない憲法であり，その 9 条 3 項は次のように述べる．

174

「憲法は合法性の原則，法規範の体系性，法規範の公示，個人の権利を侵害しまたは制限する刑罰手段の不遡及性，法的安定性，ならびに公権力の責任および専横的行使の禁止を保障する。」[14]

いずれにしても本章で主に扱うのは権利というよりは，法的安定性の原則であり，それがどのような具体的内容をもって，公権力に課せられているかである。

法的安定性について，マチューは，フランス法において，不遡及原則や既得権の保護，正当な信頼性，合法性あるいは法律の質などの原則と比較すると独立した原則とは考えられていない，と述べる[15]。基本権の制度の構築が派生的原則から由来する「行列的 matriciels 原則」から生じるのに対し，フランス法における法的安定性の原則の起源は異なった方法で生まれた[16]。この原則は，憲法の中に表明されてはいないが，現実の効果から利益をえる者がいて，いわば連動的な原則といえる。憲法裁判所によって，関連する活用される原則が再編されていて，さまざまな性格をもっている。あるものは直接憲法上の法文から引用され（法律の明確性や契約の自由），また他のものは，法文上の準拠はなく（法律の遡及の限界）用いられている。したがって，行列的原則との間に直接の関連をもつものと，憲法裁判所によって追及された推論の中で明らかにされなかったとしても派生的原則といえるものがある。

マチューによれば，法的安定性に関連するこれらの原則は二つのグループに分けられるとする（表参照）。一つは，内容においてあるいは形式において法

表　マチューの考える法的安定性の内容の分類

法的安定性の原則	
法の質の要求	法の予測可能性の要求
明確性の原則	不遡及原則
アクセス可能性の原則	既得権の保護の原則
有効性 efficacité の原則	正当な信頼性の原則
実効性 effectivité の原則	契約関係の安定性の原則

出所：Bertrand MATHIEU, Constitution et sécurité juridique-France, *AIJC*-1999, 2000, p. 157.

規範に作用しうる不安定性と闘う目的をもったもの，もう一つはある時期における法の適用に結びつく不確実性を克服する目的をもったものである．かくして一つは，いわゆる「法の質 qualité の要求」からくるもので，明確性の原則，アクセス可能性の原則（接近可能性ともいう），有効性の原則，実効性の原則が含まれる．もう一つは，「法の予測可能性の要求」からくるもので，法律の不遡及原則，既得権の保護の原則，正当な信頼性の原則，契約関係の安定性の原則が含まれる．前者は憲法上の要求であり，裁判官をして自らがしたがう法文の形式的要素に対するコントロールをもたらすよう仕向けられるものである[17]．

　法的安定性は，ある種の立法の予測可能性を含むものである．なぜなら，法規範に作用する予想外の出来事や不意の変更を避けて，確実な法的環境の中で発展することが，経済上の，あるいは財政上の執行者やあらゆる住民に認められる可能性をさすからである．法的安定性という要求は，法の変容の必然性に対立することなく，法律の急激な遡及的な承認や，法律の発展に過渡的・一時的措置により随伴する事柄を含むものである．かくして法的安定性は規範や既得権あるいは既得状況の不可侵性を招くものとは考えられていない．規範の予測可能性と必然的な変容可能性の間の均衡は，たとえば財政法律に関する1959 年 1 月 2 日オルドナンス 4 条を変更する組織法律の提案の中に見い出される．「予定された支払期日の前に事後法が税制上の優遇措置を変更することがないなら，このような優遇措置は多年的な性格を獲得する．」このように税制上の優遇措置は，納税者に最大限の法的安定性を保障するため，いわば「契約化 contractualisés」されているのである[18]．

(1)　法の予測可能性の要求

　法的安定性の一つの側面である法の予測可能性には，すでに述べたように法律の不遡及原則，既得権の保護に結びつく原則，正当な信頼性の原則などが含まれる．

1) 法律の不遡及原則

法律の不遡及原則は，ヨーロッパ法においては「共同体法は確実で，その適用は各人にとって予測できるものでなければならない」とされ，まさに法的安定性の原則と結びついている．そこから，「当初予定された期日をすでにすぎているのに，行為の施行期日を延期するというようなことは，それ自体法的安定性の原則を侵害している」とみなされる[19]．

しかし，他方で，不遡及原則に対する例外も認められている．欧州司法裁判所は 1976 年に「共同体法は，あらゆる遡及的な規制の可能性を排除するものではない」と判示している[20]．また，例外的に到達すべき目的がそれを必要とする場合や当事者の正当な信頼性が尊重される場合に，不遡及原則が適用されないこともある[21]．

欧州人権条約 7 条は刑事上の不遡及原則を定めている．民事事件や公法に関わる事件においては，法律の遡及性は，特別の重要性をもつ公共利益という事由があるときには正当化されることがある．法規範の安定性を保障する意図で法律の有効性が承認されることもある．法律の有効性については，遡及性が法的安定性の論理に必然的に対立するものではなく，むしろ助ける場合があることも確認されなければならない[22]．

行政法においては，命令の不遡及原則とは，命令が将来においてしか効果をもたないことをさすが，コンセイユ・デタにおける判決で，法の一般原則として認められ，規制的であれ，個別的であれ，すべての行政決定について認められている．妥当性 opportunité の配慮も行政行為の遡及性を正当化しないとされている[23]．

フランス民法典 2 条は，フランス法における不遡及原則を示しているが，これは法律の形式的な性格に結びつくもので，立法府の意思を拘束する実体的な意味をもつ原則とは考えられていない．したがって，唯一立法府のみが抵触を許される一つの法の一般原則と考えられている．そこで，行政行為の不遡及原則に反する法律を制定することはできるし，同様にデクレに遡及的な性格を付与する法律を制定することもできる．このようなことから法律の不遡及原則

は，それ自体では憲法的価値を有してはいない．しかし，次のことが指摘できる．

　まず，法律の不遡及原則は刑事的制裁に関しては，憲法上の原則として確立しているが，刑罰規定が，犯罪の廃止や刑罰の軽減化により緩和される場合には，遡及性が認められること rétroactivité *in melius* も憲法上の要請である．このような原則は，1789 年人権宣言 8 条によって表明されている罪刑法定主義の原則に結びついている[24]．

　憲法院は，法律の遡及が違憲である場合も示している．それは権力分立原理によって制限される場合であり，既判力において過去における裁判所の判決の尊重を要求する場合である[25]．他方で財政法律の遡及的適用は法律の施行期日により合法的に取得した時効の受益者たる納税者の権利を侵害してはならないと判示している[26]．

　憲法院は，法律の遡及的性格は，憲法上の要請である合法的保障 garanties légales を奪う効果はもつべきでないとしており，このことは 1999 年社会保障財政法律の審査の際にも表明している．そこでは「人権宣言 8 条による法律の不遡及原則は，刑法の分野にかぎり，憲法的価値を有するといえる．しかしながら，たとえ立法府が遡及的な租税に関する規定を採択することができるとしても，それは十分な一般利益という理由がある場合で，かつ憲法上の要請である合法的保障を奪うことはできないという条件の下で可能となる」(Cons. 5) と判示されている[27]．ここではその基礎となる法的安定性についての言及はなされていない．合法的保障という憲法上の要請の剥奪とは別に，十分な一般利益が，遡及的な法規制を制定するには示されなければならない．民法典 2 条にみられる法律の不遡及原則は，憲法原則を保障する一つの立法原則であり，正当化された侵害しかもたらしえないものである．この判決は，法的安定性の原則を直接表明するものではなかったが，方向づけるものとマチューは評価している[28]．

2）　既得権の保護に結びつく原則

　既得権とは時間の流れの中で生じる法律の衝突の際に用いられる概念で，以

前に成立していた法律で認められていた権利が，新しい法律の中ではその権利の付与に反する規定があるにもかかわらず，以前の法律が存続し続けるときに問題となるものである[29]．

　フランスの憲法においては，既得権の保護については定めていない．しかしながら，次のような場合に既得権の保護が憲法上要請されているか問題となる．一つは，基本的自由の行使に結びつく状況に関わる場合，二つは，契約から生じた権利の保護に関わる場合である．

　前者の場合として，1984年のいわゆる新聞法に関する憲法院の判決がある．この判決は，1984年当時，新聞王と呼ばれた保守系国民議会議員のエルサン氏の新聞事業が多くの新聞紙を発行していたことに対して，「新聞事業の集中を制限し，かつその財政上の透明性及び多元性を確保するための法律」を制定しようとしたことに関わるものであるが，憲法院は違憲と判断した．憲法院は判決の中で，立法府はいくつかの制限内でしか公的自由に関係する状況を問題とすることはできない．実際，立法府は，より効果的なものとする場合，あるいは憲法的価値を有する他の原理や原則と調和する場合にしか，公的自由の行使を規制できない．公的自由の行使に結びつく合法的に獲得された状況を問題とすることは禁止され，それは，伝達の自由のみならず自由の全体を対象とする．このようなことから，公的自由の行使をより制限するシステムを避けることが必要なだけでなく，個別的状況を保護することも必要となる，とした[30]．

　後者の場合については，憲法院は当初は，契約の自由に憲法的価値を認めていなかった[31]が，最近では，契約の自由が法的安定性の要求を惹起するものとしてとらえられるようになっている．再補足退職年金制度に関わる法律に対して，1994年憲法院は平等原則違反として違憲と判断したが，その中で「いかなる憲法上の価値をもつ規範も契約の自由の原則を保障しない」と判示していた[32]．しかし，1996年の判決においては，憲法院の態度は若干変化する．そこでは，契約の自由はそれ自体が憲法的価値を有していないとしても，憲法的価値を有する他の原則の尊重に必要な保障を構成するとした[33]．かくして契約の自由の侵害がとりわけ契約の安定性への侵害が，ある憲法原則と関わるなら

違憲となりうる．さらに 1998 年には憲法院は，立法府は合法的に結ばれた協約や契約の構成に，人権宣言 4 条から生じる自由を明らかに認めないような重大な侵害をもたらすことはできない，とした[34]．契約の自由の原則への言及が，この判決で示された．ここで示された原則は，民法典 6 条や 1123 条にみられるような契約の自由の原則と同じと正確にはいえないが，公であれ私であれ，契約の第三者による契約の規定の尊重の原則であり，これは，法的安定性の要請につながるものである，とマチューは指摘する[35]．

またマチューは次のように契約の自由について述べる．契約の自由の原則は，一般的に人権宣言 4 条によって示される自由の原則から導き出される．これはいわゆる憲法上の原則とはいえないが，憲法上の原則を保障する原則であり，「見張り番としての原則 principe sentinelle」である．この原則への侵害はそれ自体制裁されるものではないが，その侵害が憲法で認められている自由の核心にふれるような重大性を有するときは制裁されることになる[36]．

3）　正当な信頼性の原則

憲法院は明白に，いわゆる正当な信頼性の原則なるもののあらゆる憲法的価値を否定している．この原則はドイツ行政法から着想をえたものであるが，共同体法にも影響を与え援用されている．この原則は，法的安定性の原則により課せられる予測可能性から必要とされるものである．法が不安定となったときのこの不安定性の犠牲者を正当な信頼性の原則によって保護することとなる．行政裁判において政府委員は，正当な信頼性の原則は法的安定性の原則の派生形もしくは延長上にあるものであるが，個人の享有する主観的権利という観点から考察されるものである，としている[37]．したがって，客観訴訟の枠組において用いることは難しい．

共同体法においては正当な信頼性の保護の原則は，当事者の正当な信頼性が保護に値することを前提とする原則であり，若干の場合においては信頼性がどの程度であるのか，その承認に関することとなる．結果として行政がその条項の中にある種の見込みを生じさせていた，そうした状況の中に個人が見い出される場合には，正当な信頼性の原則が援用されうる，としている[38]．すなわ

ち，行政が何らかの約束をしたときとか，契約を交わしたときとかである．また規制のあり方に変化がもたらされるときにも，発表日以前の日付にさかのぼってある行為を実施させることを決定したり，直接実施の方法に関わったりするときには，当事者の正当な信頼性を裏切るおそれのある規制のあり方の変化が生じると考えられる．

パトリック・フレセックスによれば，「正当な信頼性に関する共同体法の判例は，伝統的な個人の既得権をこえて，形成的権利や単なる約束や契約の結果生じる潜在的権利のような主観的権利の概念の拡大解釈を示している」とする[39]．

さらにジャン・ピエール・ピュイソシェは，正当な信頼性の原則は，行政にその決定や約束，契約を尊重させるために個人の既得権を保護させたり，個別的行政決定の撤回の可能性を制限したりする点から援用でき，他にもあらゆるタイプの訴訟に適用できるであろうと述べる[40]．

フランス行政法においては，正当な信頼性の原則は，1994 年にストラスブールの行政裁判所によって法の一般原則として示された[41]．この判決では，行政が守らなければ責任を問われるものとして，法規範や行政活動の明確性や予測可能性における正当な信頼性の原則をあげ，行政が尊重すべきものとした．さらに，正当な信頼性の保護は当事者が前もって情報をえるために，それに見合う適切な規定がおかれているなら保障されるであろうとしている．しかし，コンセイユ・デタは，共同体法の適用領域以外での正当な信頼性の保護の原則は認めていない[42]．

憲法院では，法的安定性の原則については，その憲法的性格を明らかに宣言するところにはいたらず，留保している状況であるが，正当な信頼性の原則については憲法的価値を全く否定するという扱いの違いがみられる．正当な信頼性の原則は主観的な性格を有し，広い活用が予測されることにも憲法院の扱いの違いが表れている，とマチューは述べている[43]．

(2) 法の質の要求

フランス憲法においては，法の質の要求は法律の明確性 clarté の問題に結び
つく．実際，法的安定性は，法がアクセスしやすい accessible，読みとりやす
い lisible ものであることを必要としている．フランスの憲法判例は明確性の
原則には何度も言及している[44]．

1）明確性の原則

1987 年のカレドニア人民の諮問に関する判決において，憲法院は，ニュー
カレドニアについての諮問に参加する有権者に提示される質問は，誠実さ
loyauté と明確性 clarté の二つが要求されることを認めている[45]．この判決に
おいては，法律規範の明確性の原則という形では明示しておらず，人民への諮
問の際の質問の明確性という形であったが，規範の明確性の原則の憲法上の承
認の第一歩を示す判決であった．

1993 年の大学施設に関する判決において，憲法院は，憲法価値を有する規
定に明確に基づくものではなかったが，実験に関する法律規定の明確性の要求
を一定の範囲で承認した[46]．すなわち憲法院は立法府に「実験の性格と内容，
その実験が行われる場合，実験が評価されることになる条件と手続……を正確
に定義する」（Cons. 9）ことを要求している．

1998 年の 35 時間労働に関する判決において憲法院は，法律の明確性の要求
を憲法 34 条から導かれるものとして明確に承認した[47]．憲法院は「憲法的価
値のいかなる原理・原則も侵すことなく，立法府には，憲法 34 条から導き出
される要求を満足するために十分に明確で正確な方法で定義される範囲で与え
ることの自由がある」（Cons. 10）と判示した．なお憲法 34 条は，法律事項が
何であるかについての規定である．この分析は，1998 年の別の判決において
も用いられており，そこでは，地方選挙における第二回投票へのアクセスの限
界と，他の選挙リストとの統合の権利の限界を定める規定について，定められ
ているパーセンテージが明確な選択の必要性と相容れず，明確性という憲法上
の目的を侵害しているとして問われた．これに対し，憲法院は，法的安定性か

182

ら生じる憲法上の目的，法律規定の明確性の要求について，法律規定に曖昧性はなく，立法府は消極的無権限 incompétence négative（立法府の権限行使の不十分さ）を侵害してはいないと判断した[48]．

　他方でコンセイユ・デタは，法的安定性の必要性から由来する法規範の明確性やわかりやすさの原則の適用は認めていない．政府委員クリスチャン・モーゲは，法文の難解さは違法性をもたらすほどのものではない，と判断している[49]．

4.　憲法上の根拠

　マチューによれば，法的安定性の原則は，いわゆる合憲性ブロックの中には明確に示されていない，という．しかしながら，だからといって，その理念が憲法上欠けていると断定するのはふさわしくない．憲法院は，法的安定性から導き出されるいくつかの原則を憲法条文に基づいて打ち立てている．かくして，1789 年人権宣言 4 条から契約の自由の原則，憲法 34 条から法律の明確性の要求を引き出した．他方で，法律の遡及性の制限を導き出すような法的安定性の原則を一般的に示す，固有な憲法上の基礎を見い出すことは難しい，と述べる[50]．

　1789 年人権宣言前文は，「市民の要求が，以後，簡潔で争いの余地のない原理に基づく」ことを述べる．この文言は，法的安定性を護る革命家たちの意思を表している，とマチューはいう．というのも，ここで期待された簡潔性とは，明確性や平明さ，アクセス可能性の概念に帰するものであり，法の安定性に対する懸念からくるものだからである．1994 年に憲法院に付託された退職者の権利の不可侵性の問題は法的安定性の原則に基づいて申立てられているが，1789 年人権宣言前文のこの文言から導くことも可能であった[51]．しかしマチューによれば，この文言がフランス憲法における法的安定性の原則を認めているとするにはあまりにも一般的すぎる，とする．

　人権宣言 2 条は，人間の，時効によって消滅することのない自然的な諸権利

の中に，「安全 sûreté」を位置づける．この安全の原則は，恣意的な警察的措置や拘束を受けない権利であり，人権宣言 7 条や憲法 66 条にも明示されている．安全と法的安定性は密接な関係にある．したがってこれらの規定は警察的措置についての法的安定性の原則の憲法的価値を与えていると考えることができる．しかしこれらの規定から拡大的に解釈をして，法的安定性の原則の一般的承認を導き出すことは難しい．

人権宣言 16 条は「権利の保障が確保されず，権力の分立が定められていないすべての社会は，憲法をもたない」と定める．この条文は法治国家の概念を最もよく表現しているとされる規定である．そこには，権力の組織のあり方についての形式的な要求と権利の保護についての実質的な要求が含まれている．真の憲法であるかどうかは法治国家に固有なこれらの要素の存在によって決定される．憲法院はこの条文に基づき，直接的にそして明白に，裁判を受ける権利を導き出している[52]．裁判を受ける権利は主観的権利であり，各人の手にある道具としての権利である．この権利は憲法条文によって承認された諸権利を尊重させるものである．権利の尊重を条件づけるある種の質を示すことになるのが法的道具であるが，法的安定性はその道具を含む憲法上の要求である．したがって人権宣言 16 条はフランス憲法における法的安定性の概念の定着を示しているといえる，とマチューは結論づける[53]．

5. 学説の動向

ルイ・ファヴォルー他の著す『憲法』の中においては，法的安定性への権利は漸く憲法の分野でとりあげられるようになった権利であると述べられているが，最も早く法的安定性について紹介しているのは 1987 年のリシェールの論文においてだとされている[54]．ついで，1995 年ファヴォルー，マチューの論文の中でとりあげられていった．

(1) フランソワ・リシェール

リシェールの 1987 年の論文「権利や自由の憲法上の保護」[55] 及び 1989 年の論文「安全—人権あるいは賢明な人の力」[56] にリシェールの法的安定性の原則についての記述がある．彼によれば，法的安定性の概念は「安全」の中に含まれるとする．安全とは革命期において権利の保障をさした．そこから安全は公的安定性に限定されるようになった．19 世紀には秩序の保障を意味する．1946 年には，社会と同様に個人にもおそいかかりうるあらゆるリスクに対する保護に意味が拡げられている．人間存在の手段の保障となった．今日では法的安定性の概念は，あらゆる法的介入の背後に存在する．すべてをとらえる安全 sûreté attrape-tout とリシェールは表現する．さらにリシェールは安全の概念の有用性を自問する．というのも，専制に対する戦いとか司法へのアクセスとかという他の概念は，安全を保障するために憲法院によって好んで用いられるのに対して，この概念，すなわち安全自体は用いられていないからである．そして憲法院によりしばしば適用される防禦権の尊重の原則は，安全を示す規定以外には基づかないとする．リシェールは，憲法院による安全の概念をより拡張した解釈の可能性も言及する．それは既得状況の保護を保障することを許す．さらに安全は，自由を限定する原則を暗に構成することも確認する．リシェールはまた，安全の概念に訴えることは，この概念を拡大したり，矛盾する結果を生み出したりすることもあるので危険もあると警告している[57]．

(2) ルイ・ファヴォルー

ファヴォルーは 1995 年に「団体協約は遡及的性格をもつ条文を含むことができるのか」[58] と題する論文を著している．そこでファヴォルーは，条文に遡及的性格を与えることを明らかに立法府に与えることを示唆した憲法判例について言及している．法律より下位の規範の不遡及性は法的安定性の概念によって正当化される．ドイツでは法治国家の基本概念の一つを構成するとして憲法上守られている．フランスではコンセイユ・デタの判例の注釈者も示すように，

法の基本的機能は安定性を保障することであり，それは，その時代に施行されている法に一致している行為や状況を問題にすることを禁止する趣旨である．

　ファヴォルーはまた自らが著した『憲法』の中において，法的安定性は法治国家の結果ととらえている．規範の階層性や憲法の優越性，立憲主義と結びつく概念ととらえる[59]．他方で，基本的人権の保障に関わる権利として次の三つをあげる．すなわち，裁判を受ける権利，防禦権，法的安定性への権利である．このような文脈の中でファヴォルーは，法的安定性の権利は，比較法的観点からとフランス法の観点からとに分けて考察している[60]．

　比較法的観点からは，一般的に法律の不遡及原則は刑法分野におかれているが，財政法，民法，商法の分野において遡及効果を認めることは，もしそれを認めないと公権力の活動が麻痺することになるというのなら違憲ではない，と考えられている．そのことは，憲法は，法律の介入の要件を緩和したり，制限したりしながら，不遡及性のもたらす不都合を弱めることもすることを意味している．たとえば，公権力が公務員の年齢制限を変更することを決定したなら，立法府なり政府なりに，新しい措置の漸進的なそして直接的でない実施が要求されるということである．ヨーロッパ法における法的安定性への権利は，正当な信頼性への権利といわれているものに近い，と紹介する[61]．

　フランス法の観点からは，法的安定性への権利は今日まで憲法レベルでは明白には認められていない．法律の不遡及原則が人権宣言8条に照らして刑法の分野でしか憲法的価値をもたず，遡及的財政規定を採択することは立法府に許されている（Cons. 6）とする，憲法院の1997年判決をあげて[62]，ファヴォルーはそのことを示す．しかし，ファヴォルーはこのことで憲法院が法的安定性の権利や原則を遠ざけているようには思えない，問題はこの原則の法文上の根拠である，という．リシェールは人権宣言2条の「安全」に根拠を求める．法的安定性は人権宣言16条の「権利の保障」に由来する権利の尊重を直接に条件づけるものである．憲法院も1999年の判決で，この16条による権利の保障は適用する規範に対する市民の「十分な認識なしには効果をもつことができない」，としている[63]．他にも法的安定性と関わる憲法上の要求を承認する判決

を下しているが，さらに 2000 年には，「不確定性」を根拠として財政法律の規定を違憲としている[64]．「不確定性」は法的安定性を源とする概念で，それが侵害されている状況といえよう．このようにファヴォルーは述べている[65]．

(3) ベルナール・パクト

パクトは 1995 年に「法的安定性は我々に欠けている原則か」を著している[66]．パクトはその論文の中で共同体法における法的安定性の原則についてふれたあと，フランス公法が法的安定性の概念によって豊かになっているかどうかを検証し，二つの点を指摘する[67]．一つは，フランス公法のシステムは法的安定性を軽視するものではないこと，二つは，法的安定性は対立的な効果を必然的にもつものであること，である[68]．

(4) ミッシェル・フロモン

フロモンは，1996 年に「法的安定性の原則」を著しているが，その中で欧州連合の各国の国内行政法の比較を試みている[69]．法的安定性の原則は二つの原則を含むものとして認識されている．一つは，法的状況の安定性を確保することをめざすという面，もう一つは，国家の規範や決定の確かさ，明白さを要求するという面である．フロモンによれば「法的安定性の原則のまわりに，国内法は再編に向けて発展しつつある．それは公権力によって作りあげられた法的状況の時間の中での安定性に寄与するものである」という[70]．

(5) ドミニク・ルソー

ルソーは，憲法院の 1995 年の判決及び 1996 年の判決の中で法的安定性の原則は暗黙的に憲法化された，すなわち憲法的価値を有する原則もしくは対象となった，とみている[71]．しかし，そうだとしても二つの未解決の重要な問題が残るという．一つはその基礎である．彼は，この原則は安全に言及している人権宣言 2 条に憲法上の基礎を見い出すことができるのではないかとする．安全は，法規範に基づいて諸個人が彼らの関係性を構築するときの保証なのであ

る．したがって，急激な方法で，あるいは現実の必要性もなく変更されたり，問題とされたりすることがないという保証を意味する．もう一つは，法的安定性の判例上の活用に関わるもので，判決の方向性が誰の法的安定性を守るのかによって変わるのではないか，ということである．これまでの判決ではそうした不確実性が現れていた，としている[72]．

(6) ドミニク・トゥルパン

トゥルパンによれば，憲法院の不遡及原則の適用は刑法分野に制限されるのではなく，懲罰を含むすべての処罰に拡げられて適用されていると指摘する．また，不遡及原則は処罰に関わらない分野では，立法府にではなく，命令制定権者に課せられる一種の法の一般原則である，という[73]．1995年の判決で憲法院が明らかにしたことは，遡及的規定は「憲法上の要請からくる合法的な保障を奪」ってはいけない，ということであり，それは，「法的安定性の原則」から生じた利用，活用を問うことにつながる．同様に申立てた側も主張しているように，違憲な遡及的法律と法的安定性を認識する法律とを区別することにこの原則は役立つのであるとする[74]．法的安定性の原則は1789年の人権宣言の16条に基づいている．したがって憲法的価値の対象となるものである．法的安定性の憲法上の原則の適用は同一の価値をもつ他の原則と調整されなければならず，特に裁判への権利との調整が必要なものである．法的安定性の原則は，民法典1123条にみられる契約の自由にもたらされる過度の不当な侵害への制裁を許すことになる．但し，契約の自由が，地方公共団体の自由行政の原則のような憲法上の原則の尊重を保障するのに役立つとしても，契約の自由はそれ自体として憲法上の価値をもつとはいえない，としている[75]．

(7) フランク・モデルヌ

モデルヌは1998年に「法の一般原則の現代性」と題する論文を書いており，その中で法的安定性の原則についてもふれている[76]．この論文は法の一般原則はもはや現代性をもたないのではないか，という疑問に答えるものであり，一

方では憲法裁判の側からの頑強な抑止として，他方では行政裁判の側からの意図的な政策として，法の一般原則についての分析を試みる．前者においては，憲法の分野において行政法の一般原則を好む傾向がある憲法院は，憲法上の原則として示すことなく行政法の一般原則の存在と位置づけを確認している．憲法院は，法文の根拠はないが適用可能な憲法上の新しい法の一般原則をつくり出さないようにしている．後者においては，法の一般原則が憲法上の変化に対して現実主義的な受容をされている面がある．ある分野においては，法の一般原則が拡大的に活用されている．国内法以外から由来する法の一般原則を統合することにはためらいがあることを示している．この前者の三番目と後者の三番目において，法的安定性がとりあげられている．

　モデルヌは，法的安定性の原則についても，また正当な信頼性の原則についても，憲法院は，その受容に対して冷たいとし，「しかしながら，これらの原則は（とりわけ法的安定性の原則は）それらの可能性ゆえに憲法上の一般原則としての質を当然主張しえた」と述べる．法的安定性の原則については，若干の研究者は人権宣言 16 条を成文の根拠として据えるが，判決においては明言をさけている．この原則から派生していると考えられる正当な信頼性にいたっては，全くとりあげられていない．「いかなる憲法的価値をもつ規範も，いわゆる『正当な信頼性』なるものを保障してはいない」（1997 年 11 月 7 日判決 Cons. 6）としている[77]．立法府の裁量権を狭めうるとはいえるだろうが，憲法上の位置づけがあるとしてこの原則の昇格を予測することは危険である，と述べる[78]．

(8)　ジャン・エリック・ショテル

　ショテルは 1998 年 12 月 18 日の憲法院判決の解説を書いている[79]．この判決は，医療費支出抑制を実現するための措置を定める 1999 年社会保障財政法律に関するもので，次の三つの点が大きな論点であった．財政問題の遡及性と法的安定性（10 条），平等原則（26 条），便乗立法手続（22，28，32 及び 34 条）である．とりわけ同法律 10 条は専門薬品開発企業が負担する拠出金の計

算方法に関して，遡及的に変更するとしており，この結果多くの企業が追加的な支払いを負うことが予想された[80]．彼の解説によれば次のようである．不遡及原則は人権宣言8条に照らせば，犯罪処罰に関してしか憲法的な価値をもたない．したがって憲法院は，立法府が一般利益を理由としてなら税務行政官や課税判定者が適用する規範を遡及的に変更しうるので，そのことを考慮して，財政法律の遡及性を認めている．同様に憲法院は，一般利益を理由とする財政法律の遡及的に変更する立法府の権限は，先立つ法律の下で生まれた権利の存在という事実だけで制限することはできない（1986年12月29日判決 Cons. 6），とした．

　最近では，一般利益という第一の，かつ本質的な必要性に，遡及的措置が遡及的効果への制裁を示さないという条件や，既判力の原則にも合法的な取得時効にも侵害をもたらさないという条件が付加されている．1997年11月7日の判決で憲法院は，立法府は常に憲法上の要請である合法的な保障を奪うことがないなら遡及的な財政規定を採択することができると判示した．さらに1997年12月18日の判決で憲法院は，家族手当の計算の毎月の基礎の遡及的な増額について，立法府は，一般利益を根拠とするか，あるいは憲法上の要請に結びつく理由を示すのでなければ，遡及的な規定を選択することはできないとした．

　1998年12月の国民議会議員の1999年社会保障財政法律に対する憲法院への申立てにおいては，1789年人権宣言により保護されている法的安定性の原則の侵害であるとしている．人権宣言2条により宣言されている「安全への権利」と16条により宣言されている文言において言及されている「権利の保障」を同法律10条が十分に理解していないと申立てている．

　それでは，法的安定性の原則とはどのように定義されるものなのか．非常に多義的な概念を縮減するというリスクをおそれずにいえば，同時に安定性や明快さや民主主義への適合性や法治国家の有効性につながる，法的環境への信頼性への要請がそこにはある．法的安定性の概念として次の三つを憲法上の規定として認めることができる．それらは第一に，個人の安全であり，人権宣言2

条，7条，8条，13条によって保障されている．第二に，基本的自由の領域で合法的に認められた状況の尊重である．憲法上対象となっている事柄を実現する必要性があるとき以外は問題とされない．第三は，憲法34条から導き出される法律の明確性の必要性である[81]．

　法的安定性は憲法上の規範とはいえ，せいぜい法律の効力について一定の役割を果すにすぎない．法規範の不安定性や曖昧性の危険のない場所に法的状況をおくという配慮がされるので，効力や効果の方法を正当化する一般利益への考察を構成するのである．

　また法的安定性の概念に結びつく，「正当な信頼性」の原則については憲法院は憲法的価値を否定している[82]．

　ショテルはこのように述べるが，ベルトラン・マチューは，彼は法的安定性は憲法規範ではないとしながらも法律の効力について一定の役割を果すことを認めている．さらに曖昧な言い方ではあるが，憲法院が財政法律の遡及的内容を制限しつつも，成文でない憲法原則において一般的方法でそれを示すことを避けながらも法的安定性の新しい側面を認めていると明言している，とする．こうしたショテルの分析は議論を招くが，それでもこの分析は，法的安定性が憲法裁判官が頼る一つの道具であることを示している，とマチューは述べている[83]．

(9)　コリンヌ・ルパージュ

　「法的安定性の原則は憲法的価値をもつ原則となったか」の論文の中で，元環境大臣で弁護士のルパージュは1998年12月18日の憲法院の判決は，法的安定性や正当な信頼性の諸原則における新しい一歩を記した，と述べる[84]．彼女は，これらの諸原則はこれまでフランス法においてほとんど無視されてきたが，これらの原則は共同体法や欧州人権条約に関わる法においては認められている．このような観点から，抗弁の方法による合憲性コントロールの枠組における活用について述べている[85]．

6. まとめにかえて

フランスにおける法的安定性をめぐる議論から，法的安定性のもつ広義の概念が基本として重要だということがわかる．それは，法的安定性が，立憲主義や法治主義，民主主義を支える概念であり，これにより憲法を頂点とする法の階層性の概念からくる憲法保障や人権保障の重要性などが導き出されてくる．したがって日本国憲法には，フランス人権宣言 16 条のような立憲主義についての規定はないが，憲法 11 条，12 条，13 条の人権の享有，行使のあり方，保障のあり方についての条文，97 条の人権の普遍性，98 条の憲法の最高法規性についての条文が広義の法的安定性に関わるものとして定められており，その意味で読みとることができる．

刑法の分野や処罰の分野で不遡及原則が課せられるのは，被疑者や被告人に専断的に不利益を与えることを防止するために必要で，つきつめれば被疑者や被告人に対する人権保障から必要とされている．また社会における行動の予測可能性とも結びつくからである．他方で，遡及することによってむしろ人権保障に結びつく場合には，それが優先されると判断されよう．

またフランスでも議論されているように，法的安定性の概念から直ちに既得権の絶対的保護には結びつかない．なぜなら社会の変化から，法律や判決の変更が必要とされることはままあることで，その点に留意する必要もあるからである．そこでフランスでは，法律の変更になるときには「一般利益の必要性」があげられる．税制度改革などでしばしば法的安定性が論点としてあげられるのは，既得権よりもそれを制限してもなお正当化できる一般利益が存在するか，であり，また急激な変化ではなく手段としての漸進的な変更も要請されている．

フランスでの議論で注目すべき第一の点は，立憲主義，法治主義，民主主義を法的安定性の概念の基礎に据えている点であり，このことから，人権保障に結びつく制度の変更は肯定できる．

たとえば，遡及処罰の禁止とはいうが，緩和化された処罰規定は遡っても適用されうる．あるいは既得権の保護といっても，正義や公正さを表していない既得権は保護に値しないともいえる．

非嫡出子相続分差別に関する 1995 年（平成 7 年）7 月 5 日の最高裁の合憲決定における 5 名の反対意見の最後には，民法 900 条 4 号但書きを違憲と判断するとしても，当然にその判断が遡及するものではない，という下りがある．

「最後に，本件規定を違憲と判断するとしても，当然にその判断の効力が遡及するものでないことを付言する．すなわち最高裁判所は，法令が憲法に違反すると判断する場合であっても，従来その法令を合憲有効なものとして裁判が行われ，国民の多くもこれに依拠して法律行為を行って，権利義務関係が確立している実態があり，これを覆滅することが著しく法的安定性を害すると認められるときは，違憲判断に遡及効を与えない旨理由中に明示する等の方法により，その効力を当該裁判のされた時以後に限定することも可能である．私たちは本件規定は違憲であるが，その効力に遡及効を認めない旨を明示することによって，従来本件規定の有効性を前提にしてなされた裁判，合意の効力を維持すべきであると考えるものである．」[86]

ここでは，違憲判断の遡及効を認めないことによって法的安定性を確保することが説かれている．2013 年（平成 25 年）9 月 4 日の最高裁の決定においては，こうした反対意見が多数となり判例変更にいたっているが[87]，法的安定性を第一に考えて法令の違憲・合憲の判断をするなら，違憲判決は多かれ少なかれ既得状況や既得権に影響を与えるので下せないことになってしまう．このような場合は，平等の確保や権利の保障という観点から正義を貫き公正な裁判を行うことが優先されるべきであろう．

フランスでの議論で注目すべき第二の点は，法的安定性から法文の明確さ，わかりやすさ，アクセスしやすさを導き出している点である．法治国家においては，法文が難解であったり，法文の定める制度が簡単には理解しがたいものであってはならない．誰もが法を理解し，制度が活用できるものでなければならない．法化社会の活性化もここに基礎がある．日本ではこの点については，

法は何か特別なもの，難しいことが当然のものと考えられているが，この点が改められることがなければ，市民に身近な法に拠って立つ社会の確立は遠いといわざるをえない．

1) 末川博編『全訂法学辞典』日本評論社 1971 年 924 頁．

2) 川﨑政司『法律学の基礎技法』法学書院 2011 年 188 頁．

3) たとえば法学協会編『註解日本国憲法上巻』有斐閣 1953 年 675 頁以下参照．

4) 手島孝監修＝安藤高行編『基本憲法学』法律文化社 2002 年 104 頁，「法や法的措置の内容が不明確であっては人びとの法的地位は不安定になり，その権利・自由はおびやかされるから，当然それらは明確でなければならない」と説明される．

5) Bertrand MATHIEU, Constitution et sécurité juridique-France, *AIJC*-1999, 2000 ①, p. 156. 他に行政法分野の法的安定性に関する著書として次のものもある．Philippe RAIMBAULT, *Recherche sur la sécurité juridique en droit administratif français*, LGDJ, 2009.

6) Sous la direction de Raymond GUILLIEN et Jean VINCENT, *Lexique des termes juridiques*, 14ᵉ éd., Dalloz, 2003, p. 528.

7) Sous la direction de Rémy CABRILLAC, *Dictionnaire du vocabulaire juridique*, Litec, 2002, p. 345.

8) Sous la direction de Raymond GUILLIEN et Jean VINCENT, *op. cit.*, pp. 137 et 138.

9) 但し，法的安定性は行政判例の分野でも問い直されている．Rapport public 2006 « Sécurité juridique et complexité du droit », *Etudes et documents du Conseil d'Etat*, n° 57, 2006.

10) Bertrand MATHIEU, *op. cit.* ①, p. 155.

11) *Ibid.*, pp. 155 et 156.

12) *Ibid.*, pp. 155 et s.

13) Louis FAVOREU et alii, *Droit constitutionnel,* 10ᵉ éd., Dalloz, 2007, p. 896.

14) 阿部照哉＝畑博行編『世界の憲法集［第 4 版］』有信堂 2009 年 197-198 頁（百地章）参照．

15) Bertrand MATHIEU, *op. cit.* ①, p. 156.

16) 「行列的原則」については，次のものを参照．Bertrand MATHIEU, Pour une reconnaissance de "Principes matriciels" en matière de protection constitutionnelle des droits de l'homme, *D.*, 1995 ②, p. 211 et s.

17) Bertrand MATHIEU, *op. cit.* ①, p. 157.

18) *Ibid.*, p. 157. また次のものも参照．Mireille HEERS, La sécurité juridique en droit administratif français : vers une consécration du principe de confiance légitime ?,

RFDA 1995, p. 963 et s. エールによれば「特に経済的執行者によってしばしば執拗に援用され，1992 年のコンセイユ・デタの報告の中での確認により，その位置づけが強化された『すべての法的システムの本質的な基礎』である，法的安定性はフランス法において全く当然のものとして承認されている」とする．彼女は，法的安定性は二つの原則として表されている，とする．一つは権利の創設的行為の個別的効果の不可侵性の原則であり，もう一つは行政行為の不遡及性原則である，とする．

19） CJCE, 22 février 1984, *Kloppenburg c. Finanzamt Leer*, affaire 70/83, *Rec.*, p. 1075.

20） CJCE, 7 juillet 1976, *IRCA c. Amministrazione delle Finanza dello Stato*, affaire 7/76, *Rec.*, p. 1213.

21） Bertrand MATHIEU, *op. cit.* ①, p. 158.

22） *Ibid.*, pp. 158-159.

23） *Ibid.*, p. 159. なお次のものも参照. Marceau LONG et alii, *Les grands arrêts de la jurisprudence administrative*, 18ᵉ éd., Dalloz, 2011, pp. 387 et s.

24） Bertrand MATHIEU, *op. cit.* ①, p. 159.

25） Décision n° 86-223 DC du 29 décembre 1986, *RJC-I,* pp. 301 et s.

26） Décision n° 91-298 DC du 24 juillet 1991, *RJC-I,* pp. 465 et s.

27） Décision n° 98-404 DC du 18 novembre 1998, *RJC-I*, pp. 774 et s. フランス憲法判例研究会編『フランスの憲法判例』信山社 2002 年 244 頁（藤野美都子）も参照．合法的保障は法的保障とも訳される．

28） Bertrand MATHIEU, *op. cit.* ①, p. 160.

29） Sous la direction de Raymond GUILLIEN et Jean VINCENT, *op. cit.*, p. 224.

30） Décision n° 84-181 DC des 10 et 11 octobre 1984, *RJC-I*, pp. 199 et s. フランス憲法判例研究会編・前掲書 153 頁（矢口俊昭）も参照．

31） Décision n° 89-254 DC du 4 juillet 1989, *RJC-I*, pp. 352 et s. この判決においては，憲法院は，契約に関して法律のあらゆる遡及性を禁止するとした共和国の諸法律により承認された基本的原理の存在を認めなかった．このような遡及性は一般利益の存在に属するとみなしたからである．

32） Décision n° 94-348 DC du 3 août 1994, *RJC-I*, pp. 602 et s. フランス憲法判例研究会編・前掲書 231 頁（石埼学）も参照．

33） Décision n° 96-385 DC du 3 décembre 1996, *RJC-I*, pp. 691 et s.

34） Décision n° 98-401 DC du 10 juin 1998, *RJC-I*, pp. 754 et s.

35） Bertrand MATHIEU, *op. cit.* ①, p. 161.

36） *Ibid.*, pp. 161 et 162.

37） TA Strasbourg, 8 décembre 1994, *Entreprise Freymuth c/ Ministre de l'environnement, AJDA* 1995, p. 555（なお，現在は公的報告者と呼ばれているが，当時は政府委員と呼ばれていた.）.

第 8 章　法的安定性の概念　*195*

38）　CJCE, 19 mai 1983, *Mavridis c. Parlement*, *Rec.*, p. 1731.

39）　Patrick FRAISSEIX, La notion de confiance légitime dans la jurisprudence administrative française, *RRJ,* 1999-2, p. 405.

40）　Jean-Pierre PUISSOCHET, Vous avez dit confiance légitime?, *L'Etat de droit*, Mélanges en l'honneur de Guy BRAIBANT, Dalloz, 1996, p. 581.

41）　TA Strasbourg, 8 décembre 1994, cité plus haut.

42）　CE décembre 1998, *Entreprise Chagnaud SA, AJDA,* 1999, p. 96.

43）　Bertrand MATHIEU, *op. cit.* ①, pp. 163 et 164.

44）　*Ibid.*, pp. 164 et 165.

45）　Décision n° 87-226 DC du 2 juin 1987, *RJC-I*, pp. 309 et 310.

46）　Décision n° 93-322 DC du 28 juillet 1993, *RJC-I*, pp. 533 et s. フランス憲法判例研究会編・前掲書 302 頁（福岡英明）参照.

47）　Décision n° 98-401 DC du 20 juin 1998, *RJC-I*, pp. 754 et s.

48）　Décision n° 98-407 DC du 14 janvier 1999, *RJC-I*, pp. 798 et s.

49）　Christine MAUGÜÉ, Conclusions sur CE, 5 mars 1999, M. Rouquette, Mme Lipietz et autres, *RFDA* 1999, p. 357.

50）　Bertrand MATHIEU, *op. cit.* ①, pp. 165 et 166.

51）　Décision n° 94-348 DC du 3 août 1994, *RJC-I*, pp. 602 et s.

52）　Décision n° 93-335 DC du 21 janvier 1994, *RJC-I*, pp. 576 et s.

53）　Bertrand MATHIEU, *op. cit.* ①, p. 166.

54）　Louis FAVOREU et alii, *op. cit.*, p. 897.

55）　François LUCHAIRE, *La protection constitutionnelle des droits et libertés*, Economica, 1987.

56）　François LUCHAIRE, La sûreté : droit de l'homme ou sabre de Monsieur Prud' homme, *RDP*, 1989, pp. 609 et s.

57）　*Ibid.,* pp. 633 et 634 ; Cf. Bertrand MATHIEU, *op. cit.* ①, p. 172.

58）　Louis FAVOREU, Une convention collective peut-elle comporter des dispositions à caractère rétroactif ?, *D.*, 1995, p. 82.

59）　Louis FAVOREU et alii, *op. cit.*, pp. 81 et 82.

60）　*Ibid.*, pp. 892 et s.

61）　*Ibid.*, pp. 896 et 897.

62）　Décision n° 97-391 DC du 7 novembre 1997, *RJC-I*, pp. 719 et 720.

63）　Décision n° 99-421 DC du 16 décembre 1999, *RJC-I*, pp. 856 et s.

64）　Décision n° 2005-530 DC du 29 décembre 2005.

65）　Louis FAVOREU, *op. cit.*, pp. 897 et 898 ; Cf. Bertrand MATHIEU, *op. cit.* ①, pp. 172 et 173.

66）　Bernard PACTEAU, La sécurité juridique, un principe qui nous manque?, *AJDA*, n°
spécial, 20 juin 1995, pp. 151 et s.

67）　*Ibid.*, pp. 154 et 155.

68）　Cf. Bertrand MATHIEU, *op. cit.* ①, p. 173.

69）　Michel FROMONT, Le principe de sécurité juridique. *AJDA*, n° spécial, 20 juin 1995,
pp. 178 et s.

70）　Cf. Bertrand MATHIEU, *op. cit.* ①, p. 173.

71）　Dominique ROUSSEAU, Chronique de jurisprudence constitutionnelle 1995-1996,
DRP, 1997, pp. 13 et s.

72）　Cf. Bertrand MATHIEU, *op. cit.* ①, p. 173.

73）　Dominique TURPIN, *Mémento de la jurisprudence du Conseil constitutionnel*,
Hachette, 1997, pp. 132 et s. 1995 年 12 月 28 日の憲法院判決についての解説である.
Décision n° 95-369 DC du 28 décembre 1995, *Rec.* 257. なお，法の一般原則について
は，植野妙実子「フランスにおける法の一般原則」比較法雑誌 16 巻臨時 3 号（1983
年） 1 頁以下参照.

74）　Dominique TURPIN, *op. cit.*, pp. 134 et 135.

75）　*Ibid.*, pp. 135 et 136 ; Cf. Bertrand MATHIEU, *op. cit.* ①, p. 174.

76）　Frank MODERNE, Actualité des principes généraux du droit, *RFDA* 1998, pp. 495 et
s.

77）　次の判決を参照. Décision n° 96-385 DC du 30 décembre 1996, *RJC-I*, pp. 691 et
s. ; Décision n° 97-391 DC du 7 novembre 1997, *RJC-I*, pp. 719 et 720.

78）　Frank MODERNE, *op. cit.*, p. 506 ; Cf., Bertrand MATHIEU, *op. cit.* ①, p. 174.

79）　Jean-Eric SCHOETTL, Décisions du Conseil constitutionnel, *AJDA*, 1999, pp. 23 et s.

80）　フランス憲法判例研究会編・前掲書 244 頁以下（藤野美都子）参照.

81）　Jean-Eric SCHOETTL, *op. cit.*, p. 23.

82）　*Ibid.*, pp. 23 et 24. ショテルのとりあげた判決は次のようなもので多岐にわたる.
なお頁はショテルが該当するとしてあげた頁を（＊印のものを除いては）示す.
Décision n° 88-250 DC du 29 décembre 1988, *Rec.*, p. 267 ; Décision n° 86-223 DC du
29 décembre 1986, *Rec.*, p. 184 ; Décision n° 91-298 DC du 24 juillet 1991, *Rec.*, p. 82 ;
Décision n° 97-391 DC du 7 novembre 1997, *Rec.*, p. 232 ; Décision n° 97-393 DC du
18 décembre 1997, *Rec.*, p. 320 ; Décision n° 84-181 DC des 10 et 11 octobre 1984,
Rec., p. 78 ; Décision n° 81-132 DC du 16 janvier 1982, *RJC-I*, pp. 104 et s. （＊）;
Décision n° 98-401 DC du 20 juin 1998, *RJC-I*, pp. 754 et s. （＊）; Décision n° 93-335
DC du 21 janvier 1994, *Rec.*, p. 40.

83）　Bertrand MATHIEU, *op. cit.* ①, p. 174.

84）　Corinne LEPAGE, Le principe de sécurité juridique est-il devenu un principe de valeur constitutionnelle?, *Gaz. Pal.*, 27 au 29 juin 1999, pp. 939 et 940.

85) *Ibid.*, p. 940 ; Cf. Bertrand MATHIEU, *op. cit.* ①, pp. 174 et 175.

86) 最高裁平成 20 年 6 月 4 日大法廷決定（民集 62 巻 6 号 1367 頁）.

87) 最高裁平成 25 年 9 月 4 日大法廷決定. 長谷部恭男他編『憲法判例百選 I ［第 6 版]』ジュリスト 117 号（2013 年）62-63 頁（高井裕之）参照.

第 9 章

立法裁量論をめぐる問題

1. はじめに

　日本国憲法は国民主権の下で間接民主制を採用し，国会議員の選挙は国政の方向を決定する極めて重要な事柄となっている．それゆえ今日では選挙権の行使の重要性が認識され，1 人 1 票のみならず，投票価値の平等も問われるようになっている．このことは判例上 1976 年の衆議院議員定数配分規定違憲判決によって認められた．しかし，この判決は同時に次のようにも述べている．

　「投票価値の平等は，各投票が選挙の結果に及ぼす影響力が数字的に完全に同一であることまでも要求するものと考えることはできない．けだし，投票価値は選挙制度の仕組みと密接に関連し，その仕組みいかんにより，結果的に右のような投票の影響力に何程かの差異を生ずることがあるのを免れないからである．」「両議院の議員の各選挙制度の仕組みの具体的決定を原則として国会の裁量にゆだねている」．（最大判昭 51・4・14 民集 30 巻 3 号 223 頁）

　すなわち投票価値の平等は認めるもののそれが完全に同一であることまでが要求されるものではないとして，国会の裁量に委ねられている両議院の議員の各選挙制度の仕組みによって影響を受けることを許容していたのである．ここにおいては，選挙制度に関する立法裁量が投票価値の平等の要請よりも広く認められると解され，これ以降それならば許容される投票価値に関する格差はいかほどであるかの検討がなされてもいった．

　1994 年 1 月公職選挙法の改正が成立して，小選挙区比例代表並立制が導入

200

され，それにともなって，11月に衆議院小選挙区選出議員の選挙区を定める法律，いわゆる区割り法が成立した．この新しい区割り法において，選挙区間の格差が2倍を超えていることが，小選挙区比例代表並立制という選挙制度とともに問題となったが，1999年11月の判決でいずれも国会の裁量を理由として合憲とされた．

今日，平等も権利のために重要といわれているが，立法裁量はどのような場合にどの程度認められうるものであろうか．また司法の統制は立法裁量に対してどのように及ぶものであろうか．日本での議論とフランスでの議論を比較して検討する．

2. 学説の動向

立法裁量論とは何をさすのか．一般には「立法府に対する司法権の限界」といわれている[1]．すなわち「立法に関して憲法上立法府に委ねられた判断の自由」をさし，そこには司法権がふみこめない，と．このことは次のように説明される．憲法は，社会を規律する下位規範としての法律の存在を当然予定しており，その際立法府に多かれ少なかれ自由な判断の余地を残していることは疑いのないところである[2]．一定の事項が「立法裁量に属する事項」とされると，法律の規定が立法裁量の範囲内におけるものであるかぎり，裁判所は，法律の内容が違憲であるかどうかの判断をなすことはできない，と説明される．司法審査における立法裁量論とは，「憲法のうえで立法裁量に委ねられている領域については，立法府の政策判断に敬意を払い，裁判所独自の判断を控えるべきだ」とされる．このような立法裁量論の基礎としては，権力分立原理や裁判所の自己抑制政策があげられる．しかし，裁判所は，「立法が憲法の容認するその立法裁量の範囲を逸脱しているか」を判断し，「立法権（立法府）がその裁量を逸脱し，当該法的規制措置が著しく不合理であることの明白な場合にかぎってこれを違憲として，その効力を否定することができる」[3]．この例として，小売商業調整特別措置法による小売市場の許可制を合憲と判示した最高裁判決

の文言があげられる（最大判昭47・11・22刑集26巻9号586頁）．そこで問題は，立法裁量の範囲をどの程度まで認めるかにある，とされている．

立法裁量についての説明は概略このようなもので一致している．しかし，細かな点では意見が分かれる．

ところで立法裁量論を説く場合，判例の動向に依拠することが多いように思われる[4]．しかしながら，判例は必ずしも後述するように立法裁量論の構築に寄与しているとは思われず，同様に合理性や明白性の原則との関係づけに寄与しているようにも思われない[5]．立法裁量をどのように定義するか，立法裁量を定義する際に考慮すべき事項を検討することは，法律制度が人々の自由や権利のあり方と大きく関わるがゆえに，重要だと思われる．

まず，戸松秀典は，立法裁量論とは，裁判所が法律の合憲性審査に用いる一つの手法とみて，「裁判所が法律の合憲性の審査を求められたとき，立法府の政策判断に敬意を払い，法律の目的や目的達成のための手段に詮索を加えたり裁判所独自の判断を示すことを控えることをいう」と述べている．そして戸松は，「立法裁量論の採否は，裁判所の違憲審査権行使の姿勢を体現するもの」といい，「違憲立法審査権を行使する裁判所が，権力分立の原理に基づき，立法府との対立をやわらげるため生み出した一つの調整機能を果たすもの」として，「司法の自己抑制という面からも語ることができる」としている[6]．

審査基準との関係では，立法裁量論は「合理性の基準の前提」となっているという．また「立法府の決定を尊重した序列化を行う判断方法が立法裁量論」ともいう[7]．立法裁量論の適用を類型化することは容易ではないとしながらも，「立法裁量論が適用されることによる人権の保障の程度に着目し」て，「三つの類型，すなわち①立法裁量論の広い適用，②立法裁量論の狭い適用，③立法裁量論の不適用という類型は，その手法の性格，審査基準との結びつき等の説明に有効」としている．そしてさらに立法裁量論と審査基準とは表裏一体をなす，として，「広い立法裁量論が単なる合理性の基準，狭い立法裁量論が厳格な合理性の基準，さらに立法裁量論不適用が厳格な審査基準に結びつく」ことを示している[8]．立法裁量論の広い適用の説明として，サラリーマン税金訴訟

（最大判昭 60・3・27 民集 39 巻 2 号 247 頁）があげられ，そこでは，明白性の原則が採用され，審査基準として，単なる合理性の基準が適用されている，とする．

　戸松によれば，裁判所の立法裁量論の広い適用の例として，既述したサラリーマン税金訴訟など租税立法に対して憲法 14 条 1 項の平等原則に違反すると主張して争った事件，福祉立法の合憲性を争う訴訟，公職選挙法による選挙運動の自由に対する制限・禁止が争われた事件，公務員の政治的行為を規制する国家公務員法及びそれに基づく人事院規則に対する訴訟例があげられている．裁判所の立法裁量論の狭い適用の例として，1976 年議員定数不均衡訴訟に対する最高裁判決，薬事法違憲判決，堀木訴訟の一審判決があげられ，立法裁量論の不適用の代表例として在宅投票制度廃止違憲訴訟に対する一審判決があげられている．こうした列挙から，戸松の述べる立法裁量論の広い適用，狭い適用，不適用の具体例が明らかになるが，同時に，判例が立法裁量論の一つの型を構築してきているとはいえないということも明らかとなろう．

　ここでの問題は，A 一つは憲法が法律の存在を予定し，多かれ少なかれ，立法府の自由な判断に法律のあり方について委ねられているということと，立法府の政策判断に敬意を払い，裁判所独自の判断を控えるべきだということとがストレートに結びつくことなのか，B 二つは戸松の述べる立法裁量論の三つの類型化が果たして妥当するかということである．B については次のような指摘もある．小林武は，戸松の示したシェーマを示唆的と考え，しかし「現実の最高裁判例の状況は，狭い適用や不適用という類型を成立させる可能性をもつものではない」と注意を促している[9]．

　横田耕一は立法裁量を「合憲性の推定」として次のように述べる．アメリカ合衆国では，立法のあるものには合憲性の推定が与えられ，明白性の原則という考え方がとられる．「その根拠は，法律に示された主権者たる国民の意思には憲法との矛盾が明白でない限り裁判所は反対すべきでないという民主政の原理と，事実上立法となるような行為を裁判所は行うべきでないという権力分立原理であって，司法の自己制限として説かれている．」

しかし，横田は注意すべき点として，第一に合憲性の推定とは，立法事実が存在することに対する推定，つまり，当該法律の制定目的の合理性とその目的達成の手段の合理性の存在についての推定で，合理性の基準に適合していることについての推定とみるべきこと，第二に合憲性の推定は主として経済規制立法について与えられていて，言論の自由を中心とした精神的自由の領域では排除されている，という．

そして，立法裁量の限界として，「主権者には国民の代表機関である国会には，行政府の場合よりも広範囲に裁量にまかされる領域が認められる」と述べ，「一方で，憲法の規定の仕方によって裁量の範囲を考えなければならないとともに，他方で，立法が関わっている憲法の権利の性質を考慮しなければならない」とする[10]．

敷衍すれば，ここで根拠としてあげられている民主政の原理を重んずれば，実際法律に対する憲法裁判は機能しないことになり，それゆえその適用は限定されているとみることになる．憲法裁判の意義という点からも立法裁量の画定が必要なのである．しかしながら，立法裁量の適用・不適用以上に，広狭という裁判所の態度を立法裁量論の枠組の中でとらえる必要はあるのだろうか．また明白性の原則の適用なのか合理性の適用なのかという問題も浮かびあがる．

ところで，その問題に先立ち，立法裁量論がそもそも立法権の実体と結びつく司法権の機能の問題としてどうとらえるのか(A)を検討しておかなければならない．覚道豊治は「立法裁量と行政裁量」において次のように述べる．立法裁量にも行政裁量にもそれぞれ積極的な要素，消極的な要素が存在する．但し，立法裁量は行政裁量と異なって，裁量は狭ければ狭いものほどよい，ということではなく，「直接民主制にも限界があり，代議制・議会制自体を否定しない以上，議会のある程度の裁量の広さの必要は否定できない．……そこで問題は，行政裁量と立法裁量について，現実の実定法上の解釈上いかにしてその存在とその範囲を認識するかということにある．」

そして立法裁量の認識の方法について，まず①憲法の規定に基づく判断として，(a)憲法がかなり明確な概念で定めている場合は，立法の裁量範囲は非常に

狭いと解される．(b)「公共の福祉」「地方自治の本旨」などいわゆる不確定概念で規定する場合は，裁量にかなり幅がある．しかし裁量の限界は法的に判断しうる．(c)憲法がある事柄について，「法律によって定める」ことを規定している場合，あるいはその具体化や規制の方法について何も明記していない場合，10条，17条，24条2項など，法律事項とか法律の留保とされるものは，法律によって定めなければならないが，その内容については，当然国会にかなり広い裁量が認められると解される．しかし，この場合でも，全く無制限な立法裁量が認められているものではない，とする．次に②制定法律の性質による判断として，「憲法の規定の仕方よりも，制定する法律の性質がどのような種類であるかによって，国会の裁量の範囲について判断しようとする考えは，いろいろありえようが，いわゆる二重基準論はこれに属するといえる」と述べる．すなわち，精神的自由を規制するものについては，ほとんど立法裁量は認めないか，あるいは極めて厳格な審査基準によるものとし，経済的自由を規制するものについては，「合理性基準」によるとして，広い立法裁量を認める，という．結局「立法裁量の範囲を知るためには，それぞれの場合について，それに関連する各条文の解釈をしなければならず，立法裁量の認識方法の問題は，……憲法の各条文の解釈論のなかに分散することになる．」[11]

　この見解につき，野中俊彦は，「いわば実体的に立法裁量の抽出を試みたもの」とするが，「あるべき立法裁量論の提示にも直接的にはつながらないもの」と評している[12]．

　私見では，立法裁量については，「立法に関して憲法上立法府に委ねられた判断の自由」という立法権の役割に付随する裁量的側面と「立法府に対する司法権の限界」だとされる司法権の役割に付随する機能的側面とを分けて考える必要があると思う．両側面は結果的に合致して司法権の限界点を画定することになる点もあろうが，「立法に関して憲法上立法府に委ねられた判断の自由」がそのまま，司法権の限界の機能的側面に反映するわけではない．立法裁量を語る機関がどこであり何の目的においてであるかを意識する必要があろう．それゆえ，覚道の場合は憲法の条文の解釈に立戻ることになったのであり，さら

に結果的に憲法解釈を通しての幅広い立法裁量を認めてしまうことにもなった。

　内野正幸は，「立法裁量については，裁判所は立法府の判断をどの程度尊重すべきか，といった裁判法理の観点ないし機能的側面からそれを位置づける見方もあるが，ここでは，そのような立場はとらない」といい，立法裁量をもっぱら立法府の立法についての自由という実体的側面からとらえることを前提として扱っている。そして，その問題とは別に，立法裁量を「司法権の限界」論の中に位置づけるのは妥当か，と提起している。堀木訴訟最高裁判決（最大判昭57・7・7民集36巻7号1235頁）を例に出し，しばしば，裁判所が立法裁量の問題だとしたときに，その法律の内容が違憲であるかどうかの判断をなすことはできない，と説明されるのに対し，「かかる位置づけは妥当ではない」という。「立法裁量事項については，司法審査が及び合憲の判断が下されることになる，とみるべき」という。内野は，「〈司法審査は立法裁量の範囲の内外にかかわらず及び範囲内では合憲，範囲外では違憲の判断が下される〉と説かれるべき」と主張し，さらに「政治部門の自律性に関わる事項と立法裁量事項とは，同じ意味で司法審査の対象外にあるわけではない」と指摘する[13]。

　ここにおける立法裁量を「立法府の立法についての自由という実体的側面から捉えることを前提とした」としながら，「立法裁量事項については，司法審査が及び合憲の判断が下されることになる」という繋がりはわかりづらい。立法裁量を「司法権の限界」論の中に直截に位置づけてきたこれまでのあり方には私見においても賛成しかねる。立法裁量論はあくまでも司法の側から立法をみたときにどの程度の裁量が認められるかの問題とすべきであろう。そして立法裁量事項とされてもそこに憲法上の原則や憲法体系全体からの要請が関わるときには裁量は挟められるとみるべきであろう。またこれまで並列的に司法権の限界としてあげられてきた，たとえば事件性または訴訟性，立法及び行政の裁量，政治部門の自律性，統治行為または政治問題，内閣総理大臣の異議，憲法上の例外も個別に検討が必要といえる[14]。とりわけ立法裁量，行政裁量の相異も問題となろう[15]。

戸波江二は，立法裁量がどのような憲法規定ないし問題領域について認められるかにつき，一般的な立法裁量か，特定の領域での立法裁量かと提起し，後者を妥当としている．そして，その理由として，「『法律で定める』という憲法規定が立法裁量を是認する根拠となるとする見解がある」が，この見解は，「理論的にも実際的にも不当」であり，「あくまでも，その領域の性質上，さまざまな立法が特に必要とされ，そして立法者の専門的ないし政策的判断が特別に尊重されるという事情が認められるからである」としている[16]．

司法審査にあたって立法府の政策判断が尊重される領域が特定の領域にかぎられる，とする見解は，私見においても妥当だと思われる．但し，理由としては憲法規定を根拠に据えても結果的に「それぞれの領域の特質を考えながら個別的に検討すべきことになる」のと変わらないと思われる．というのも，憲法規定においても，精神的自由についての規定には「法律で定める」の文言は用いられてはおらず，また24条2項は，むしろ法律で定める際の条件（個人の尊厳と両性の本質的平等）を明らかにしているものであるし，31条は適正手続の保障における法律という手続の必要性，84条は民意に沿った税徴収を意味する租税法律主義の明確化のために述べられている部分であり，立法裁量を意味するわけではない．「法律の定めるところにより」や「法律でこれを定める」としているところは，国籍，財産権，教育権及び労働権などの社会権，納税，国家賠償，刑事賠償，選挙に関わる制度，そして天皇，国会，内閣，裁判所，会計検査院，地方公共団体の各国家機関の活動の細目に関してである．この中で，社会権の要である25条に該当する規定のないことを奇異に思うかもしれないが，25条は制定当初のさらに広い裁量を想定して，国家の努力義務のみ明記し，それがプログラム規定説を解釈として生む根拠となったと考えられる．すなわち権利・義務に関わる領域として考えられているのが，経済的自由，社会権，選挙制度，納税，賠償の分野であり，ここにおいては，さまざまな手段の中から立法府が選択，決定できる余地があり，それが重んじられるということである．しかしながら合憲性の推定によって直ちに司法審査を免れるということではなく，憲法上の原則や憲法体系全体からの要請と調和的に検討

される必要がある．刑罰のあり方もしばしば立法裁量の分野といわれることがあるが，比例性の原則など警察権の限界を画するものは憲法上の原則とされ，裁量が重んじられる分野とは考えられない．

ところで戸波は立法裁量論の法的意味について，①立法裁量が認められる要件，②立法裁量が認められる場合の法的効果，③技術的裁量をとりあげている．

最後の技術的裁量とは，立法者が法律の制定にあたって，技術的な細部に関する事項について，その詳細は立法者の判断に委ねられているとする論理だという．通常はこれらの技術的裁量事項は合憲と判断されることになる[17]．

しかし，技術的裁量とみられる場合でも，民主政の基礎をなすと考えられる議員定数配分規定の場合は合憲性が推定される場合とは考えられない．法律の対象となる権利の性質や目的に照らすことが必要であろう．

戸波は戸松の，立法裁量論を違憲審査基準と関連させつつ，広い立法裁量論が合理性の基準，狭い立法裁量論が厳格な合理性の基準，立法裁量不適用が厳格な審査基準に結びつくと説く見解に，疑問を呈している．この見解には立法裁量論がいかなる領域で成立するかという視点が欠けている，独自の意味をもたない．「特定の領域における立法裁量の存在をまず認定し，そのうえで，そこでの人権規制立法についてはゆるやかな違憲審査基準が適用される，と説くことが，必要かつ有用」という[18]．そして結論として，問題となる人権の種類によって解決のレベルがそれぞれ異なること，規制の合理性・必要性について，立法事実に基づく実質審査が必要であることをあげている[19]．

戸松の見解に対する批判はすでに別のところでも提示されていた．しかしそこでは，戸松の見解は，人権の性質の違いということがベースになっているように思われるが，人権の性質だけに注目しての一元的な区分では限界があると，指摘されている[20]．いずれにしても複合的見方が必要であるということを意味していよう．

立法裁量の問題は，立法裁量事項であるということになると，裁判所が十分に審査しない嫌いがあることである．そのため立法裁量が認められる分野をあ

らかじめ特定しておくことが肝要となる．但し，憲法が法律を下位の規範とし て認めているかぎりは，また立法府が国民の代表者によって構成され，そこで 制定される法律は基本的には民意の反映であると考えられるかぎりでは，立法 府に憲法を一定の枠の中で自由に解釈し，自由に法律を制定する権限がある． しかしこのことと，「司法権の限界」とされる立法裁量論とを直截に重ね合わ せてはならないと思う．こうした接合が結局は司法消極主義を生み，権利や自 由のための裁判が機能しない原因となる．

さらに，すでに指摘した立法裁量が認められる可能性が高い領域において， 司法審査が全く行われないとすることは問題である．こうした領域において， 立法裁量を認めるゆえに直ちに合憲性の推定が働くということは，首肯しがた い．先にあげた領域であってもたとえば平等原則が関わってる場合には，緻密 な分析が必要なときもある．憲法体系全体からする要請と関わって精査が必要 な場合もある．

これまで立法裁量を日本では，司法権の限界や排除と結びつけて論じてきた が，立法裁量に対して一定の審査の手法を確立すべきものであろう．すなわ ち，立法裁量が認められる可能性の高い領域であっても，他にどのような権利 や憲法上の原則が関わる問題であるか明らかにしたうえで，必要性や合理性が 判断されるべきであろう．その際，他に関わる権利によっては立法事実に基づ く厳密な審査が必要な場合もあるといえよう．

3. 判例の動向

立法裁量，すなわち「立法府の合理的な裁量判断にゆだねられている」とす る見解は判例の中にも散見できるものである．一般的に，経済政策，社会保障 政策，選挙制度，税制度は立法裁量の認められる分野と考えられている．それ では実際にどのような統制の手法がとられているのか，選挙制度を例にして検 討してみたい．

1976年の最高裁判決は，1972年12月に行われた衆議院議員選挙の千葉県第

一区の選挙に関し，同選挙区の選挙人が，本件議員定数配分規定が，憲法 14 条に反し違憲であり，このような無効な規定による本件選挙は無効であると主張して，公職選挙法 204 条の選挙の効力に関する訴訟として提起した訴えの上告審において，最高裁が下したものである（最大判昭 51・4・14 民集 30 巻 3 号 223 頁）．

本判決の多数意見の論点は次のようなものであった．

① 選挙権の平等と選挙制度について，「選挙権の内容，すなわち各選挙人の投票の価値の平等もまた，憲法の要求するところであると解するのが，相当である」とした．しかし，「右の投票価値の平等は，各投票が選挙の結果に及ぼす影響力が数字的に完全に同一であることまでも要求するものと考えることはできない」とし，「両議院の議員の各選挙制度の仕組みの具体的決定を原則として国会の裁量にゆだねて」おり，「それ故，憲法は，前記投票価値の平等についても，…国会が考慮すべき唯一絶対の基準としているわけではなく，国会は，衆議院及び参議院それぞれについて他にしんしゃくすることのできる事項をも考慮して，公正かつ効果的な代表という目標を実現するために適切な選挙制度を具体的に決定することができるのであり，投票価値の平等は，…原則として，国会が正当に考慮することのできる他の政策的目的ないしは理由との関連において調和的に実現されるべきもの」とした．

② 本件議員定数配分規定の合憲性については，「衆議院議員の選挙における選挙区割と議員定数の配分の決定は，…結局は，国会の具体的に決定したところがその裁量権の合理的な行使として是認されるかどうかによって決するほか」はないが，「具体的に決定された選挙区割と議員定数の配分の下における選挙人の投票価値の不平等が，国会において通常考慮しうる諸般の要素をしんしゃくしてもなお，一般的に合理性を有するものとはとうてい考えられない程度に達しているときは，もはや国会の合理的裁量の限界を超えているものと推定されるべきもの」である．「本件衆議院議員選挙当時においては，各選挙区の議員 1 人あたりの選挙人数と全国平均のそれとの偏差は，…約 5 対 1 の割合に達していた」が，直ちに当該議員定数配分規定を憲法違反とすべきものでは

なく，人口の変動の状態をも考慮して合理的期間内における是正が憲法上要求されていると考えられるのにそれが行われない場合にはじめて憲法違反と断ぜられるべきもの」と述べる．「本件議員定数配分規定は，本件選挙当時，憲法の選挙権の平等の要求に違反し，違憲と断ぜられるべきもの」であり，「右配分規定は，…全体として違憲の瑕疵を帯びるものと解すべきである.」

③　本件選挙の効力については，規定は憲法に違反するが，「右規定及びこれに基づく選挙を当然に無効であると解した場合，…今後における衆議院の活動が不可能となり，前記規定を憲法に適合するように改正することさえもできなくなるという明らかに憲法の所期しない結果を生ずる」．それゆえ，行政事件訴訟法 31 条 1 項前段に定めるいわゆる事情判決の法理を用いて，公選法219 条はその準用を排除しているが，「選挙を無効とすることによる不当な結果を回避する裁判をする余地もあるものと解」して「前記の法理にしたがい，本件選挙は憲法に違反する議員定数配分規定に基づいて行われた点において違法である旨を判示するにとどめ，選挙自体はこれを無効としないこととするのが，相当」とした．そして，「選挙を無効とする旨の判決を求める請求を棄却」し同時に「当該選挙が違法である旨を主文で宣言」している．

この多数意見に対し，7 裁判官の反対意見があった．多数意見と反対意見を分けたのは専ら③に関わる選挙の効力についての見解の相違である[21]．

最高裁は①で示すように，投票価値の平等もまた憲法の要請するところであるとしながらも「両議院の議員の各選挙制度の仕組みの具体的決定を原則として国会の裁量にゆだねて」いると立法裁量を認め，投票価値の平等はその中で調和的に実現されるべきものとしている．次に②で示すように，衆議院議員の選挙における選挙区割と議員定数の配分の決定は，国会の具体的に決定したところがその裁量権の合理的な行使として是認されるかどうかによって決するほかないとして立法裁量を認めつつも，不平等が一般的に合理性を有するものとはとうてい考えられない程度に達しているときは国会の合理的裁量の限界を超えているものと推定されるべきとしている．

投票価値の平等は民主主義の基礎ともいえる重要な要素である．厳密に格差

第 9 章　立法裁量論をめぐる問題　*211*

のない状況で選挙が行使されることは不可能としても，できるかぎり格差のない状況に近づけるべきであり，いかなる選挙制度を選択するかは立法裁量としてもこの点からの制約はかなりの比重を占める．それゆえこの場合立法裁量には自ずと限界がある．またこのような民主政治を決する重大な要素が関わるときには，裁判所は，国会の合理的裁量の行使についてさまざまな方面から細かく検討することが要請される．

　1994 年 1 月，公職選挙法の改正が成立して小選挙区比例代表並立制が衆議院議員選挙に導入され，衆議院小選挙区の区割りについては，衆議院議員選挙区画定審議会設置法に基づき設置された衆議院議員選挙区画定審議会に審議が委ねられ，11 月衆議院小選挙区選出議員の選挙区を定める法律，いわゆる区割り法が成立した．

　設置法は，これまでの選挙権の平等に関わる議論の一定の成果をふまえたものだということはできる．というのも，その審議会の設置の趣旨は，選挙区の改定の公正の確保の観点から，いわゆる第三者機関に改正案の作成を委ねることが適当であるとして審議会を設置することになったからである[22]．

　設置法 3 条 1 項は，「改正案の作成は，各選挙区の人口の均衡を図り，各選挙区の人口のうち，その最も多いものを最も少ないもので除して得た数が 2 以上とならないようにすることを基本とし，行政区間，地勢，交通等の事情を総合的に考慮して合理的に行わなければならない」と基準値も明らかにした．但し，審議会は比例代表選出議員の選挙区の改定は扱わない．また，4 条は，「勧告は，（10 年ごとの）国勢調査の結果による人口が最初に官報で公示された日から 1 年以内に行うものとする（1 項），前提の規定にかかわらず，審議会は，各選挙区の人口の著しい不均衡その他特別の事情があると認めるときは，勧告を行うことができる（2 項）」と勧告期限も明らかにした．

　ところが，いわゆる区割り法が成立した当初から，選挙区間の格差が 2 倍を超えることとなっている点，格差 2 倍をこえる選挙区が 28 にのぼっている点が問題となった．これに対し大出内閣法制局長官は「審議会が，投票価値の平等についての憲法上の要求も踏まえ，人口基準以外の行政区画だとか地勢だと

か交通等の事情を総合的に考慮して勧告した画定案に従いまして法案化したものであり，その結果，今回の区割りによる選挙区の一部において選挙区間格差が2倍を超えるものがあるといたしましても，それは憲法上許されないものではないというふうに考えている」と答えている[23]．

改正公選法の衆議院議員選挙の仕組みに関する規定が憲法に違反し無効であるから，1996年10月施行の衆議院議員選挙について複数の選挙区の有権者から，小選挙区選挙は無効であると選挙無効訴訟が提起された．これに対し，最高裁は1976年の判決を踏襲して，「投票価値の平等は，選挙制度の仕組みを決定する唯一，絶対の基準となるものではなく，国会が正当に考慮することのできる他の政策目的ないし理由との関連において調和的に実現されるべきものと解さなければならない」とした．

また区画審設置法3条2項については，次のように述べる．そのような基準を定めたのは，「人口の多寡にかかわらず各都道府県にあらかじめ定数1を配分することによって，相対的に人口の少ない県に定数を多めに配分し，人口の少ない県に居住する国民の意見をも十分に国政に反映させることができるようにすることを目的とするものであると解される．しかしながら，同条は，他方で，選挙区間の人口較差が2倍未満になるように区割りをすることを基本とすべきことを基準として定めているのであり，投票価値の平等にも十分な配慮をしていると認められる．…これらの要素を総合的に考慮して同条1項，2項のとおり区割りの基準を定めたことが投票価値の平等との関係において国会の裁量の範囲を逸脱するということはできない．」

このように判示して14条1項，15条1項，43条1項，44条，47条等に違反するとはいえない，とした（最判平11・11・10裁時1255号1頁，本判決は東京都第8区に対するものである）．

これには5裁判官の反対意見があるが，多数意見と反対意見を分けたのは，投票価値の平等の重視によって本件区割規定を憲法に違反するというところにある．

福田裁判官を除く4裁判官の反対意見においては，「選挙区間における議員

第9章　立法裁量論をめぐる問題　*213*

1人当たりの選挙人数又は人口の較差が2倍に達し，あるいはそれを超えることとなったときは，投票価値の平等は侵害されたというべきである」とするが，これが「唯一，絶対的な基準ではなく，国会としては，他の政策的要素をも考慮してその仕組みを定め得る余地がないわけではない．この場合，右の要素が憲法上正当に考慮するに値するものであり，かつ，国会が具体的に定めたところのものがその裁量権の行使として合理性を是認し得るものである限り，その較差の程度いかんによっては，たとえ投票価値の平等が損なわれたとしても，直ちに違憲とはいえない場合があり得るものというべきである．したがって，このような事態が生じた場合には，国会はいかなる目的ないし理由を斟酌してそのような制度を定めたのか，その目的ないし理由はいかなる意味で憲法上正当に考慮することができるのかを検討した上，最終的には，投票価値の平等が侵害された程度及び右の検討結果を総合して，国会の裁量権の行使としての合理性の存否をみることによって，その侵害が憲法上許されるものか否かを判断することとなる．」

さらに同反対意見は，本件区割規定の違憲性について，「本件区割規定に基づく選挙区間における人口の最大較差は改正直近の平成2年10月実施の国勢調査によれば1対2.137，本件選挙直近の平成7年10月実施の国勢調査によれば1対2.309に達し，また，その較差が2倍を超えた選挙区が，前者によれば28，後者によれば60にも及んだというのであるから，本件区割規定は，明らかに投票価値の平等を侵害したものというべき」としている．

そして，「国会はいかなる目的ないし理由を斟酌してこのような制度を定めたのか，右目的等が憲法上正当に考慮することができるものか否か，本件区割規定を採用したことが国会の裁量権の行使としての合理性を是認し得るか否かについて検討する」．

そこでは，立法過程における投票価値の平等の実現に対する審議会の意図が，結局は政治的妥協をはかる中で十分生かされなかったことも検討されている．結論として小選挙区制を採用することのメリットの一つとして議員定数不均衡問題の解消があげられていたのだから，「2倍未満の較差厳守の要請は，

……より一層厳しく求められてしかるべき」としている.

また福田裁判官の反対意見においては次のことも明らかにされている.

「憲法は，選挙区，投票の方法その他両議院の議員の選挙に関する事項は法律でこれを定めるとしている（47条）が，そのような法律を策定する際に認められる国会の裁量権は，当然のことながら，憲法の定めるいくつかの原則に従うことが前提である.」

このように反対意見の中では，裁量事項とみられる事柄であっても憲法上の原則にしたがうことが要求されることを認めている.投票価値の平等のような民主主義の基礎を形成しているとみられる原則は厳しく追及されてしかるべきものである.そのための審査の手法も反対意見の中では一定の確立がなされているように思われる[24].

4.　フランスの立法裁量論

そもそも民主政の原理を貫けば,憲法裁判は成立しない.法律中心主義の観念が強く,憲法裁判においていわば後発であったフランスでは,最近になって憲法裁判が立法裁量を認めがちであるということに目が向けられるようになった.

フランク・モデルヌはスペインの教授，フェルナンデスの著書『立法裁量について─憲法裁判の一つの基準』を題材としながら，フランスとスペインの憲法裁判における立法裁量のあり方を対比させている[25].

ところで，1978年12月27日スペイン憲法9条3項は次のように定めている.「憲法は合法性の原則，法規範の体系性，法規範の公示，個人の権利を侵害しまたは制限する刑罰手段の不遡及性，法的安定性，ならびに公権力の責任および専横的行使の禁止を保障する.」[26]この専用的行使においてはarbitraireが使われており，裁量，恣意，専制と訳することができる.フェルナンデスはこの条文に基づいて，スペインの憲法裁判所に，立法裁量の禁止という憲法上の原則の適用のよりよい保障を求めている[27].フェルナンデスは，こうした統制を緩めることを促すような憲法上の条文は存在しない，国家レベルであろう

が地方レベルであろうが立法府は他の公権力と同様に裁量的に活動するおそれがある，と述べる．

これに対しモデルヌは次のようにいう．法律は長い間司法的統制の免除の恩恵を受けてきたが，今日ではそれは神話となった．立法府はもはやそう信じられていたように法的に juridiquement「最高」ではない．当時はルソー主義と政治的代表の観念が結びついて一般意思の表明である法律の裁判的統制という発想や固有の事項についての人民による直接の判断という発想は遠去けられていた．今日では，理由があるのなら行政行為や判決と同様に法律の裁量も除去されなければならない，と．

それでは arbitraire とは何か．フェルナンデスはこれについて，権力保持者の純粋な気紛れや暴力的意思の表明，講じられた措置のあらゆる正当性の拒否や欠如，行為・決定・活動の不合理性などを意味するという．こうしたことはフランスでも，行政訴訟との対比において憲法訴訟が扱われる中で「立法権の越権」として論じられてきた[28]．それは平等原則，比例性の原則，合理性の原則などの理論から構成されてきた．しかし，フェルナンデスは，スペインの憲法裁判所の非常に慎重で小心な憲法条文の評価の仕方に満足していない．そして次のようにいう．「具体的な行使において，憲法が正当と認める唯一の権力は，合理的な意思の結果として現れる権限であり，すなわち合理的に正当化された意思，市民によって認められ，分かちもたれていることを抱かせる事実，社会の穏和な共同体の生ける意思 vouloir-vivre に基づく合意をさらに強めることに貢献していると思わせるような事実から生じる．」

フェルナンデスは，こうした目的から憲法裁判所の判決について綿密な批判的分析を行い，憲法裁判所が立法府に特権的な扱いを認めるために，誤った識別や解釈的留保を多用していることを体系的に論証している．裁判所の行政部とりわけ一般司法系列の最高裁判所の行政部が，行政裁量に委ねられがちなたとえば環境法の分野にいたるまで行政裁量を探求し，非難することができ，憲法上の要求に適合するように応えているのと対照的である，と指摘する[29]．

しかしながら，フェルナンデスは，行政裁判の領域と憲法裁判の領域で，決

定の不統一性，不合理性，専制性を探求するのに，実施される判断手法 techniques juridiques に類似性があることも認めなければならないとしている．憲法裁判所は法律の制定過程についての先入観を点検し，当該法文の制定理由や正当化の領域に入りこんで審査しなければならない．また，だからといって，適正な立法裁量に異義を申立てろということではない．適正な立法裁量とは，一定の法的，社会的，政治的な文脈の中で，最も適当な，最も時宜をえたもののようにみえる解決方法の一つを選択する立法府の自由をいう．憲法裁判所には，当該法律の合理的な正当性の欠如や不十分性を審査することが要求されている．そのようなやり方は欧州司法裁判所やイタリアの憲法裁判所，イギリスの貴族院でもとられている，という．

　フェルナンデスは，立法の評価についての明白な過誤の統制[30]という観点から，フランスの憲法院が，立法府の裁量権の行使において異義を唱えられた濫用を審査するために法的推論の手段を用い，立法府にコンセイユ・デタが徐々に行政に課すことに成功してきたことと同様の類似性なしには存在しなかったであろう客観的な制限を，割り当てることができたとしている．このことはまたフランスの公法学者であるヴデルも指摘しているのであるが，ヴデルによれば，法律の潜在的な裁量の範囲内とされる常套手段の一つの比例性の原則は，「根拠規範の一般的なブロックの中の法的論理の原則」となる傾向にあり，羈束権限と裁量権限の間の第一の状況 prima facie の画定の道具として用いられる傾向にあるとされている[31]．

　モデルヌはスペイン憲法の中で高らかに宣言されている裁量の禁止，フェルナンデスにより推論の方法として解釈されている裁量の禁止とは何をさすのかと問う．そして，スペインとフランスの憲法裁判所には微妙な違いがあることを指摘する．すなわちスペインの憲法裁判所は，法律の合憲性審査を憲法9条3項によって行う．たとえこの規定が若干の憲法及び行政法の研究者によって無用だ，実定法の状況に大したことを付加するわけではない，とされても，憲法条文の中にそうした事情をふまえた上で挿入されており，公権力の裁量の，そこには立法権のレベルまでもが含まれるのであるが，その強化された統制の

正当化に役立っているとする．また違憲性審査の広い活用が解釈的な手段を生み出し，より体系的な方法でそれを適用することを憲法裁判所に許している．これに対し，フランスの憲法院は事前統制すなわち採択されたが公布されていない法律に対して向けられる議会の申立てに依存しており，憲法院の介入の範囲は必然的によりかぎられている[32]．

　さらにフランスの憲法裁判所は，スペインの憲法裁判所より一層力を入れて「解釈の留保」と呼ばれるテクニックを用いている[33]．「解釈の留保」の主要な効果とは，付託された法律条文に正確な意味をあてて，法律条文をいわば「救う」ことである．法律の適用についての訴訟すなわち事後審査がないので，立法権との繰返される衝突を避けるためにするものであるが，他の方法で解釈されるというような法律が隠しもつ裁量の役割を消し去ろうとするためにも憲法院が行うものである．

　フェルナンデスやヴデルのように，行政決定に対して行政裁判所により行使される統制と，法律に対して憲法裁判所により行使される統制の間の現実的かつ強い類似の存在を認めるとしても，判例政策の体系の中で二つの裁判所がそれぞれ占める位置は，統制のアプローチ自体や統制の影響の中で存続する違いを一気に消し去ることはできない．立法裁量の統制として立法府に対する有罪判決のような重い手段は，うかつには特にフランスでは行うことができない．フランスは，法律に対する崇拝という今日ではお座なりになっているといえるかもしれないがそれが存在し，この伝統に関わりなく，違憲の宣言をすることは，議会によって採択された条文の公布を妨げ，法律の適用を決定的に麻痺させる直接的な結果をもたらすことになる．

　また，裁判官に対する，最も高いレベルでときとしては矛盾する憲法上の要請や矛盾する基本権を調整する義務という憲法裁判への反響を見定める必要もある．こうした点では行政裁判所の方法とはおそらくは異なる方法で判断すべき事柄を把握する必要があろう．行政裁判所では行政の利益や被治者の利益の同一視という判断方法をとるが，その方が裁判するのにはよりたやすいといえる．

憲法条文によって，立法府に委ねられた行動の幅は，多様な理由すなわち憲法の経過年数や起草状況，用いられている表現方法，伝統などによって国家間で明確に異なりうるものである．

憲法裁判所が合理性という武器でもって立法権の越権を統制し，統治者の単なる気紛れの表現である裁量的行為を法的領域から除くことが任務であることに異義をさしはさむものではない．フランスの政治制度の中では，付託された法文を最終的に無力化するのは憲法裁判官であるから，「裁判官政治」というリスクも考えなければならない．革命家たちは，主権者である人民の一般意思の表明として法律を重要視していたが，こうした人民の代表者によって採択された法律の中に存在する「不合理性 déraison」を暴く裁判官の能力という点も証明すべきではないか．このようにモデルヌは批判する．

さらにモデルヌは次のようにも述べる．裁判所が法的合理性 ratio legis の枠の中で評価を維持するのは，裁判所の側の裁量を疑われることを避けるからであろう．このような場合には解釈が決定的な働きをする．しかし，多かれ少なかれ法的合理性の背後には妥当性についての考慮，調和，憲法上の要請と保障の間の均衡，利益に値すると判断されるものが漠然と現れ，また裁判官の方には，社会学的な進歩を阻む気持ち，心理学的な好み，文化的な記憶，すべての領域の独断的な前提が，こちらも多かれ少なかれ不透明な方法で作用するのである．裁判の中に見い出されるいわゆる「合理性」という表現の背後には巧妙さとともに隠された政治的，個人的な選択があやういやり方で存在しているのである．

多くのイタリアの憲法研究者は，それに気づき，付託された問題をあまりにも容易に憲法裁判所の意向に合わせて「合理性 ragionevolezza」の概念を用いて解決する傾向にあることを批判しているという．

さらにモデルヌは，判決の中で理論化された道具として用いられる raison や rationalisation についてもカントやパスカルの言を引用して検討を加えている．

モデルヌは，法はこうした曖昧さによって護られている面があるのではない

か，法学者は，外見的には演繹的な合理化によって判決の下準備をしているのではないか，と問う．そして，ブルディウの「外見的には演繹的な合理化とは，判決を正当化するために事後に編み出されるものであるが，それが正当化した判決とは全く対立する判決の原理ともなりうるものである」ということばを引いている．ここにパラドックスが存在する．その結果，「合理化が最も裁量的な内容に最も否定できない普遍性という外観を与えることができる.」

　モデルヌは次のことばで結んでいる．「通常の合理性という名で民主主義体制の中の立法裁量を攻撃することがあろう．しかし，裁判所の権限が『合理性をもって raisonnablement』どこまでいくことができるのかを知ることが公権力のためにも市民のためにも法治国家のより確かな保障となるであろう.」[34]

　モデルヌは以上にみたように，フェルナンデスが憲法が正当と認める権力を「合理的に正当化された意思」とし，憲法裁判所の審査の要求として「法律の合理的な正当性」としているがゆえに，合理性とは何なのかも分析している．同様の事柄は日本にもあてはまり，立法裁量を判断する際の合理性を考える上で示唆的なものを含んでいよう．

　一つには，すでに日本においてもあったように，立法裁量と行政裁量の相違の問題があること，行政裁量に用いられた判断の手法が立法裁量に用いられるとしても全く同じなのか，検討が必要であること．

　二つには，合理性の判断は結局は裁判官に委ねられるということを認識する必要があること，それゆえ裁判官の資質も問題となること．

　三つには，合理性の判定は裁判官の解釈によるところが大きいこと．

　四つには，立法裁量の統制は困難な面が多いこと，それゆえ手法の確立が不可欠であること．

　フランスの憲法裁判をめぐる問題は，その特殊性もあって，根拠となる条文は何か，具体的にはどのような自由や権利が認められるか，という問題が主だった．法律に留保された領域が問題となることはあっても，立法裁量（すなわち立法府の裁量）という形で問題になることはこれまでなかった．しかし徐々に統制の内容を問題とするものもみられるようになっている[35]．

5. まとめにかえて

　フランスでは憲法裁判を第五共和憲法になってからはじめたといえるが，憲法院ではとりわけコンセイユ・デタにおける長い判例の積み重ねもあって，影響を受け，判例形成を模索してきている．コンセイユ・デタでは訴訟部の裁判を担当する行政官と法律の立案に携わる行政官との間には連携もみられる．コンセイユ・デタでの判断の手法と憲法院での判断の手法の詳しい相違は具体的な検討が必要だが，コンセイユ・デタから多くのことを学んでいるのは確かである．たとえば1993年から憲法院の事務総長となったシュラメックは，前任者と同様コンセイユ・デタのメンバーであり，ジョスパン首相の下で官房局長も務めている[36]．憲法院の仕事に大きく関わる事務総長のキャリアも問題となろう．ここで注意をしなければならないのは，フランスでは事務総長は院長の提案により，大統領のデクレで任命されるが，シュラメックはジョスパンの下で働いていた左派であり，前任者ジュヌヴォワは右派であった．政権交代によるバランスはここでもとられており，それが法律のコントロールに影響する点も大きい．

　事務総長や憲法裁判官の人事は少なからず判決の手法のみならず，判決の内容にも影響する．この点は日本ではあまり顧みられていないが，政権交代によるバランスをとりにくい日本においては法律案の策定に携わった官僚が法律をコントロールする側にまわれるのかという問題が生じよう[37]．

　判例政策の形成は裁判所の信頼とも関わり重要である．日本には判例法の伝統はなく，模索の段階といえるかもしれない．立法裁量について重ねて指摘すれば，合憲性の推定を前提とする場合は極めて限定される必要があり，そうでなければ，そもそも法律の合憲性審査の意義が失われる．裁判所にとって法律のコントロールは重要な任務である．またその判断においては，憲法上の規定のあり方もさることながら，憲法全体が要請する理念や原則，他の条文との調和的な解釈も必要で，それに応じ，厳密なコントロールもされなければならな

い．立法裁量を理由として裁判所自体の判断を手控えることはたやすいことである．しかしそれを乗りこえて人権保障のための基準をうちたてることが裁判所に要請されているものである．

そしてその基準とは，裁判官，立案に携わったり執行（すなわち適用）に携わったりする官僚，研究者の間で一定の共有ができるものでなければならない．日本では，研究者の解釈と前二者の解釈はしばしばかけ離れたものとなっている．特に最高裁判所の解釈においてそれが際立っている．他方で研究者が実務に通じていないがゆえに実務からほど遠い解釈をふりまわしているということもあるかもしれない．

いずれにしても裁判の役割すなわち裁判の社会的意義という観点からも日本の憲法裁判のあり方は見直しが必要のようである．

1) 中谷実編『憲法訴訟の基本問題』法曹同人 1989 年 136 頁以下（向井久了担当部分）．
2) 野中俊彦「立法裁量論」芦部信喜編『講座憲法訴訟（第 2 巻）』有斐閣 1987 年 93 頁．但し野中の場合は，一般的な意味での立法裁量と司法審査における立法裁量を分けて説明している．
3) 中谷実編・前掲書 137 頁．
4) たとえば横田喜三郎『違憲審査』有斐閣 1968 年 362 頁以下．
5) その点を指摘するものに，戸波江二「違憲審査権と立法裁量論」憲法理論研究会編『違憲審査制の研究』敬文堂 1993 年 159 頁．
6) 戸松秀典「立法裁量論」現代憲法学研究会編『現代国家と憲法の原理』有斐閣 1983 年① 188 頁以下．なお後年，戸松秀典『立法裁量論』（有斐閣 1993 年）の一部に加筆されて収められている．また戸松秀典「立法裁量」公法研究 55 号（1993 年）② 109 頁以下，戸松秀典「最近の憲法裁判における立法裁量論」佐藤幸治＝清水敬次編『憲法裁判と行政訴訟』有斐閣 1999 年③ 35 頁以下もある．
7) 戸松秀典① 190 頁以下．
8) 戸松秀典① 193 頁以下．
9) 小林武「憲法訴訟と立法権の関係をめぐる若干の問題」南山法学 9 巻 3 号（1986 年）16 頁．
10) 横田耕一「審査を排除・制約する法理と政策」法学セミナー増刊『憲法訴訟』（1983 年）194 頁以下．

11) 覚道豊治「立法裁量と行政裁量」公法研究 41 号（1979 年）171 頁以下．

12) 野中俊彦・前掲論文 110 頁．

13) 内野正幸『憲法解釈の論理と体系』日本評論社 1991 年 137 頁以下．

14) 川添利幸「第 76 条」有倉遼吉 = 小林孝輔編『基本法コンメンタール憲法［第 3 版］』別冊法学セミナー 78 号（1986 年）250 頁以下．藤井俊夫「第 76 条」小林孝輔 = 芹沢斉編『基本法コンメンタール憲法［第 4 版］』別冊法学セミナー 149 号（1997 年）307 頁以下においては司法権の限界を，憲法上の限界，国際法上の限界，性質上の限界と分けて説明する．なお長尾一紘は，立法府の裁量行為は，統治行為とは別個の観念という．「裁量行為の場合は，裁量の範囲の逸脱ないし裁量権の濫用にはならない限り，当・不当の問題は生じても適法・違法の問題は生じない」．統治行為の場合は，法理論上「適法・違法の判断は一応可能」で，「ただ，裁判可能性が否認せらるるにすぎない」．さらに，裁量行為は，自律行為とも異なり，後者の場合は，「法論理上適法・違法が問題となりうる」．また行政裁量と立法裁量の間の差異を認めつつも，個人の自由の侵害に関しては，立法府と行政府の裁量の範囲は原則として異なるものではない，とする．長尾一紘「立法府の自由裁量とその限界」Law school 25 号（1980 年）28 頁以下．

15) 立法裁量，行政裁量については，これまで次のように同一に扱われることが多かった．「立法または行政の裁量とは，法が，立法または行政を一義的に拘束することなく，立法または行政に対して，法の定めるわくの中で合目的性を追求できるように，一定の活動の自由を与えていることをいう．司法権は，法を適用して解決しうるような争訟に対して行使されるものであるから，法のわくの中での合目的性の追求には関与しない．それは，『当・不当の問題』であって，『適法・違法』の問題ではないからである．ただし，裁量権の範囲を超えたり，裁量権を乱用したりすれば，司法権の審査に服することはいうまでもない．」川添利幸・前掲論文 250-251 頁．

16) 戸波江二・前掲論文 141 頁以下．

17) 戸波江二・同論文 147 頁．なお園部逸夫の発言「研究会・憲法判例の 30 年」『日本国憲法— 30 年の軌跡と展望』ジュリスト臨時増刊 683 号（1977 年）478 頁以下も参照．園部に対する批判として戸松秀典①論文 195 頁．

18) 戸波江二・前掲論文 144 頁．

19) 戸波江二・同論文 160 頁．但し，「立法事実に基づく実質審理」はゆるやかな審査基準とはいえないであろう．

20) 川添利幸の発言「研究会・憲法判断の基準と方法」ジュリスト 789 号（1983 年）33 頁．

21) 1976 年判決についてはさしあたり，吉田善明「議員定数の不均衡と法の下の平等」樋口陽一 = 野中俊彦編『憲法の基本判例［第 2 版］』法学教室増刊（1996 年）55 頁

第 9 章　立法裁量論をめぐる問題　*223*

以下参照.

22)　安田充「公職選挙法の一部改正について」ジュリスト 1045 号（1994 年）35 頁以下.

23)　安田充「公職選挙法の改正について」ジュリスト 1063 号（1995 年）45 頁以下. 発言は，第 131 回国会衆議院政治改革に関する調査特別委員会議録第 3 号（平成 6 年 10 月 26 日）12-13 頁.

24)　1999 年判決についてはさしあたり，只野雅人「衆議院小選挙区定数配分の合憲性」法学セミナー 542 号（2000 年）108 頁及び辻村みよ子「小選挙区比例代表並立選挙の合憲性」ジュリスト 1176 号（2000 年）58 頁以下参照. また本判決を立法裁量論の面からも検討するものに，森英樹「選挙制度の憲法解釈と司法審査」杉原泰雄先生古稀記念論文集刊行会編『21 世紀の立憲主義』勁草書房 2000 年 449 頁以下.

25)　Franck MODERNE, Sur l'arbitraire législatif, *RFDA*, 1991-1, pp. 184 et s. なおこの裁量ということばに arbitraire が使用されているが，憲法院判決の説明などにおいては，政策や措置の裁量の幅 marge de manœuvre が用いられることが多い.

26)　阿部照哉＝畑博行編『世界の憲法集［第 4 版］』有信堂 2009 年 197-198 頁（百地章）参照. なおモデルヌは，欧州連合の憲法の各国比較として用いられる『ヨーロッパ 12 カ国憲法』（Sous la direction de Henri OBERDORFF, *Les Constitutions de l'Europe des Douze*, La documentation française, 1994）の同条項の翻訳に文法的誤りがあることも指摘している.

27)　Cf., Tomás Ramón FERNÁNDEZ, Le principe constitutionnel d'interdiction de l'arbitraire des pouvoirs publics en Espagne : quid novum?, *RFDA*, 1999-1, pp. 171 et s. モデルヌが直接言及しているフェルナンデスの著作は次の 2 冊である. T. R. FERNÁNDEZ, *Arbitrariedad y discrecionalidad*, Cudernos Civitas, 1991 ; *De la arbitrariedad de la Administración*, Monografia Civitas, 2e éd., 1997.

28)　George VEDEL, Excès de pouvoir administratif et excès de pouvoir législatif, *Cahier de Conseil constitutionnel*, n° 1, 1996, pp. 57 et s. ; n° 2, 1997, pp. 77 et s.

29)　スペインの裁判制度についてはさしあたり『世界の裁判所』海外司法ジャーナル（1995 年）62-63 頁，また憲法裁判所については，ルイ・ファヴォルー／山元一訳『憲法裁判所』敬文堂 1999 年 111 頁以下，佐藤修一郎「スペイン憲法裁判所研究序説」工学院大学共通課程研究論叢 36-2 号（1998 年）45 頁以下参照.

30)　たとえばエイマン・ドアは次のように述べる.「コンセイユ・デタに倣って憲法院は，通常の統制と制限的統制を識別し，一般に通常の統制とされるものを行っている. 制限的統制も行うが，それを行うのは技術的な困難さがあるときや議会に定義することが属している政策を審査することができない判例政策的な意思に関わるときである. 憲法院は『立法府によって定義される違反に結びつく刑罰の必要性に関わる』，あるいは『国有化の必要性に関わる』立法府の評価の代りに固有の評価

を据えることは望まない，とされる．したがって憲法院は偶発的な『明白な過誤』の場合にしか審査しない．」Arlette HEYMANN-DOAT, *Libertés publiques et droits de l'homme*, 4e éd., LGDJ, 1997, pp. 248 et 249.「明白な過誤」は，ことばの上では明白性の原則に似ているが審査を控えることを意味してはいない．もともと行政裁判所で裁量権の行使の合法性についての統制をより保障するために用いられている手法である．

31) 比例性の原則も行政裁判所の中で確立した手法である．「合法的にめざされた目的に対して用いられた手段の適合性」をさす．Cf., Xavier PHILIPPE, *Le contrôle de proportionnalité dans les jurisprudences constitutionnelle et administrative françaises*, Economica, 1990.

32) フランスの事前統制のあり方についてはさしあたり，ルイ・ファボルー／植野妙実子訳「二つの憲法裁判モデル」『フランス公法講演集』中央大学出版部 1998 年 195 頁以下参照．スペインは憲法裁判所設立当初あった法律の事前審査はやめている．

33) 「立法府や政府に何らかの示唆を与えながら，条件付適合の宣言を行ってきた．」Arlette HEYMANN-DOAT, *op. cit.,* p. 249. また憲法裁判の判決の執行力について，既判力と判決の中で示された解釈が影響力をもっていることも認められている．「現実には，行政裁判所や司法裁判所は，どのような場所であっても，憲法院によって合憲性の確認や解釈が行われた同一の法文を適用しなければならないときは，憲法院の判決を踏襲する義務がある．」Louis FAVOREU et alii, *Droit constitutionnel*, 2e éd., Dalloz, 1999, p. 335.

34) Franck MODERNE, *op. cit.*, p. 188.

35) たとえば注 30) のエイマン・ドアもそうした点からアプローチしている．

36) 事務総長は，憲法院の 10 人目の裁判官であるといわれる．Henry ROUSSILLON, *Le Conseil constitutionnel*, 3e éd., Dalloz, 1996, p. 19.

37) 但し憲法裁判官の忌避について「合憲性優先問題のための憲法院における手続に関する内部規則」は 4 条 4 項に「合憲性問題の対象となった法律規定の作成に憲法院構成員が関与したという事実のみでは，忌避理由を構成しない」としている．

第 10 章

権力分立の観念と憲法院

1. はじめに

　権力分立は，日本においては，三権分立とも呼ばれ，次のように定義される．

　「権力の濫用を防止し，国民の自由を確保するために，国家作用を立法，行政および司法に区別し，それらをたがいに独立した各別の機関に行なわせ，かつ，機関相互間に抑制を認め，均衡を保たせることを内容とする統治上の原理と機構である.」[1]

　そして，一般的には，ロックの権力分立論，モンテスキューの権力分立論が紹介され，次には，権力分立の原理を最も忠実に制度化した国としてアメリカ合衆国，権力分立のゆるやかな形としてイギリスの議院内閣制が紹介されるのが常である．

　日本国憲法においては，国会を唯一の立法機関とし（憲法 41 条），行政権を内閣に（同 65 条），司法権を最高裁判所及び下級裁判所に属せしめている（同 76 条 1 項）．国会は，「国権の最高機関」（同 41 条）であるが，これは，国会が主権者である国民を直接代表する機関であり，国家作用のうちの最も基本となる立法権を行使する機関であり，政治的にも国政の中枢的存在であるから，と説明され，権力分立の否定につながることではない[2]，とされている．三権相互の関係については，国会と内閣は議院内閣制を採用し，依存と融合の面が強く，作用においても両者の協調が要求される．これに対し裁判所は，法律や

命令その他あらゆる国家行為についての違憲法令審査権を行使することで，二つの他の権力を抑制しうる．すなわち，議院内閣制を主軸としながら，アメリカ型の司法権の位置づけも採用するという独特の内容をもち，図式的にもチェックアンドバランスが三権の間で公平に働いている，と説明されている．しかし実際は，政府は，7条を根拠とする解散により，衆議院を多数派の再結集のために解散することができる．法律案も提出し，法律を具体的に解釈し，実行する通達も出す．さらに内閣は，最高裁判所の長たる裁判官の指名及び最高裁判所のその他の裁判官の任命も行う．他方で，裁判所は，立法権や行政権の活動の審査について，違憲法令審査権を駆使して十分にやっているとは評価できない状況にある．一見三権分立ではあるが，権力のコントロールに関しては適切に働いているとはいえず，行政権優位といえよう．

　フランスでは，第五共和制憲法前文によって，現在でも適用が認められている 1789 年人権宣言の 16 条が「権利の保障が確保されず，権力の分立が定められていないすべての社会は，憲法をもたない」と定め，人権保障と権力分立が近代憲法の基礎をなすことを示している．にもかかわらず，第五共和制憲法では，大統領と首相との二頭政治により，強い行政権が想定され，議会の合理化（相対的に弱い権限の議会）も定められている（2008 年 7 月の改正で若干の緩和がみられる）．司法権にいたっては，司法権力 pouvoir judiciaire ではなく，司法権限あるいは司法機関 autorité judiciaire という定め方で，司法官職の身分は，司法官職高等評議会において決められる．この司法官職高等評議会は，2008 年 7 月の改正以前は大統領が主宰していた．しかし，権力分立が明示されていないからといって，フランスが人権保障を十分にしていない国というわけではなく，むしろ日本よりも世論の動向に敏感な政治が行われているように見受けられる[3]．

　この違いはどこからくるのか．フランスでは権力分立がどのようにとらえられ，どのように実現されているのか，また権力分立にかわるあるいはそれを補強する観念があるとするならそれは何なのか，それを探るのが本稿の目的である．日本は理想的な三権分立を具現化しているようにみえながら，実は世論の

声や少数派の声が政治の中枢に届きにくい仕組をもってるようにも思われる．それを指摘し，正すことがなければ，よりよい，憲法の理念に沿った政治は望めないであろう．そのような視点から権力分立[4]のあり方についてフランスを題材にしながら検討するものである．

2.　権力分立をめぐる問題

　既述したように，1789 年フランス人権宣言は現在でも，フランス第五共和制憲法の一部を成し，適用されているが，その 16 条の権力分立の解釈については，次のようなコメントが施されている[5]．

　第一に，権力の三つの要素の分割である．フランスでは，多くの国々と同様に権力の分立は三つに分けられ，執行権と立法権の間とともに裁判権 pouvoir juridictionnaire との間でも権力は分けられている．権力分立とは実際，憲法上の公権力の組織の機能に関わる原理である．そして裁判の機能も国民主権の行使と切り離せない．そこで裁判もフランス人民において行われる．

　第二に，権力分立は規範制定権の憲法上の分配とは区別される．恣意的な単一の権力に対する抑制としての権力分立の原理の憲法的価値は認識されている．憲法院はいくどとなく権力分立に言及しているが，法律の合憲性審査を行使するために考慮される参照規範についての表現は微妙に異なっている．またそうした判決では，権力分立の尊重ということばは，援用されてはいない．

　第三に，権力分立は裁判所の活動に結びつかない命令に反対する．また他の権力の代理として行われる憲法上の公権力の干渉や委任のあらゆる形態にも反対する．憲法上のそれぞれの権力は，その領域における国民主権を表明している．権力分立原理が一つの限界を示しているとしても，そして決定を講じるよう行政に強いることになる命令を裁判官が宣言することには反対するとしても，その命令が既判事項の執行に結びつくときには同様ではない．

　第四に，欧州人権条約においては，権力分立は，とりわけ執行権と司法権の分立については，権力分立の憲法上の型に合致するよう加盟国に強制するもの

228

ではない．柔軟な分立でも，厳格な分立でも，最終的には主権者によって選択された政治体制の定義により導き出される．

第五に，権力分立は権利の保障に結びつく．しかし確かなことは，権力分立は，とりわけ裁判官による権利の保障に結びつくという意味しかない，ということである．

これらのコメントから，フランス憲法において，権力分立が憲法原理の中でそれほど大きな地位を占めていないということに気づく．第二のコメントはそれを端的に表していよう．さらに，第一，第三のコメントから，権力分立は同時に国民主権原理とともに理解される必要があることにも気づかされる．すなわち，分立の対象である権力はそれぞれ主権の表明なのである．第四のコメントに欧州人権条約に関わる判例がとりあげられているのは，すでにフランスでは，裁判系列の説明に，欧州人権裁判所があげられるのが常であるからである[6]．第五のコメントには，さらに次のような説明が続けられている．

「このような観点からすれば，人権宣言 16 条は，暗黙的に宣言の前文を参照する必要がある．その意味で行政裁判所の権限は，合法性の守護者であるかぎり，一つの保障として考えることのできるものであるが，行政裁判所の利益のためにその権限は行政権に付与されているのである．そのことは司法裁判所の権限が司法権に付与されているのと同様に，権力分立に負うところが大きい．

最終目的が，専制政治に反対し，絶対的権力の専横を鎖錠することにあるというときに，どのようにして，実際，権利保障と権力分立は，切り離されるのか．結局のところ，権力分立原理の意味を評価するためには，法治国家の観念に引きつけて考えなければならない．権力分立がなければ，権利の保障は，理論的な価値しかもたない．権利の保障は国家の本質を示している．人権宣言 16 条がもたらした意味は，憲法裁判官のコントロールの下に今日ある，裁判を受ける人の権利の保障にある．16 条は法治国家の要求を満足するための，すべての裁判制度が尊重すべき条件を述べているといえる．裁判を受ける権利はこうした要求の中の一つである．」[7]

ここには二つの考えが示唆されている．一つは，権力分立は権力の自律とい

う考えに結びつく，ということである．もう一つは，権力分立から憲法裁判における権利の保障の重要性が導き出され，それゆえに，それにふさわしい憲法裁判のあり方も問題になるということである．

ところで，ロックやモンテスキューが述べたような古典的な権力分立論に対しては，さまざまな批判が寄せられている．ピエール・パクトは，「権力分立は大統領制についてしか語れない．というのも，議院内閣制では，機関の区別を前提としているが，これらの機関の協力が常に必要であるからだ」と述べている．彼によると，権力分立に対する批判は次の三つのタイプに分けられる[8]．

第一は，専制的な政治体制による権力分立の拒否である．例としては，20世紀の二つの大戦間にみられるファシスト体制からマルクス゠レーニン主義に感化された社会主義体制までと多い．後者は 1990 年頃まで存在した．権力とは恐ろしいものであり，威圧的なものだからこそ，権力の行使を分ける必要があると考えた啓蒙哲学であるが，そこから生まれた多様性を認める自由主義体制とは反対に，ファシスト体制や社会主義体制では，国家を振興させ，社会主義を浸透させるために，果されるべき変化の必要な道具として権力を考える．したがって，権力を分割したり，抑制したりすることはここでは問題とはならない．こうした政治体制は消滅や衰退の一途にあるが，つい最近まで重要な役割を果していた．

第二に，多元的な政治体制には権力分立は適応しないということである．権力分立は事実と広く相反している．自由主義体制を促すために本質的に権力の均衡を確立しようと提案する．しかし，今日の政治体制の分析によると，自由主義体制であろうとすればするほど現実には，権力集中の体制であることがわかる．イギリスの例がそのよい例といえるが，二大政党制の下での議院内閣制は，内閣の手に，すべての権力を集めている．原則的に絶対多数派を下院にもつ，選挙の勝者である政党が指導する内閣が存在する．世界で最も自由主義である国の一つに関していえば，その自由主義は，権力分立以外の理由によるものであることを認めなければならない．さらに立法府は，執行権の過度な行為

に対して，効果的な抑制をなしていない．こうした抑制は，正統な大統領制には存在するであろうが，稀である．政府が議会の前に責任をもつ体制においては，原則的に政府の支持者である多数派により，必要だと思われる法律が採択される．それゆえ，立法府は，その代表性的性格にもかかわらず，統治される者のための保障として存在することはない．

　第三に，権力分立論の古さが指摘できる．この原理の不適応は，大半が政党がまだ存在していなかった時代，少なくとも今日のような形で政党が存在していなかった時代に構想されたものだということによっている．権力に関して提示される主要な問題は，制度の秩序から生じていた．それらの問題は，異なる機関やそれらの権限，それらの関係に関わる．権力分立論は，実際それらの間に望まれる均衡をもたらすことができた．現実には，政治生活を動かすのは政党である．機関は形式的な枠組にすぎない．一方に政府，他方に議会が存在するのではない．一方に選挙に勝った多数派，そしてそれは同時に政府と議会を自由にする．他方に少数派が存在する．こうした反対派は，反対の可能性をもたらすかもしれない次の選挙を待っているのである．このようなことは多党制の国より，二大政党制の国に妥当するといえるかもしれないが，大枠において徐々にどこも同様の状況だといえるようになっている．

　権力分立論が，だからといって過去のものだとする必要はない，とパクトはいう．この理論の衰退と継受には，ずれがある．この理論が徐々に力や価値を失ってきているのは，現実にそぐわないからである．しかし，世論は今でも権力分立を信奉し，政治家は権力分立を語ることに固執している．このように述べて，パクトは，フランスでも，1958 年第五共和制憲法の起草を認めた 1958 年 6 月 3 日法[9)]が権力分立に言及していること，憲法院も明白に判決の中で「権力分立という憲法上の原理」を援用していることを，指摘している[10)]．

　パクトのあげるイギリスの例は日本にとっても同様に重要な指摘となろう．彼の掲げる権力分立への批判から，政治権力の実際は政権を支える多数派とそれに反対する少数派に対する考察が欠かせないということがわかる．すなわち，そのことは何を分立すべきなのか，という問題とも関わる．また，パクト

においても，権力が主権の表明であるということが，議論の前提としてある．

3.　権力分立と国民主権

　権力分立はフランスの教科書では次のように定義づけられている．
　「ロックやモンテキューの権力分立の観念は，国家の中の任務の分配 répartition des tâches の原理として知られ，その目的は，個人の権利を保障するために権力の均衡を確保することにある．」[11]
　ところで，フランス革命期にあっては，権力分立の観念は同時に主権の観念とともにとらえられ，より抽象的，緩和的な形で実施されているといえる．トロペールによれば，それは政治哲学の準則 règle になったと指摘されている[12]．すなわち，権力は主権の要素をもつものとされ，その任務を果すためには，それぞれの権力が，いわば国民の委任を受けるものとして考えられた．人権宣言 16 条は，憲法の存在の条件として，人権保障と権力分立を掲げているが，その解釈においては同時に宣言 3 条を読みこむ必要がある．そこには，「すべての主権の原理は本質的に国民にある」と書かれている．すなわち，権力分立は何よりもまず，国民の意思を代表する権力，すなわち立法権を考慮して，その役割，機能が理解されなければならない[13]．このような理解に立つと，革命期の権力分立についての支配的な考え方は，立法権に専属する職務をよりよく保障するという目的で，職務 fonctions の分配や役割を考える原理にとどまっていた．したがって，アメリカ型の権力の均衡を主眼とする権力分立論はここにはみられない．とりわけルソーの「国家の中には，唯一の権力しか存在しえない，それが一般意思であり，絶対的な議会主権である」という考えの方が強く影響し，互いの活動の相互作用によって，権力の均衡をえるという権力分立論は実らなかった．権力分立原理の均衡という考え方を欠き，権力分立が権力分割の制度にとどまったということが，立法権至上主義を招き，会議制 regimes d'assemblée や権力集中体制 regimes de confusion の失敗を招くことにつながった．

このことをカダールはさらに詳しく，権力分立のフランス憲法への適用を，歴史を追って分析している[14]．彼の分析は次のようである．

人権宣言を前文に抱く 1791 年憲法は，建前上は厳格な形で三権分立を採用している．まず，「第 3 篇公権力」1 条は，「主権は一にして，不可分，不可譲，永久不変である」ということばではじまっている．続いて 2 条は，「すべての権力は国民から発するが，国民は委任によってしか権力を行使することができない．フランス国家組織は代表制である．代表者は立法府と国王である」[15]と書かれている．そして立法権は国民議会に委任され，執行権は国王に，司法権は人民によって選ばれた裁判官に委任されるとなっていた（同篇 3 - 5 条）．しかし実際には，議会と国王の，権力の不平等ゆえの不均衡が存在していた．国王は，執行権の保持者とされていたが，現実には権限をもたず，議会が立法と財政について，強力な権限をもっていた．国王はそれに対し，拒否権をもってはいたが，使いこなすことができない仕組みになっていた．もし使うなら議会との間で解決しがたい紛争を招くことになったであろう[16]．かくして 1792 年 8 月 10 日，王権の停止のときにもルイ 16 世は拒否権を行使してはいない．1791 年憲法の制限立憲君主制の体制は 1 年にも及ばず覆された．

ロベスピエールの権力集中体制のあと，1795 年に総裁政府の憲法（共和歴 3 年憲法）が誕生するが，この憲法は権力分立には無理解であった，とカダールはいう．その権利宣言の最後の 22 条は「権力の分割が確立されないのなら，権力の限界が定められないのなら，そして公務員の責任が確保されないのなら，社会的保障は存在しない」と定めている．実際には総裁政府には二つの議院に対して働きかけをする手段はなく，拒否権も認められていなかった．この二院制は，体制の均衡をはかるという点で不十分であった．政府は無責任で，議院に解散もない．三つの機関が互いに他の機関に対して影響力をもたない．この体制は長く続かなかったが，その理由は，各機関が互いに理解しあうこともできず，意見の一致にいたるいかなる手段ももっていなかったからである．かくして最終的にはナポレオンによるブリュメールのクーデタで，統領政府が成立するが，その体制には権力分立の観念は全く反映していない．四つの院

（元老院，立法院，護民院，国務院）と 3 名の統領からなる政府が対峙していたが，第一統領に統治権限が掌握されていた．フランスでモンテスキューの考えが理解されるのは 1814 年をまたなければならなかったのである．

1795 年憲法は，いわば権力の分断を示している．22 条も権力の分割division という言葉を使っていた．しかしこの憲法の評価については，「君主制的」伝統（執行権の優越）と共和主義（すべての権力の源である人民の代表機関すなわち立法府の優越性）の調和という新しい努力により特徴づけられていた，とされる[17]．立法権を弱めるためにとられた二院制であったが，現行のフランスの二院制の起源となった．また，執行権ははじめて，法律を執行するための命令制定権を手にした．その反面，執行権は法律発案権も，拒否権ももたない存在であった．

これに対し，ナポレオンによる 1799 年憲法（共和歴 8 年憲法）は，執行権優位の憲法で，いわば沈黙する議会を有していた．1795 年憲法の草案の中でシエースが提案し，そのときは実現されなかった違憲審査権をもつ機関の設置は，元老院（護憲元老院）が担うこととして成立したが，実質性をもたなかった．

なお，主権を具体化する選挙方法に関しては，1791 年憲法においては，一定額の直接税を支払う市民に参政権がある，制限選挙制がとられていた．1795年憲法も財産資格による間接・制限選挙制を採用していた．

ナポレオンは 1795 年 10 月にパリの王党派反乱を鎮圧して一躍有名になり，軍事的才能を発揮したばかりでなく，占領地において行政的手腕も発揮していた．その彼が，1799 年に遠征から帰国して 11 月軍隊を動員して総裁政府打倒のブリュメールのクーデタを断行し，権力を掌握した．1799 年憲法においては権力分立もしくは分割への言及はないが，民主主義の手法は採用されている．1799 年憲法では，21 歳以上の成年男子に対する平等な選挙権と憲法承認権が認められ，ナポレオンの終身統領，皇帝への就任に際しては人民投票が用いられたことも知られている．しかし，選挙制度も実質性を欠くものであったし，人民投票による承認は，権威の正当性の根拠を示すことに用いられ，プレビシット（信任投票）の危険性を表すものとなっている[18]．

4. 権力分立と権力集中

　権力分立を否定するルソーの考え方は，1793 年の共和歴 1 年憲法に具体化されている[19]．分立とは，異なる機関に権力を委任することを前提としている．こうした国民主権の委任は，ルソーの考えを受け継ぐ人民主権の観念とは対立する．ルソーは「主権とは人民に属し，委任されも分割されもしない．すべての権力の分割はその委任を要求する．そこですべての委任は没収と同じである」と述べる．このように，ルソーにとっては，主権とは不可譲，不分割なものである．人民は，どのようなときでも主権を放棄すべきではない．人民がすべてをすることができないゆえに，代表者を選ばざるをえないときでも，人民のイニシアティブによる直接民主主義や半直接民主主義の方法を駆使して，それはたとえば共和歴 1 年憲法にみられるような方法や命令委任をさすが，より厳格な方法で代表者をコントロールする必要がある．かくして代表者は厳格にコントロールされた受任者でしかない．彼らは権力をもつ者でもなく，委任された権力を行使する者でもない．人民の常なる監視下におかれて，職務を遂行するだけの者である．こうした受任者は，異なる機関に分けられているものではなく，協議しながらことを運ぶ．そこには単一の会議という人民によって監視される機関しか存在しない．執行権者はその会議で選ばれた，厳格に会議の命令に従う 1 名の受任者である．これが共和歴 1 年憲法の内容であり，国民公会議員は法的文脈において，国民公会の実践，国民公会の公式となる諸原理を表現した．しかしながら，国民公会は，人民主権の原理とは異なり，単一の独裁制を導くこととなった．それが公安委員会の政府である．徐々に少数派の排除をしていき，処刑する．終には公安委員会は，ロベスピエールの血に染まった独裁によって支配されることとなった．これはルソーの観念の完全な変形ともいえるが，権力集中制が教義としては魅力的でも現実には役に立たないことを示している，とカダールはいう[20]．

　しかし，1814 年，1830 年，1848 年，1875 年のいずれの憲法でも権力分立の

必要性が理解され，採用されたにもかかわらず（とはいえ，これらの憲法もそれぞれ検討が必要ではあるが），1945 年から 46 年にかけての憲法制定の議論の中，権力分立論者と権力集中論者の対立があった[21]ことは注意されるべきであろう．ピエール・コットは，権力分立は過去において必要だったかもしれないが，現在では独裁や君主の出現する危険はない．権力分立は，唯一の議会によって表明される人民の権限の統一にとって有害なもの，対立するものですらある．議会と，政府のような議会の下位にある機関との間で，職務の分割が必要なだけである．この考えはレファレンダムによって否定された 1946 年 4 月 19 日憲法草案の中に盛り込まれている．この草案においては，「共和国の制度」として，「第 1 篇主権と国民議会」，「第 2 篇法律の起草」，「第 3 篇法律の審議と表決」となっていた．

　他方で，ポール・コスト・フロレは異なる議論を展開している．但し，コスト・フロレは，熱心な権力分立論者というわけではない．コスト・フロレは，権力分立は時代遅れのものともいえるが，職務の分配は必要であり，そのためには異なる機関によりそれが確保されなければならない，という．「モンテスキューによって，絶対君主制と闘うために想定された権力分立の古い原則を再びとりこむことは不可能である，それは役目を終えている」．しかし，「国家の三つの職務の区別と協力を明確化する議院内閣制をうちたてる」という憲法制定委員会の意思を言明していた．

　だが同時にコスト・フロレは，第三共和制の下でもそうだったように，政府を議会より下位の機関としていた．そして強い立法府をおくのは，権力の均衡を尊重するためである．というのも執行権もわずかではあるが増大することが望まれるからである．結局，1946 年憲法の制定者たちは，1791 年憲法や 1795 年憲法のような，厳格な権力分立，権力の孤立というものを放棄しようとしたのであり，政府の活動や立法府の活動の安定性や効果にとって必要な，政府と議会の均衡のとれた，平等な，恒久的な分立も否定していたのである．

　1946 年第四共和制憲法は，3 条で「国民主権はフランス人民に属する．人民のいかなる部分または個人も主権の行使を僭取することはできない」と述

236

べ，人民は憲法に関する事項については，その代表者の表決及び国民投票を通じて主権を行使し，その他の事項については，国民議会の議員を通じて主権を行使する，としている．議会は二院制ではあるが，国民議会のみが法律を表決し（13 条），上院の共和国評議会は諮問的役割を果したが，停止的拒否権ももっていた．このことが 1954 年の憲法改正へとつながっていく．他方で，執行権は大統領と内閣を率いる首相（但し閣議を主宰するのは大統領）であった．結局，第四共和制の瓦解の原因は半国民公会制にあったといえる．

5. 職務の分立と政治的権力

カダールはコスト・フロレの主張に対して，「権力分立」と「職務の区別」あるいは「職務の識別」と「三つの職務の協力」は実際には類義語であって，違いは不明確だと指摘する[22]．「国民主権は人民に属する」という 1946 年憲法の規定，これは 1958 年憲法にも引き継がれているが，この文言は，国民主権が人民主権に統合されていることを示している．同様に，権力分立も職務の分立を表すということによって，意識的に和らげられ，妥協的な表現として認められている．モンテスキューとルソーの対立はこのようにして緩和化され，乗りこえられている，という．

現行 1958 年憲法は，権力分立をどのようにとらえているか．1958 年 6 月 3 日法は新しい憲法制定を政府に託す法律であったが，憲法が尊重すべき五つの原則を明示していた．第一は，憲法の基礎は民主主義体制であり，すべての権力が普通選挙から生じるとしている．そして次なる三つの原則が述べられている．第二は，執行権と立法権の分立を述べ，執行権は政府，立法権は国会で，それぞれ別であり，それぞれの職務を遂行できるように実質的に分立されるべきことが示されている．第三は，政府の議会の前の責任を述べている．このことは議院内閣制を採用することを意味していた．第四は，司法権は，基本的自由の尊重の保障のために独立すべきことが示されている．第五は，フランスとフランスに参加する人々との諸関係について述べていた[23]．

1958 年第五共和制憲法は，このような一般的な枠組の下，二院制議会（国民議会とセナ）と二頭の執行権（大統領と首相）を定めるものとして成立した．その中では憲法院の創設が注目された．実際には，危機を避けるために国家には強い行政権により保障される安定した体制が与えられなければならない，というドゴールの確信に大きく影響されていた．「すべての原理，すべての経験は，次なることを要求している．すなわち，立法権，執行権，司法権の公的な権力は明確に分立され，バランスのとれたものとなる必要がある．またこれらの権力の結合の中にあって継続性を保つよう行使する国家的裁定者を確立する必要がある．」これが，1946 年のバイヨーでのドゴールの演説のコンセプトであり，1958 年憲法の権力の組織を形づくっている[24]．すなわち，一つは権力分立であり，もう一つは国家的裁定者としての大統領である．

ところで，権力には二つの要素が込められている，といわれている[25]．一つは「機関 organe」であり，もう一つは「職務 fonction」である．厳格な分立とは，それぞれの機関が他の機関から全体として独立していること，それぞれの機関が固有の職務を引き受けていることをさす．この観点は重要だが，いかなる憲法も実際には適用するものではない．

他方で，任務の厳格な専門化なしに機関の独立を組織する体制と，専門化された職務をもつ機関の間の依存を導入する体制を区別することができる，という．第三，第四共和制は後者で，第五共和制が前者である[26]．第五共和制憲法においては，大統領は，議会の委任を受けておらず，政府に関しては，国民議会に安定多数をもっているかぎり，国民議会から脅かされることはない．いわゆるコアビタシオン（保革共存）のときを除いてはこのようであった．それぞれの機関の独立は，法的，政治的正当性によって保障され，強化され，大統領もその正当性をもっているが，独特の型によって，職務がうまく配列されているといえる．すなわち，憲法は，執行機関にその職務を果すのに必要な方法を与え，議会の立法的職務を制限している．これは現行憲法が，34 条と 37 条により，議会の立法事項を画定し，それ以外を命令制定権に委ねていることをさしている．

コアビタシオンが起こるまでは，異なる権力間のバランスは大統領に有利なように働いていた．このような不均衡は政治的力の状況の結果である．国民議会の多数派が大統領を支持する層と違う，大統領が異なる支持者をもつ首相と共存しなければならないときから，それぞれの機関は再び均衡をとり戻そうとする．すなわち，首相はその役割を強化させ，大統領に対して独立性を勝ちとることとなった．首相の責任は国民議会によってしか問題とされない．実際にはコアビタシオンの時代，大統領は外交，首相は内政という棲み分けがなされたが，首相の権限の方が強かった．こうした状況からすると，政治体制の運営は，憲法の規定よりも政治的力関係によって決定することが確認できる[27]．

第五共和制憲法における大統領は，それでも十分重要な存在であるが，大統領制の大統領とは異なっている．フランスでは 1848 年憲法は大統領制を採用した．この要点は次のようになる．単一の執行権をもつ大統領の存在，一院もしくは二院の議会，大統領による大臣の任免である．これらの機関は厳格に分けられ，大統領は議会の選挙によって誕生するのでもなく，解散権ももたない．大臣は議会から独立していて，議会は大臣に信任を与えることもなく，不信任を投票することもない．つまり代表議会の前の政府の政治責任はない．理論的に，立法府が執行権に対して作用する手段をもっていないし，執行権もそうした手段をもっていないのである．

第五共和制の独自性は，議院内閣制のコントロールのメカニズムはもっていたが，むしろ同時に執行権，特に大統領の権力が強化されていて，それは，裁定者，仲裁者としての権限にあるとされていた．

このことは第五共和制憲法は，制定時に権力分立の意図をもってはいたが，実際には独自の型を発展させてきたことを意味する．そしてそれはコアビタシオンのあり方を考えると憲法の規定より実際の政治的力，すなわち多数派の表明されている権限によっていた．ということは，多数派の権力をいかに権力分立の理論の中でとらえるかが問題となろう．

6. 権力の均衡と作用

　カダールは権力分立の意義を権力の均衡と他の権力への作用，働きかけ，協力にみている．したがって，そうした権力への働きかけのなかった1795年憲法をとりあげて批判している．しかし日本では，権力分立はチェックアンドバランスに意味があるとして，三権の互いの抑制と均衡の仕組みを紹介するのが常である．

　第五共和制憲法をみると，まず大統領は自由に首相を任命し，首相の提案に基づき大臣を任命する．内閣の組織の際，国会は関わらない．しかし首相及び大臣は国会に対し責任を負う．また内閣は国民議会により責任を追及される．ゆえに，国会，特に国民議会の多数派を考慮しない首相及び大臣の任免は考えられない．大統領は国民議会の解散権を有する．フランスの執行権の強大さは，一方の大統領が国民の直接投票で選ばれ，他方の首相が国民議会の多数派で支えられているというところにある．解散権の行使が実際行われたことはあったが，多くはない．しかし，解散権の行使が頻繁にあるという状況の方が望ましいといえるかは別の問題である．また，大統領は司法権の独立の保証者である．司法官の身分の保障を担うのは司法官職高等評議会であるが，大統領を補佐する存在である．大統領の裁定権限の現れの一つでもあり，また不十分な形かもしれないが，司法権の自律の現れともなっている．このようにみると，実質的には1970年以降作動したといわれている憲法院のみが，立法権ひいては執行権に対する抑制として働く可能性をもっていることがわかる．

　憲法院のもつ役割としては二つあげられる．一つは権力分立を保障すること，もう一つは憲法の尊重を保障することである[28]．

　まず，第一の点に関して，国家の第四の機関ともいわれる憲法院の権限の本質的なものは，憲法は，国会は34条に列挙された事項について立法し，その他の事項については首相が命令制定権として行使できる（37条）という規範制定権の分配を定めているが，そもそも制憲者たちは，憲法院に立法府の侵害

に対して命令制定権を守る役割を与えたのであった．しかも国会の活動のあり
方のコントロールも憲法院はしている．61条1項により議院規則の憲法への
適合性も確認する．このことから，政府の活動をコントロールする手段を規則
として拡張することも各議院は妨げられることとなる．

また憲法院は，大統領選挙と議会選挙について，さらにレファレンダムにつ
いての選挙訴訟に関して裁判的権限ももっている．議会の選挙，議員の選挙の
正規性については，以前はそれぞれの議院が自ら権限をもっていたものであっ
た．さらに，憲法院は，大統領により，16条の適用について諮問的役割も果
す．また大統領選挙やレファレンダムの組織についても同様の役割を果す．制
憲者の意図は憲法院に執行権のための仕事をすることを期待していたようにみ
える．

第二の点に関して，第五共和制憲法5条は，大統領に憲法の尊重を監視する
役割を委ねており，憲法院は，「憲法の番人」ではなかったはずである．しか
しときがたつにつれて，憲法院のこの役割が重要となっている．しかしこれ
は，憲法に規定されていることと実際とのずれを示している，と指摘されてい
る[29]．

37条2項，41条2項，61条2項の枠組の中で憲法院に委ねられていた権限
は，議会と執行権の権限の分配の尊重であった．立法権の限界に関する判例を
つくることが許されていた．しかし1971年から，政治権力に対する独立性を
示しながら，憲法院はコントロールの性格を変更した[30]．61条によって憲法
院に提起された法律の規定を憲法前文に適合しているか確認したのである．合
憲性ブロックと呼ばれているものへ，1789年人権宣言と1946年憲法前文の人
権宣言を組み入れることで（今日ではさらに，2004年の環境憲章も対象とな
る），憲法院はコントロールを拡げる手段を獲得した．いわゆる憲法と呼ばれ
ているものはフランスでは，権限と手続の規定であった．前文は，権利と自由
の基本的な諸原理を示している．前文に法律の規定をつきあわせることで，憲
法院は，立法府がもたらす，憲法上保障されている権利に対する侵害から市民
を保護する役割を果すことになった．

第 10 章　権力分立の観念と憲法院　*241*

　とりわけ，1974 年 10 月 29 日の憲法改正以後，判決の数が増えている．以前は，大統領，首相，上下両院議長だけが，法律の合憲性審査のために，憲法院に提訴できたが，1974 年の改正によって，上院，下院いずれかの議員の 60 名による憲法院への提訴もできるようになった．この改正は，反対派（野党）に法律の合憲性を確認する可能性を与えることとなり，憲法院に基本原理のみならず，制度の運用のあり方に関しても判例を作りあげる機会を与えることとなった．この改正によって，ドゴール大統領の時代に期待されていたことを結果として乗りこえたことになり，憲法院は国家制度の中で特別な位置づけを与えられることとなった．

　法律の合憲性審査は，しばしば，政府の法政策の実施を妨げるとして，政府の怒りを買うこともある．しかし，憲法院の今日の大きな役割は他の国でも行われているような憲法裁判である．ミッテラン大統領は，さらに違憲の抗弁という方法によって市民にも提訴できるよう憲法院の権限を拡大することを望み，1990 年に憲法改正を試みたが，失敗した．法治国家という観念が完全に実現するためには，市民が憲法裁判にアクセスできることについての合意が必要である，と指摘されていた[31]．そのことは 2008 年の改正により果されたのである．

7.　まとめにかえて

　今日における権力分立とは，権力が担当する職務を意味し，実際には職務の分立が成立しているかどうかが鍵だといえよう．こうした職務が分割されているだけではなく，職務間の連携，協力が政治の運営において必要なこともいうまでもない．しかし，実際には市民にとっては連携，協力よりも，抑制が重要と思われる．さらに権力とは現実には政治的力を意味しているのであり，政治的力をいかに牽制，抑制し，少数派，反対派の意見の反映もみられることが，民主主義の確立の確立につながる．その意味では，憲法院が，法律の合憲性審査を通して，法律の多くが政府主導のものであることから，政府を支える多数

242

派の抑制作用を行使していることは重要な意味をもっている．つまり，権力分立は多数派の抑制効果を念頭においてとらえられるべきものであろう．

　他方でフランスでは，主権論の影響が大きい．権力を行使する源はここにある．そこで司法権は，市民から選ばれた者がそれを行使するのでないかぎり（1791年憲法は民選裁判官を定めていたが），権力という対象にならないと考えられている[32]．同様に，今日の憲法院の法律の合憲性審査という重大な任務ゆえに，憲法院評定官の政治的正当性，すなわち国民を代表しているか，も問題とされている[33]．しかし彼らはその点で，代表性を有している機関（大統領，上下両院議長）から任命されているのであって，間接的には代表性を有しているとも考えられる．

　権力分立のあり方について，フランスでは，他の権力への抑制という作用があまり議論されてこなかったのも，主権論の影響が強かったからといえよう．立法権への抑制という点で突破口となったのが，第五共和制憲法における憲法院の存在である．ファシズムの経験という歴史上の反省をふまえて，立法権への抑制が必要とされた．しかし当然，行政権も抑制の対象となるべきであろう[34]．現在ではそれを，多数派に対する抑制として憲法院が実現している．ここで注意をしなければならないのは，多数派に対する抑制となりうるのも，憲法院評定官が，政権交代を前提としての，行政権，立法権からの任命だからである．また憲法院は，裁判機関だとしても，司法権の行使を予定してはいなかった．こうした形（事前審査，抽象審査で立法過程の中にあり，司法権とは別物）の方が他の権力に対する抑制を働かせやすいのかどうなのかも考えておかなければならない．2008年の改正でそれぞれの裁判系列の最高裁判所の移送による事後審査も定められた（61-1条）．これによりさらに，憲法院と規範制定権との関係が問われている[35]．奇しくも，ロックもモンテスキューも，司法権の存在は権力分立を考えたときに念頭になかった．権力分立に批判的な者は特に司法権の問題をとりあげている[36]．政治権力が裁判を担当すべきでないことは，古くから知られている．その理由は，自ら都合のよいように判断しがちだからである．個人間の瑣末なことではなく，権力のあり方と多少なりとも関

わるような事柄に対しては特に，政治権力は裁判を担当すべきでないといえる．しかし，フランスでは，行政裁判を行政権自らが担当し，判断している．そして，その理由としては権力の分立による権力の自律があげられている[37]．

あらためて，市民の望むよりよい政治が行われるためには，どのような権力分立が，名目的ではなく，実質的に，ふさわしいのかを日本でも検証すべきであろう．

1) 「権力分立」中川善之助監修『現代法学辞典 2』別冊法学セミナー増刊（1973 年）7 頁（阿部照哉担当）．
2) たとえば同書 8 頁．
3) たとえば 2006 年の若者向け雇用制度である CPE（初期雇用契約）は，学生や労組の反発が強く，政府は法案成立を断念した．2007 年にはホームレスと支援団体の運動によって，政府は居住権を保障する法案を提出し，成立させている．これらの運動は，支援団体（Comité Actions Logement, Les Enfants de Don Quichotte）などのサイトに詳しく載っている．もっとも運動と法政策の関係については，もう少し深い検証が必要であろうが，権力の制限をもたらすものについてはメディアや世論の影響もあることは確かである．
4) 権力分立に関する研究は多い．ここでは本文の中で紹介するものの他，先行研究として次のものを参照している．
　　清宮四郎『権力分立制の研究』有斐閣 1950 年．
　　中川　剛『権力分立制の変貌』広島大学政経学部政治経済研究所 1967 年．
　　野村敬造『権力分立に関する論攷』法律文化社 1976 年①．
　　田上穣治「権力分立」『行政法講座第 1 巻』有斐閣 1956 年．
　　清宮四郎「権力分立」『憲法講座第 1 巻』有斐閣 1963 年 10 頁以下．
　　小島和司「権力分立」『日本国憲法体系第 3 巻』有斐閣 1963 年 123 頁以下．
　　樋口陽一「現代西欧型政治制度の類型論」『現代ヨーロッパ法の動向』勁草書房 1968 年 343 頁以下．
　　高橋和之「権力分立論考」『国家と市民第 1 巻』有斐閣 1987 年 295 頁以下．
　　高見勝利「『権力分立』論の成立と展開」公法研究 57 号 1995 年 1 頁以下．
5) Thierry S. RENOUX et Michel de VILLIERS, *Code constitutionnel*, Litec, 2005, pp. 180 et 181.
6) Par ex., Pierre PACTET, *Institutions politiques Droit constitutionel*, 19ᵉ éd., Armand Colin, 2000, pp. 537 et 538.
7) Thierry S. RENOUX et Micchel de VILLIERS, *op. cit.*, p. 181.

8) Pierre PACTET, *op. cit.*, pp. 111 et s.

9) この翻訳については，次のものを参照.

中村義孝編訳『フランス憲法史集成』法律文化社 2003 年 56 頁.

野村敬造『フランス憲法・行政法概論』有斐閣 1962 年② 151-152 頁.

10) Décision n° 80-119 DC du 22 juillet 1980, *Rec.* p. 46, *RJC-I* p. 83.

11) Louis FAVOREU et alii, *Droit constitutionnel*, 10ᵉ éd., Dalloz, 2007, p. 352.

12) Michel TROPER, *La séparation des pouvoirs et l'histoire constitutionelle française*, LGDJ, 1973.

13) Louis FAVOREU et alii, *op. cit.*, p. 352.

14) Jacques CADART, *Institutions politiques et droit constituionel*, tome 1, 2ᵉ éd., LGDJ, 1979, pp. 304 et s. 原文は，いずれも次のものを参照している．Léon DUGUIT et alii, *Les Constitutions et les principales lois politiques de la France depuis 1789*, LGDJ, 1952. なお，モーリス・デュベルジェ／時本義昭訳『フランス憲法史』みすず書房 1995 年も参照.

15) 野村敬造② 447 頁参照.

16) この憲法が，6 月の国王のヴァレンヌへの逃亡のあと，9 月に成立していることも想起されるべきであろう．なお国王の拒否権は停止権にすぎない面があった．また租税の設定・徴収は国王の裁可を必要としない．野村敬造② 15 頁以下参照. Jacques CADART, *op. cit.*, p. 306.

17) Louis FAVOREU et alii, *op. cit.*, pp. 377 et 378.

18) 服部春彦 = 谷川稔編著『フランス近代史』ミネルヴァ書房 1993 年 74 頁以下参照. Marcel MORABITO, *Histoire constitutionnelle de la France (1789-1958)*, 7ᵉ éd., Montchrestien, 2002, pp. 148 et s.

19) Jacques CADART, *op. cit.*, p. 307.

20) *Ibid.*, p. 308.

21) *Ibid.*, pp. 308 et 309.

22) *Ibid.*, p. 309.

23) この法律の翻訳は野村敬造② 152 頁参照．原文は legifrance から引いた.

24) Cf., Charles de Gaulle, Discours de Bayeux, 16 juin 1946, in *Constitution française du 4 octobre 1958*, Documents d'études, n° 1.04, édition 2008, Paris, La documentation française.

25) Françoise DREYFUS et François d'ARCY, *Les institutions politiques et administratives de la France*, 5ᵉ éd., Economica, 1997, pp. 85 et s.

26) *Ibid.*, p. 86. なおルソーが『社会契約論』において示した統治機構も機関の専門家のシステムとされる．野村敬造① 235 頁.

27) Françoise DREYFUS et François d'ARCY, *op. cit.*, p. 86. なお憲法院の任務に関して

は，小島武司他編『フランスの裁判法制』中央大学出版部 1991 年 3 頁以下でも説明されている．

28) Françoise DREYFUS et François d'ARCY, *op. cit.*, p. 120.

29) *Ibid.*, pp. 119 et s.

30) Décision n° 71-44 DC du 16 juillet 1971, *Rec.* p. 29, *RJC-I* p. 24. なおフランス憲法判例研究会編『フランスの憲法判例』信山社 2002 年 141 頁以下（山元一）も参照．

31) Cf., Edouard BALLADUR, *Une Vᵉ République plus démocratique*, Fayard, 2008. 2008 年憲法改正後の憲法については，次のものを参照．*Constitution française du 4 octobre 1958*, précitée.

32) Cf. Sous la direction de Jacques KRYNEN, *L'élection des juges*, PUF, 1999.

33) 植野妙実子「憲法裁判官の正当性」『憲法の歴史と比較』日本評論社 1998 年 403 頁以下参照．

34) 議会による政府のコントロールの手段としては，一つは情報と調査の技法，もう一つは，政府の責任を問う方法があげられる．Louis FAVREU et alii, *op. cit.*, pp. 689 et s. なお 1958 年憲法になって，議会の会期は短くなっており，これもコントロールのあり方としては弱められたといえる．野村敬造②155 頁以下参照．

35) たとえば，次の特集がみられるが QPC 施行後は特に，憲法院と議会との関係を扱う論文が多い．Le pouvoir normatif du juge constitutionnel, *Les Cahiers du Conseil constitutionnel*, n° 24, 2008, pp. 78 et s.

36) Thierry DEBARD, *Dictionaire de droit constitutionnel*, Ellipses, pp. 297 et 298.

37) ティエリー・ルノー／福岡英明＝植野妙実子訳「フランスにおける権力分立論の適用への憲法院の貢献」『フランス公法講演集』中央大学出版部 1998 年 125 頁以下参照．

第 11 章
法律の質の保証

1. はじめに

　日本国憲法 41 条は，「国会は，国権の最高機関であつて，国の唯一の立法機関である」と定める．国会（議会）の本来的任務は立法である．したがって立法とは何か，法律とは何かという問題は不可避な問題として存在する[1]．まず法律が憲法の理念を受けて定立されるべきことは，憲法保障の要請から当然である．その上で今日では，立法の概念を限定的にとらえるというよりは，国民主権や民主主義の概念の浸透にともなって，立法の意義や重要性は増しており，立法の概念を拡張的にとらえる傾向にある[2]．こうした中で，実質的法律概念として一般性が主張されてきた．すなわち，次のように説明される．

　「法律の受範者が不特定多数人であり（これを通常狭義の一般性という），規制の及ぶ場合ないし事件が不特定多数であること（これを通常抽象性という），いいかえれば法定立者が人および情況を一般的・抽象的に——したがって普遍的に——処理しなければならないということは，何よりも第一に，最小限度の自由・平等・安全を保障する．人は，適法になされた行為が事後に法律で処罰されないこと，自己だけが不利益を被ることはないことを，前もって知ることができるからである．第二に法律の一般性は，安定的・合理的な一般的法規範を不可欠の前提とする競争的・契約的な社会を可能にするので，経済的にも市民社会の確立と発展に決定的な意義をもつ．予見可能性がなければ，競争的な市民社会はそもそも成立しえないからである．」[3]

248

　まさに法律は，法的安定性の確保という目的の下でとらえられている．さらに自由国家から社会国家への移行にともない，法律の内容が個別性や具体性をもつことも肯定されてきている．他方で，このような立法概念の拡張的傾向に対して，権力の抑制を強調する立場から，何らかの立法権の範囲を制約する必要性も主張されている．しかし，立法は民主主義のプロセスの一つとして行われることであり，それをどこでどのように制約するのか，が問題となる．

　フランスでは 2008 年 7 月 23 日の憲法改正によって議会の権限の強化が図られたが，それにともない，議会のあり方や法律のあり方についての議論が盛んに行われるようになった．他方，憲法院の判例を通して法的安定性の概念がとらえ直されてきている．そして法的安定性を問う中で法律としての質とはどのようであるべきかの議論も行われている．法律の質を問う議論がどのような背景で生まれたか，立法過程におけるとりわけ修正権のあり方に着目しつつ検討した上で，憲法院が立法過程にどのように関わるのかを明らかにする．また憲法院の判例を通して法的安定性と法律の質の保証はどのように関係するのかもみる．さらに日本にとってこの議論がどのように参考になるのかも考えたい．

2.　法律の制定過程

　フランスの立法過程は主に三つに分けて説明される．第一の段階は，一般的には政府による法律案の準備である．第二の段階は，議会における法律案の検討，すなわち分析，審議，そして採択のための投票である．第三の段階は，議会後の段階であり，通常は法律の審署となる[4]．なお第二の段階に関しては，法律案の検討は，委員会と本会議とに分けてみる必要がある．また不一致の場合のナヴェット navette（両院間回付手続とも訳される）のあり方と解決方法もそれぞれみる必要がある．

(1)　立法過程の特色

　「政府が決定し，国家の政策を導く」という 1958 年憲法の論理は，立法過程

においても非常に特別な性格を示している，とされる．すなわち，第一に，法上は，政府と同様に，国民議会とセナの両院ともにそこに属する議員は，立法における発議権 droit d'initiative législative をもっていることになっている．しかし実際は，多くの場合，政府により法律案が提出されている．2008 年 7 月23 日の憲法改正で，議会の議員の発議権の回復が確認されている（たとえば42 条 1 項で議員提出法律案の存在を確認している）が，かぎられたものとなっている．第二に，フランスの議会は二つの院から成り立っているが，原則的に同一の立法権限を有している．したがって，すべての政府提出法律案，議員提出法律案は，法文について二つの院で一致にいたるまで検討される．しかし，このことは，両院の間で不一致となったときに，法文の停止にいたる危険があることを意味し，どのようにしてこの危険を避けるかが問題となる．第三に，政府は，票数を調整したり，国民議会での法文の採択について責任をかけたり，議会での修正に対して不受理をもって対抗したりなどさまざまなテクニックをもっている．このことから立法過程の支配者といえる[5]．第四に，現実の立法過程は，議員のゲリラ戦の機会や度重なる投票を制限するために簡略化したプロセスを生んでいる．したがって，それぞれの院は，それぞれの読会で法文全体に対して 1 回しか意見を述べないことになっている．

(2)　法律案の起草

　法律案の起草については，当該法律案のテーマに対して管轄する省の部局services が準備する．フランスには，法律案を起草することを専門とする中央部局 service central のようなものは存在しない．それぞれの省が要請に応じて準備するが，もしいくつかの省にまたがるテーマということになると，リーダー役となる統括のための省が指名される．

　交渉や調整が必要とされるときは，首相の下に各省間会議 réunions interministérielles が開催される．この会議の事務局は，政府事務総局 Secrétariat général du Gouvernement（S. G. G.）がつとめる．政府事務総局は，法律案の起草から公布にいたるまでの立法プロセスの展開を見守る政府の通常の活動の

調整役をする機関であって，官僚からなる[6].

　法律の草案が最終的に起草される形として固まったなら，義務的に，すなわち必ず，コンセイユ・デタに送られる．コンセイユ・デタは，法文に対して意見を述べる責務を負っている．コンセイユ・デタは政府の法律顧問であり，とりわけ草案の憲法適合性や現存する法典の中への組み入れの適宜性などを確認する[7].コンセイユ・デタの意見は，唯一政府に向けられるもので公にはされない．またこの意見はあくまでも諮問的な性格であり，政府がこの意見にしたがうかは任意である．

　意見が出され，必要に応じて法文に直しが入ったりしたあとは，法律案は大臣会議 Conseil des ministres[8] で審議される．そこで両院いずれかの議院理事部 Bureau de l'Assemblée[9] に提出されることが決まる．

　政府提出法律案の準備に際しては，いくつかの機関の意見を聴取することもある．こうした諮問はしばしば顕著に，法律案起草プロセスを長びかせることにもなる．特に海外地方公共団体に関わる法律案作成に際しては，それぞれの海外地方公共団体の議決機関の意見を徴さなければならない．

　議員の発議による議員提出法律案の提起は，政府提出法律案と比べると非常に簡略化されている．というのも，いかなる段階においても何らかの機関の介入は必要とされていないからである．若干の場合において政府は，自らが起草した法律案よりも自らの利益に適うとして議員提出法律案を支持する場合もある．

⑶　委員会における法律案の検討

　法律案は，本会議にかける前に次のような段階を踏む．政府提出法律案はすでに述べたように，コンセイユ・デタの意見を徴した後に，大臣会議で審議され，両議院のいずれかの理事部に提出される（39 条 2 項前段）．政府は，憲法自体がどちらの議院に先に出すのかを定めている場合を除いて，どちらの院に出すかについての自由な選択権をもっている．憲法があらかじめ規定している場合とは，財政法律案（予算法律案ともいう）projets de loi de finances 及び社会保障財政法律案 projets de loi de financement de la sécurité sociale の場合は

国民議会で（39条2項），地方公共団体の組織を主要な対象とする法律案及び
フランス国以外で設定されるフランス人代表者の決定機関に対する法律案の場
合はセナで（39条2項），先議されることとなっている．実際には法律案の提
出先は上下両院の間で，審議期間や法文の重要性などを考慮して，ほとんど対
等な方法で配分される傾向にある．議員提出法律案の場合は，起草者の所属す
る議院理事部に提出される．なお，議院理事部とは議長を補佐として，議院運
営上の行政事務にあたるところである．

　次に法律案の対象に応じて，法律案は政府提出法律案であれ議員提出法律案
であれ，それぞれの院にある常任委員会 commission permanente の一つで審
議される．常任委員会は国民議会には八つ，セナには七つ存在している[10]．政
府の要望があるとき，もしくはいくつかの常任委員会にまたがる問題を扱うと
きは，特別委員会 commission spéciale を設置する場合もある．しかしこのよ
うな場合は非常に限られている．

　委員会では，当該法律案の報告者 rapporteur をその中から指名する．した
がって委員会に付託されたすべての法律案に対して責任をもつ報告者というポ
ストは存在しない．しかしながら，財政委員会には，総括を行う統括報告者
rapporteur général が存在する．この統括報告者は，財政法律案の審議の際に，
さまざまな省の部局の予算をそれぞれ調査・検討する専門報告者がいるが，そ
の結論を統括する役割を担っている．セナにおいては，社会問題委員会の中に
も同様の役割を担う統括報告者が存在している．

　報告者の役割は，他国の議会におけるよりも非常に活動的また決定的なもの
である．他国の議会においては，報告者の役割は委員会の決定に対して限定的
といえる．しかしフランスでは，報告者が委員会の決定の方向を定め，説明す
る．多くの場合，彼の意見や修正の提案が賛同をえることになる．報告者はこ
のために，一人でもしくは委員会で，必要なすべての聴取を行い，報告書案を
作成し，必要なら修正案も作る．この報告者の仕事に対しては，委員会事務局
secrétariat de la commission の職員が必要な補佐をする．

　報告及び修正についての委員会でのプロセスは次のとおりである．まず，委

員会の第 1 回目の会合は，本会議 séance plénière における法文の審議の少な
くとも 2 週間前には開催されていなければならない．但し，議長協議会 Con-
férence des Présidents[11] が例外として承認した場合は別である．委員会は，委
員会における修正の付託期限を定める．本会議において審議される法律案が政
府によって提示されていることが憲法によってあらかじめ定められている場合
は例外となる．すなわち，憲法改正に関わる法律案の提出，財政法律案及び社
会保障財政法律案の提出がそれにあたる（42 条 2 項）．

　修正は，報告者，そしてすべての議員によって，個人の資格としても会派の
資格としても，委員会のメンバーであろうがなかろうが，行うことができる．
また政府によっても行われる．

　修正が表明されたあと，委員会は報告者の報告をとりあげる．その報告は，
委員会における議論を反映し，委員会で提案された法律案や会派の意見を示す
ものである．委員会は場合によっては，公表されたものとは異なる法律案を採
用することもある．

　本会議における議論の前に，あるいは本会議の最中に，議会の中断するのを
みはからって，委員会は新しい会合をもつこともある．その会合は，本会議に
おける議論の様子をみて，委員会での法律案に加えられた修正について意見を
述べるためのものである．しかしながら，政府は最終の段階でしか修正を示さ
ないこともあり，期限もあることから，このようなことが常にできるとはかぎ
らない．その結果，委員会には，本会議における議論の前にその内容を知るた
めの十分な時間があるとはいえないのである．

⑷　本会議における法律案の検討

　本会議においては，まず議事日程 ordre du jour の設定が行われる．議事日
程は議長協議会の結論に基づき各議院によって定められる（48 条 1 項）．議長
協議会は，議会各院の内部組織であり，議会関係担当大臣の他，当議院の議
長，副議長，常任委員会の委員長（場合によっては特別委員会の委員長も加わ
る），欧州問題担当の委員会委員長，財政委員会や社会問題委員会の統括報告

者，政治会派の長からなる．

　政府の要請によって議事日程への優先的登載が，財政法律案，社会保障財政法律案，6週間以上前に他の議院から送付された法律案，国家危機に関わる法律案や憲法35条の定める国会の承認要求についてなされる．本会議の配分は，2週間は政府のための週，2週間は議院のための週という形をとる．最初は政府の行為のコントロールのためのものであり，次は発議となる．さらに，原則的に議院にあてられる週において毎月1回の本会議が，議院内の野党会派や少数会派の発議に基づいて，当該各議院の議事日程に留保される．

　本会議での審議の構造は次のようになっている．一般討論 discussion générale は，まず担当大臣により，ついで報告者により開始され，それぞれが法律案について意見を述べる．この一般討論は時間的にかぎられたものであり，会派毎に会派の人数に応じて全体の時間の中で配分されていく．

　手続に関する動議 motions の審議が行われることもある．違憲性の疑いのある問題や事前に問うべき問題があるような場合は，法律案の廃棄に相当する採決を行ったり，委員会に戻したりする．

　法律案を逐条毎に行う詳細審議は，修正案及び再修正案の審議の際に行われる．法律案の最も遠いところから近い所に位置するものに対して行う．競合する修正案が存在するときは，例外なく，共通審議に付される．採決は一つ一つの修正案について，ついで一つ一つの条文についてなされる．

　投票の前に5分をこえない簡単な投票についての説明が認められている．投票は挙手もしくは立つか座るか，また投票箱の中に票を入れる投票方法を用いるかして採決をはかる．これらの方法は，議院の規則により定められている場合もあり，会派の長もしくは政府の請求で決まる場合もある．

(5)　ナヴェットと不一致に対する解決方法

　すべての法律案は，共通の法文で採択されるまで二つの議院で検討される．一つの議院から他の議院に法律案が移送されることをナヴェットという．それぞれの議院は，審議に付されている条文に対してしか，すなわちまだ一致の対

象となっていない条文に対してしか意見を述べることができない．二つの議院が一致した法文はもはや審議の対象ではない．議論は不一致の点についてだけ行う．これを「漏斗の原則 principe dit « l'entonnoir »」と呼ぶ．

理論的には，ナヴェットは二つの議院が法律案の条文すべてについて一致の確認にいたるまで続けられる．しかしながら政府がこのナヴェットを短縮することのできるメカニズムが存在する．それぞれの議院の第二読会のあとで（もしくは政府が迅速審議手続 procédure accélérée[12]を始めることを決定したなら第一読会のあとで），政府は調整のための委員会を開催することができる．それを同数合同委員会 commission mixte paritaire と呼ぶ．同数合同委員会は，7 人の国民議会議員，7 人のセナ議員からなり，審議中である条文について提案する責を負うものである．次の二つのケースがある．

一つは，同数合同委員会で妥協がえられた場合，そしてその妥協案が両議院で賛成されると，法律案は最終的なものと解され，審署のために送られる．二つは，同数合同委員会で妥協がえられない場合，あるいは妥協が両議院で承認されなかった場合，政府は，それぞれの議院での新しい読会のあと，国民議会に最終的に決定するよう要求する．この場合，国民議会は単純多数決で決定するが，同数合同委員会で起草された法律案をとりあげるか，あるいは国民議会自身が採択した最終法律案を，それは場合によっては，セナによって採択された一つあるいはいくつかの修正が施された法律案であるかもしれないが，それをとりあげることしかできない（45 条 4 項）．

(6) 議会での採択後の段階

議会での法律案の採決が終わり賛成をえられると，審署という段階にいたる．通常は，公布は，最終的に採択された法律が政府に送付された後，15 日以内に大統領が審署する行為である（10 条 1 項）．しかしながら次の二つの場合があり，法律の公布がこの日程よりも遅れたり，法律の審署が妨げられたりする．一つは，大統領が法律の，あるいは法律の条文の再審議を議会に求めることができるというものである（10 条 2 項）．このような権限は，首相によっ

て副署されたデクレで行使される．しかし1958年以来，まれにしか実行されていない[13]．

　議会によって可決された法律は，大統領，首相，上下いずれかの議院の議長，60名の国民議会議員もしくは60名のセナ議員によって憲法院に付託することができる（61条2項）．こうした憲法院への申立ては，憲法院がこれに対して裁定するまで審署を中断することとなる．当該規定が違憲ということになれば，審署はされない．

　この場合，大統領は，最終的な法文の審署の前に違憲と判断された規定を，違憲性を除くために議会に送付することになる．しかし，新しい審議の方法をとるこのような形がとられることはまれで，憲法院の判決が下されると通常，違憲と判断された規定を削除して法律は審署される．

(7)　独自の手続をふむ若干の法律

　なおいくつかの通常法律の起草については，立法過程の一般的な段階を踏むことを尊重しながらも，当該法律の目的自体に結びつく独自の手続的規定が定められている．このようなものとして，国際条約を批准するための法律（議院規則による），憲法38条に定められた立法の委任やオルドナンスの承認に関わる手続がある．

3.　修正権の行使

　法律の修正は議員の当然の権利と考えられ，フランスの議会では日本と異なって，修正案が多く提示されている．議会の審議日程において法律案の修正を提案する権利は基本的権利である，と説明される[14]．国民議会の出している37号ファイルは「修正権の行使」を明らかにしており[15]，その中ではまず修正権がどのように位置づけられるのかが述べられ，さらに修正権への制限が詳細に述べられている．

(1) 修正権の基本理念

「修正権は今日において国民議会議員の発議権の主要な表現形態である．年間数千もの修正が提起されている．」37 号ファイルはまずこのように述べ，修正権の重要性を強調する．修正権について，第五共和制憲法 44 条 1 項は次のように定める．「国会議員及び政府は，法律案修正権をもつ．この修正権は，組織法律が定める範囲内で，議院規則が定める要件にしたがって，本会議または委員会において行使される．」

修正権は自由で無制限であるとはいえるが，「合理化された議会主義parlementarisme rationalisé」[16]に基づいて，憲法，組織法律，議院規則の条文で厳密に枠づけられるものである．最も重要な点は，修正が財政上の受理可能性，法律上の受理可能性に関わるものの場合である．前者は，修正の採択が公的な財源の減少が予測される場合や公的負担の新たな設定や増大がみこまれる場合であり，後者は，34 条の定める法律領域内において修正が考えられているかが問われる場合である．前者は 40 条，後者は 41 条 1 項に定められている．

その他の制限は補充的なものであるが，とりわけ提起の期限や最後に申立てられた委員会の事前の審査，審議中の法律案とのつながりについての制限があり，また第一読会のあとで適用される制限もある．

本会議においては，修正のアピールの順序と審議の方法は，審議の明快な組織化を確保し，あらゆる意見の表明を可能にするという観点から，規則で定められている．

修正権は，会議にかけられている法律案に修正をすることを各議院における議員の投票に委ねる権利であり，その法律案とは政府提出法律案 projets de loi の場合もあるし，議員提出法律案 propositions de loi の場合もある．立法発議権の延長 prolongement で存在するとみなされる．時代とともに多くの議会の中で，とりわけフランスにおいては，議員の発議権の主要な表明の形態となってきた．その源は，既述した憲法 44 条 1 項であり，そこには「国会議員及び政府は法律案修正権をもつ」と定められている．2008 年 7 月の憲法改正によ

って「この修正権は，組織法律が定める範囲内で，議院規則が定める要件にしたがって，本会議または委員会において行使される」が加わり，明確化された．

　修正権の主要な性格は次の三つである．第一に，この権利は，政府と議員とで分かちもっている権利であること．第二に，この権利は，個人としてでも共同してでも行使することができること．この点では，質問権とは異なって，修正権は連署することのできる権利である．第三に，この権利には制限がないとされるが，とはいえのちにみるようないくつかの制限という条件の下で行使されるものである．またこの権利は，議事妨害の手段にもなりうるものである．

　憲法45条に示されているように，一般原理として修正権は第一読会の段階では自由に行使できる．すなわちこの段階において，法律案原案に間接的であっても関連あるものすべての修正は受理されうる．第一読会のあとの読会では，修正は当該規定がまだ審議の最中である場合においてのみ当該規定について行使できる．すなわち新しい条文を導入するような修正は除外される．また既述したように，立法を支配するのは合理的議会主義の精神であり，それに基づく憲法によって枠づけられた権利ということになる．

(2)　修正案の財政上の受理可能性

　公的財源を縮減することになる修正案は，他の公的財源の競合によって担保保証する見込みがあるという条件の下でなら提示することは許される．他方で，公的負担の領域の代わりとなるものは一切認められない．憲法院は，財政上の修正案の不受理の範囲を明らかにしている[17]．単に国家の支出に適用されるだけでなく，他の公法人の支出にも適用されることを認め，また，提案されている措置の効果が検討されている原案や存在する権利と比較して，より有利であると判断されるなら認めるとしている．

　他方で，財政法律案と社会保障財政法律案に対する修正の財政上の受理可能性についてのコントロールは，次の特別規定にしたがう．第一に，2006年の財政法律案の検討から，2001年8月1日の財政法律に関わる組織法律の適用

で，財政法律に適用される規定が緩和化されている．この組織法律47条は，公的負担の概念はそれぞれの任務のレベルで評価されるべきものとしており[18]，同一の任務の中で，あるプログラムの中での費用の縮減によって埋め合わせのきく他のプログラムの中の費用の増大を提示することを議員に認めることとなった．さらに議員は，同一の任務の中で，あるプログラムにあてられている費用の縮減により，代わりに新しいプログラムを創設する権利をもつことも認められている．第二に，社会保障財政法律案に対しては，社会保障法典L. O. 111-7-1条の第4段が，財政法律で定められている支出の目標に関わる修正については，負担は部門別支出のそれぞれの目標や疾病保障支出国家目標objectif national de dépenses d'assurance maladie（ONDAM）から解釈されるとした[19]．このような議員の修正案についての緩和化は，2005年8月2日組織法律で導入されたものである．

　財政法律案に関する修正案に対しては，委員会における扱いと本会議における扱いを区別する必要がある．まず，憲法40条によって提出された修正案の受理可能性を判断するのは，委員会の委員長と所属の議院理事部である．必要があれば，委員長もしくは財政委員会の統括報告者の意見をきくこともある．不受理が宣言されれば修正案は委員会で検討されない．政府もしくは議員は，いつでも対等に法律案原案に対して委員会によってもたらされた修正に対抗することができる．

　次に，本会議において検討を付された修正案については，財政上の受理可能性を判断するのは議院の議長である．しかしながら慣例によって，議長はほとんど常に財政委員会の委員長の意見，それがなければ統括報告者もしくは指名された財政委員会の理事部のメンバーの意見にしたがう[20]．論議を呼ぶようなすべての修正案は，登録の際，財政委員会の委員長に送られる．彼の意見が決定的な役割を果たす．不受理を結論づける意見のときは，修正案は起草者に戻される．このようなとき，修正案は配付されることもなく議論の対象ともならない．

　こうした事前のコントロールの手続は，議員提出法律案や修正案への財政的

不受理の措置に対して，あとで反対することを禁止するものではない．議院規則89条4項に定められているこの権限 faculté は，政府にもすべての議員にも認められている[21]．実際には反対はまれに行われるだけである．というのも，付託の際になされる最初の検討によって，不受理を招くような発議は職権で排除されるべきだと考えられているからである．

議院規則によって定められている財政上の受理可能性のコントロールの手続については，受理可能性の問題を判断することを議会当局 instances parlementaires に委ねていることに注意すべきである．修正案の受理可能性について争いのある場合には，特に議会当局によって表明された受理に対して，政府が異議を唱えることはあっても，「法律上の」受理可能性に関して定められていることには反するが，この段階において決定的に優先するのは，議会当局の決定である（憲法41条1項参照）．

財政上の受理に関する当局の決定は，憲法院における訴えという道でしか異議を申立てることができない．すなわち憲法61条2項の適用（事前審査）により，法律案の可決後，訴えることができる．憲法院は，憲法40条の正しい適用が立法手続においてなされたかどうか判断する権限をもっている．この40条には，財政上の問題から不受理もしくは受理を決定することも含まれるのである．憲法院はしかしながら，財政上の不受理の抗弁については，修正を付託された最初の議院において提示された抗弁のみ受け付けている．

⑶　修正案の法律上の受理可能性

憲法41条1項は，「議員提出法案もしくは修正案が法律の領域に属さない，または38条によって付与された法律の委任に反することが立法手続の過程で明らかになったときは，政府または議院の議長は，不受理をもって対抗することができる」と定め，2項は「政府と当該議院議長との間に不一致がある場合は，憲法院は，いずれかの請求に基づいて8日の期間内に裁定を行う」と定める．

当初は政府だけが不受理をもって対抗できたのだが，実際には，この権限はあまり使われていなかった．40条で保障しようとしていることとの違いは，

法律上の問題の受理は，議員提出法律案や修正案の付託の際には，組織的には
コントロールされていないという点である．すなわち，このコントロールは，
政府や議院議長の介入を必要とする．

　41条の実施のために，議院規則93条1項は，次のように定める．議員提出
法律案や修正案には，あらゆる段階で議院議長によってであれ，政府によって
であれ，不受理をもって対抗できる．また委員会の作業の結果である法律案の
規定の形をとる修正案もこうした異義の対象となる．93条2項及び3項は，
それぞれ政府，議院の議長によってなされた不受理の場合を定める．もし不受
理が政府によってなされたときは，意見を述べるために議長に戻される．議長
と政府との間で意見が一致しない場合は，議長は憲法院へ訴える．もし不受理
が議院の議長によってなされたときは，議長は政府に相談する．そして，政府
との間で意見が一致しない場合は，憲法院に訴える．議院の議長が不受理に反
対しようともくろむ場合，あるいは政府によってなされた不受理に対して意見
を述べなければならない場合は，議長は当該法律案の担当委員会委員長もしく
はこの目的のために指名された委員会の理事部のメンバーに相談することが予
定されている．

⑷　その他の修正案に対する制限

　第一に，議院における議論をよりよく組織するための制限として，委員会に
おける修正案の付託の期限が設けられている．すなわち修正案は，委員会事務
局におそくとも委員会で法律案の検討に入る3日前の17時までに付託される
必要がある．これは，2009年5月27日の議院規則の改革による．本会議にお
いても同様に，本会議で法律案の検討に入る3日前の17時までに修正案が提
出されるようにと変更された．

　憲法院は，このような期限の設定を，委員会による法律案の検討については
委員会委員長が，本会議については議長協議会が，他の期限を設定しうるとい
う留保の下で承認している．憲法44条によって議員に授けられた修正権の実
効的性格を完全に保障するために，審議の明確さと誠実さの要求が尊重される

ということが一般法で定められた期限ではできないというのであるなら，新たな期限を設定できると判示したのである[22]．本会議については，2009年4月15日組織法律が，どのような場合においても本会議における法律案の検討の審議前に議員の修正案は提示されると定めている．

第二に，修正の対象に結びつく制限がある[23]．国民議会議院規則98条は，修正案は，単一の条文についてしかもたらすことができないと定める．また再修正案は，修正案のめざす意味と矛盾してはならないとする．さらに，憲法45条1項後段「40条及び41条の適用を妨げることなく，修正案は，提出または送付された原文に間接的であれ関連するものはすべて，第一読会において受理することができる」の文言と同様に，議院規則98条も，提出または送付された原文に間接的であれ関連するものすべての修正案の第一読会における受理を定めている[24]．どのような場合であっても，この規定に照らして付託される修正案の受理を判断するのは，議院の議長である．

第三に，委員会における検討に結びつく制限がある．憲法44条2項「政府は，討議開始のあと，事前に委員会に付託されなかったすべての修正案の審議に対して，反対することができる」の適用から，政府は，実際に委員会に付託されなかった修正案に反対できる．こうした手続の攻撃手段は，通常は，委員会の会合後に示された修正案に対するような明らかな議事妨害があるときしか使用されていない．

第四に，立法手続の必要性に結びつく制限がある[25]．二つの議院の間でのナヴェットのシステムに基づく立法手続は，同一の法文の採択を目標にして，互いの意見を徐々に近づけるように仕向けている．それゆえ，手続の所与の段階において二つの議院により同一の文言において採択されたすべての法律条文は，ナヴェットの範囲からは除外されていき，二度と修正の対象とならないのが，漏斗の原則からくる論理である．同様に，すでに採択された条文と両立しえない付加を法文の中に導入して，採択された条文を再び問題にするような修正も禁止される．唯一，他の条文との整合性を確保するため，本質的な誤りを訂正するため，または憲法条文の尊重を保障するため，これらのためになされ

262

る修正は例外的に認められる[26].

　第一読会以後の修正は，前述した三つの例外を除いては，議論の続いている条文に直接の関係をもつものでなければならない．このことは，議院規則の中にも書かれているが，1998年から2006年にかけて憲法院によっても認められた．これにより，原則的にナヴェットの段階では付加的条文の導入が禁止されている．憲法院はまた，付加的なパラグラフという形で新しい条文の導入をすることも規制している．

　また，同数合同委員会の審議から生まれた法律案については，修正権の行使に制限が設けられている．すなわち，政府の同意がなければ修正案は受理されない（45条3項）．このような制限は，両院間でえられた共通の法律案に対する合意を損なうことがないようにする配慮から正当化されるものである．

　政府が，憲法45条4項の適用により，いわゆる「最終読会」と呼ばれる観点から国民議会に最終的な議決を要求するとき，国民議会によって表決される最後の法文に受け入れることのできる唯一の修正は，セナによる新しい読会で先立って採択されたものだけである[27].

　第五に，一括投票 vote bloqué による修正案の制限がある．1958年憲法の起草者によって望まれた合理的議会主義を表明する拘束的表決手続の論理的帰結から，憲法44条3項は，政府が議会に，審議中の法文のすべてあるいは一部について唯一の投票で意見を表すことを要求することを認めるものである．したがって，政府により提案された，もしくは受理された修正案のみがとりあげられる．

　第六に，審議されている法文の性格に結びつく制限がある．条約の批准を認める法律案に付加されている国際条約の条文や，政府提出法律案をレファレンダムにかけることを目的とする動議，憲法34-1条の適用により提起される決議，議事日程に関する議長協議会の提案は，その性格上，修正案は認められない．

(5) セナの場合

　セナも独自に修正権の説明をしている[28]．そこでもまず，修正権が，法律案

や決議に対する修正を提案する権利であると定め，重要な権利であることを示している．また，国民議会における説明と同様，2008 年 7 月 23 日の憲法改正で「この修正権は，……本会議または委員会において行使される」（憲法 44 条 1 項後段）と定められたことにともない，「委員会での修正」と「本会議での修正」と修正権が二重に存在することを確認している．

修正の定義については，セナの下におかれた法律案の規定の一部または全部を削除したり，まとめたり，変更したり，補ったり，新しい条文を作成して挿入したりすることを目的とするものであるとし，同様に，修正を修正することもある，とする．但し，この再修正の目的は，1986 年 6 月 3 日判決で憲法院が認めた「修正権と切り離すことのできない」特別な形態の下で示される必要がある[29]．

2008 年の憲法改正以来，最終的に可決された議員提出法律案は格段にふえてきているが，修正権の行使は，立法権行使のための議員のいわば特権的な道具といえる．セナの委員会における修正は，2009 年から 2010 年で 2,559 件，2010 年から 2011 年で 2487 件であった．本会議においても修正権が広く活用されている状況は，セナの作成した表からもわかる（表　本会議での修正権の行使　参照）．それによると 2009 年から 2010 年においては国民議会で 23,776 件，セナでは 8,435 件，2010 年から 2011 年においては国民議会で 10,147 件，セナでは 8,377 件であった．修正権の効果は，表現の自由と適正な審議の活発化との調整をはかろうとする綿密な規制によって保障されている，としている[30]．ちなみに，法律の成立件数は 1 年の会期において 80 件から 110 件程といわれている[31]．

また立法府における議論が，提示された修正案をめぐって秩序立って行われるためには，議論の明確さ clarté や誠実さ loyauté が不可欠である．それゆえ，それぞれの修正がすべての者によって正しく見定められる必要がある．そのため修正案には，不正確を防ぎ明らかな内容をもつこと，成文で示すこと，起草者の署名が必要とされることなどいくつかの形式的な制限がある．

さらに修正案の不受理については次のように述べている．修正案に対抗しう

264

表　本会議での修正権の行使

	国民議会	セナ
2000-2001	8,479	5,109
2001-2002	5,545	4,443
2002-2003	35,393	7,558
2003-2004	27,073	10,398
2004-2005	26,471	7,686
2005-2006	147,861[*]	8,652
2006-2007	7,867	5,672
2007-2008	13,778	5,988
2009-2010	23,776	8,435
2010-2011	10,147	8,377

[*]　2005-2006 年のきわだった数字は，エネルギーセクターに関する法律案に対して，国民議会で提起された修正が 137,665 件だったことによる．（表はセナのサイトから引用，2013 年 8 月）

る憲法上の不受理は，第一に，各議院自身が適用し，判断することになる．これらは議院規則の中に具体化されている．次に，これらの規定にしたがわないなどの行為があったときは，憲法院が最終的に合憲性を審査する形で審査する．申立てを受けなくとも職権で不受理とされることもある．

　セナにおける不受理の場合の説明も，委員会と本会議とで分けて説明している．

　まず，委員会では，委員会委員長が憲法 40 条と社会保障法典 L. O. 111-3 条の観点から，修正案の財政上の，または社会保障上の受理可能性につき判断を下す．このコントロールは，規則どおりに系統立って行われ，事前になされる．すなわち修正案の付託と配布の前に行われる．評価が難しいときや委員長が望むときには，修正案は，財政委員会や社会問題委員会に送られ，そこで成文の意見が付されて議長に戻される．

　委員会は，法律領域と命令領域の境界の尊重を定める憲法 41 条に基づく不

受理を除いて，他の不受理を判断する権限ももっている．これは，政府もしくはセナ議長によって提起される．場合によっては，委員会委員長や委員会の事務局の相談のあとで提起されることもある．意見が不一致の場合は，憲法院が8日の期間内に判断する（41条2項参照）．

次に本会議では，憲法40条による修正案の財政上の受理可能性のコントロールは，財政委員会の権限である．このコントロールも規則どおりに系統立って行われ，修正案の付託と配布の前に行われる．財政委員会は，財政法律関係の組織法律（いわゆる LOLF）の観点から，修正案の受理可能性のコントロールを行う．社会保障法典 L. O. 111-3 条の観点からの修正案の受理可能性のコントロールは，社会問題委員会の権限となる．

他方で，憲法41条に基づく不受理は，委員会における修正案と同様の条件の下で判断される．その他の理由による修正案の不受理については，はじめに提起された委員会が判断する．

したがって，修正案の不受理にはさまざまなタイプがある．第一には，憲法40条の規定による財政上の収入あるいは減少に関わる修正案の不受理である．第二には，財政法律に関する組織法律34条が財政法律の領域と構造を定めるが，財政法律にふさわしい位置づけをもつものではない，または財政法律に適切な分野ではない，こうしたすべての規定は認められない．反対に，通常法律に見出されるべきすべての規定も認められない．財政法律に関する組織法律36条は，「国家の利益のために設定された財源を他の法人に一部もしくは全部を充当することは，財政法律の規定があるときしかできない」とする．通常法律の枠組において，この「留保された領域」を尊重しない修正案は受理されない．

第三には，社会保障財政法律の領域の保護からする不受理である．社会保障法典 L. O. 111-3 条は，社会保障財政法律の領域を画定しているが，社会保障財政法律の中での位置をもたない規定，及び通常法律の中での社会保障関係法律の中で示されるべき規定，双方を認めない．

第四には，法律の領域の範疇に入らない規定の不受理である．憲法41条によって法律の領域にあたらない修正案や議員提出法律案は，政府や当該議院議

長によって不受理が宣言される．政府と議長との間で不一致があったときは，憲法院に付託される．憲法院は 8 日の期間内に判断する．

　第五には，便乗立法の不受理がある．憲法 45 条 1 項は，「修正案は，付託されたあるいは移送された法律案原案に間接的であれ関連をもつものはすべて，第一読会において受理することができる」と定める．直接的もしくは間接的に関連性をもつかどうか判断するためには，憲法院が示したように「手がかりの束」というテクニックによって判断される．この手がかり，もしくは依拠するものは次の三つ，表題，理由の説明，対象である．

　第六に，「漏斗の原則」に基づく不受理である．第一読会のあとは，修正案は，両議院により同一の文言ですでに採択された条文である「一致」を再び問題にするのなら，付託は受理されない．また修正案が同様に第一読会の後でまだ審議中である条文に直接的な関連をもたない付加的な規定を導入しようとするなら，受理されない．但し，憲法の尊重を確保する修正，審議中の条文に整理や調整をもたらすような修正，有形的な誤りを正すような修正はこのかぎりではない．

　第七に，委員会で事前に提示されていない修正案の不受理である．本会議における修正案は，法律案を扱う委員会で検討されていなければならないのが原則である．既述したように憲法 44 条 2 項は，「政府は，討議開始のあと，事前に委員会に付託されなかったすべての修正案の審議に対して，反対することができる」と定める．この手続は実際にはあまり用いられていない．というのも，委員会に提示されなかった修正案ということはまれだからである．

　このように修正案について詳細に述べているが，こうしたことは修正が議員の権利であるのだから活発に行使することを促すと同時に，受理というハードルを越えて，適正な修正が行われることを促すものでもある．

4.　法律の質に対する憲法院の統制

　ベルトラン・マチューは，法的安定性の具体的内容を二つに分け，一つを法

の予測可能性の要求，もう一つを法の質の要求として，前者には不遡及原則，既得権の保護の原則，正当な信頼性の原則，契約関係の安定性の原則が含まれ，後者には，明確性の原則，アクセス可能性の原則，有効性の原則，実効性の原則が含まれるとしている［第8章参照］[32]．今日問題になってきているのは，後者の法の質の要求としての，法律の質の保証の問題である．議会での法律案に対する度重なる修正の中で法律のそもそもの意義を失った「法律」が誕生しているのではないかという懸念が生じているからである．

⑴　問題の背景

1991年コンセイユ・デタの報告書の中で「法的安定性」の問題が扱われた[33]．その冒頭には次のように述べられている．

「人権宣言2条は安全を，市民の『自然かつ時効によって消滅することのない権利』として位置づける．欧州共同体の司法裁判所は，法の一般原則として『法的安定性』を示した．より最近ではドイツ憲法裁判所が財政上の事項について裁定するにあたって，法治国家とは法的安定性の原則の尊重を含むものであり，その法的安定性とは法律や法律が定義する状況のある種の安定性を想定するものである，と示した．

国家，そこにおいては規制が急増し，法がたえず変化し，ときには理由もなく変化し，またそこにおいては，法的規範の作成 élaboration の条件が悪化するという，そうした国家は，市民が専制のリスクに対してもはや保護されていない国家と考えられるのではないか．

長い間，法的不安定性の問題は，もっぱら研究者の間で懸念が表明されていた．今日では裁判所が関心をもち懸念する問題となってきている．明日には利用者の怒りを買うことになるかもしれない．その利用者とは，ことわざにあるように，知ることができなくなった規範なのに知らないとはいわせないとみなされた者たちである．」

この報告書においては，法律や命令などの法文の増加が指摘され，さらにこうした規範の不安定性，規範の悪化が指摘されていた．

そこから15年後，コンセイユ・デタの報告書は再び法的安定性の問題を
「法的安定性と法の複雑性」と題して扱っている[34]．第1部は，「法治国家を侵
害する規範の増大する複雑性」，第2部は「どのような法的安定性のためのい
かなる基準か」を述べている．この報告書においては，憲法院判例についての
言及も2名の論者がなしており，この問題に対するコンセイユ・デタと憲法院
の緊密な連携もうかがえる．そこでまず，この2名の論者が法的安定性と法律
の質の保証についてどのように述べているか検討し，次に憲法判例を中心に扱
う憲法の教科書の中でどのようにとらえられているか，ドゥ・モンタリヴェの
見解を取り上げて検討してみる．

(2) デュティエ・ドゥ・ラモットの見解

2006年のコンセイユ・デタの報告書には，憲法院の評定官であるオリヴィ
エ・デュティエ・ドゥ・ラモットが「憲法裁判所の観点からの法的安定性」に
ついての見解をまとめている[35]．そこでは，法的安定性の概念は憲法には示さ
れてはいないが，「多くの学説が強調するように，法的安定性の要求は，今日，
法律の合憲性審査の重要な黙示的な参照となるもの référence implicite
majeure であるように思われる」と述べている．そして憲法院は，法的安定性
の概念を黙示的に参照しながら，多くの判決においてこの概念と人権宣言16
条を結びつけている．

具体的には法的安定性の概念を二つの方法で用いている．一つは，法律の遡
及性を制限するために法的安定性の要求を用いる．もう一つは，法律の質を確
保するために法的安定性の要求を用いる[36]．前者においては，憲法院が発達さ
せた三つの方法として，法律の遡及性の制限だけでなく，合法的に結ばれた契
約の経済性の保護，適法化法律 loi de validations に対するコントロールの強化
があげられる，とする．後者の法的安定性の要求から，法律の質を確保しよう
とする点について述べるにあたり，デュティエ・ドゥ・ラモットが最初に紹介
するのはフランスの最高裁判所 plus hautes juridictions françaises の院長たち
の法律のあり方についての苦言である[37]．そこで法律の増大や法律の質的劣化

第 11 章　法律の質の保証　*269*

を食い止めるために，次の二つの目的のために法的安定性の原則を用いている，という．それは，第一に法律の明確性 clarté de la loi であり，第二に法律の規範性 normativité de la loi である．

　第一の法律の明確性については，憲法院は長い間，明確性の要求は法律事項を定める憲法 34 条から生じると考えてきた．そこでは，理解不可能な incompréhensible，それゆえに適用不可能な inapplicable 法律の規定は消極的無権限（もしくは消極的権限逸脱）incompétence négative[38] を宣告される．かくして，憲法院は次のように判示している．二つの解釈が可能な財政に関する規定で，立法準備作業においてどちらとも判断がつけられないものは，課税基準に関する規則を定めたとはいえず，消極的無権限を宣告される[39]．また商業的な都市計画に関する規定が，明確で claire 精確な précise 方法では示されていない制限を建設する自由に課すことは，憲法 34 条に反する[40]．

　さらに憲法院は，政府にオルドナンスによって法典化の作業に着手することを認めた法律についての判決で，法律のアクセス可能性 accessibilité と理解可能性 intelligibilité という憲法的価値を有する目的を導き出している[41]．この憲法的価値を有する目的を，憲法院は人権宣言 4，5，6，16 の各条から引き出した．すなわち，憲法院は，市民が自らに適用される規範について十分な認識をもっていない場合，人権宣言 6 条に定められた法律の前の平等，また人権宣言 16 条により求められている権利の保障が実効的 effective ではない，と考えた．さらにこのような認識（すなわち規定に関する知識）は，人権宣言 4 条によって保障されている権利や自由の行使に必要である．その理由は，こうした行使に対する制限は法律によってしか決定されないものであるからである．またこのような認識は，「法律によって禁止されていないすべての行為は妨げられず，また何人も法律が命じていないことを行うように強制されない」という人権宣言 5 条によって保障されている権利や自由の行使にも必要だと判断した．

　憲法院が，法律の理解可能性とアクセス可能性という目的に反する法律の規定だとしたのは，投票用紙の書式 libellé に関する規定に対してである．多くの欠陥（法文の一部の規範的射程すなわち規範としての内容 portée normative

の不正確さ，項と項との不明確な関連性，不精確な用語，選挙法典の一部に上院議員の選挙に適用されない上院議員選挙を対象とすると思われる規定を挿入したこと）が，憲法的価値を有する目的を無視していると判断した[42]．

2004 年の憲法院判決は，こうした判決のいわば総括を次のような原則として判決理由 considérant の中に示した[43]．「立法府には，憲法，特にその 34 条から立法府に委ねられた権限を完全に行使する責務がある．憲法 34 条から導き出される，法律の明確性の原則及び 1789 年人権宣言 4，5，6，16 の各条から導き出される法律の理解可能性とアクセス可能性という憲法的価値を有する目的という観点から，立法府には十分に精確な規定や曖昧でない表現を採択する義務がある．それは，憲法によって法律にだけその決定権限が委ねられている，規範を定めることの配慮 soin を行政機関や司法機関に移すことなく，憲法に反する解釈や恣意の危険から法の主体 sujets de droit を守るためである．」（cons. 13）

第二の法律の規範性については，デュティエ・ドゥ・ラモットは次のように述べる．憲法院は長い間，規範的な射程をもたない規定，特に次第に法律に付されるようになってきた報告書 rapports について，憲法に反しないと判断していた．このような規定に対する申立て理由は，効果もなく，また違憲でもない．こうした憲法院の見解は，コンセイユ・デタの示した見解と軌を一にするものであった[44]．

しかしこのような憲法院の見解は，2004 年に放棄される．財政的自律に関する組織法律に対して憲法院は次のように判断した[45]．1789 年人及び市民の権利宣言 6 条の文言によれば「法律は一般意思の表明である」から，法律の対象に関する憲法的価値を有する他の規範と一体のものとして，この条文も憲法によって規定されたそれぞれの条文という条件の下で，法律は規範となるものを宣言する使命をもち，それゆえ，規範的射程を授けられていなければならないことが結果として導き出される．ここから，これ以降，規範的価値をもたない規定は違憲という結果になった．但し，憲法 34 条によって定義されている経済的・社会的性格をもつ計画策定法律という特別なカテゴリーに入るものは

除かれる。そこにはこれらの法律に固有の本質的な手続的な諸条件を尊重することも含まれる，とした。2005 年には憲法院は，学校の将来に関する方針及び計画策定法律の規範性をもたない規定と附属報告書を違憲とした[46]。

　最後にデュティエ・ドゥ・ラモットは，法的安定性の問題のもつ矛盾に目を向ける。「法的安定性の概念は，憲法にも書かれておらず，憲法院の判例においても明示的に承認されてもいない。しかし，近年憲法判例の主要な修正をなすと同時に立法府にものしかかる主要な制約の源ともなっている。このことから，憲法院判例の中で重要な役割を果しているのではないか。」[47]そしてその矛盾の理由として次の二つをあげる。一つは，法的安定性の要求が EU 法や欧州人権条約との統一化を促す強い効果をもたらすからである。欧州人権裁判所も欧州司法裁判所も，双方とも法的安定性の原則を承認している。フランスの裁判所への，とりわけフランスの憲法裁判所への欧州の裁判所の影響力は，今日では確かなものとなっている。もう一つは，法的安定性の原則を明言することは，増大する法の複雑化という動向に応えることにもなるからである。法の無秩序に直面して，法的安定性の原則は秩序といえるものを維持するための，また，通常法律が果すべきだと考えられている任務を全うすることを法に課すための，最高位の裁判所がすがる最後の藁のように思えるのである。このように結んでいる。

(3)　シャムシーの見解

　2006 年のコンセイユ・デタの報告書には，憲法院担当の国民議会の行政官のダミアン・シャムシーも「議会での手続と法律の質」についての見解をまとめている[48]。彼は，現状と，こうした現状にいたった理由を分析し，最後に議会と政府にとっての課題を提示している。

　彼は，憲法院が法律の質 qualité de la législation に対して影響力をもっていることは誰も異論を唱えないという。憲法院は長い間，「消極的無権限」による制裁を通してしか，法律がいくつかの特徴をもつことを確認してこなかった。しかし 1999 年以降は，法律のアクセス可能性と理解可能性の憲法的価値

の目的という基準を用いることで，新しい可能性を拡げた．こうした影響力は
同様に，議会での手続のコントロールを通しても行使されているが，このこと
は 1958 年憲法制定者の理念においては憲法院の任務の一つとしてすでに描か
れていたものであった．

　しかしながら最近では立法をめぐる議論は幅広く行われるようになってい
る．というのも法律のボリュームは増大し，その質は悪化し，法文は錯雑，冗
漫となっている．国民議会もセナも同様に，法律案に対して多くの修正を提示
している．議会の作業のあり方も，例えば会期のあり方などに対してもさまざ
まに批判を受けている．こうした現象の理由は，国際法や共同体法の影響，地
方分権の影響，政権交代，複雑化する社会的関係，メディアが媒介する社会に
おける時間の短縮化，「コミュニケーションのツール」としての法律の有用性
など多くあげられる．また法律に対する「社会的要請」も存在する．それは近
代社会において法の位置づけの強化もあったが，否定的な効果も生んでいると
いうことである．

　このようなコンテクストの中で憲法院は，議会の手続の適切な展開と法律の
質を一層コントロールする意思を表明した．2005 年 1 月 3 日，年頭のあいさ
つにおいて憲法院院長ピエール・マゾーは，次のように語っている．「法律の
質の問題は単純なテクニックの問題ではないことを理解しなければならない．
法律の質の悪化は，法治国家の基礎を侵害する重大な悪業である」．かくして，
憲法院は，修正権，ナヴェットの意味，広義の意味での議会手続，法律条文の
中での命令的規定の位置づけ，組織法律の中での通常的規定の位置づけ，法律
の対象，形式，内容などさまざまな問題に取り組んでいる[49]．

　シャムシーは，まず前半で，立法手続について「議会のイニシアティブによ
る財政に関わる問題の受理」，「審議の明確性と誠実性」，「修正権とナヴェッ
ト」（ここでは同数合同委員会や漏斗の原則も扱われている）をとりあげてい
る．後半では，法律の質について「規範のヒエラルヒー」，「のちに制定される
法律へ規定を先送りすること」，「不明瞭な，不確かな内容をもつ規定」，「規範
的射程のない規定」，「法律の過度の複雑性」をとりあげている．前半でとりあ

げられている問題は，立法過程や修正権の行使についての既述した議院の説明に反映されている．ここでは後半でとりあげられている問題を扱う．

第一の「規範のヒエラルヒー」の問題については，法律と命令の関係，組織法律と通常法律との関係がとりあげられている．まず，命令的規定の位置づけ，すなわち命令的規定の法律への挿入については，1982 年に憲法院は次のように判示していた[50]．「憲法 34 条及び 37 条 1 項により憲法は，法律に含まれる命令的性質を有する規定が違憲性を与えていると理解するものではないが，法律に留保されている領域の傍で，命令制定権者には固有の領域を認め，政府には 37 条 2 項，41 条の特別手続の実施によって法律の不測の越権に対する保護を確保する権限が委ねられている」(cons. 11)．当時の解決方法は，ある種のリアリズムを表していた，とシャムシーはいう．しかしながらこれは全面的に受け入れられるものではなく，既述したように 2005 年 1 月の年頭のあいさつにおいてピエール・マゾーは，「これからは，命令領域への法律の無理な介入に対してより積極的に戦っていかなければならない」と述べていた．

かくして憲法院は，2005 年 4 月 21 日に学校の将来に関する方針及び計画策定法律に対する野党議員からの申立てに対し，憲法 34 条及び 37 条と矛盾するいかなる法律的射程 portée législative ももたない多くの条文がその中に存在すると判断した[51]．

シャムシーは，2005 年の判決は 1982 年の判決を補完するものとみている．1982 年の判決に対する批判は，第一に，政府が法律の侵害に対し，自らの所轄領域を保護することをやめたという点にあり，第二に，政府が手続の重々しさから命令への地位の変更を願い出ることをやめたという点にある．既述したように 1982 年の判決は，命令事項を規律する法律をそれ自体としては憲法に反しないと判断したものであった．2005 年の判決は，第二の点に対しては，ある種の柔軟性を導入したといえるが，第一の点に対しては，41 条の手続を効果的に活用している．それは，議会における手続の中で，法律の中に命令的規定を挿入することに対して政府が反対することを許すものであった．

次に組織法律の領域の問題について，憲法院は 2005 年 7 月 29 日に社会保障

財政法律に関する組織法律に関する判決を下している[52]．そこでは法律領域の画定 délimitations，すなわち組織法律と通常法律の境界が問題となった．憲法院は，「組織法律は，憲法によって限定的に列挙された領域と目的においてのみ設定することができる」（cons. 1）とした．したがって，通常法律の規定という性格をもつ法文の中に挿入することは妨げられ，法文の区分けの変更となる．憲法院はまた「組織法律の性格をもたない規定の組織法律への導入は，その射程範囲 portée を歪めることになる」（cons. 42）とも判示した．なお組織法律は，憲法の規定を明確にする，あるいは補完するために議会によって採択される法律をさし，憲法と通常法律との間に位置する法律と考えられている．組織法律は採択後，憲法院による審査を必ず受けるものである（憲法 46 条 5 項）．

第二の「のちに制定される法律へ規定を先送りすること」の問題については，後法への参照はそれ自体非難されるべき問題ではない，という原則をシャムシーは示している[53]．憲法院はすでに，法的理由 raisons juridiques がそうした作用を必要とする場合は，通常法律が他のカテゴリーに属する将来の法律に委ねることを認めている．このような状況は通常法律と財政法律との間でも行われている[54]．

しかしこのような承認は，それぞれの法律の他の法律に対する強い独立性を前提としている．2004 年 7 月 29 日の判決で憲法院は，人身の保護に関する法律について，立法府は自らの管轄を認めないことになるので，現在の法律の「適用法律」となるある種の法律を作って，一般原則を据えたり，欠けている詳細な説明をもたらすことを将来の法律に委ねたりしてはならないと判示した[55]．

このようなある法律から他の法律への参照は，組織法律と通常法律の間では追放されるべきこととなる．将来の通常法律に権限の問題を先送りすることは，組織法律制定者にとって，自らの管轄を委譲したとみることができ，憲法規範の侵害となる．憲法院は，2005 年 7 月 29 日の判決において，規定の実施の条件を定義することを通常法律に委ねた社会保障財政法律に関する組織法律の規定を違憲と判示した[56]．

第三の「不明瞭な，不確かな内容をもつ規定」の問題については，シャムシ

ーは，法律のアクセス可能性と理解可能性という憲法的価値を有する目的から憲法院は直接的に法律の質を審査している，とする．憲法院は，立法府には，憲法に反する解釈や専制の危険から法の主体者を守るために十分に精確な規定や曖昧ではない表現を採択する義務がある，と判示した[57]．2003 年 7 月 24 日の判決で憲法院は既述のように，投票用紙の書式に関する規定について，体系性のなさ，規範的射程の不確かさ，曖昧性，選挙人に結果としてもたらされる混乱を理由に違憲と判断している．こうした規定は，法律の理解可能性やアクセス可能性という目的に反し，選挙の誠実性 loyauté という原則にも反するとした[58]．このような判断は，憲法的価値を有する目的が違憲判断の基礎をなすことを示し，また憲法院の判断が，立法府に対する単純な勧誘といえるようなものではないことも示している．

　2004 年 7 月 29 日の判決で憲法院は，法律の質の領域に新しい考え方をうち出して，地方公共団体の財政的自律に関する組織法律の条文を違憲とした[59]．この判決では，規定の規範的射程（すなわち規範としての内容）が不確かであり，明確性の原則，精確性の要求をみたしていないとした．立法府は憲法によって，法律にしか委ねられていない規範の決定を定める配慮を，行政権者や司法権者にふりわけることはできない．このような憲法院の説明は，この事件に固有のものではなく，消極的無権限についての違憲判決においても基本となるものであった．消極的無権限においては，権力分立の無視が追及されている．またオルドナンスの波及効果が不確かな規定を憲法違反としており，規定の規範性の程度 degré の決定は，行政権者や司法権者にではなく，立法権者にあることを示した．

　第四の「規範的射程のない規定」の問題については，既述の 2004 年 7 月 29 日の判決において憲法院は，次のことを明らかにした[60]．「1789 年人及び市民の権利宣言 6 条の文言『法律は一般意思の表明である』から，法律の対象に関する憲法的価値を有する他の規範と一体のものとし，この条文も憲法によって規定されたそれぞれの条文という条件の下で，法律は規範となるものを宣言する使命をもち，それゆえ，規範的射程を授けられていなければならないことが

結果として導き出される.」(cons. 12)

2005 年 4 月 21 日の判決は，憲法院がはじめて規範的でない内容を有する規定を違憲と判断したものである[61]．このように英語でいわゆるソフトローと呼ばれる，柔和で婉曲ないいまわしをとる mou，また内容のない gazeux と判断された法律も追及されることになった[62]．

第五の「法律の過度の複雑性」の問題については，2006 年度の財政法律による，直接税の改革に対する憲法院のコントロールが新しい判例の進歩を示している[63]，とする．それは，理解可能性についての過去の判断の延長に位置するものである．憲法院は，一般税法典に挿入された財政法律 78 条について，恐るべき複雑性 complexité redoutable を有するものと判断した．すなわち，78 条の長さからも，納税者に対して理解不可能な incompréhensible 性格をもち，また専門家に対してもしばしば曖昧な性格をもっていることから，さらに多くの参照条文を示していることからも，恐るべき複雑性を示しているので憲法違反だと判断した．憲法院は，1789 年人権宣言 6 条により宣言されている法律の前の平等と同宣言 16 条により要求されている人権の保障が，市民が自らに適用される規範について十分な知識がないなら，またこれらの規範が規範の内容を見定めるべき名宛人の資質に照らして過度の複雑性を呈しているなら，効果をもたないと考えた[64]．こうした複雑性は，本件においては，財政事項に作用していること，新しい規定の名宛人が個人であること，これらから一層大きな損害をもたらす．1789 年人権宣言 14 条の文言「すべての市民は自ら，またはその代表者によって，公の租税の必要性を確認し，それを自由に承認し，その使途を追跡し，かつその配分額，基準，取立て及び期間を決定する権利をもつ」が適用できる．

他方で，財政法律は誘導的な規定にも関わっている．その正当性は，税の前の平等原則の観点から，納税者にとっては実効的可能性 possibilité effective をもっているということに厳格にしたがうものであった．その実効的可能性とは，さまざまな選択肢が開かれていることで，合理的な予測に応じて自らの税額を評価することができることをさす．

一般利益という事由が法律の複雑性を正当化することもありえる．しかし憲法院は，国家の予算にとって，税務上の利益の上限の措置の予期された金額が十分ではないと考えた．したがって憲法院は，措置の利益という観点から，この複雑性は過度であり，十分な一般利益という理由によっても正当化できないと判断している．

シャムシーは最後に次のようにまとめている[65]．最近の憲法院の判例の発展は，議会の審議の質と法律の質を強化するためにさまざまな手段を用いるという意思を示している．こうした立法の質によって市民の法的環境の安定性がはかられる．確かに，憲法院はまだ直接的には「法的安定性」の概念を判例上，示してはいない．しかしながらこの概念は，憲法院の推論において大きな地位を占めるようになってきている．憲法院が 2006 年度の財政法律についての判決で「合法的に獲得された状況」にはじめて基礎をおいたことは決定的である[66]．

憲法院はこのように質の保証に一定の役割を果たしているが，その一方で政府と議会も法規範の弱体化に対策を講じなければならない重要な存在である．規範のインフレーションの支配と規範の質の改善に関する 2003 年 8 月 26 日の通達によると，政府は次のような問題を意識していることがわかる．「法律は，我々の政策の唯一の道具であることは不可能であるし，またそうしたことは禁止されている．施行されている法文の効果的な適用に多くの注意を払うことが必要とされていないのか，検証すべきである」．法律や命令の法文起草についてのガイド[67]の中にも，規範の表現方法が規制の活用方法についての疑問より先行して書かれている．

他方で，国民議会やセナも法律の質の改善をはかろうと改革を実施している．かくして科学的・技術的選択，公共政策と立法，保健衛生政策，それぞれを評価する部局 offices を創設した．これは，法律のアクセス可能性や理解可能性をより確かなものにしようとする意思を示している．評価と監督部 Mission d'évaluation et contrôle を国民議会の財政委員会に付属するものとして 1999 年に設けた．また社会保障財政法律の評価と監督部 Mission d'évaluation et de contrôle des lois de financement de la sécurité sociale も 2004 年に設けら

278

れている.

　国家改革は忍耐力をもって対処すべき事柄であるが，同時にふるまいや行動 comportements の進歩も必要とされている．議会に何でも訴えたい，このように誘惑される．法律をつくることは，金もかからずメディアの目も引く，公権力にとっては訴えたいと思う感情や見解を示せるものでもある．しかしこの訴えが過度であるなら，悪が善に勝つことになる.

　他方で，内容的に，法律以下のものがつくられようが，十分に準備された，より明確で簡潔な，より安定した，真に規範性を有する法律をつくろうが，問題とはならない．しかしポルタリスのことばによれば「許可し，命令し，設定し，正し，罰し，償う」のが法律であった．さらに，法文は明確に述べられた規範的内容 contenu normatif をもたなければならず，法的な射程 portée juridique をもたない宣言や声明のようなもの，あるいは法的不安定性 incertitude juridique を招くような曖昧で不正確な表現を避ける義務がある.

　議会においても，議員のふるまいや行動に発展がみられなければならない．このことは，議員の仕事は彼が提示した，あるいは採択させた修正の数でははかられるようなものではないことをさす．いかなるときにも法律は，意思の欠如や能力の欠如をおおいかくす手段として用いられてはならない．政治的責任者は幸いにもこのことを自覚している．単独会期の提唱者であるフィリップ・セガンは，審議の日程表と提案の制限が緊密に結びつくことで単独会期というあり方は成功するとみていた．そうすれば法律はよりよくつくられ，数も減る，という．2000 年には，欧州連合のそれぞれの議会の議長からなる会議においても，立法の質についての作業グループが配置され，レイモン・フォルニーが参加している．2004 年 6 月にジャン・ルイ・ドゥブレは，本来，法律は規範を定め，具体的にどのような法規範によってどのように追求している目的に達しているのかを述べるためにつくられるべきであるのに，明白な事柄 évidences を表明するために法律を使っている，と批判している.

　最近では，委員会での作業がより重要な位置を占め，簡略化された審議手続が一層用いられるようになっている．2006 年 1 月 19 日に憲法院で示された判

決の結果から,「漏斗の原則」の適用がされ,議会での作業は合理化されている[68].その方向を二院制の手続の論理に立ち戻らせながら,審議の段階的な縮減を基礎に据えれば,立法作業の復権 réhabilitation が実現するであろう.また,議会での審議の展開の条件の明確化は,議会自体に機能性を授けるものでもある.

立法の質を改善しようとするなら審議時間も考慮に入れる必要がある.この点では議員は,本会議での審議と議事日程への登録を分ける間隔が少ないことに不満をもっている.また憲法45条2項により定められた迅速審議手続の過度な使用についても不満をもっている.2005年10月5日の本会議において,セナの議長であるクリスチアン・ポンスレは「よい法律をつくるために不可欠な,熟慮する時間を政府が議会に十分に与えてくれたらと思う」と述べた.また10月11日,同様の本会議で,政府が交通の安全と発展に関する政府提出法律案の緊急性を宣言したとき,セナ議長は,セナはこうした政府の緊急宣言の連発を評価しないということを感じとっていただきたい,と述べている.2006年1月3日の国民議会理事部と国民議会議員全員の名で共和国大統領に向けた年頭のあいさつの際には,ジャン・ルイ・ドゥブレは,政府はもっとけちくさく迅速審議手続を使っていただきたいと述べている.

同一の法文の採択をめざして実効的に二つの議院が審議するという条件の下で,そして作業の真摯性を保証する議院規則の枠組の中で,ナヴェットは疑いもなく立法の質の,すなわち法的安定性の改善を進める要因となっている.「手続」と「議員のふるまいや行動」の循環をうまくめぐらせて,決定に関するプロセスを緩和し,静めることが原則にならなければならない.これは持続力を必要とする.それと比べると憲法院の事後的な介入は誘導的な内容しかもっていない,とシャムシーは述べている.

⑷　ドゥ・モンタリヴェの見解

憲法判例を中心に扱っているミッシェル・ヴェルポーなど4名の憲法学者で著す『憲法』は,法律の質について項目を立てて扱う数少ない教科書であ

る[69]．この項目はピエール・ドゥ・モンタリヴェが書いている[70]．

　彼も「規範のインフレーション，不確実性，悪化が示す現実の法の乱調・不規則性は，法的安定性が守られているのかという心配をもたらす」と述べる[71]．こうした心配は，公権力の側からも学界の側からも表明されている．既述したように，コンセイユ・デタは 1991 年，2006 年，法的安定性についての報告書を発表している[72]．1991 年の報告書の中では，柔軟な法 droit mou ou doux という状況についても指摘されており，このことが法律の危機，衰退をもたらすとも述べられている．

　このような心配は，憲法判例の中にも見い出される．憲法院は法律の安定性や法律の質に関して，法的安定性の概念から由来する要求を認めた．それらが，オルドナンスによる法典化の委任に関する 1999 年 12 月 16 日の判決[73]と地方公共団体の自主財政権に関する 2004 年 7 月 29 日の判決[74]である．1999 年の判決においては，憲法院は，憲法的価値の新しい目的として，法律のアクセス可能性と理解可能性を示した．2004 年の判決においては，法律の規範性の要求を明らかにした．憲法院はこうして長い間学界からも指摘されていた「法律の危機 la crise de la loi」に応えた形となった．法律の質を高めるためにいくつかの憲法条文を根拠として承認した．これに対して，ドゥ・モンタリヴェは次のことを指摘する．問題は，こうした承認の効果 efficacité そして妥当性 opportunité である．法律のアクセス可能性や理解可能性の目的の明言は正当化されるとしても，その有効性は限定的であるように思われる．それは，その目的によってひきおこされるパラドックスや効力という点からそのように思われる．他方，法律の規範性の要求は，法的というよりは政治的観点に基づいているのではないか．それ故，憲法の規定自体からではなく，憲法院の判例政策 politique jurisprudentielle から生じているようにみえる[75]．

　こうした目的や要求は，法律の質に関する憲法院の判例政策の拡大やパラドックスを示している．というのも，法律の質が要求される規範はそれ自体，一定の範囲ではあるが，精確性や明確性という質の特性 attributs を必ずしも備えるものではないからである．結局これらの判決は，すべての規範は不確定な

部分を含むことを示し，そして新しい規範を認めながら規範の質の悪化と闘うことは人が想像するほど万能薬ではないことも示している．ドゥ・モンタリヴェはこのように冷静に受けとめる．ここでは「法律のアクセス可能性と理解可能性の目的」と「法律の規範性の要求」に対しての憲法院の判例対策のあり方をドゥ・モンタリヴェのメリットとデメリットについての分析にそって考えていく．

1) 法律のアクセス可能性と理解可能性という目的

ドゥ・モンタリヴェは，法律のアクセス可能性と理解可能性という目的の存在は正当化されるが，その内容は限定的である，とする[76]．

憲法院は法律のアクセス可能性と理解可能性を，憲法的価値を有する目的として承認している．この承認は形式的・実体的源の存在に支えられている．この「目的」の憲法上の基礎は多い．1999年の判決でも1789年人及び市民の権利宣言の4，5，6，16の各条が引用されている．実体的にも多くの法的・政治的アクターによって承認され，援用されている．たとえばコンセイユ・デタの判決，欧州人権裁判所や欧州司法裁判所の判決，海外の裁判所の判決，そして学説上でもとりあげられている[77]．こうしたことから憲法院は承認へといたった．

しかし憲法院は，法律のアクセス可能性と理解可能性を，権利としてあるいは憲法的価値を有する原則として認めたのではなく，「憲法的価値を有する目的」として認めている．このことは，「憲法的価値を有する目的」に対して特別な地位を授けたことを意味する．この地位は，他の憲法上宣言された権利や原則と同様に，禁止や義務や許可といった規範としての機能を授けることになった．立法府にはこうした目的，すなわちアクセス可能性と理解可能性という目的を無視することはできない．したがって，これは2003年や2008年の判決にみられるように憲法に適合していないとする宣言の基礎となる[78]．しかしながらこの「憲法的価値を有する目的」という地位は，アクセス可能性や理解可能性に対して限定的な規範的射程を授けるものである．こうした目的は当然ながら手段の義務しか構成せず結果の義務は生じさせない．なぜなら，立法府に精確な結果をもたらすことを義務づけることはできないからである．憲法院は

1999年の判決で，市民は「自らに適用される規範についての十分な知識をもっていなければならない」(cons. 13) と示した．同様に「目的」であるかぎり，法律のアクセス可能性と理解可能性は，裁判所において個人によって援用することのできる主観的権利を構成しない[79]．

他方，アクセス可能性と理解可能性という目的の内容は限定的といえる．1999年の判決によれば，法律のアクセス可能性と理解可能性という目的は，市民にとって彼らに適用される規範についての十分な知識を含むものである．アクセス可能性と理解可能性は，法律の知識についての二つの要件を構成するが，目的の実体的内容を決定する一方で，不確定性がないともいえない．しかしこの目的の限定的な効果を考えると，この目的の限界は法律の重要な欠点を正すことはできない点にある．

この目的の実体的内容の不確定性は，憲法院によって使われたことばに由来する．「法律 loi」ということばは，まず広く理解されなければならない．単にことばの形式的な意味での法律にかぎらず，「法 droit」である．市民に適用される法律，規範，命令規範のすべてである．この広い概念はコンセイユ・デタの判決によってもうらづけられている[80]．

次にアクセス可能性は理解可能性とは異なる．アクセス可能性は，適用される法を物理的に physiquement 見い出す可能性である．1999年判決によると，法典化，特に不変の法へ組み込むことは，目的を実行する適切な形態である．他方，理解可能性は明快な理解をもたらすこと compréhensibilité と定義される．憲法院は2006年の判決でも典型的な表現を用いて理由を示した[81]．理解可能性はかくして法規定の精確さ précision と曖昧でない性格を含む．その実行は，法典化，特に不変の法へ組み込むことにより，そして法律の簡潔さによりすすめられる．この目的は法律の一貫性 cohérence を想定している．また裁判所が法規定の明らかな矛盾を正すときにも一貫性が前提とされている．

憲法院は，2001年7月18日の判決で，法律の複雑さはどれほどそれが現実的であろうと，それだけで憲法に反するものではない，とした[82]．法律は精確だという条件の下で複雑にもなりうる．理解可能性の目的は，名宛人の法律の

内容を見定める資質に応じて「無用な複雑さ」,「過度な複雑さ」を禁止することである．他の箇所を参照させることを複雑化したり難解にさせたりすることも禁止される[83]．この目的は，立法府によって把握された現実あるいは立法府によって追求された目的からみれば，不当な複雑性を禁止するものである．したがって，一般利益の目的に応える複雑性である場合には違憲ではない[84]．

　憲法により要求されている理解可能性は相対的なものである．法律の名宛人に応じて評価が異なってくる．法律は，その法律の名宛人の法的な専門的な知識の程度を考慮して理解されなければならない．たとえば，社会保障の財政法律の名宛人が専門家であるなら，法律が精確であることはここでも条件とはなるが，これらの法律が十分に複雑であっても違憲性は生じない[85]．曖昧ではない表現を採択する義務については，法律の適用範囲，意味，規範的射程の不確定性を禁じ，違憲としている[86]．

　法律のアクセス可能性と理解可能性という目的は，その効果を縮めるいくつかの限界もある．第一には，憲法院が示したこうした「目的」と「法律の明確性の要求 exigence de clarté de la loi」との間の違いからくるものである．法律の明確性と理解可能性は同一の目的ではなく性格と基礎が異なる，違う二つの準則 règles を示している[87]．法律の明確性は立法府の管轄 compétence に結びつく原則であり，憲法院は 34 条から導きだした[88]．しかしこの二つの規準 normes の接近性とそこから生じる曖昧さがあったので，憲法院は法律の明確性の原則を参照することをやめるにいたった．それ以来，「法律のアクセス可能性と理解可能性という目的」の方が，法律の質のコントロールのための参照規範として課せられているのである[89]．憲法院はまた，「法律のアクセス可能性と理解可能性という目的」と「法律の安定性 stabilité de la loi」とも区別している．憲法院はかくして，一般的に法の理解可能性をコントロールすることはないが（外部的コントロール），審査の対象となった法律の理解可能性のみをコントロールする（内部的コントロール）．このことは，この目的が今日重要と思われている立法のインフレーションに対する闘いを意味することはできないということであり，反対に立法府に対して精確な規定を採択することを要求す

ることで，法律の濫用をおさえることができるのかと自問することになる[90]．

最後に，この目的は「法的安定性 sécurité juridique」とも区別されなければ
ならない．法的安定性は二つの要求をもつと考えられている．法の予測可能性
prévisibilité と質である．予測可能性あるいは安定性 stabilité の概念は不遡及
性，既得権の保護，正当な信頼性，また契約関係の安定性といった概念をカバ
ーする．質の概念は，明確性や理解可能性，アクセス可能性，有効性 effica-
cité，実効性 effectivité の要求を生じさせる．「法律のアクセス可能性と理解可
能性という目的」を通して憲法院が承認してきたのは，部分的に法律の質に関
わるものである．

憲法院は結局，立法学 légistique から生じる要求を裁判領域 domaine
juridique に移しかえている．とりわけ法典化に関しては重要な結果を示すこ
とになった．しかし，この「目的」の内容が広いとしても立法学がそこに与え
る意義からみれば，相対的に限定的にとどまっている．立法学の方は，憲法院
がとりあげた帰結よりも重要な帰結を法律のアクセス可能性と理解可能性とい
う戒律 préceptes からとり出している．したがって，この「目的」の効果は，
法律の質の改善に関しては，このように相対的に限定的なものにとどまってい
る[91]，といえるのである．

2）　法律の規範性の要求

ドゥ・モンタリヴェは，憲法院の規範性をもたない法規定の急増と闘う意思
が，「規範性の要求」の表明の動機となっているとする．またそれは，法規定
の内容にも関わるとしている[92]．

2004 年 7 月 29 日の判決で憲法院は判例変更を示している．以前は，憲法院
は，規範的射程のない法規定を違憲ではないと判断していた．むしろこうした
法規定は合憲性審査の対象とはならないと考えていた．そのことは，計画策定
planification の改正をもたらす法律に対する判断として現れている[93]．また
2003 年 3 月 13 日の判決では，憲法院は，当該規定は「規範的性格をもっていな
いが，違憲性を有効に結論づけることはできない」(cons. 90) とも述べている[94]．

しかし 2004 年の判決では「法律は規範としての射程をもたなければならな

い」(cons. 12) と明言した．こうした要求の条文上の基礎は，一般的な方法で示され「法律の対象に関する憲法的価値を有する他の規範と一体のものとして」人権宣言 6 条が重要とされた．憲法の中で法律の対象となるものを示し，明らかにしている条文は数十にものぼる．これらの法律に関する条文の用いている表現は確かに規範性という考えを示している．すなわち法律は「決定する」，「定める」，「できる」，「定義する」，「あらかじめ定める」としている．しかし残念ながら憲法院は，この要求を承認することにいたった論理・推論といったもの raisonnement を明らかにしてはいない，とドゥ・モンタリヴェは，述べる[95]．憲法院によって援用された規定は他の結論にも導くことができた．法律の対象となるものについて憲法が用いていることばは，立法府が指示的でない表現方法をとることも可能にするものである．憲法 1 条 2 項は，パリテの導入に関して「法律は…促進する favoriser」となっている．これは指示 prescription というよりも方向性 orientation を示すものである．

　いずれにしても憲法院は，一定のカテゴリーの下で確認された規定を規範性のないものとした．憲法院はそれを目的とも，原則とも，権利とも呼ばない．規範性の「要求」という中立的な形容を用いている．こうした形容の，ある意味では法的資格の欠如と憲法院の示す憲法上の基礎を考慮すると「規範性の要求」と「法律のアクセス可能性と理解可能性の目的」とは，この二つの内容がたとえ似かよっていたとしても，区別することを可能にする．

　こうした判例変更の理由は何か．そこには客観的な要因と主観的な要因があると思われる[96]．客観的な要因は，「法律の周辺のぼやっとしたもの（法律の中性子 neutrons législatifs とドゥ・モンタリヴェは名づける）」の増加に対して一定の役割を果す，ということである．欧州人権裁判所は「市民にその行動を規制するためには，十分に精緻さをもって表明された規範しか『法律』とは考えられない」としている[97]．法規定は規範の土台とならなければならない．学説も裁判所に影響を及ぼしているが，くり返しとりあげられるポルタリスのことば，すなわち「法律は命令し，許し，禁止する」というこの伝統的な考え方を通して規範のあり方について語っている．他方で主観的な要因は，憲法院

院長ピエール・マゾーが何度となく言及した，法律の規範性に対する執着 attachement であろう[98]．この個人的な要因は決定的であった．これらの客観的，主観的要因が結びつき，憲法院の新しい判例政策が出現した，とドゥ・モンタリヴェは述べる．

さらに，法律の規範性の要求の内容は不確かなだけではなく限定的である．憲法院により表明された原則にはいくつかの例外がある，とドゥ・モンタリヴェは指摘する[99]．

規範性の概念の決定と適用には不確定な部分がある．2004 年 7 月 29 日の判決では「法律は，規範となるもの règles を表明することを任務とし，規範的射程をもたなければならない」とされた．この明言が明らかなようにみえても，この明確性は表面的なものでしかない．この「要求」の意味は，実際採択された規則や規範の概念によっている．異なるさまざまな定義が存在する．学説は，規範性 normativité や法律性 juridicité の本質的な，そして形式的な多くの基準 critères を発展させてきたが，提示されたいかなる定義も純粋な客観性を示すものはない．それぞれが多かれ少なかれ主観的である．そこで人は協約上のあるいは契約上の定義を与えることになる．それによれば，規範は人間の行動 conduite を決定する，あるいは決定することをめざす表明 énoncé という意味である．人間の行動の方向性は義務や禁止や許可を通して実行される．それは規範的機能 fonctions normatives と呼ばれるものからなる．これらの機能は，法律の規範的射程をなす．しかし，憲法院がとった定義は，裁判官が法の理論家となるのだから裁判官が決定することが重要だというのである．それは現実には，ポルタリスの先に示したフレーズに基づく同一の定義を論拠としてとりあげているようにみえる[100]．

審査の対象となった法律が，禁止や義務や許可を通して明示的な方法で示されようがなかろうが，人間の行動を制御することをめざすのかどうかを検討するのは憲法裁判所の責務である．ここに二つの疑問が生じる．まず一つは，法律に添付されている報告書をどうみるのかという疑問である．それらのうちのいくつかは，義務というよりは方向性を定める．それらは命令しないというよ

りは推奨する．このようなことから規範的射程は否定されることになる．憲法院は，法律に添付された「国内の安全政策の方向性」についての報告書を承認する規定について，報告書の中で示されている方向性 orientation は，憲法の中に示されている法律条文のいかなるカテゴリーにも入らず，したがって法律に結びつく規範的価値を授けられていない，と判示した[101]．

　もう一つは，法律の目的をどうみるかという疑問である．憲法院は，学校の将来に関する方針及び計画策定法律に関する判決の中で，「規範性の要求 exigence de normativité」の適用をした[102]．「学校の目的はすべての生徒を成長させることにある．生徒の多様性を考慮すると，学校は，生徒が自己の才能を高めることを可能にするあらゆる知性の形態を承認し，促進しなければならない」(cons. 16)．憲法院はこのように述べて，「明らかにあらゆる規範的射程を欠いている」規定として違憲と判断した．これは「法律の規範性の要求」の基礎を示した最初の違憲判決である．しかし，この判決において憲法院は，解釈のいくつかの留保の下で当該規定は法律の明確性 clarté の原則を見すごしてはいない，として不確定な規範的射程をもつ規定を憲法には反しないとも述べている[103]．このことは「アクセス可能性と理解可能性の目的」の場合とは異なって，「規範性の要求」は不確定な規範的射程をもつことは禁止されてはいないが，規範的射程の欠如は禁止されることを意味している．その上で，立法府は法律の提案理由の説明において純粋に宣言的な表現をはさみこむことはできないが，2008年7月の憲法改正以降，憲法上認められた決議 résolutions を採択することはできる（憲法34-1条1項）．

　「規範性の要求」は例外として法律のいくつかの特別なカテゴリーには関係しない．憲法院も「憲法が定める特別な規定」の存在を認めている．このようなカテゴリーの一つが計画策定法律であり，裁判所も認めている[104]．当時の憲法34条の項の一つには「計画策定法律 loi de programme は，国の経済的・社会的活動の目標を定める」と定められていた．2008年7月の憲法改正によって，この項は「計画策定化法律 loi de programmation は，国の活動目標を定める」となっている．また同様の条文には，「公財政の複数年の方針 orientation は，計画策定化法律が定める」という規定もある．さらに憲法 70 条には「経済的・社会的・環境的性格をもつすべての計画またはすべての計画策定化法律案」という形も定められている．これらの法律は，憲法によってすでに規範的でない規定を含みうることが認められているものである．

　最後にドゥ・モンタリヴェは次のようにまとめている[105]．「法律の規範性の要求」と同様に「アクセス可能性と理解可能性の目的」も，今日フランス法を特色づけている法の不安定性という状況を明らかにしている．憲法院によって援用された法文の基礎，あるいは規範自体の内容の適切性に関する不確定性もあり，法的安定性の概念のさまざまな面における判例が十分な統制手段を示しているかどうかは確かではない．憲法院の判決は進歩を示してはいるがまだ限定的といえる．別の見方をすると，こうした憲法院の判例の発達は，憲法院の役割自体が増大しているということを示してもいる．すなわち憲法院は，単に公権力の適切な運用の調整者としてだけではなく権利や自由の保護者としても，そしてまた法律の質の守護者としてもその役割を果すようになったということである．

5.　まとめにかえて

　フランスにおける法律の質の保証をめぐる議論は，日本においてどのような影響をもたらすのか．ここで追求されていることを日本でいかすことはかなり難しい問題だとしても，示唆するところは大きいといえよう．

　第一に，フランスで法律の質の保証が問題となった背景には，法律の増加と修正の多さがあげられる．確かに日本でも制定される法律の数は多くなっている．これは現代国家の行政国家化を示すもので，多くの国に共通する問題であろう．しかも行政権がイニシアティブをもって多くの法律を作るようになっている．しかし日本とフランスが違うのは，法律案に対する修正のあり方である．フランスと比較すると日本の国会議員の法律案の修正に対する態度は，争点が明らかなものや論点が多岐にわたるものを除いては，控え目である．それ

はほとんど日本の政府提出法律案が「官製」の，すなわち官僚がある意味完全に準備する法律案だからということにも起因するかもしれない．あるいは議員のそれぞれの法律案に対する勉強不足に起因するかもしれない．また，民主主義に対する認識不足や，議員自身の役割・存在に対する自覚のなさもあるかもしれない．しかし，フランスでも強調されているように，立法府の大きな役割は，法律を制定するところにあり，議員が法律案を慎重かつ精緻に検討しないとすれば，それは怠慢だといえる．まさに修正権は議員の権利であり，市民を代弁してのこの修正権の行使こそが民主主義国家を基礎づけるといえる．もちろんこうした議員の権利行使には，さまざまな補助が必要なことはいうまでもなく，議員の権利行使が十分にできるように支援されてしかるべきである．修正権に敷衍していえば，日本では，政府提出法律案と議員提出法律案とを分けて法律案のある意味性格づけをしているが，政府提出法律案でも議員からの修正が多く付されて成立するようになれば，こうした分類は意味をもたないともいえる．

　第二に，フランスでの法律の質の保証は，立法過程のあり方に対しても追求されている．そこではたとえば，「誠実な審議」が求められている．日本では，司法権の限界の一つとして国会の自律的判断権があげられ，国会の意思決定過程の適法性の判断については，司法権が立ち入ることができないとされている．国会での法律案についての審議は，国民にとっては解釈の判断を示す根拠ともなり，ときとして重要なものである．そこにおける審議が法律案の論点について十分行われていないことは，後のこの法律の運用に曖昧性をもたらす．たとえば，教育基本法の全面改正の際には，法律案自体に関わりのない事柄が多くとりあげられ，法律案の論点と思えるところには深く踏み込んでいないように見受けられた．このような審議のあり方は，立法者の意図する解釈を知ることができず禍根を残す．修正権と同様，審議をすることも議員の権利であり，国民の代表者としての職責をここでも十分に果していただきたいと願う．また立法過程においては，日本では委員会で一定の議論をしてしまうと本会議ではほとんど形式的，儀式的な法案可決の場になってしまっている．フランス

では時間をかけて審議することが重要だという指摘がある．「時間がかけられる」，「他方向から検討できる」ことは二院制の強みでもある．委員会での審議，本会議での審議，さらに下院そして上院，それぞれでの審議を通して，法律案に対する熟考が深まることが期待される．日本では審議の合理化が望まれていたりするが，民主主義は時間をかけて成り立たせるものという認識が重要であろう．

　第三に，日本で法律の質の保証を確保するために裁判所が，あるいは他の機関がどのように介入できるのかという問題が浮上する．フランスでは，憲法院の事前審査を通して統制がはかられる．しかし日本ではそもそも裁判所において抽象的な審査が受け入れられない．仮に運よくとりあげられることがあったとしても，立法府の自律性を盾に裁判所が踏み込めない可能性が大きい．仮に議員の自覚が高まり修正が多く行われることになったら，修正後の法律（案）に対し，どこが最終的に整合性や一貫性をみるのか，またその機関の正当性の根拠は何か，こうしたことも考える必要がある．

　他方で，法律の質自体に関しては，基本法のように単なる方針や意思表明にすぎない法律や，掲げたアドバルンが実行する手段を欠いているものなど，それこそ本来あるべき「規範の内容」を備えていないものが多々日本では見受けられる．法律の中身が実行されていないと訴訟も起きている（例えば，子ども・被災者支援法）．このようなときに裁判所は積極的に判断するであろうか．法律は人々の行動規範となるべきものなのだから法律の実質性も重要だという認識がもっと拡がる必要がある．

　したがって第四には，法律とは何かの議論が必要だということがあげられる．法律には「命令」そのものがないのに，法律を受けての下位の規範たる命令で，命令の内容を決めることは許されるのか．これが国旗・国歌法の基本的な問題である．同様のことは憲法と法律の関係でも存在する．憲法の最高法規性をしっかりとふまえた上で憲法，法律，命令の階層性の認識が必要である．無用な法律を排除するとともに必要な法律を民主主義の原点に立ち返って実りある議論を重ねることで制定することが重要である．

フランスでは2013年5月，国民議会において「法律の質をよくするために行動しよう」というシンポジウムが開催された．その中で次のことが指摘されている[106]．良質の法とは第一に民主的につくられた法である，という．このことは，民主主義は右に左にジグザグで進むことを余儀なくされるということを前提としている．まず民主主義という視点を基本に据えて法律の質を考える重要性が指摘されている．次に，法律の質の保証には時間が必要である，ということも示されている．時間を十分にあてる，そのためには政府の迅速審議手続の多用は許されない．また各議院における第一読会だけでなく，第二読会も必要である．時間をかけることで欠陥の修正が可能であるとされている．

日本においては，議員自体の民主主義を担う重要な役割を果すという自覚が何よりもまず必要と思われる．その役割を果すための支援制度も充実させなければならない[107]．市民生活の基本に関わる重要な法律でも理解不可能な不明瞭な法律が，日本には多く見受けられ，成立当初から内容的にも違憲性が疑われる法律もある[108]．フランスの議論のありようは少なくとも健全であり，日本はそれと比較すると真の民主主義の確立にはなお遠いといわざるをえない．

1) たとえば高田敏「立法の概念」奥平康弘＝杉原泰雄編『憲法学（5）』有斐閣1977年6-10頁参照．ドイツの「法律」概念においては，実質的法律と形式的法律を区別し，実質的法律は形式的法律（国法の一形式としての法律）によって定立されなければならないとする．その場合の実質的法律は，国家と国民の間の権利義務関係に関わるもの，すなわち国民の権利を制限し義務を課すものとされ，具体的には国民の「自由と財産」を制限する法規範を意味するとしている．西浦公「第41条」小林孝輔＝芹沢斉編『基本法コンメンタール憲法〔第5版〕』別冊法学セミナー189号（2006年）259頁，石川健治「第41条」芹沢斉他編『新基本法コンメンタール憲法』別冊法学セミナー210号（2011年）302頁以下，堀内健志「立法と国会」樋口陽一編『講座憲法学5』日本評論社1994年145頁以下も参照．
2) 西浦公・前掲論文260頁．
3) 芦部信喜『演習憲法』有斐閣1982年232頁．法律に一般性と抽象性が必要な理由は，誰に対しても平等に適用され，事件の処理について予測可能性が満たされ，安定的な市民社会の形成に不可欠なものとして重要な意味をもつからである．
4) フランスの立法過程については次のものを参照．藤野美都子「第6章 立法過程」

植野妙実子編『フランス憲法と統治構造』中央大学出版部 2011 年 107 頁以下，古賀豪他『主要国の議会制度』国立国会図書館調査及び立法考査局 2010 年 37 頁以下．フランスでは 2008 年 7 月の憲法改正で立法過程に関わる条文が少なからず改正されている．この点の影響については次のものを参照．Jean-Eric GICQUEL, Les effets de la réforme constitutionnelle de 2008 sur le processus législatif, *Jus Politicum*, hors série-2012, Dalloz, 2012, pp. 69-82. 邦語文献については，徳永貴志「フランス議会における審議の合理化」一橋法学 9 巻 3 号（2011 年）785 頁以下参照．セナによる説明では，「2008 年 7 月 23 日の憲法改正は深く en profondeur 憲法を改正するものであった」とされ，特に，議会の手続，議会のコントロールの機能，議会の構成員の身分，野党の権利，議会の議院と行政権との関係に及んでいるとする．Sénat, La révision constitutionnelle du 23 juillet 2008, http://www.senat.fr/role/fiche/reforme_constitut_2008.html　この点，服部有希「フランスの議会による政府活動の統制—2008 年の憲法改正による議会権限の強化」外国の立法 255 号（2013 年）68 頁以下参照．なお立法過程については，セナ（上院）から出されている Les fiches techniques sur 〜 の La procédure législative, http://www.senat.fr/role/fiche/procedure_leg.html を参考にしてそれにそって検討している．また体系的なものとして次の文献参照．Jean-Pierre CAMBY, *La procédure législative en France*, La documentation française, 2010.

5）Cf., Céline VINTZEL, *Les armes du gouvernement dans la procédure législative*, Dalloz, 2011.

6）政府事務総局 Secrétariat général du Gouvernement，いわゆる S. G. G. は，1935 年 1 月 31 日デクレによって創設されたもので，首相の業務の補佐をする．首相の行政権としての活動を効果的にするために調整する役割を担い，実際重要な役割を果す．法律であろうが命令であろうが，規範作成のあらゆる段階における活動を見守っている．また官報の発刊準備もする．「いわば法文の護送船の役割を果している」ともいわれる．それぞれの大臣は，首相官房や大統領府事務総局と同様に S. G. G. にも駐在員のような者をもち，情報収集等にあてている．Pierre AVRIL et Jean GICQUEL, *Lexique de droit constitutionnel*, Série de « Que sais-je ? » n° 3655, PUF, 2003, pp. 110 et 111.

7）植野妙実子「コンセイユ・デタの特異性と先進性」in *Future of Comparative Study in Law : The 60th Anniversary of the Institute of Comparative Law in Japan*，中央大学出版部 2011 年 561 頁以下参照．

8）Conseil des ministres あるいは Conseil de Cabinet は，いずれも閣議と訳されることがあるが，正確には前者は大臣会議，後者は閣内会議である．大臣会議は，行政権のユニット（統一体）のシンボル的存在である．共和国大統領の主宰の下で閣議が行われる（憲法 9 条）が，この閣議とは Conseil des ministres であり，政府構成

員の会議である．共和国大統領は首相を任命し（8条1項），首相の提案に基づいて政府の他の構成員を任命する（8条2項）．政府提出法律案は，コンセイユ・デタの意見を徴したあとに，大臣会議で審議され，両議院いずれかの理事部に提出される（39条2項）．オルドナンスも，コンセイユ・デタの意見を徴したあとに大臣会議で定められる（38条2項）．大臣会議は，デクレの制定にも関わる（13条1項），またいくつかの官職の任命にも関わる（13条3項）．さらに政府の責任をかける首相の表明を審議する（49条1項，3項）．他方，Conseil de Cabinet は，第三共和制，第四共和制の下での首相の主宰による政府の構成員全員による会議をさす．第五共和制下においては，大統領の権限の増大にともなう大臣会議の登場の下で廃れたが，保革共存の際には一定の役割を果すようになったともいわれる．なお，大臣会議を首相が臨時的に代行することができるが，そこには二つの条件，明示的な委任と特定の議事日程に関して，が必要である（21条4項）．Pierre AVRIL et Jean GICQEL, *op cit.*, pp. 27 et 28. また，次のものも参照．山口俊夫編『フランス法辞典』東京大学出版会 2002 年 112-113 頁.

9）　それぞれの議院には議院理事部がある．議員からなる合議の機関である．セナの場合は 26 名のセナ議員からなり，セナの機能に関わる重要な決定を下す．セナの理事部は，次のような議員から構成されている．セナ議長，8 名の副議長（彼らは本会議の方向を定めるために議長を補佐する役割を果す），3 名の財務上・行政上の担当理事, 14 名の本会議における投票の適切性をコントロールする書記担当理事. Petit lexique des termes parlementaires – Sénat の説明．http://www.senat.fr/lexique. html

10）　委員会 commission は議院の内部に設けられるもので，常任委員会と一時的に設けられる委員会とがある．決定を下す準備をしたり，情報を収集したりするためのものである．委員会には二院制という枠組から，二つの議院に共同で設けられる同数合同委員会もある．Pierre AVRIL et Jean GICQUEL, *op. cit.*, p. 23. 国民議会の常任委員会には，文化・教育問題，経済問題，海外問題，社会問題，防衛・軍隊，持続的発展・国土開発，財政・一般経済・予算管理，憲法的法律・立法・共和国の一般行政の各委員会があり，セナの常任委員会には，経済問題，海外・防衛・軍隊問題，社会問題，文化・教育・コミュニケーション，持続的な発展・社会施設・国土整備と開発，財政，憲法的法律・立法・普通選挙・命令・一般行政の各委員会がある．委員会には議長以外のすべての議員が所属する．委員会の法律制定に関わる具体的な仕事は，法律案を検討するために報告者を指名する，意見聴取を組織する，委員会の立場・理念を説明する報告書を作成し公にする，そして採決する，である．法律案が本会議において審議されるときは，委員会は議員や政府によって提出された修正案について意見を述べる．Cf., Petit lexique des termes parlementaires. なお次の論文も参照．George BERGOUGNOUS, Les commissions parlementaires et le processus d'élaboration de la loi, in *Les commissions parlementaires dans l'espace francophone*, Montchrestien, 2011, pp. 167 et s.

11） 議長協議会の主な仕事は議事日程の決定である．Cf., Petit lexique des termes parlementaires.

12） 迅速審議手続とは，それぞれの議院に第一読会後，政府には同数合同委員会を開催することが要求できるというものである．2008 年以降，両院の議長協議会は一致して政府の望む迅速審議手続の介入に反対している．Cf., Petit lexique des termes parlementaires.

13） 学説上はほぼ一致して審署の権限は，裁量の余地のない覊束権限 compétence liée と考えられている．立法過程が尊重されるかぎり，国民の意思は両院により完全に一体のものとして表明される．しかしながら，10 条 2 項の場合が憲法には定められている．この権限は，大統領の意思を議会に課すものとは考えられていない．つまり拒否権とはとらえられてはいない．Commenté sous la direction de Thierry S. RENOUX et Michel de VILLIERS, *Code constitutionnel*, 2013, LexisNexis, 2012, p. 522.

14） Louis FAVOREU et alii, *Droit constitutionnel*, 14ᵉ éd., Dalloz, 2012, p. 843. なお，憲法院は再修正案の提出も修正権と分離できない権利として認めている．Décision n° 73-49 DC du 17 mai 1973, *RJC-I*, pp. 27 et 28.

15） L'exercice du droit d'amendement, Fiche n° 37, Assemblée nationale, http://www. assemblee-nationale.fr/connaissance/fiches_synthese/septembre2012/fiche_37.asp

16） 合理化された議会主義ということばは次のように説明される．「1919 年以後の中央ヨーロッパの諸憲法をさすもので，ボリス・ミルキーヌ・ゲツェヴィッチによってつくられた表現とされている．これらの憲法は，19 世紀の議会制 régime parlementaire を確立させた政治的関係の法的体系化によって特徴づけられる．その例としてはワイマール憲法があり，政府の責任の問題の法的なあり方と効果を決定した．このような体系化は政府の安定性を確立することに向かった．」第五共和制憲法 49 条はこうした意味で政府の責任をかける行為や信任決議を認めている．Pierre AVRIL et Jean GICQUEL, *op. cit.*, p. 86. あるいは次のようにも説明される．「さまざまな手段を用いて制度的・政治的影響を確立することを政府に許す，執行機関と立法機関の間の関係についての憲法上の規制をさす．」Sous la direction de Rémy CABRILLAC, *Dictionnaire du vocabulaire juridique*, Letic, 2002, p. 281.

17） 後述するように憲法院は，修正権の行使について，政府からのものであろうと議員からのものであろうと厳密にコントロールしている，と評されている．Louis FAVOREU et alii, *op. cit.*, p. 844. 予算も決算も法律という形をとるフランスでは，当然これらに対しての憲法院の合憲性の統制が行われる．フランス憲法判例研究会編『フランスの憲法判例』信山社 2013 年 211 頁（木村琢磨）参照.

18） 2001 年 8 月 1 日財政法律に関わる組織法律 47 条は「憲法 34 条及び 40 条の意味

において，経費に適用される修正については，負担は任務に応じて理解される」と定める．

19）　社会保障法典 L.O.111-7-1 条 4 号は「憲法 40 条の意味において，支出の目標に適用される社会保障財政法律案への修正については，負担は疾病保障支出目標に応じて理解される」と定める．なお ONDAM とは，フランスにおける疾病保障支出にたてられる年間の予想総額をさす．ジュペ・プランの枠組の中で 1996 年オルドナンスによって設定されたもので，1997 年以降毎年，社会保障財政法律案として議会で採択される．

20）　国民議会議院規則 89 条 3 項はこの相談を「疑いがある場合は en cas de doute」と規定する．89 条は「第 3 章　財政上の受理可能性」にある．89 条 3 項は次のように定める．「議院理事部に提出された修正案の受理可能性は議長が判断する．その採択が憲法 40 条に定められた結果をもたらすことになるなら提出は拒否される．疑いがある場合は，財政・一般経済・予算管理委員会の委員長あるいは統括報告者，あるいはこのために指名された理事部のメンバーに助言を求めたあと，議長が決定する．意見がない場合は，議長は議院理事部に付託することもできる．」

21）　国民議会議院規則 89 条 4 項は次のように定める．「憲法 40 条の規定は，議員提出法律案，修正案，及び委員会によりもたらされた法律案に対する修正案に対しても，あらゆる段階で対抗できるものである．それらは，政府やあらゆる議員によって付託される．不受理は，財政・一般経済・予算管理委員会委員長，統括報告者もしくはこのために指名された理事部のメンバーが判断する．」

22）　Décision n° 2009-581 DC du 25 juin 2009, *Rec.*, p. 120.

23）　議会での修正権に対して憲法院が確立した最初の基準は，「付加的な条文」と「訂正的な文言」の区別である．「付加的な条文」とは，決定された条文を修正することをめざすときに法律案の中に新しい規定をもりこむことをさし，修正という形で示される．これに対し「訂正的な文言」とは，1958 年以前に多く用いられていた手法であったが，今日も存在している．憲法院は 1978 年に，訂正的な文言による修正は，法律案の審議と投票に対して憲法により定められた手続に属するのであって，修正に関する手続に属するのではない，と判断した．Décision n° 78-100 DC du 29 décembre 1978, *RJC-I*, pp. 65 et s. この判断によって，政府提出法律案の場合に，政府が訂正的文言による修正を用いてコンセイユ・デタの意見を免れることで時間をかせいだり，コアビタシオンのときに大臣会議で検討することを避けたりすることは不可能になった．Louis FAVOREU et alii, *op. cit.*, pp. 844 et 845.

24）　国民議会議院規則 98 条は次のように定める．

　　　98 条 1 項　政府，最終的に付託された委員会，意見を求められた委員会，及び議
　　　　　　　　員は，議院理事部に提出された法律案及び委員会で採択された法律案に
　　　　　　　　修正を提示する権利がある．

2項　これらの修正は，成文で表記され，起草者少なくとも1名によって署名され，議院理事部に提出されるか，委員会に提出されるかしたものでなければならない．

3項　修正案は概略的に理由が説明される必要がある．それは，最終的に付託された委員会において委員長から伝えられ，印刷され，配布される．しかしながら，修正案の印刷や配布がなくとも本会議における審議の障害となるものではない．

4項　修正案は，1条についてしか示すことはできない．法律案に対する対案は，修正案の形をとって審議される法律案の1条毎に示される．再修正案は，修正案の意味と矛盾するものであってはいけない．再修正案は，修正することはできない．対案であれ，再修正案であれ，修正案の受理は議院議長によって判断される．

5項　憲法40条もしくは41条の適用を除いては，第一読会において付託されたもしくは送付された法律案に，たとえ間接的であっても関係を提示できるなら，すべての修正案は受理される．この関係が存在するかどうかは議長が判断する．

25)　第一読会においてもすでに修正権は次の三つの要求の尊重に基づき，枠をはめられている．第一は，受理可能性の準則にしたがうことである．すなわち，憲法40条の財政上の不受理の場合と41条の法律分野に属するか否かの法律上の不受理の場合に照らして，受理が判断される．第二は，修正のための必要性が導き出されることである．すなわち，審議を付託された最初の議院理事部におかれた修正案の説明の中で，法律案が対象としていることと関係が全くないとはいえないということが必要である．この点は，便乗立法の規制の中でも明らかとなっている．Décision n° 85-198 DC du 13 décembre 1985, *RJC-I*, pp. 242 et s. 2008年の改正で憲法45条1項後段にも明示されるようになった．第三は，「議会審議の明確性と誠実性」，人権宣言6条に基づく憲法上の要求から，事前に作成され承認された，それ自体「手続をふんだ coiffées」ものであることが必要となる．Louis FAVOREU et alii, *op. cit.*, p. 845.

26)　第二読会からは修正権の行使にかかる要求の締めつけは強くなる．憲法院はまず，同数合同委員会以降，いかなる修正も受け付けられないとした．Décision n° 98-402 DC du 25 juin 1998, *RJC-I*, pp. 762 et s. このことは政府にとっても修正する機会を奪うこととなったが，例外として次の必要性があるときは認められるとした．審議中の法律の他の条文との整合性を確保するため，本質的な誤りを訂正するため，あるいは憲法の尊重を保障するための必要性がある場合である．Décision n°2000-430 DC du 29 juin 2000, *Rec.*, p. 95. さらに2005年に憲法院は，第二読会からは二つの議院によって一致した文言で採択された条文は，修正の方法で問題とされることはな

い（但し上記の例外は除外される）とした．Décision n° 2005-532 DC du 19 janvier 2006, *Rec.*, p. 31. 漏斗の原則が第二読会からは適用され，このことによってナヴェットの最後に多くの新しい条文が法律案の中に挿入されることは避けられることになったが，法律の質の悪化を導いたと評されている．Louis FAVOREU et alii, *op. cit.*, pp. 845 et 846.

27）「最後の言葉に対する権利 Droit du dernier mot」と呼ばれる．第五共和制憲法起草者は，両議院の対等な関係，均衡をめざしていたが，それに反して，政府が国民議会に対して法律案に対する最終的な議決を委ねるものである．Cf., Thierry S. RENOUX et Michel de VILLIERS, *op. cit.*, p. 644.

28）Senat – Le droit d'amendement, http://www.senat.fr/role/fiche/amendement.html

29）Décision n° 86-206 DC du 3 juin 1986, *Rec.*, p. 43 ; *RJC-I*, pp. 253-254.

30）Senat – Le droit d'amendement, http://www.senat.fr/role/fiche/amendement.html, précité.

31）古賀豪他・前掲書 52 頁参照．

32）Bertrand MATHIEU, Constitution et sécurité juridique-France, *AIJC-1999*, 2000, pp. 155 et s.

33）Rapport public 1991 « De la sécurité juridique », *Etudes et documents du Conseil d'Etat*, n° 42, 1991, pp. 15 et s.

34）Rapport public 2006 « Sécurité juridique et complexité du droit », *Etudes et documents du Conseil d'Etat*, n° 57, 2006, pp. 229 et s.

35）Olivier DUTHEILLET de LAMOTHE, La sécurité juridique : le point de vue du juge constitutionnel, in Rapport public 2006, précité, pp. 369 et s. なおデュティエ・ドゥ・ラモットは，コンセイユ・デタの事務総長経験者である．

36）*Ibid.*, p. 369.

37）*Ibid.*, p. 373. コンセイユ・デタ副院長 vice-président（但しコンセイユ・デタの院長にあたるものは首相であるが，実際の任務の長としての役割は副院長が果す）ルノー・ドゥノワ・ドゥ・サンマルク Renaud DENOIX de SAINT MARC や後でもしばしば引用される憲法院院長ピエール・マゾー Pierre MAZEAUD の指摘が示されている．Cf. *C. C. C.*, n° 18, 2005, p. 10 et s. 注 49）参照．

38）消極的無権限とは，議会が自らの不利を顧みず権限の範囲を十分に認識していないことを前提とする．Valérie GOESEL-Le BIHAN, *Contentieux constitutionnel*, Ellipses, 2010, pp. 160 et s.

39）Décision n° 85-191 DC du 10 juillet 1985, *Rec.*, p. 46 ; *RJC-I*, p. 228.

40）Décision n° 2000-435 DC du 7 décembre 2000, *Rec.*, p. 164.

41）Décision n° 99-421 DC du 16 décembre 1999, *Rec.*, p. 136 ; *RJC-I*, p. 856 et s.

42）Décision n° 2003-475 DC du 24 juillet 2003, *Rec.*, p. 397.

298

43) Décision n° 2004-500 DC du 29 juillet 2004, *Rec.*, p. 116. 同様の文言は法律の質や規範性に関わる判決でしばしば用いられている.

44) Olivier DUTHEILLET de LAMOTHE, *op. cit.*, pp. 374 et 375.

45) Décision n° 2004-500 DC du 29 juillet 2004, précitée.

46) Décision n° 2005-512 DC du 21 avril 2005, *Rec.*, p. 72. フランス憲法判例研究会編『フランスの憲法判例 II』信山社 2013 年 207 頁以下（奥村公輔）参照.

47) Olivier DUTHEILLET de LAMOTHE, *op. cit.*, p. 375.

48) Damian CHAMUSSY, Procédure parlementaire et qualité de la législation : la contribution du Conseil constitutionnel à la sécurité juridique, in Rapport public 2006, précité, pp. 349 et s.

49) *Ibid.*, p. 349 et 350.

50) Décision n° 82-143 DC du 30 juillet 1982, *Rec.*, p. 57 ; *RJC-I*, pp. 130 et s. 簡便には次の解説参照. Dominique TURPIN, Mémento de la jurisprudence du Conseil constitutionnel, Hachette, 1997, pp. 75 et 76.

51) Décision n° 2005-512 DC du 21 avril 2005, précitée.

52) Décision n° 2005-519 DC du 29 juillet 2005, *Rec.*, p. 129.

53) Damian CHAMUSSY, *op. cit.*, p. 359.

54) Décision n° 2003-487 DC du 18 décembre 2003, *Rec.*, p. 473.

55) Décision n° 2004-499 DC du 29 juillet 2004, *Rec.*, p. 126.

56) Décision n° 2005-519 DC du 29 juillet 2005, précitée.

57) Décision n° 2001-455 DC du 12 janvier 2002, *Rec.*, p. 49. 注 41）参照.

58) Décision n° 2003-475 DC du 24 juillet 2003, précitée.

59) Décision n° 2004-500 DC du 29 juillet 2004, précitée. フランス憲法判例研究会編『フランスの憲法判例 II』信山社 2013 年 257 頁以下（小沢隆一）参照.

60) Décision n° 2004-500 DC du 29 juillet 2004, précitée.

61) Décision n° 2005-512 DC du 21 avril 2005, précitée.

62) Damian CHAMUSSY, *op. cit.*, p. 362.

63) Décision n° 2005-530 DC du 29 décembre 2005, *Rec.*, p. 168.

64) Décision n° 2003-473 DC du 26 juin 2003, *Rec.*, p. 382 ; Décision n° 2003-486 DC du 11 décembre 2003, *Rec.*, p. 467.

65) Damian CHAMUSSY, *op. cit.*, pp. 364 et s.

66) Décision n° 2005-530 DC du 29 décembre 2005, précitée.

67) *Guide pour l'élaboration des textes législatifs et réglementations*, La Documentation française, 2005.

68) Décision n° 2005-532 DC du 19 janvier 2006, précitée.

69) Michel VERPEAUX et alii, *Droit constitutionnel*, PUF, 2011.

第 11 章　法律の質の保証　*299*

70）　*Ibid.*, pp. 380 et s. (Pierre de MONTALIVET). なおこの本は，「第一部　憲法の基礎」で，憲法の概念，主権の行使，国家を扱い，「第二部　制度としての憲法」で，権力分立，公権力の組織を扱い，「第三部　規範としての憲法」で，憲法規範，欧州及び国際規範，法律規範，命令規範を扱い，「第四部　権利と自由の憲法」で，権利と自由の保障，保障される権利と自由を扱っており，法律の質は「第三部」の法律規範の中で述べられている．またドゥ・モンタリヴェの同趣旨の論文に次のものもある．Pierre de MONTALIVET, Les objectifs de valeur constitutionnelle, *C. C. C.*, n° 20, 2006, pp. 169 et s.

71）　Michel VERPEAUX et alii, *op cit.*, p. 382.

72）　*Rapport public 1991* et *Rapport public 2006*, précités.

73）　Décision n° 99-421 DC du 16 décembre 1999, précitée.

74）　Décision n° 2004-500 DC du 29 juillet 2004, précitée.

75）　Michel VERPEAUX et alii, *op. cit.*, p. 382.

76）　*Ibid.*, p. 383.

77）　ここであげられている判例は次のものである．CE, 17 décembre 1997, Ordre des avocats à la Cour de Paris, *AJDA*, 1998, p. 362 ; CEDH, 26 avril 1979, *Sunday Times*, A-30, §49 ; CJCE, 9 juillet 1981, Administration des douanes c/ Société anonyme Gondrand Frères et Société anonyme Garancini, 169/80, *Rec.*, p. 1931, §17. また海外の裁判所としては，カナダ，アメリカ合衆国，ドイツ，ポルトガル，ベルギー，スイスをあげている．

78）　Décision n° 2003-475 DC du 24 juillet 2003, précitée ; Décision n° 2008-567 DC du 24 juillet 2008, *Rec.*, p. 341.

79）　このことからドゥ・モンタリヴェは，コンセイユ・デタによって承認されている直接効力が部分的にではあるが再検討されている，と述べる．Michel VERPEAUX et alii, *op. cit.*, p. 384. 直接効力とは，他の条件を必要とせず，それ自体で生じる効力をさす．

80）　*Ibid.*, p. 384.

81）　Décision n° 2006-540 DC du 27 juillet 2006, *Rec.*, p. 88. 「憲法が，特にその 34 条によって立法府に授けられた権限を完全に立法府が行使することは，立法府の責務である．この完全な権限の行使，ならびに法律のアクセス可能性と理解可能性の憲法的価値を有する目的によって，立法府には十分に精確な規定や曖昧でない形式を採択することが課せられている．それは，憲法によって法律にだけその決定権限が委ねられている，規範を定めることの配慮を行政機関や司法機関に移すことなく，憲法に反する解釈や専制の危険から法の主体者を守るためである．」（cons. 9）注 41）参照．

82）　Décision n° 2001-447 DC du 18 juillet 2001, *Rec.*, p. 89.

83) Décision n° 2005-530 DC du 29 décembre 2005, précitée.

84) Décision n° 2003-468 DC du 3 avril 2003, *Rec.*, p. 325.

85) Décision n° 2000-437 DC du 19 décembre 2000, *Rec.*, p. 190.

86) Décision n° 2003-475 DC du 24 juillet 2003, précitée.

87) Décision n° 2001-455 DC du 12 janvier 2002, précitée.

88) Décision n° 98-401 DC du 10 juin 1998, *Rec.*, p. 258.

89) Décision n° 2009-590 DC du 22 octobre 2009, *Rec.*, p. 179.

90) Michel VERPEAUX et alii, *op. cit.*, pp. 386 et 387.

91) *Ibid.*, p. 387.

92) *Ibid.*, p. 387.

93) Décision n° 82-142 DC du 27 juillet 1982, *Rec.*, p. 52.

94) Décision n° 2003-483 DC du 14 août 2003, *Rec.*, p. 430. こうした憲法院の立場は，コンセイユ・デタの立場との近接性を示すものであったとドゥ・モンタリヴェはいう．Michel VERPEAUX et alii, *op. cit.*, p. 388.

95) *Ibid.*, p. 388.

96) *Ibid.*, p. 389. 注 58) 参照.

97) CEDH, 26 avril 1979, *Sunday Times*, A-30, § 49.

98) *C. C. C.*, n° 18, précité, pp. 10 et s.

99) Michel VERPEAUX et alii, *op. cit.*, p. 389.

100) Décision n° 2003-467 DC du 13 mars 2003, *Rec.*, p. 211.

101) Décision n° 2002-460 DC du 22 août 2002, *Rec.*, p. 198 ; Décision n° 2002-461 DC du 29 août 2002, *Rec.*, p. 204. ここでも憲法院はコンセイユ・デタのとった立場を踏襲している．Par ex., CE, Ass., 5 mars 1999, Rouquette, *Rec.*, p. 37.

102) Décision n° 2005-512 DC du 21 avril 2005, précitée.

103) 「27 条及び 29 条が用いている用語の一般性から，これらの条文は，その射程が不確定な義務を教育施設に強いることになる．しかし，議会審議によると，これらの条文は，結果ではなく手段の義務を強いるものである．この留保の下で 27 条及び 31 条は法律の明確性の原則に違反していない」(cons. 19). Décision n° 2005-512 DC du 21 avril 2005, précitée.

104) Décision n° 2005-516 DC du 7 juillet 2005, *Rec.*, p. 102.

105) Michel VERPEAUX et alii, *op. cit.*, p. 392.

106) Entretien par Axelle Lemaire et Célia Vérot, « Une loi de bonne qualité est avant tout une loi démocratiquement fabriquée », *La Semaine Juridique Administrations et Collectivités territoriales*, n° 29, 15 Juillet 2013.

107) 蒔田純『立法補佐機関の制度と機能』晃洋書房 2013 年参照.

108) たとえば，日本においては憲法改正国民投票法も重要な法律でありながらかなり

難しい法律であるし，また違憲性が疑われる部分があるといえる．いわゆる特定秘密保護法も，充分な審議がつくされなかったことが問題となったが，違憲の疑いのある法律といえる．

第 12 章
憲法裁判官と対話

1. はじめに

　フランスのエクサンプロヴァンスにおける 2014 年 9 月の第 30 回国際憲法裁判学会円卓会議のテーマは「憲法裁判官と学説」であった．このテーマが選択された背景には，フランスでは QPC（合憲性の優先問題）の施行後，憲法院のみならず，司法系列，行政系列の各裁判所も憲法裁判を扱い，これに対して裁判官も何らかの見解を述べる機会が多くなっていることがあげられる．それならば，どこで，どのようにして，これらの裁判所の裁判官は，憲法裁判についての見解を形成するのか，この点が問題となる．フランスの憲法院の裁判官（評定官とも訳されるが，ここでは日本との対比の関係上裁判官とした）については，第五共和制憲法 56 条及び 57 条が定め，さらに，1958 年 11 月 7 日 58-1067 号オルドナンスの第 1 篇の「憲法院の組織」にも定められている．もともと，この 9 名の憲法院の構成員の任命の決定は自由裁量で，共和国大統領による任命については副署も要求されていなかった[1]．2008 年 7 月 23 日の憲法改正以降は，大統領による任命については，憲法 13 条最終項の適用を受け（但しこの点は解釈による見解の違いもある），各議院議長による任命については，当該議院の常任委員会の意見にしたがうこととなった．しかし，任命の要件については，憲法上は，以前より 57 条に兼職禁止規定を掲げるのみで，他にふれてはいない．オルドナンス 10 条 1 項は，この条件につき，「市民的，政治的諸権利の享有」を掲げているが，これ以外には要件は存在しない．そこ

で，法律家としての資格を有せずに憲法裁判を扱うことでよいのか，が常に問題とされていた．実際には「1959年以降，任命された構成員のほぼ90％が司法官や行政官のキャリアにアクセスできる資格を有していた．26％が法学博士であり，26％が法学部の教授資格試験に通った者であった」[2] ゆえに，法律家としての資格の要求は十分に満たされていた，とされている．憲法裁判官となる彼らはどのようにして憲法研究者の学説にふれ，その学説をいかに咀嚼して判決を下すのかが問題になる．憲法院の判決の重要性が増すにつれ，こうした問題が注目されるようになった．また，裁判所の下す判決の内容がそもそも学説を形成するのか，このことも問われている．これは，研究者の学説のあり方，意義をめぐる問題でもある．さらに憲法裁判官と研究者との意見の交流の重要性，裁判官同士の交流の重要性，すなわちさまざまな対話の重要性，これらが既判力の重要性と同様に憲法裁判が活発になるにつれ，指摘されている．

　第30回国際憲法裁判学会円卓会議においては，まず学説の定義，すなわち学説とは誰が表明し，また何を何のために表明するものであるのか，次に学説の憲法裁判への影響とはどのようなものであるのか，さらに憲法裁判自体が学説を形成することはありうるのか，などが主な論点としてとりあげられた．ここでは，フランスでの学説や対話をめぐる議論を紹介し，日本においては何が問題となるか，考えてみたい．

2.　フランスにおける「憲法裁判官と対話」

　フランスの憲法辞典においては，学説 doctrine について次のように説明されている．「次なることは本当である．すなわち，学説とは，迎合的な事柄に対して疑いをかけることである．個人的には私は次のように受けとめている．すなわち，報道機関において問われたとき，私は一貫して憲法院の擁護をする．この擁護をすることができないなら，私は黙る．なぜか．なぜなら，憲法裁判の経験は存続しているが，憲法裁判はまだフランスでは弱いままであるからだ．漸く憲法裁判が自らのものとすることができた権威を侵害する危険のあ

ることは誰にも利益をもたらさないし，すべてのものを傷つけることになる．その結果，より専門化された内部に向けて，より資格を有する聴衆に向けて，より知識をもっている読者に向けて，憲法院に対する私の批判はとっておくことになる.」[3]

この「学説とは，迎合的な事柄に対して疑いをかけることである」という説明とは異なるとらえ方をしていると思われるザグビエ・マニョンの論文がある．

(1) マニョンの主張

マニョンは，2012年6月1日にトゥールーズ第一大学で開催された「アクターによってつくりあげられるQPC——どのような傾向がみられるのか」のシンポジウムで発表し，論争提起的な論文，「何が憲法院の学説になるのか」を著した[4]．これによりあらためて学説の意義が問い直されている．

マニョンはまず，憲法院の判例は学説を形成するとして，次のように述べる．

「憲法院の学説はまず，憲法裁判所の判例の動機づけmotivationにより形式化され，表される．それは法治国家や政治的自由主義から生ずる拘束を受ける学説を構成し，判決を動機づける義務から具体化されるものである.」[5]

他方で憲法院の判例は法規範であるとはみなされない．

「フランスでは，多くの成文法の制度をもつ他の国と同様にいかなる規範であっても裁判官を正当化するものは法規範であるとはみなさない．それどころか民法典4条は，裁判官に一般的な抽象的な規範をうちたてることを禁じている．すなわち『裁判官には，彼の下におかれた訴訟に対して，一般的な命令的な規定制定の手段を用いて宣言することは禁じられているのである』．法は動機づけを課しているが，この動機づけ自体は規範を構成することはない.」[6]

マニョンの論文の第一の論点は，憲法院判決を学説と位置づけることであり，その源を「動機づけ」に求めている．この「動機づけ」は「判決の判決理由の全体」とフランスでは解されているが，「根拠となるもの，理由となるもの」を示している[7]．マニョンはさらに次のようにいう．

「我々が興味をもつのは，裁判官の動機づけをめぐって発達する，より独自の他の学説全体である．フランスの憲法院は，裁判官の学説すなわち判決の動機づけのかたわらでさまざまな形で，機関としての学説を生み出している」．

マニョンはその現れとして，「報道機関に対するコミュニケ（公式発表），資料としての訴訟記録，機関としての注釈や解説，古くは『憲法院ノートCahiers du Conseil constitutionnel』における注釈や解説，それぞれの判決についての憲法院のインターネットサイトにおいて公開されているものすべて，『新憲法院ノート Nouveaux cahiers du Conseil constitutionnel』に示されている判決のレジュメ，インターネットサイトにおける内容一覧表，司法機関に所属する構成員や事務総長による法律雑誌における部分的な注釈や解説，憲法院の構成員や憲法院の機関に属する者の雑誌や本の，あるいは憲法院のインターネットサイトで入手可能な注釈・解説やその他の言説」をあげている[8]．

これらの言説は，マニョンによれば「裁判官の動機づけを対象とするという共通点をもっている」．そこで，これらの言説は「動機づけを構成する『第一の学説』に対して『第二の学説』となる」とする[9]．

第二の学説について，マニョンは次のように続けている．

「この第二の学説は，動機づけの解釈について批判的に洗い出すことを目的としてはいない．機関としての観点から示すものでそれ以上のことはしない．批判的な役割をもたないので，第二の学説はいろいろな形をとって動機づけを正当化する役割を果す．第二の学説はまず，判決の動機づけの欠けているところを裁判官が選択した理由を示しながら，あるいは明らかにしながら，補うものである．またそれは，判決の動機づけとなる理由を説明し，したがって，いわゆる『超動機づけ meta-motivation』ともいわれるものを構成する．次にこれらの学説は，その延長上において，裁判官の選択を正当化する．したがってそれは，微妙な問題に関する判決に対しておこりうる論争を未然に防ぐことに貢献する．これらの学説は，以前の判決に対して当該判決を位置づける役割を果し，それは組織化 systématisation の対象となるものである．それゆえ，建設的な役割も果す．こうした以前の判決の組織化の機能は，それを他の憲法裁

判官が彼らの判決の動機づけに統合していくことになるので，裁判所の判決の外でも一定の役割をもつ．こうした組織化は，以前の判決を方向づける読み方 lecture を認めることになるので，決定的な役割を果す．それ以前の判決の読み方を構成し，さらに再構成することを許すものである．判決変更があったとしても，それはいわば，以前の判決の読み直しにより，最小限にされ，低減される．このようなあらゆる機能をこえて，裁判所の第二の学説は，審議された真理 vérité délibérative を提示することをめざし，したがってどのように憲法院判決を裁判官の意思に基づいて解釈しなければならないか［引用における傍点部分はマニョンの原文でイタリックにしてある部分である］を明らかにすることをめざす．これに対し，大学の研究者の学説 doctrine universitaire は，どのように憲法院判決を解釈できるかを提示することで甘んじているといえる．

　第二の学説であるかぎり，これらの学説は当然に，判例を同一の研究対象とする研究者の学説と対立する．しかしながら，それらは，同一の面の上には位置づけられない．というのも憲法院の第二の学説は，第一の学説を起草する同一の機関から由来するものだからである．これらの学説は，研究者の学説が外部の学説 doctrine externe を形づくるのに対し，内部の学説 doctrine interne ともいえるものである．そうであるかぎり，内部の学説は，政治的分析を遠ざけていうならば，裁判官の動機づけに関して議論の余地のない観点を示すものとみなされる．この学説に結びつく困難さは，裁判官の判決の動機づけについて，機関により生み出された，推定された真実の中にある．第二の学説は，研究者の学説と競合的であるばかりでなく，研究者の学説の研究対象としても存在する．研究者の学説の方は，憲法院の判決を分析するとき，この判決についての機関としての学説を遠ざけることはできない．なぜなら，公認の性格をもつ内部的学説をまず問題とするからである．研究者の学説がそれを配慮しなければならないなら，研究者の学説は何を創造すべきなのか．裁判所の第二の学説は，疑いもなく，研究者の学説にとって貢献するものとなる．それでもそれは批判的な視点に欠けており，機関に認められているという点でのリスクがある．そのリスクは『憲法院』という機関にとらわれている capture というリス

クである．そうはいっても，この機関としての学説は，研究者の学説をより野心的なものにするように導くものでしかないのである．」[10]

マニョンはこのようにして，第一の学説としての裁判官の学説，第二の学説としての機関としての学説，そして研究者の学説という三つをとらえる．それでは，この第二の学説がどのように研究者の学説に対して実際に貢献するのか．マニョンは，憲法院の第二の学説は研究者の学説に対し多くの利益を提供する，という．

「まず第一に，第二の学説は，貴重な技術的な基盤を提供する．たとえば，そこには以前の判決が示され，異議を申立てられた規定についての以前の編集，立法や判例の背景またヨーロッパ法の背景，参照規範も示される．第二に，こうした技術的な基盤は，判決を生んだ状況を説明するものであり，裁判官によってとりあげられた法的推論もしくは解決において決定的となった考察の要素を明らかにするものである．判決は単独のものとして現れるのではなく，その正当性が証明されるときには少なくとも判例全体との関係で提示される．判決のこうした背景の状況説明 contextualisation は，さらに，典型的な判決の適用となる判決，以前の判決と微妙な違いをもたらす判決，判例変更となる判決，これらの判決の差異を示し，いわゆる『大』判決となるものかどうかを識別することを示す．これら二つのことが研究者の学説に裁判官の動機づけの理解において大いに時間の節約をもたらす．

最後に，第二の学説は，動機づけの際におきた欠落を明らかにするものである．こうした欠落は，裁判官の偶然か意図的かにより弱められたものとなっている．第二の学説は，判例政策を定めるための動機づけより，より柔軟な手段を構成する．なぜなら第二の学説は裁判官を拘束しないからである．裁判官は先例により拘束されるものとしては考えられていないが，機関により発展させられる学説の立場からはどのようにそう考えられているのかはわからない．第二の学説は，裁判所の判例政策を提示し，普及させることについて大きな自由を有している．第二の学説はまた，審議された真実を構築することになる．すなわち裁判官が，判決において提示している動機づけをとりあげた意味であ

る．研究者の学説をとらえることに貢献するのは，この審議された真実を示すことである．」[11]

　またマニョンは，研究者の学説を第二の学説と対比的にとらえる．

　「判決をもたらした機関によって提示された判決の読み方より，よりよい読み方をすることは可能か．これは，研究者の学説がそのようなものとして保持しなければならない役割を提示することを抑制する問題になりうる．第二の学説というものは，厳密には，憲法裁判官の判決の読み方の中に研究者の学説を枠づけることをめざしている．『真実の』もしくは『正しい』解釈を提示しようと心がける研究者の学説をとらえることは必然である．唯一，機関は，真の解釈を示すことのできる状態にある．そこには，研究者の学説の入り込む余地はなく，判決の注釈・解説にとっての利害も存在しない．量的な豊富さ，あるいは質的な野心をもつ学説の組織化を人々は期待しているだろう．その組織化は，構造的な限界を考慮に入れる機関自体によっては企てられないようなものであるだろう．」[12]

　さらにマニョンは，研究者の学説の意義を次のようにとらえている．

　「裁判官の動機づけを正当化する読み方がどうであるのかを知るために憲法院の第二の学説をとりあげるなら，現実のリスクは明らかに相対的なものでしかない．研究者の学説によってこのようなものとして理解されて，第二の学説は，いかなる捕捉のリスクをともなうものではない．判決の動機づけの憲法院の読み方は，実際一つの可能な読み方を示すものでしかない．それは，他の読み方を徹底的に排除するものではない．学説の役割は，厳密には，他の可能性を明らかにするところにあり，またそうした可能性の中で互いを評価するところにある．他の視点から裁判官の判決の自問的真実がどのようであるかを知るところにある．この点から，学説には，批判的なやり方を進める義務がある．」[13]

　マニョンは，「裁判官が決定すること，または決定したことについて，あるいはその反対について明らかにすることは研究者の学説にある」と述べる．そして，研究者と裁判官との学説の対話の重要性を説く．「社会的有用性という

ことばで示すなら，他の裁判官がどのような解決をはかっているかを基本にして，専ら国内裁判官の解決の正当化を主要な議論の役割とする『裁判官の対話』よりもはるかに研究者と裁判官の学説の対話の方が有用にみえる」としている[14]．そして，「研究者の学説は，法律規定や憲法規定の解釈という表現を借りて，これらの規定の選択や導かれうる推論やとりあげるべき解決方法についてあらゆる可能性を啓発するためのものであり，また，他の裁判官の解決方法が，所与の状況の中で一つの可能性を構成するものでしかないということを示すところにある」と述べる[15]．

　最後にマニョンは，より野心的な研究者の学説への期待を述べる．

　「もし第二の学説が研究者の学説を啓発するということがあるのなら，研究者の学説の方は裁判官を啓発することをやめることはできないが，研究者の学説は，より野心的な対話を発展させるためにさらに強化されたものになるだろう．第一の学説の目標である，また機関自体によって提示される，人はその長たらしい説明に満足してはいないが，審議された真実の提示がもはやないなら，研究者の学説は，機関としての裁判官の対話について批判的な読み方を提示する以外の目的をもってはいない．ある種の逆説をともなうが，憲法院の学説が発展することで研究者の学説は枠づけられるが，この枠づけにより憲法院のいわば後見が課せられることを受け入れはするが，その後見から解放され，後見が解除されることを含むものといえる．」[16]

　そして，次のようなことが問われるという．

　「野心的な学説は，つきつけられる真実よりもあがってくる問題を好み，したがって法やその適用を問題とする．野心的な学説は，法の解釈や法の適用により自由な可能性を確認し，互いを評価する．また，規範の生産にあたる機関や適用する機関に，その対象となるものについての危惧や実践を改善することを許す，対象となるものの批判的な読み方を提供する．憲法院の学説の多様性に対して，研究者の学説に対しては，他の選択があるのか．そこに到達するのに機関的な実際的な手段がまだ必要であるのか．」[17]

　マニョンはこのように「裁判官の学説すなわち判決の動機づけ」を第一の学

説とし，「この動機づけを正当化するさまざまな形をとる機関としての学説」を第二の学説と位置づける．他方で，この機関としての学説に枠づけられつつ，批判的な視点を展開するのが研究者の学説であり，この学説には，さまざまな可能性を追求し，より野心的になることを求めている．まず，裁判官の判決，動機づけが学説と呼べるのか，また他の裁判官によるその判決の動機づけの解明となる注釈や解説を学説と呼べるのか，が問題となる．次に，第一の学説も第二の学説も機関としての学説は法廷多数説ということになろうが，そうならば，その機関内における少数説はどのようにとらえられるのか，フランスの場合，こうした少数説が存在したのかも判決が下されるときにはわからないが，少数説は説得されて駆逐されたとみるべきなのかも問題となる．さらに機関としての学説は，研究者の学説を枠づける作用を果すとするが，はたして研究者の学説にとってこの枠づけが判例に対する批判の出発点でよいのかも問題となる．また第二の学説の機能の一つとして，「以前の判決の組織化」をあげるが，この組織化と既判力とがどう関わるのかも問題となろう．

(2) マストールの主張

ワンダ・マストールは「QPC は裁判官の対話の組織化の機会となるのか」の論文の中で，QPC は裁判官の対話の組織化を少なくとも望まれる目的として位置づける，としている[18]．彼女によれば「組織化を進めることは，実際精神的にのみならず法的にも何らかの安心感を与えることにつながり，またフランスの訴訟環境にも合致する」としている．このことは，QPC によってより体系的な統一的な判決が下されることが期待されることを表している．さらに彼女は，アングロ・サクソン系の裁判所の判決にみられる法的なカオス（混沌もしくは無秩序）の方が法的な刺激を与えるとしながらも次のように指摘する．

「少なくともいえることは，簡明で省略形の判決理由 considérants を整然と並べることが，アングロ・サクソン系の裁判所の判決の特色ではない．しかし問題は，裁判所の判決の二つの『形』をここで対比させることではなく，まし

てやどちらのタイプの裁判所の判決が『すぐれている』かを決定するような目的をもって，無駄で無用な二つのタイプの裁判所の判決を比較することでもない．判決にとって重要なことは一貫性である．法の力を形成するのは一貫性であり，一貫性が人々に受け入れやすい判決，したがって正当であると考えられる判決を生み出す．この一貫性は，フランスではこのように思われる傾向があるが，無味乾燥や簡潔さと必ずしも同義語ではない」[19]．

　そして QPC がフランスの憲法裁判官に，彼らの対話の組織化を促すことになるのかについては次のように述べる．

　「量的な論拠が堂々たるものとして存在するわけではないが，これを避けて通ることはできない．すなわち，多くの訴訟をめぐり議論することで，憲法院は，判決を下す多くの機会に恵まれたのであり，したがって判決の要素を明確にし，充実させる機会に恵まれた．多くの憲法研究者は，QPC の枠組の中で憲法院が具体的な訴訟を解決する裁判所としてふるまうことを望んでいる．この QPC の判決の作成はまだ，DC の判決の作成と混じり合うことができないでいる．QPC の制度の導入から 4 年たつが，憲法院は QPC の判決を組織化する，体系化することを探求するのではなくて，反対に非組織化すべきであろう」[20]．

　このように述べて，「量的な組織化」の確認に続いて，「質的な非組織化」が必要であることを詳述する．この論文は，マニョンが機関の組織化の重要性を説くのに対して，組織化が進むとそこからはずれた判決や革新的な判決が出にくくなることを指摘していると思われる．

⑶　ドゥ・グッテスの主張

　マニョンの論文は最後に「専ら国内裁判官の解決の正当化を主要な議論の役割とする『裁判官の対話』よりもはるかに，研究者と裁判官の学説の対話の方が有用にみえる」と指摘していた．それでは，裁判官の対話とはどのようにとらえられているのだろうか．これについて，破毀院第一上級検察官 premier avocat général à la Cour de cassation であるレジ・ドゥ・グッテスの論文をみ

ておきたい[21]．但しこの論文は憲法院50周年を記念する2008年11月3日に
開催されたシンポジウムの第一円卓会議における発表のものであり，憲法改正
によりQPCの導入はすでに決まってはいたが，実際にはまだ運用がなされて
いない時点での論文である．彼は，次のようにいう．

「『裁判官の対話』の概念，そしてその内容は頻繁に議論されている．メッツ
大学による2003年に組織された学会の際には，それは『呪いか現実か』と問
われた．ある者は『みせかけの独自の連続のクーエの方法』[22]といい，また他
のものは『互いに価値を高め豊かになることであり，判決の一貫性の要素であ
る』とする．しかしまず，すべての者にこの問題の，すなわち裁判官の間の対
話のさしせまった必要性があるということの証明が課せられている．そしてこ
の対話に不可欠ないくつかの要因がある」[23]．

ドゥ・グッテスのいうそれらの要因とは次のようなものである．

「・適用可能な規範の多様性や錯綜は，ミレイユ・デルマル・マルティ教授
の表現によれば，『秩序立った多元性』を義務づけるものであり，またこれら
の規範の適用で判決間の調和の努力を義務づけるものである．

・国内裁判所や欧州の裁判所の多様性がみられるが，これらの間で交流や意
見交換がたえまなく行われなければならない．

・共通の問題の存在がますますふえ，紛争を避けるために妥協点を見い出す
必要性がある．

・司法の適正な運営や判決の一貫性，またすべての市民にとっての『法的安
定性』の保障という配慮の中で，整合的でない矛盾する判決を避ける義務があ
る．」[24]

このようにドゥ・グッテスは述べ，フランスの国内裁判官とヨーロッパの裁
判官の対話，司法系列の裁判官と行政系列の裁判官の対話，とりわけ破毀院と
コンセイユ・デタの裁判官の対話はここでは扱わず，ここでより正確にとりあ
げようとしているのは，憲法院とそれぞれの裁判系列の最高裁判所との間の対
話であり，これを次の二つのアングルからとりあげる，としている．そのアン
グルとは，一つは，コンセイユ・デタと破毀院の判決が憲法院に与えている影

響であり，もう一つは，憲法院の判決がコンセイユ・デタや破毀院に与える影響である，とする[25].

ドゥ・グッテスは，「対話」を互いの判決への影響という点から明らかにしているが，確かに対話の結果は判決に現れるといえよう．第30回国際憲法裁判学会円卓会議では，さらに踏みこんで憲法裁判官の判決に学説の影響がみられるなら，憲法裁判官は学説をどこで学び，またどのように研究者と交流，あるいは対話して，学説を自らのものとして判決にいかしたのかを，学説の定義自体も問い直しながら，問題としていた．

3. 日本における「憲法裁判官と対話」

日本では，あらゆる裁判所で事件に関わるなら合憲性の問題を提起することができるが，この合憲性の問題を終審として決定するのは最高裁判所である（日本国憲法81条）．したがって憲法裁判官として，ここでは最高裁判所の裁判官を専ら想定することにする．

(1) 最高裁判所裁判官の構成

最高裁判所は，内閣の指名に基づいて天皇から任命される最高裁判所の長たる裁判官1名と，内閣から任命されるその他の裁判官14名で構成される[26]．なお，この最高裁裁判官に対して国民審査の制度が存在しているが，国民からの民主的なコントロールはうまく働いているとはいえないと評されている[27]．下級裁判所の裁判官は基本的にキャリア裁判官で構成されるが，最高裁判所の裁判官の構成は現在，キャリア裁判官6名，弁護士4名，検察官2名，行政官2名（含む外交官），大学教授1名となっている．以前は大学教授が2，3名いたときもあった．この構成は慣例によるもので法的根拠があるわけではない．また現在の岡部喜代子裁判官は，大学の民法の教授であったが，その前の職は裁判官そして弁護士であり，純粋の大学教授とはいいがたい．キャリア裁判官が多いというこの構成が，しかもキャリア裁判官と検察官で過半数を構成する

という最高裁裁判官の構成が，違憲判決が少ない，革新的な判決が少ないという，いわゆる「司法消極主義」を生み出しているというのは事実であろう．

　天皇に拒否権がないゆえに，最高裁判所裁判官の任命には，すべて内閣が関わる形をとっている．なお，裁判所法は，最高裁裁判官の任命資格として，「識見の高い，法律の素養のある年齢 40 年以上の者」と定め，そのうち一定の法曹経験をもつ者が少なくとも 10 名以上選ばれていなければならないと規定する（裁判所法 41 条）．内閣は，新しい裁判官の人選にあたり，長たる裁判官の意見を求める慣例になっている．キャリア裁判官の場合は，最高裁判所の司法行政全体を担当する最高裁事務総局も関与しているとされている．キャリア裁判官で最高裁判所の裁判官にあがっていくためには，世の中を驚かすような革新的な判決を下す裁判官ではなく，無難な平凡な判決を下す裁判官だと推測される．また検察官は法務省に属し，そもそも保守的である．最高裁の裁判官人事の不透明性が常に批判を受けている[28]．

　このような構成からは，大学教授出身の裁判官を通して，最高裁の他の裁判官がいわゆる研究者の学説の影響を受けるということは少ないように思える．

⑵　調査官制度

　最高裁判所の調査官は，最高裁判所において裁判官の命を受けて，事件の審理及び裁判に関して必要な調査をつかさどる（裁判所法 57 条 2 項参考）．彼らは 40 歳代の裁判官を中心とする地方裁判所や高等裁判所から出向してきたキャリア裁判官であり，「エリートコースにのった者」といわれている[29]．最高裁判所に係属した事件について担当の主任裁判官と担当の調査官とが決められると，通常は，まず調査官が事件記録や上告理由を詳しく検討し，争点や論点を整理し，関係する判例，学説，外国法などについて調査し，その結果を報告書にまとめ，担当主任裁判官に提出する，とされている．報告書が出されたあとで主任裁判官を中心に審議するが，「結論のはっきりしている事件」については，はじめから調査官が判決または決定の原案を書き，これを叩き台として審議が進められる．「結論の難しい事件」については，審議が進み結論がでた

ところで調査官が第一次案を書き，これに手を加えるかたちで判決がつくられ
ていく[30]．裁判官の審議の席には常に調査官が同席する．最高裁調査官はこの
ように，実際に事件の処理について意見を述べ，判決原案を起草するなど重要
な役割を果している．その意味で，最高裁判所では「調査官裁判」が行われて
いるとの批判もある．

　しかし，調査官は必要かつ有用な面もある．なぜなら，15 名の最高裁裁判
官だけでは膨大な数の事件数を処理できず（年間約 8,000 件弱[31]），補助者が
必要であること，最高裁判所裁判官の出身は，裁判官や弁護士のみならず，検
察官，行政官，外交官，学者もおり，必ずしも法律実務全般に精通していると
はかぎらない，すなわち熟達した法律実務家の補助が必要であること，年齢が
高い最高裁裁判官が多いので，新しい学説や判例，外国での法の動向などの知
識を補うためには調査官の補助が必要であること，などが指摘されている[32]．
しかし，他方で，判決が本当に基本的人権の尊重に重きをおいたものになるの
かの疑問もある．というのも，エリートコースにのっている調査官裁判官は，
司法官僚制にのっとった判決を出しやすい，すなわち行政追随の傾向の強い判
決を出しやすいことになるからである．実際，行政の責任を問うような裁判で
市民が勝つことは難しい．

　フランスの憲法院では，裁判長により裁判官の中から報告担当裁判官が指名
されて，判決の基礎となるものをまとめ，その上で裁判官の間で討論して判決
文にいたる．日本でも調査官制度ではなく，調査官に相当する人数を裁判官に
あてて，その中で処理すべきだという指摘がある[33]．いずれにしても日本で判
決を下すときに最高裁の裁判官がどのように学説を判決に反映させているかを
問うならば，そこには調査官も対象として含めなければならないことになる．

⑶　個別意見制度

　日本の最高裁判所の判決は，「多数意見」である判決の内容（法廷意見）の
他に，それぞれの裁判官から「補足意見」「意見」「反対意見」をつけることが
できる．この個別意見制度は裁判所法 11 条から由来するが，11 条は最高裁判

第12章　憲法裁判官と対話　*317*

所に限定してはいない．最高裁判所の多くの判決は多数意見一つでまとめられているが，世論をさわがせた事件のような場合は，これらの意見が付せられることがある．「反対意見」は，「多数意見」とは対立する考え，すなわち理由も主文も異なる考え方を示す．「補足意見」とは，多数意見に賛成ではあるが，なお補足して自らの意見を述べたい裁判官がつける意見のことである．「意見」とは，判決主文つまり法廷の下した結論に賛成ではあるが理由が異なる場合に付せられる意見のことである[34]．

　日本のこのような個別意見制度は，英米の判決様式の伝統を導入したといわれている．日本は，最高裁判所裁判官に対する国民審査制度も採用されているので，裁判官の個別意見の開示はこの審査の際の国民の判断の材料ともなる．また多くの反対意見がついていれば，将来の判例変更を予測することもできる．

　しかし日本でこの個別意見制度が発達を重ねてきているか，国民の間に定着してきているかというと，そうとはいえない．元最高裁判所裁判官の園部逸夫は，最高裁裁判官の仕事について「少数意見を書くことよりも，多数意見の中に埋没して法廷の意見を構築することの方が大切な仕事である」としている[35]．多数意見は，主任裁判官（大法廷の場合は裁判長）と主任調査官の間で意見の一致をみて，起草にいたる（実際には担当調査官が起草する）．その多数意見に，すなわち法廷意見に理由及び主文ともに異なることになったときに「反対意見」が示される．なお，地方裁判所や高等裁判所から出向してきたキャリア裁判官である調査官は，補足意見，意見，反対意見の作成にも多かれ少なかれ関わる．「極端な」意見や反対意見がでないのは，このためである．調査官は当然，用語や他の判決の引用の仕方，法令や判決の法規範の解釈上の問題に精通している[36]．

　この個別意見制度があることで我々は，個別意見に学説がいかに反映しているかを知ることができる．またこの個別意見制度から，裁判官の出身によって意見を付すことに違いがあることを知ることもできる．すなわち，キャリア裁判官出身者や，検察官出身者はめったに個別意見を付さない．彼らはほとんど多数意見を構成している．したがってこの多数意見に学説の反映が見られたと

しても個人的にどのような考えをもち，どのように学説を理解しているか，知る機会は少ない．

(4)　憲法学説と法曹

もう一つ別の視点からこの問題を考える必要がある．それは，フランスの憲法院は，選挙訴訟のような他の問題も扱うが，しかし専ら憲法裁判，法律の合憲性審査を専門とする裁判所である．裁判官は多かれ少なかれ，日頃より憲法問題に関心をもち，研究者の著作を読み，研究者の主張に耳を傾けていることが予想できる．しかし，日本では，下級裁においてキャリア裁判官が憲法問題を扱うことはまれでしかない．弁護士も日頃，憲法問題とは離れたところで事件を解決している．最高裁においても，憲法問題だけを扱うわけではない．具体的な問題の解決に付随して扱うのであるから，具体的な問題の解決をどのようにはかるかがまず問題となる．その意味では，単なる抽象審査よりも妥協や調整の度合が強く現れるように思われる．したがって憲法問題の解決のみを常に配慮するとはいえない．このような状況の中で日頃から，憲法研究者の学説に関心をもって接するとは考えにくい．

多くの法曹（裁判官・検察官・弁護士）は，法学部を卒業し（あるいは在学中に）司法試験に受かっていく．司法研修所で学ぶ以外に，学部で憲法学説にふれているに違いない．しかし，司法試験合格という目的からすると，憲法に専ら力を注いで勉強することはないと思われる．ましてや今日では，学部卒業後ロースクールに入学し，修了後，司法試験を受けるのが一般的であるが，ロースクールにおいて，少数説にいたるまで憲法学説を細かく学習するよりは，通説を学んだ上で憲法判例や判決におけるテクニックを学ぶということの方が主流になっていよう．かくして法曹になったとしても付随的違憲審査制という合憲性審査のあり方から，また司法試験合格を目的とする勉強のあり方からも，憲法学説を深く学ぶという機会は多くないことが想像される．

4. まとめにかえて

　日本では，学説についての説明は，法令辞典や法律用語辞典でとりあげられてはいない．国語辞典には，「周到な実験や長い間の思索の結果まとめられた研究上の仮説やまとまった考え方」と説明されており，これ以上に学説の定義が議論されることはない．さらに憲法裁判に関わる判決は，あくまでも判決であり，学説ととらえられることはない．但し，判例が学説の影響を受けていることを跡づけることはできる．また，判例時報や判例タイムズなどの判例雑誌において判決が紹介される際に，それにつけられている囲みのコメントは，最高裁判所調査官（匿名）が執筆したものであるが，それが最高裁判所が機関として発する学説だと認識されることはない．しかし，調査官の書く解説は重要であり，「最高裁判所の判例と解説は不可分一体の関係にある」とする指摘がある[37]．これはマニョンの第二の学説の考え方に近い．裁判官が個別意見制度によって意見を寄せる以外は，裁判官は調査官も含めて，自らの見解を表に出すことに対し，極めて抑制的で控えめである．

　学説の意義は，まず批判的視点をもって解釈するところにある．またその解釈が全体として，すなわち学説を発するその研究者の一体的な学説として整合性をもつところに説得力が生まれる．フランスでも学説は研究者の学説として，その研究者の評価と結びつき理解されてきたはずである[38]．確かにフランスでは，憲法裁判だけを扱う憲法裁判官の専門性によって，憲法院判決が学説の体をなしていると思われるのかもしれない．しかし重要な点は，憲法裁判の判決は往々にして，政治との妥協をはかった上に出てくるものだという点である．事前審査の場合は，憲法院への提訴自体が政治的意味合いをもつし，法律案に政府提出法律案が多く，議会内多数派に支持されて上下両議院で採択されていることを考えると，その法律案に対する審査の結果は，多かれ少なかれ政治的影響力をもつ．政治的影響力を考慮に入れて憲法院が判断を下すことも十分にありうる．これを裁判官の動機づけ，もしくは正当化というなら，純粋な

法的評価だけが判決を占めるわけではなく，判決を学説と呼ぶのはふさわしくないといえよう．

　ところで日本において裁判官にとって重要な事柄は，政治的中立性である．しかしこの政治的中立性は，しばしば政治的に何の作用もしないことを意味するが，現状を批判しないことは結果的に現状を肯定する，維持することにつながり，現状を保守し，停滞を招くものでもある．他方で，フランスでの憲法院裁判官の要件である「市民的，政治的諸権利の享有」は，市民としての政治的権利の行使を当然認めることにつながっている．彼らに課せられている義務は，秘密保持義務と自らの個人的意見や態度の表明を慎むべきことを内容とする慎重配慮義務である．また，1959年11月13日デクレは，政党におけるポストを占めることや活動を行使することを禁止している．しかし，フランスにおける憲法院の裁判官の任用自体が政治的であることからも，日本の裁判官に対する「積極的に政治運動をすること」（裁判所法52条1号）の禁止とは，そもそもその根底にある基本的な考え方や厳しさについてのとらえ方が異なっているといえる．

　また日本の裁判官は閉鎖的で，研究者と交流の機会をもつことはまずない．講演会やシンポジウムなどで自らの意見を述べることもない．これについては，とりわけ，裁判官の政治活動に関わるいわゆる寺西判事補事件（最大決平10・12・1民集52巻9号1761頁　裁判官分限事件の決定に対する即時抗告）の影響が大きいであろう[39]．この事件は，地方裁判所判事補であった者が市民集会にパネリストとして参加する予定であったところ，同裁判所長より裁判所法52条1号の禁止する「積極的に政治運動をすること」に該当するおそれがあるとして出席を見合わせるよう警告を受け，判事補は集会でパネリストとしての参加をとりやめる旨の発表をしたことについてのものである．こうした判事補の言動に対して分限裁判が申立てられ，仙台高等裁判所特別部は，判事補に対し懲戒処分（戒告）に付す決定を下した．判事補による即時抗告に対して，最高裁は棄却を申し渡している．憲法21条1項の表現の自由は重要なものであるが，裁判官に対し「積極的に政治運動をすること」の禁止は，行動の

もたらす弊害の防止をねらいとしており，裁判官の独立及び中立・公平を確保し，裁判に対する国民の信頼を維持するもので，禁止によりえられる利益は重要，と判断したのである．これには，弁護士，学者出身の裁判官5人の反対意見がついた．この事件は，裁判官の言動に大いに萎縮効果をもたらした．どのような職にあってもその者の市民的自由，意見の自由は重要である．これが基本的になければ民主主義は成立しない．市民的自由，政治的自由を前提として，すなわち人は政治的意見を有している，ということを前提として，制度を組み立てているフランスと比べると，無色であると思われる人に無色であり続けることを強要しながら，裁判官（公務員，教員なども）の職を委ねる日本が，はたして，運用における政治的中立性をあくまで守ることができるのか，疑問に思える．

　また，最高裁判所裁判官の退職後，何人か（主に弁護士や教授出身の裁判官）は，在職中のことについて本を出版している．このような本を通して，我々研究者は最高裁判所の中で行われていることについてはじめてその実態を知る．在職中の裁判官から制度の現状について直接話をきくことさえ困難である．つまり，裁判官と研究者との間の対話はみられない．こうした閉鎖性は，研究者の先進的な考えを遠ざけ，ますます憲法裁判は司法消極主義にのめりこむといったら過言であろうか[40]．

1) Thierry S. RENOUX et Michel de VILLIERS, *Code constitutionnel*, Lexis Nexis, 6e éd., 2014, p. 762.
2) Louis FAVOREU et alii, *Droit constitutionnel*, Dalloz, 14e éd., 2012, p. 314.
3) Guy CARCASSONNE, *Petit dictionnaire de droit constitutionnel*, Editions du Seuil, 2014, p. 71. なおここで doctrine を「学説」と訳すが，他に「考え，判断，意見，あるいは法理論」という意味もある．
4) Xavier MAGNON, Que faire des doctrines du Cour constitutionnel?, *Les nouveaux cahiers du Conseil constitutionnel*, n° 38-2013, pp. 206 et s.
5) *Ibid*, p. 206.
6) *Ibid*, p. 207.
7) 通常この動機づけは，「行政行為の動機づけ」として説明され，「利害の関係者の

権利を守るという観点で，さまざまな行政や社会保障の責任で設定される義務であり，また不利益をもたらす個別的な決定の一定のカテゴリーを示す根拠となった法上，事実上の理由を通知する義務でもある」とされている．Sous la directions de Raymond GUILLIEN et Jean VINCENT, *Lexique des termes juridiques*, Dalloz, 14ᵉ éd., 2003, p. 384.

8）Xavier MAGNON, *op. cit.*, p. 207．なお『憲法院ノート』も『新憲法院ノート』も憲法院から出されている．

9）*Ibid*, p. 207.

10）*Ibid*, pp. 207 et 208.

11）*Ibid*, p. 209.

12）*Ibid*, p. 210.

13）*Ibid*, p. 210.

14）*Ibid*, p. 210.

15）*Ibid*, p. 210.

16）*Ibid*, p. 211.

17）*Ibid*, p. 211.

18）Wanda MASTOR, La QPC, une occasion de systimatiser la discours du juge ?, Sous la direction de Xavier MAGNON et alii, *Question sur la question 3*, LGDJ-Lextenso éditions, 2014, pp. 141 et s.

19）*Ibid*, pp. 141 et 142.

20）*Ibid*, p. 142．なお文中における「QPC の枠組の中で憲法院が具体的な訴訟を解釈する裁判所としてふるまう」という点については，QPC においても憲法院はあくまでも合憲性審査を抽象審査としてするにすぎない，という指摘がある．マチューは，合憲性の問題の客観的な性格は，次なる事実から強められるとしている．「問題が提示された際は，どのような理由によるものであれ，審理の消滅があったとしても，合憲性の問題の検討に重要ではない」．Bertrand MATHIEU, *Question prioritaire de constitutionnalité*, Lexis Nexis, 2013, p. 18.

21）Régis de GOUTTES, Le dialogue des juges, *Les cahiers du Conseil constitutionnel*, Hors série, 2009, pp. 21 et s.

22）エミール・クーエ Emile COUÉ は自己暗示療法という治療方法を始めたことで知られている．

23）Régis de GOUTTES, *op cit.*, p. 21.

24）*Ibid.*, p. 21.

25）*Ibid.*, p. 22.

26）最高裁判所裁判官の構成については，さしあたり次のものを参照．芹沢斉他編『新基本法コンメンタール 憲法』別冊法学セミナー 210 号（2011 年）415 頁以下（小

貫幸浩担当）.

27）　さしあたり次のものを参照．大石眞＝石川健治編『憲法の争点』ジュリスト増刊 2009 年 266・267 頁（中島茂樹担当）.

28）　さしあたり次のものを参照．渡辺洋三他『日本の裁判』岩波書店 1995 年 172 頁 以下．弁護士の側から任命の不透明性を指摘するものに次のものを参照．滝井繁男 『最高裁判所は変わったか』岩波書店 2009 年 3 頁以下．滝井によれば「現在，どの ようにしてその対象者が選ばれ，現実に任命されるのかは全く不透明である」とし， 法曹資格を有する者からの任命については，最高裁判所長官の推薦を受け入れて任 命する慣行ができているといわれるが，「その推薦の実情は，最高裁のなかにいて も全くわからない」としている.

29）　渡辺洋三他・前掲書 181 頁.

30）　同書 179 頁.

31）　平成 22 年の最高裁判所の民事訴訟事件の新受件数は 4,521 件，行政訴訟事件 974 件，刑事訴訟事件の新受人員 2,192 人となっており，合計で 7,687 件となっている． 『裁判の迅速化に係る検証に関する報告書』9 頁.

32）　同書 180 頁．なお調査官制度の概要については，北川弘治「最高裁判所調査官制 度について」『今日の最高裁判所』法学セミナー増刊（1988 年）110 頁以下参照.

33）　園部逸夫『最高裁判所 10 年』有斐閣 2001 年 11 頁．なお，園部逸夫は，裁判官 出身で調査官も経験しているが，その後大学教授となり，最高裁の裁判官としては 教授枠で入っている.

34）　同書 7 頁以下参照.

35）　同書はしがき部分.

36）　同書 10 頁参照.

37）　同書 14 頁．これに対し，調査官解説の下級審判決への影響を憂える声もある． それによると，「この解説が，担当調査官個人の考えによるもの」としていて，調 査官の解説について異なる見方を示している．滝井繁男・前掲書 35 頁.

38）　Par ex., André de LAUBADÈRE et alii, *Pages de doctrine*, LGDJ, 1980.

39）　さしあたり高橋和之他編『憲法判例百選 II』別冊ジュリスト 187 号（2007 年）， 406-407 頁参照（本秀紀）.

40）　エクサンプロヴァンスにおける第 30 回国際憲法裁判学会の円卓会議においては， 学説と判例との乖離も問題になった．非嫡出子の法定相続分差別の違憲判断は最高 裁判所で 2013 年に漸く出た（最大決平 25・9・4）が，すでに 1996 年に法制審議会 の民法改正法律案要綱の中にも盛り込まれていた．1990 年代には学説において主流 といえたのではなかろうか.

資　　　料

1．第五共和制憲法（抜粋）

2．憲法院に関する組織法律の価値を有する 1958 年 11 月 7 日 58-1067 号オルドナンス（抜粋）

3．憲法院構成員の義務に関する 1959 年 11 月 13 日 59-1292 号デクレ

4．2010 年 2 月 4 日の合憲性優先問題のための憲法院における手続に関する内部規則

5．憲法 61-1 条の適用に関する 2009 年 12 月 10 日 2009-1523 号組織法律についての 2009 年 12 月 3 日 DC2009-595 号憲法院判決

資料1 第五共和制憲法（抜粋）

第7篇 憲法院

56条 憲法院は，9名の構成員からなり，その任期は9年で，再任されない．憲法院は，3年ごとに3分の1ずつ改選される．構成員のうち，3名は共和国大統領により，3名は国民議会議長により，3名はセナ議長により任命される．13条の最後の項で定められた手続は，これらの任命にも適用される．各議院の議長による任命は，当該議院の常任委員会の意見のみにしたがって行われる．

前項に定められる9名の構成員の他，元共和国大統領は，当然に終身の構成員となる．

院長は，共和国大統領により任命される．院長は，可否同数のときに裁決権をもつ．

57条 憲法院構成員の職務は，大臣または国会議員の職務と兼職はできない．その他の兼職禁止については，組織法律によって定める．

58条 憲法院は，共和国大統領選挙の適法性を監視する．

憲法院は異議申立てを審査し，投票結果を公表する．

59条 憲法院は，国民議会議員選挙及びセナ議員選挙について裁定する．

60条 憲法院は，11条，89条，第15篇に定められた人民投票の施行の適法性を監視する．憲法院はその結果を公表する．

61条 組織法律については，その審署前に，11条に定める議員提出法律案については，人民投票にかけられる前に，議院規則については，その施行前に，憲法院の審査に付されなければならない．憲法院は，それらの合憲性について裁決する．

同様の目的で，法律は，その審署前に，共和国大統領，首相，国民議会議長，セナ議長，60名の国民議会議員もしくはセナ議員によって，憲法院に付託されることができる．

資　　料　*327*

前2項に定める場合には，憲法院は，1カ月の期間内に裁定しなければならない．但し，緊急の場合には，政府の請求によって，この期間は8日に短縮される．

これらの場合，憲法院への付託によって，審署は停止される．

61-1条　裁判所で係属中の訴訟の際に憲法が保障する権利及び自由を法律規定が侵害していると主張された場合，憲法院は，所定の期間内に見解を表明するコンセイユ・デタまたは破毀院からの移送によって，この問題の付託を受けることができる．

本条の適用条件は組織法律で定められる．

62条　61条に基づき違憲と宣言された規定は，審署されることも施行されることもない．

61-1条に基づき違憲と宣言された規定は，憲法院判決の公表の日以後あるいはこの判決が定める期日以降，廃止される．憲法院は，この規定から生じた効果を検討する条件及び限界を定める．

憲法院判決に対しては，いかなる訴えもできない．憲法院判決は，公権力ならびにすべての行政機関及び司法機関を拘束する．

63条　憲法院の組織及び運営に関する規則，憲法院における手続，及び，とりわけ異議についての付託が認められる期間については，組織法律が決定する．

第8篇　司法機関

64条　共和国大統領は，司法機関の独立の保証者 garant である．

共和国大統領は，司法官職高等評議会によって補佐される．

組織法律は司法官の身分を定める．

裁判官 magistrat de siège は終身制である．

65条　司法官職高等評議会は，裁判官について管轄を有する部会と検察官について管轄を有する部会から構成される．

裁判官について管轄を有する部会は，破毀院の院長により主宰され

る．同部会には，この他，5名の裁判官と1名の検察官，コンセイユ・デタから任命された1名の評定員，1名の弁護士，ならびに議会にも，司法系列にも，行政系列にも属さない，6名の適格性を有する識者が含まれる．共和国大統領，国民議会議長，セナ議長は，それぞれ2名の適格性を有する識者を任命する．13条の最後の項に定められている手続が，適格性を有する識者の任命に適用される．議会のそれぞれの議院の議長による任命は，当該議院の常任委員会の意見にのみしたがうものとする．

検察官について管轄を有する部会は，破毀院付き検事総長により主宰される．同部会には，この他，5名の検察官，1名の裁判官，同様にコンセイユ・デタ評定官，弁護士，ならびに2項に示された6名の適格性を有する識者が含まれる．

裁判官について管轄を有する司法官職高等評議会の部会は，破毀院裁判官の任命，控訴院の院長の任命，大審裁判所の裁判長の任命のための提案をする．その他の裁判官については，一致した意見の下で任命される．

検察官について管轄を有する司法官職高等評議会の部会は，検察官に関する任命について意見を述べる．

裁判官について管轄を有する司法官職高等評議会の部会は，裁判官の懲戒評議会として決定を下す．2項にみられる構成員の他，同部会には，検察官について管轄を有する部会に属する裁判官が含まれる．

検察官について管轄を有する司法官職高等評議会の部会は，関連する懲戒処罰について，意見を述べる．そこでも，3項にみられる構成員の他，同部会には，裁判官について管轄を有する部会に属する検察官が含まれる．

64条の資格で，大統領により作成された意見の要求に応えるため，司法官職高等評議会は総会を開催する．同総会においては，司法官

の職業倫理に関する問題，及び司法大臣が提起する裁判の運営に関するすべての問題について，意見が述べられる．この総会は，2項で示された5名の裁判官のうち3名，3項で示された5名の検察官のうち3名，同様にコンセイユ・デタの評定官，弁護士，2項で示された6名の適格性を有する識者で構成される．同総会は，破毀院の院長によって主宰され，破毀院付き検事総長が代理を務める．

懲戒問題を除いて，司法大臣は，司法官職高等評議会の諸部会の会議に出席することができる．

司法官職高等評議会は，組織法律によって定められた条件の下で，裁判当事者による申立てを受け付ける．

組織法律は，当該条文に適用される条件を定める．

66条　いかなる者も，恣意的に拘禁されてはならない．

司法機関は，個人的自由の擁護者であるが，法律によって定められた条件において，この原則の尊重を保障する．

66-1条　いかなる者も，死刑には処せられない．

資料2　憲法院に関する組織法律の価値を有する 1958年11月7日58-1067号オルドナンス（抜粋）（2013年10月13日確定版）

第1篇　憲法院の組織

1条　憲法院構成員は，当然に構成員となる者を除き，共和国大統領，国民議会議長，セナ議長の決定により任命される．

憲法院院長は，共和国大統領の決定により任命される．憲法院院長は，任命された構成員もしくは当然に構成員となる者の中から選ばれる．

上記の諸決定は官報で公示する．

2条　　　最初の憲法院は，3年の任期で任命された3名，6年の任期で任命
　　　　された3名，そして9年の任期で任命された3名で構成する．共和
　　　　国大統領，国民議会議長，セナ議長は，各任期につき各1名を任命
　　　　する．

3条　　　職務に就く前に，任命された憲法院構成員は共和国大統領の前で宣
　　　　誓する．
　　　　構成員は，その職務を適切に忠実に遂行し，憲法を尊重して，公平
　　　　にその職務を行使し，審議及び投票の秘密を守り，憲法院の管轄に
　　　　関わる問題について，いかなる公的な立場も表明せず，意見も述べ
　　　　ないことを誓う．
　　　　宣誓の証書が作成される．

4条　　　憲法院構成員の職務は，政府あるいは経済・社会・環境評議会の構
　　　　成員，権利擁護官，これらの職務とは兼務できない．同様に，この
　　　　職務は，あらゆる選挙で選ばれる任務の行使とも兼務できない．
　　　　政府もしくは経済・社会・環境評議会の構成員，権利擁護官，選挙
　　　　で選ばれる任務を負う者が憲法院に任命された場合，この者の任命
　　　　の公表から8日以内に反対の意思を表明しないかぎり，憲法院の任
　　　　務を選択したものとみなす．
　　　　憲法院構成員が，政府の職務もしくは権利擁護官の職務に任命され
　　　　た場合，あるいは経済・社会・環境評議会の構成員に指名された場
　　　　合，あるいは選挙で選ばれる任務をえた場合，この者は，交代させ
　　　　られる．
　　　　憲法院構成員の職務の行使は，あらゆる公職及びあらゆる他の職業
　　　　的活動または給与生活者としての活動の行使とは兼務できない．
　　　　憲法院構成員は，しかしながら，学問，文学，芸術に関わる職業に
　　　　従事することはできる．
　　　　憲法院構成員の職務は，弁護士業務の行使とは兼務できない．

5条　　　憲法院構成員は，その職務の任期中，いかなる公的な職務にも任命

資　料　*331*

されず，またその者が公務員である場合は，抜擢による昇進を受けることはできない．

6 条　憲法院院長と憲法院構成員は各々，号俸外に分類される国家の公職の二つの上級カテゴリーに与えられる待遇に等しい報酬を受ける．

7 条　憲法院の職務の独立性と尊厳を保障するために，憲法院の提案に基づき，大臣会議で採択されたデクレが，憲法院構成員に課せられる義務を定める．これらの義務には，憲法院構成員に対しその職務の任期中，とりわけ，憲法院判決の対象となるもしくは対象となりうる問題に関して，いかなる公的な立場もとらない，あるいはこれらの問題に関して相談しないという禁止事項を含むものである．

8 条　憲法院構成員がその職務の任期満了となる少なくとも 8 日前に，この者に交代する者を準備する．

9 条　憲法院構成員は，憲法院にあてた書状により辞職することができる．辞職から遅くとも 1 カ月以内に交代者の任命が行われる．交代者の任命をもって，辞職の効果が発生する．

10 条　憲法院は，憲法院構成員の資格と相容れない職務を行使し，またはこうした職務や選挙で選ばれた職務を受諾した憲法院構成員に対して，もしくは市民的，政治的諸権利を享有しない憲法院構成員に対して，場合によって，職権による罷免を確認する．
　　　　憲法院は，この場合 8 日以内に，この者と交代する者を準備する．

11 条　上記 10 条の規範は，恒常的な身体的不能により決定的に職務を遂行できない場合の憲法院構成員にも適用される．

12 条　任期満了前に職務を終了した者の交代として指名された憲法院構成員は，代わりを務めた者の任期を全うする．この任期満了後，この交代した者が 3 年以内の任期で職務についていた場合には，彼を憲法院構成員として任命することができる．

第 2 篇　憲法院の運営

第 1 章　一般規定

13 条　憲法院は，院長の招集に基づき，あるいは院長に障碍事由がある場合には，最も高齢の構成員の招集に基づき開催される．

14 条　憲法院の判決及び意見は，調書で正式に確認されたきわめて重大な状況がある場合を除き，少なくとも 7 名の評定官によって下される．

15 条　憲法院の提案に基づき，大臣会議で採択されたデクレが，事務総局の組織を定める．

16 条　憲法院の運営に必要な予算は，一般会計予算に組み込まれる．憲法院院長が支出を命じる．

第 2 章　憲法適合性の宣言

17 条　議会で採択された組織法律は，首相により憲法院に伝達される．場合により伝達書には緊急である旨が記される．いずれかの議院で採択された規則及びその改正は，当該議院の議長により憲法院に伝達される．

18 条　議員の主導により法律が憲法院へ付託される場合，憲法院は，少なくとも 60 名の国民議会議員もしくは 60 名のセナ議員のすべての署名を含む一通あるいは複数の書状により付託を受ける．
　　　　憲法 54 条あるいは 61 条（2 項）にしたがい付託を受けた憲法院は，直ちに，共和国大統領，首相，国民議会議長，セナ議長に通知する．両院議長は各議院所属議員に通知する．

19 条　憲法適合性の評価は，憲法 61 条 3 項に定める期間内に，憲法院構成員の報告に基づき行われる．

20 条　憲法院の宣言には理由が付せられる．この宣言は官報に掲載される．

21 条	規定が憲法に違反しないことを認める憲法院の宣言の公表により，審署期間の停止は終了する．
22 条	付託された法律が憲法に違反する規定を含み，この規定と法律全体とを切り離すことができないと憲法院が宣言する場合には，この法律は審署されない．
23 条	付託された法律が憲法に違反する規定を含むが，この規定と法律全体とを切り離すことができないと確認することなく，憲法院が宣言する場合には，共和国大統領は，当該規定を除いて法律に審署する，あるいは議院に新たな読会を要請することができる． 伝達された議院規則が憲法に違反する規定を含むと憲法院が宣言する場合には，当該規定は，当該規則を可決した議院によって適用することはできない．

第 2 章 *bis*　合憲性優先問題

第 1 節　コンセイユ・デタまたは破毀院の所轄である裁判所で適用される規定

23-1 条	コンセイユ・デタまたは破毀院の所轄である裁判所において，法律規定が憲法で保障された権利及び自由を侵害しているとする請求は，個別のかつ理由を付した文書において表明されることが必要で，違反すれば不受理となる．このような請求は，訴えを問題としてはじめて提起することができる．その請求を職権により提起することはできない． 破毀院の所轄である裁判所において，検察官が訴訟の当事者でない場合，請求が提起されるとすぐに，検察官が意見を付すことができるよう，その事件は検察官に通知される． 刑事予審において請求が提起される場合は，第二審の予審裁判所に付託される． 請求を重罪院において提起することはできない．請求は，第一審として重罪院が下した判決に対して控訴がなされる場合に，控訴申立

を付した文書により提起することができる．この文書は速やかに破
毀院に送付される．

23-2 条 　裁判所は，遅滞なく，コンセイユ・デタまたは破毀院への合憲性優
先問題の移送について理由を付した判決により裁定する．この移送
は次の条件が満たされる場合になされる．

1 号 　異議を申立てられた規定が，係争または手続に適用可能であるか，
あるいは提訴の根拠を構成すること．

2 号 　事情の変更の場合を除き，異議を申立てられた規定が，憲法院判決
の理由及び主文においてすでに憲法に適合すると宣言されていない
こと．

3 号 　問題が重大な性格を欠いていないこと．

どのような場合であっても，一方で，法律規定と憲法で保障された
権利及び自由との適合性について，他方で，この規定とフランスの
国際的義務との適合性について異議を申立てる請求が付託された場
合，裁判所は，合憲性の問題をコンセイユ・デタあるいは破毀院へ
移送することについて優先的に見解を表明しなければならない．

問題を移送する判決は，判決から 8 日以内に当事者の趣意書または
申立書とともに，コンセイユ・デタあるいは破毀院へ送付される．
この判決に対するいかなる訴えもできない．問題の移送を棄却する
判決に対しては，係争の全部または一部を解決する判決に対する訴
えの際にのみ異議を申立てることができる．

23-3 条 　問題が移送された場合，コンセイユ・デタまたは破毀院の判決，あ
るいは憲法院に付託された場合は憲法院の判決を受理するまで，裁
判所は判決を延期する．予審は中断されず，裁判所は必要な暫定的
措置または保全的措置をとることができる．

しかし，訴訟のために人の自由が奪われる場合，または訴訟の目的
が自由剥奪措置を終わらせることである場合，判決は延期されな
い．

また，法律あるいは命令が，所定の期間内にまたは緊急に裁判所は裁定すると定められている場合，裁判所は，合憲性優先問題に関する判決を待つことなく判決を下すことができる．第一審の裁判所がこれを待たずに判決を下し，この判決に対する控訴がなされた場合，控訴裁判所は判決を延期する．しかし，控訴裁判所自身が所定の期間内にまたは緊急に判決を下さなければならない場合は，判決を延期することができない．

さらに，判決の延期が当事者の権利に対し修復できない，または明らかに行き過ぎた結果を招くおそれがある場合，問題の移送を決定した裁判所は，速やかに裁定すべき点について判決を下すことができる．

コンセイユ・デタまたは破毀院の判決，あるいは憲法院に付託された場合には憲法院の判決を待たずに事実審裁判所が判決を下したが，破毀申立てがなされた場合，合憲性優先問題について判決が下されるまでは，破毀申立てに関するすべての判決が延期される．当事者が訴訟のために自由を奪われる場合，及び，法律が所定の期間内に破毀院は裁定すると定めている場合は，このかぎりではない．

第2節　コンセイユ・デタ及び破毀院で適用される規定

23-4条　23-2条または23-1条最終項が定める移送の受理から3カ月以内に，コンセイユ・デタまたは破毀院は，合憲性優先問題の憲法院への移送について見解を表明する．23-2条1号及び2号に定める条件が満たされており，かつ，問題が新規的なものかまたは重大な性格を提示している場合には移送がなされる．

23-5条　破毀においてはじめて提示される場合も含め，コンセイユ・デタまたは破毀院における訴訟の際に，憲法で保障された権利及び自由を法律規定が侵害しているとする請求を提起することができる．その請求は，個別のかつ理由を付した趣意書において表明されることが

必要で，違反すれば不受理となる．その請求を職権により提起することはできない．

どのような場合であっても，一方で，法律規定と憲法で保障された権利及び自由との適合性について，他方で，この規定とフランスの国際的義務との適合性について異議を申立てる請求を付託された場合，コンセイユ・デタまたは破毀院は，合憲性の問題を憲法院へ移送することについて優先的に見解を表明しなければならない．

コンセイユ・デタまたは破毀院は，請求の提出から3カ月以内に判決を下す．23-2条1号及び2号に定める条件が満たされており，かつ，問題が新規的なものか，または重大な性格を提示している場合には，憲法院は，合憲性優先問題の付託を受ける．

憲法院が付託を受けた場合，コンセイユ・デタまたは破毀院は，憲法院が見解を表明するまで裁定を延期する．当事者が訴訟のために自由を奪われる場合，及び，法律が所定の期間内に破毀院は裁定すると定めている場合は，このかぎりではない．コンセイユ・デタまたは破毀院が緊急に判決を下さなければならない場合は，判決は延期されないことがある．

［訳注：23-6条は憲法65条の適用に関する2010年7月22日2010-830号組織法律の12条によって廃止された．］

23-7条　コンセイユ・デタまたは破毀院による憲法院への付託に関する理由を付した判決は，当事者の趣意書または申立書とともに憲法院に送付される．憲法院は，コンセイユ・デタまたは破毀院による合憲性優先問題を憲法院に付託しない旨の理由を付した判決の写しを受理する．コンセイユ・デタまたは破毀院が23-4条または23-5条に定められた期間内に判決を下さなかった場合，その問題は憲法院に移送される．

コンセイユ・デタまたは破毀院の判決は，8日以内に合憲性優先問題を移送した裁判所に送付され，かつ，当事者に通知される．

第3節　憲法院で適用される規定

23-8条　本章の規定の適用に基づき付託を受けた憲法院は，速やかに，共和
国大統領，首相，国民議会及びセナ両院議長に通知する．憲法院の
下におかれた合憲性優先問題について，これらの者は所見 obser-
vations［内部規則では意見とした］を憲法院に提出することがで
きる．

ニュー・カレドニアの地方法律の規定が合憲性優先問題の対象とな
っている場合は，憲法院は，ニュー・カレドニア政府代表者，自治
議会 congrès 議長及び地方議会 assemblées de province 議長に通知
する．

23-9条　憲法院が合憲性優先問題の付託を受けた場合，この問題が提起され
た訴訟の消滅は，それがいかなる理由によるものであっても，この
問題の審査に影響しない．

23-10条　憲法院は，付託から3カ月以内に判決を下す．当事者は対審におい
て意見を述べることができる．憲法院の内部規則で定められた例外
的な場合を除いて，法廷は公開される．

23-11条　憲法院の判決には理由が付される．判決は当事者に送付され，コン
セイユ・デタまたは破毀院に，同様に場合によっては合憲性優先問
題が提起された裁判所にも通知される．

憲法院はまた，判決を，共和国大統領，首相，国民議会及びセナ両
院議長に通知する．また，23-8条最終項が定めている場合には，
この条項に示される諸機関にも通知する．

憲法院判決は，官報に公示され，場合によってはニュー・カレドニ
ア官報に公示される．

23-12条　憲法院に合憲性優先問題が付託された場合，司法扶助として協力す
る司法補助職の報酬に対する国庫拠出金は，命令的措置によって定
められた方式で，増額される．

資料3 憲法院構成員の義務に関する 1959 年 11 月 13 日 59-1292 号デクレ（1959 年 11 月 15 日確定版）

憲法院の提案に基づき，憲法院に関する組織法律の価値を有する 1958 年 11 月 7 日オルドナンス，
とりわけその 7 条に照らして，

1条　　憲法院構成員は，その職務と独立を危うくするあらゆることを慎むことを一般的義務として有する．

2条　　憲法院構成員は，その職務の任期中，特に次なることが禁止される．

　　　　憲法院の判決の対象となるもしくは対象となりうる問題に関して，何らかの公的な立場をとる，または意見を求めること．

　　　　政党または政治団体の中で，何らかの責任ある地位や指導的な地位を占めること，及び一般的な方法で，上記 1 条の規定と両立しない活動を行使すること．

　　　　憲法院構成員である者の資格について，公刊されると思われる何らかの文献において，また公的あるいは私的な何らかの活動に関して，言及すること．

3条　　憲法院構成員は，憲法院の外での彼らの活動において，起こりうる変化を憲法院院長に知らせるようにする．

4条　　選挙で選ばれる任務を請われている憲法院構成員は，選挙キャンペーンの期間中，休職を願い出なければならない．

5条　　憲法院は，場合によっては，憲法院構成員が一般義務を怠ったかどうか，特に本デクレ 1 条及び 2 条で言及する義務を怠ったかどうかを判断する．

6条　　上記 5 条に定める場合において，憲法院は，憲法院構成員の，そこには当然の構成員も含まれるが，単純多数決における秘密投票で，

見解を表明する.

7条 本デクレの規定の適用に対して, 憲法院は理由があるときには上述の 1958 年 11 月 7 日オルドナンス 10 条に定められた手続に訴えることができる.

8条 1958 年 11 月 7 日オルドナンス 10 条及び 11 条の適用の際は, 憲法院は当該構成員の職権による罷免を確認する.

憲法院は直ちに, その決定を共和国大統領及び当該構成員の交代を務める者を準備すべき機関に通知する.

9条 本デクレは, フランス共和国官報に公示される.

共和国大統領　シャルル・ドゴール
首相　　　　　ミッシェル・ドゥブレ

資料4　2010 年 2 月 4 日の合憲性優先問題のための憲法院における手続に関する内部規則

憲法院は,

憲法, とりわけその 61-1 条に照らして,

憲法院に関する組織法律の価値を有する 1958 年 11 月 7 日 58-1067 号オルドナンスに照らして,

憲法 61-1 条の適用に関する 2009 年 12 月 10 日 2009-1523 号組織法律, 2009 年 12 月 3 日 2009-595 号判決全体に照らして,

憲法院構成員の義務に関する 1959 年 11 月 13 日 59-1292 号デクレに照らして,

憲法院事務総局の組織に関する 1959 年 11 月 13 日 59-1293 号デクレに照らして,

次のように決定する.

1条　1項　合憲性優先問題を憲法院に付託する旨のコンセイユ・デタまたは
破毀院の判決は，憲法院事務総局に登録される．憲法院事務総局
はこれを訴訟当事者に，または場合によっては当事者の代理人に
通知する．

2項　共和国大統領，首相，国民議会及びセナの両院議長，また，必要
がある場合には，ニュー・カレドニアの政府代表者，自治議会議
長及び地方議会議長にも，このことを通知する．

3項　この通知には，当事者または前述の諸機関が文書による意見，及
び場合によってはその意見を裏づける書証を提出しうる期日が示
される．これら意見及び書証は，3条に定められた条件にしたが
い憲法院事務総局に提出される．この期日は延期されず，期日よ
り後に提出された意見及び書証は，手続に付されない．

4項　この最初の意見，及び場合によってはこれを裏付ける書証の写し
は，当事者と前述の諸機関に送付される．これらの当事者と前述
の諸機関は，同一の条件の下で，定められた期日までに意見を提
出することができる．この第二の意見は，最初の意見に答えるこ
と以外の目的をもつことはできない．この意見の写しも同様に，
当事者と前述の諸機関に送付される．

2条　　　すべての手続的行為の完遂ならびにすべての文書及び書証の受理
が，憲法院事務総局の記録簿に記載される．

3条　1項　審理 instruction の間，すべての手続上の認証のための書面及び
証書ならびに召喚もしくは招請は，電子的手段により送付され
る．これらは，同様に，電子的手段により送られる受理通知の対
象とされる．このために，すべての当事者は，送付が有効になさ
れる電子アドレスを憲法院事務総局に伝えることとする．

2項　必要に応じて，かつ，手続の対審的性格を保障するために，憲法
院事務総局は他のあらゆる伝達手段を用いることができる．

3項　当事者がある者に代理の任務を負わせた場合，この代理人に対し

てこれらの送付がなされる.

4条　1項　審理を担当することを差し控えるべきだと思うすべての憲法院構成員〔評定官〕は，その旨を憲法院院長に通知する.

2項　当事者またはその代理人は，このため特別な権限を有し，正当化する固有の証書をそえて，特別に理由を付した文書をもって，憲法院構成員の忌避を請求することができる. この請求は，最初の意見の受理のために定められた期日の前までに憲法院事務総局に記録されるのでなければ受け付けられない.

3項　この請求は，対象となる憲法院構成員に伝達される. 当該憲法院構成員は，忌避を承諾するかどうかを知らせる. 承諾しない場合，請求は，忌避が請求された構成員が関与することなく審査される.

4項　合憲性問題の対象となった法律規定の作成に憲法院構成員が関与したという事実のみでは，忌避理由を構成しない.

5条　1項　憲法院院長は，事件を憲法院の審理日程に登録し，審理の日を決定する. 憲法院院長はこれを，当事者及び1条で定められた諸機関に通知する.

2項　憲法院院長は，憲法院構成員の中から報告担当官を指名する.

6条　1項　審理の必要上，憲法院が審問 audition の実施を決定した場合，当事者及び1条で定められた諸機関は審問への出廷を求められる. 次に，これらの者に意見を提出するための期間が与えられる.

2項　特別な利害を立証する者が，1条3項の適用で定められた日より前に，また憲法院のインターネットサイトで言及された日より前に，合憲性優先問題に関し，訴訟参加の意見を提出した場合，憲法院は，すべての手続書類をこの者に送ることを，またこの意見を当事者及び1条で定められた諸機関へ伝達することを決定する. これらの者には，この意見に答えるための期間が与えられる. 緊急の場合には，憲法院院長が伝達を命じる.

3項　コンセイユ・デタまたは破毀院が所轄する裁判所において合憲性
　　　優先問題を提起した当事者に対し，その問題が憲法院ですでに付
　　　託を受けた法律規定を問題とすることを理由としてこの問題が移
　　　送も伝達もされなかった場合，コンセイユ・デタまたは破毀院に
　　　おいて，期日より期限が切れたことは対抗力をもたない．

4項　訴訟参加における意見に新たな請求理由［批判理由］が含まれる
　　　場合，この伝達は，本規則7条の意味における通知の代わりとな
　　　る．

5項　訴訟参加における意見が憲法院によって認められなかった場合，
　　　憲法院はその旨を利害関係者に通知する．

7条　　　　職権でとりあげられる請求理由は，当事者及び1条で定められた
　　　　　諸機関が所定の期間内に意見を提出できるように，伝達される．

8条　1項　憲法院院長は，法廷の秩序維持を確保する．憲法院院長は，法廷
　　　　　の適正な進行を監督し，審理を主導する．

2項　法廷は，憲法院内部の一般に公開された部屋においては直接配信
　　　される視聴覚メディア放送の対象となる．

3項　憲法院院長は，当事者の請求あるいは職権により，公共秩序の利
　　　益において，もしくは未成年者の利益または個人の私生活の保護
　　　がそれを求める場合に，法廷の公開を制限することができる．憲
　　　法院院長は，例外的に，かつこれらの理由のみにより，審理の非
　　　公開を命じることができる．

9条　1項　法廷の開始から，前条に定める放送に必要な機器を除き，音声ま
　　　　　たは映像を記録，固着，伝達するあらゆる機器の使用は，一般に
　　　　　公開された部屋と同様に法廷においても禁止される．

2項　しかし，憲法院院長は，出席する当事者の意見を受けた後，憲法
　　　院のインターネットサイト上での法廷の配信を命じることができ
　　　る．

3項　憲法院院長はまた，憲法院の歴史的資料の集成にとって利益があ

資　　料　*343*

　　　　　　　る場合，この配信の保存を命じることができる．

10 条　1 項　法廷においては，合憲性優先問題及び手続の諸段階における注意
　　　　　　　指示が読みあげられる．

　　　　2 項　次に，当事者の代理人及び訴訟参加における意見が承認された者
　　　　　　　が，コンセイユ・デタ及び破毀院付弁護士または弁護士である
　　　　　　　か，場合によっては 1 条で定められた諸機関によって指名された
　　　　　　　官吏である場合には，必要に応じて，口頭での意見を示すことが
　　　　　　　求められる．

11 条　1 項　法廷に出席した憲法院構成員のみが評議に参加することができ
　　　　　　　る．

　　　　2 項　上述の 1958 年 11 月 7 日オルドナンス 58 条の適用を妨げること
　　　　　　　なく，この評議は公開されない．

12 条　1 項　憲法院の判決には，当事者及びその代理人の氏名，参照適用法文
　　　　　　　及び伝えられた意見，判決が依拠する理由及び判決主文が含まれ
　　　　　　　る．判決には，判決の審議の際に裁判席についた憲法院構成員の
　　　　　　　氏名が記される．

　　　　2 項　憲法院の判決は，憲法院院長，事務総長，報告担当官により署名
　　　　　　　され，上述の 1958 年 11 月 7 日オルドナンス 23-11 条に従い，伝
　　　　　　　達され，通知され，公示される．

13 条　　　　憲法院が，判決の一つに形式的過誤があると認める場合，当事者
　　　　　　　及び 1 条で定められた諸機関の説明を受け，憲法院はそれを職権
　　　　　　　で訂正することができる．当事者及び 1 条で定められた諸機関
　　　　　　　は，判決の官報への掲載から 20 日以内に，判決の一つの形式的
　　　　　　　過誤の訂正の請求を憲法院に申立てることができる．

14 条　　　　判決は，フランス共和国官報に掲載される．

資料 5　憲法 61-1 条の適用に関する 2009 年 12 月 10 日
　　　2009-1523 号組織法律についての
　　　2009 年 12 月 3 日 DC2009-595 号憲法院判決

2009 年 11 月 25 日，憲法院は，憲法 46 条 5 項及び 61 条 1 項にしたがい，首相から，憲法 61-1 条の適用に関する組織法律についての付託を受けた．

憲法院は，
第五共和制の諸機関の改革に関する 2008 年 7 月 23 日第 2008-724 号憲法的法律から生ずる文言における憲法に照らして，
修正された憲法院に関する組織法律の価値を有する 1958 年 11 月 7 日 58-1067 号オルドナンスに照らして，
修正されたニュー・カレドニアに関する 1999 年 3 月 19 日第 99-209 号組織法律に照らして，
行政裁判組織法典に照らして，
財政裁判所法典に照らして，
司法組織法典に照らして，
刑事訴訟法典に照らして，
報告担当官の報告を受け，

1．憲法院の審査に付された組織法律は，憲法 61-1 に基づき講じられ，憲法 46 条の最初の 3 項に定められた手続規範を尊重して採択されたことに鑑み，

──参照規範について
2．上述の 2008 年 7 月 23 日憲法的法律 29 条により，憲法に 61-1 条が挿入された．この規定は「裁判所で係属中の訴訟の際に，憲法が保障する権利及

び自由を法律規定が侵害していると主張された場合，憲法院は，所定の期間内に見解を表明するコンセイユ・デタまたは破毀院からの移送によって，この問題の付託を受けることができる．本条の適用条件は組織法律で定められる」と定めている．とりわけ同憲法的法律 30 条により，憲法 62 条に第 2 項が挿入された．本項は「61-1 条に基づき違憲と宣言された規定は，憲法院判決の公表の日以後あるいはこの判決が定める期日以降，廃止される．憲法院は，この規定から生じた効果を検討する条件及び制限を定める」と定める．これらのことに鑑み，

3．一方で，憲法制定者はこのように，すべての訴訟当事者に，請求を証明するために，法律規定が憲法が保障する権利及び自由を侵害していると主張する権利を認めた．憲法制定者は，憲法により承認された二つの裁判系列のそれぞれの頂点に位置する裁判所であるコンセイユ・デタと破毀院に，憲法院にこの合憲性問題を付託すべきかどうかを判断する権限を委ねた．最後に憲法制定者は，その問題について裁定し，場合によっては法律規定が憲法に反していると宣言する権限を憲法院に与えた．これらのことに鑑み，

4．他方で，司法の適正な運営は，1789 年人権宣言 12 条，15 条，16 条から生ずる憲法的価値を有する目的を構成する．合憲性優先問題を提起する権利を損なうことなく，この目的の実施を保障することは，憲法 61-1 条の適用条件を定める権限を有する組織法律制定者 législateur organique に属する．これらのことに鑑み，

——1 条について

5．組織法律 1 条は，上述の 1958 年 11 月 7 日オルドナンスに「合憲性優先問題」と題する第 2 章 bis を導入した．この章は，コンセイユ・デタまたは破毀院の所轄である裁判所，コンセイユ・デタ及び破毀院，最後に憲法院，これらそれぞれに適用される規定を定める 3 節から構成されていることに鑑み，

- コンセイユ・デタまたは破毀院の所轄である裁判所に適用される規定に
  関して
6．前述の第2章 *bis* の第1節は，コンセイユ・デタまたは破毀院の所轄であ
  る裁判所に適用される規定に関する23-1条から23-3条までの規定から構
  成されていることに鑑み，

— 23-1条について

7．23-1条の文言は次のように定めることに鑑み，すなわち

　　「コンセイユ・デタまたは破毀院の所轄である裁判所において，法律規
　定が憲法で保障された権利及び自由を侵害しているとする請求は，個別の
　かつ理由を付した文書において表明されることが必要で，違反すれば不受
　理となる．このような請求は，訴えを問題としてはじめて提起することが
　できる．その請求を職権により提起することはできない．

　　破毀院の所轄である裁判所において，検察官が訴訟の当事者でない場
　合，請求が提起されるとすぐに，検察官が意見を付すことができるよう，
　その事件は検察官に通知される．

　　刑事予審において請求が提起される場合は，第二審の予審裁判所に付託
　される．

　　請求を重罪院に提起することはできない．請求は，第一審として重罪院
　が下した判決に対して控訴がなされる場合に，控訴申立を付した文書によ
　り提起することができる．この文書は速やかに破毀院に送付される」．

8．第一に，法律規定が憲法で保障された権利及び自由を侵害しているとする
　請求が，個別のかつ理由を付した文書において表明されることを必要とす
　ることにより，組織法律制定者は，合憲性優先問題が容易に取扱われ，付
　託を受けた裁判所が手続を遅延させないように最も短い期間で，この問題
　をコンセイユ・デタまたは破毀院に移送すべきかどうかを判断することが
　できるようにしていることに鑑み，

9．第二に，憲法61-1条の文言は，組織法律制定者に，法律規定が憲法が保

障する権利及び自由を侵害していると主張する権利を訴訟の当事者のみに認めるように課している．したがって，付託を受けた裁判所に対し職権による合憲性優先問題を提起することを禁じる 23-1 条 1 項の最後の一文は，憲法に違反しない．これらのことに鑑み，

10. 第三に，23-1 条 4 項は，合憲性優先問題が重罪院で提起されることを禁じている．この問題は，刑事訴訟に先立つ刑事予審において提起されうる．また，同様に第一審として重罪院が下した判決に対する控訴申立ての際に，または控訴審としての重罪院判決に対する破毀上告の際に，この問題が提起され，破毀院に直接移送されることになろう．組織法律制定者は，重罪院の構成及び重罪院における訴訟の展開についての特殊性を，司法の適正な運営の利益になるように考慮した．これらの条件において，重罪院における合憲性優先問題の提起を禁止することは，憲法 61-1 条で認められた権利を否認してはいない．これらのことに鑑み，

11. 以上から，23-1 条は憲法に反しないことに鑑み，

— 23-2 条について

12. 23-2 条は次のように定めることに鑑み，すなわち，

「裁判所は，遅滞なく，コンセイユ・デタまたは破毀院への合憲性優先問題の移送について理由を付した判決により裁定する．この移送は次の条件が満たされる場合になされる．

1 号 異議を申立てられた規定が，係争または手続に適用可能であるか，あるいは提訴の根拠を構成すること．

2 号 事情の変更の場合を除き，異議を申立てられた規定が，憲法院判決の理由及び主文においてすでに憲法に適合すると宣言されていないこと．

3 号 問題が重大な性格を欠いていないこと．

どのような場合であっても，一方で，法律規定と憲法で保障された権利及び自由との適合性について，他方で，この規定とフランスの国際的義務

との適合性について異議を申立てる請求が付託された場合，裁判所は，合憲性の問題をコンセイユ・デタあるいは破毀院へ移送することについて優先的に見解を表明しなければならない．

　問題を移送する判決は，判決から8日以内に当事者の趣意書または申立書とともに，コンセイユ・デタあるいは破毀院へ送付される．この判決に対するいかなる訴えもできない．問題の移送を棄却する判決に対しては，係争の全部または一部を解決する判決に対する訴えの際にのみ異議を申立てることができる」．

13. 第一に，合憲性優先問題の移送を決定づける三つの条件は，憲法61-1条に反しない．23-2条2号が定める条件は，憲法62条最終項に適合する．そこには次のように定められている．「憲法院判決に対しては，いかなる訴えもできない．憲法院判決は，公権力ならびにすべての行政機関及び司法機関を拘束する」．この条件は，「事情の変更」の場合を留保することにより，次のことを示している．以前の判決以降に生じた，当該法律規定の効力に影響を及ぼす，適用可能な憲法規範の変更，あるいは，法上のまたは事実上の事情の変更が，憲法院による再審査を正当化する場合には，憲法院判決の理由及び主文において憲法に適合していると宣言された法律規定は，新たに憲法院の審査に付される．

14. 第二に，法律規定がフランスの国際的義務に適合していないとする請求の前に，合憲性についての請求を優先的に審査することを課すことで，組織法律制定者は，憲法の尊重を保障し，国内法秩序の頂点における憲法の位置を再確認した．この優先性は，どのような場合であっても，付託された裁判所に提起された請求を審査する順序を課すという唯一の効果をもっている．この優先性は，合憲性優先問題に関する規定の適用後に，適法に批准または承認された条約または協定及び欧州連合の規範の尊重やそれらの法律に対する優位性を監視する裁判所の権限を，制限するものではない．したがって，この優先性は，憲法55条にも，次のように定める同88-1条にも違反しない．この88-1条は「共和国は，2007年12月13日にリスボ

資　　料　*349*

ンにおいて署名された条約から生ずる欧州連合条約及び欧州連合運営条約に基づき，一定の権限を共同で行使することを自由に選択した諸国家からなる欧州連合に加盟する」と定める．これらのことに鑑み，

15. 以上から，23-2 条は憲法に反しないことに鑑み，

— 23-3 条について

16. 23-3 条は次のように定めることに鑑み，すなわち，

　　「問題が移送された場合，コンセイユ・デタまたは破毀院の判決，あるいは憲法院に付託された場合は憲法院の判決を受理するまで，裁判所は判決を延期する．予審は中断されず，裁判所は必要な暫定的措置または保全的措置をとることができる．

　　しかし，訴訟のために人の自由が奪われる場合，または訴訟の目的が自由剥奪措置を終わらせることである場合，判決は延期されない．

　　また，法律あるいは命令が，所定の期間内にまたは緊急に裁判所は裁定すると定めている場合，裁判所は，合憲性優先問題に関する判決を待つことなく判決を下すことができる．第一審の裁判所がこれを待たずに判決を下し，この判決に対する控訴がなされた場合，控訴裁判所は判決を延期する．しかし，控訴裁判所自身が所定の期間内にまたは緊急に判決を下さなければならない場合は，判決を延期することができない．

　　さらに，判決の延期が当事者の権利に対し修復できない，または明らかに行き過ぎた結果を招くおそれがある場合，問題の移送を決定した裁判所は，速やかに裁定すべき点について判決を下すことができる．

　　コンセイユ・デタまたは破毀院の判決，あるいは憲法院に付託された場合には憲法院の判決を待たずに事実審裁判所が判決を下したが，破毀申立てがなされた場合，合憲性優先問題について判決が下されるまでは，破毀申立てに関するすべての判決が延期される．当事者が訴訟のために自由を奪われる場合，及び，法律が所定の期間内に破毀院は裁定すると定めている場合は，このかぎりではない」．

17. これらの規定は，コンセイユ・デタまたは破毀院の判決，あるいは憲法院に付託された場合は憲法院の判決を受理するまで，付託された裁判所に判決を延期することを課すが，訴訟の緊急性，性格，または事情を理由としてそのような延期が必要ない場合を予定している．コンセイユ・デタまたは破毀院の判決，あるいは憲法院に付託された場合は憲法院の判決を待たずに裁判所が本案について判決した場合は，原則として，控訴を受けた裁判所あるいは破毀申立てを受けた裁判所が判決を延期しなければならない．したがって，これらの規定が，合憲性優先問題を提起した訴訟当事者に対しこの問題の有益な効果を保持するかぎりにおいて，これらの規定は，司法の適正な運営と競合するものの，憲法 61-1 条により認められた権利を否認してはいない．これらのことに鑑み，

18. しかしながら，23-3 条最終項の最後の一文により，憲法院が合憲性優先問題の付託を受けたが，その判決を待たずに，原審において終局的な判決が下されることもある．このような場合，この規定も，判決の既判力も，憲法院判決を考慮に入れさせるために新たな訴訟を提起する権能を訴訟当事者から奪うことはできない．この留保の下で，23-3 条は憲法に反しない．これらのことに鑑み，

• コンセイユ・デタ及び破毀院に適用される規定に関して

19. 前述の第 2 章 *bis* の 2 節は，コンセイユ・デタ及び破毀院で適用される規定に関する 23-4 条から 23-7 条までの規定を構成していることに鑑み，

— 23-4 条及び 23-5 条について

20. 23-4 条は次のように定めることに鑑み，すなわち

「23-2 条または 23-1 条最終項が定める移送の受理から 3 カ月以内に，コンセイユ・デタまたは破毀院は，合憲性優先問題の憲法院への移送について見解を表明する．23-2 条 1 号及び 2 号に定める条件が満たされており，かつ，問題が新規的なものかまたは重大な性格を提示している場合に

資　　料　*351*

は移送がなされる」.

23-5 条は次のように定めることに鑑み，すなわち

　「破毀においてはじめて提示される場合も含め，コンセイユ・デタまた
は破毀院における訴訟の際に，憲法で保障された権利及び自由を法律規定
が侵害しているとする請求を提起することができる．その請求は，個別の
かつ理由を付した趣意書において表明されることが必要で，違反すれば不
受理となる．その請求を職権により提起することはできない．

　どのような場合であっても，一方で，法律規定と憲法で保障された権利
及び自由との適合性について，他方で，この規定とフランスの国際的義務
との適合性について異議を申立てる請求を付託された場合，コンセイユ・
デタまたは破毀院は，合憲性の問題を憲法院へ移送することについて優先
的に見解を表明しなければならない．

　コンセイユ・デタまたは破毀院は，請求の提出から 3 カ月以内に判決を
下す．23-2 条 1 号及び 2 号に定める条件が満たされており，かつ，問題
が新規的なものか，または重大な性格を提示している場合には，憲法院
は，合憲性優先問題の付託を受ける．

　憲法院が付託を受けた場合，コンセイユ・デタまたは破毀院は，憲法院
が見解を表明するまで裁定を延期する．当事者が訴訟のために自由を奪わ
れる場合，及び，法律が所定の期間内に破毀院は裁定すると定めている場
合は，このかぎりではない．コンセイユ・デタまたは破毀院が緊急に判決
を下さなければならない場合は，判決は延期されないことがある」．

21.　第一に，23-4 条 1 項の最後の一文及び 23-5 条 3 項の最後の一文は，憲法
院は「問題が新規的なものである」場合に，合憲性優先問題を付託される
と定める．組織法律制定者は，この基準を加えることで，憲法院が，これ
まで適用される機会のなかったすべての憲法規定の解釈について付託され
ることを課している．組織法律制定者は，その他の場合には，コンセイ
ユ・デタ及び破毀院が，これに代わる基準を考慮して憲法院に付託する利
益を評価することを認めている．したがって，異議を申立てられた法律規

定がこれまで憲法院に審査されていないという理由のみによって，合憲性優先問題が，これらの規定の意味において新規的なものとなるわけではない．この規定は憲法に反しない．これらのことに鑑み，

22. 第二に，23-5 条 2 項は，合憲性問題がコンセイユ・デタまたは破毀院においてはじめて提起された場合，あるいは，合憲性優先問題の移送について拒否する判決が下されたことに対する訴えをコンセイユ・デタまたは破毀院が審査した場合，合憲性についての請求は，法律規定がフランスの国際的義務に適合していないとする請求の前に，優先的に審査されなければならないと定める．理由 14 に述べたことと同じ理由により，この規定は憲法に反しない．これらのことに鑑み，

23. 第三に，23-5 条最終項の最後の二文は，憲法院が合憲性優先問題の付託を受けたが，その判決を待たずに，原審において終局的な判決が下されることを認めている．理由 18 に示したのと同じ留保の下で，これらの規定は憲法に反しない．これらのことに鑑み，

24. 第四に，本判決の理由 8，9，13 及び 17 に述べたのと同じ判決理由により，23-4 条と 23-5 条のその他の部分は憲法に反しないことに鑑み，

— 23-6 条について

25. 23-6 条の文言には次のように定められていることに鑑み，すなわち

「破毀院院長が，23-2 条及び 23-1 条最終項に定められた破毀院への移送の名宛人である．破毀院における訴訟の中で提出された，23-5 条に言及されている趣意書もまた院長に送付される．

破毀院院長は速やかに検事総長に通知する．

破毀院院長を裁判長とし，部長及び特に関係する各部に属する裁判官 2 人から構成される法廷において，破毀院の判決は下される．

しかし，破毀院院長は，解決のために必要と思われる場合には，院長を裁判長とし，特に関係する部の部長及び同部の裁判官 1 名から構成される法廷に問題を付託することができる．

資　　料　*353*

　　前の二つの項の適用において，破毀院の部長の中から破毀院院長が指名
　する代理裁判官が院長を代理することができる．部の裁判官から部長が指
　名する代理裁判官が部長を代理することができる」．

26．これらの規定は，破毀院に移送された，あるいは破毀院において提起され
　た合憲性優先問題の審査のための破毀院の裁判構成を設定する規範に関す
　るものであり，組織法的性格 caractère organique を有する．これらの規
　定は，いかなる憲法規範にも憲法上の原則にも反しない．

― 23-7 条について

27．23-7 条は，コンセイユ・デタまたは破毀院が，当事者の趣意書または申
　立書をともなう，理由を付した判決により憲法院に付託すると定める．憲
　法院は，合憲性優先問題が提起された際の訴訟を考慮する権限をもたない
　ので，この合憲性優先問題自体に関わる趣意書及び申立書として「個別の
　かつ理由を付した」文書もしくは趣意書のみが憲法院に移送されなければ
　ならない．本条はまた，コンセイユ・デタまたは破毀院が憲法院へ付託し
　ないと決定した，理由を付した判決の写しを，憲法院が受理することを課
　している．さらに，コンセイユ・デタまたは破毀院が 3 カ月の期間内に見
　解を表明しない場合の，問題の憲法院への自動的な移送を定めることによ
　り，組織法律制定者はコンセイユ・デタまたは破毀院が「所定の期間内に
　見解を表明する」と定める憲法 61-1 条の規定を実施している．したがっ
　て，これらの規定は憲法に適合する．これらのことに鑑み，

28．23-4 条から 23-7 条までの規定は，コンセイユ・デタ及び破毀院において，
　公平な裁判を受ける権利の要請に適合する手続規範の実施を指示するもの
　として解されなければならない．この手続規範は，必要なかぎりにおい
　て，これらの裁判所による合憲性優先問題の移送の審査を可能にする適用
　規則の態様により補完されるものであり，組織法律 4 条に定められた条件
　に従い採択されるものである．この留保の下でのみ，組織法律制定者は，
　自らの権限の範囲から逸脱していない．

- 憲法院で適用される規定に関して

29. 前述の第2章 *bis* の第3節が，憲法院による合憲性優先問題の審査に関する23-8条から23-12条までの規定から構成されていることに鑑み，

30. 23-8条には，憲法院への付託について通知される機関が列挙されている．23-10条は，憲法院に3カ月の期間内に裁定することを課し，憲法院において適用される手続の対審的な性格，及び法廷公開の原則を定めている．23-11条は，憲法院判決には理由が付されることを定め，この判決が送付される機関を列挙する．最後に23-12条は，憲法院に合憲性優先問題が付託された際の，司法扶助として協力する司法補助職の報酬に対する国庫拠出金の増額について定める．これらの規定は，いかなる憲法上の要請にも反しない．これらのことに鑑み，

31. 23-9条は「憲法院が合憲性優先問題の付託を受けた場合，この問題が提起された訴訟の消滅は，それがいかなる理由によるものであっても，この問題の審査に影響しない」と定める．かくして，憲法院へ付託されてからは，合憲性優先問題とそれが提起された際の訴訟とを分離することで，立法府は，一方で憲法62条2項に，他方で組織法律23-2条2号によって，憲法院の判決に付随する効果という帰結を引き出すことを要求した．本条は，いかなる憲法上の要請にも反しない．これらのことに鑑み，

32. 以上に述べたことから，判決理由18，23，28に示した留保の下で，1条は憲法に反しないことに鑑み，

——3条について

33. 3条は，上述の1999年3月19日組織法律107条1項のあとに次の文言の1項を挿入したことに鑑み，すなわち

「地方法律の規定は，合憲性優先問題の対象となる．この問題は，憲法院についての組織法律の価値を有する1958年11月7日58-1067号オルドナンス23-1条から23-12条により定められた準則にしたがう.」

資　　料　355

34. 「ニュー・カレドニアの議決機関による文書のいくつかの種類は，公示前に憲法院の審査に服させることができる」と定める憲法77条の適用により，上述の1999年3月19日組織法律99条は，ニュー・カレドニアの「地方法律」の扱う領域を定める．また同組織法律107条は，その領域に「法律としての効力 force de loi」を付与している．その結果，先に引用された3条は，合憲性優先問題は法律規定に適用されると定める憲法61-1条に適合する．これらのことに鑑み，

──その他の規定について

35.　2条は，行政裁判組織法典，司法組織法典，刑事訴訟法典及び財政裁判所法典に，1条の規定と整合させるための諸規定を挿入したが，本条は，いかなる憲法上の要請にも反しないことに鑑み，

36.　4条は，上述の1958年11月7日組織オルドナンス55条及び56条に定められた条件の下で，1条の適用の態様は定められるとする．さらに同条は，憲法院の内部規則が，「憲法院で」適用される手続規範を定めると明確にしている．憲法院の諮問及びコンセイユ・デタの意見の後で，大臣会議におけるデクレでこの付託をすることは，憲法に反しない．これらのことに鑑み，

37.　5条は，審署から3カ月目の最初の日に組織法律が発効すると定める．したがって，組織法律は，発効日に係属中の訴訟に適用することができる．しかし，この日以降に，個別のかつ理由を付した文書または趣意書により提示された合憲性優先問題のみが受理される．本条はいかなる憲法上の要請にも反しない．これらのことに鑑み，

38.　以上に述べたことから，判決理由18，23，28に示した留保の下で，憲法61-1条の適用に関する組織法律は憲法に反しないことに鑑み，

次のように判決を下す．

1条　判決理由18，23，28に示した留保の下で，憲法61-1条の適用に関する

組織法律は憲法に反しない.

2条　本判決は，フランス共和国官報に掲載される.

ジャン・ルイ・ドゥブレを裁判長とし，ギー・カニヴェ，ジャック・シラク，ルノー・ドゥノワ・ドゥ・サンマルク，オリヴィエ・デュティエ・ドゥ・ラモット，ジャクリーヌ・ドゥ・ギーレンシュミット，ジャン・ルイ・プザン，ドミニク・シュナッペ，ピエール・シュタインメッツからなる 2009 年 12 月 3 日の審理において，憲法院は審議した.

初 出 一 覧

第 1 章 「憲法院」日本比較法研究所研究叢書 82『フランス憲法と統治構造』2011 年
　　　　153-181 頁
第 3 章 「政治の中の憲法院」中央大学社会科学研究所研究報告 9 号（1991 年）79-99
　　　　頁
第 4 章 「フランスにおける憲法裁判の性格」 杉原泰雄　他編『戦後法学と憲法』日本
　　　　評論社 2012 年 135-159 頁
第 5 章 「憲法裁判官の任命」法学新報 103 巻 2・3 号（1997 年）465-493 頁
第 6 章 「フランスにおける公共性の観念について」 中央大学社会科学研究所研究報告
　　　　3 号（1984 年）109-117 頁
第 7 章 「フランス憲法院における比例原則」浦田一郎　他編『立憲平和主義と憲法理
　　　　論』法律文化社 2010 年 165-184 頁
第 8 章 「フランスにおける法的安定性の観念」法学新報 120 巻 1・2 号（2013 年）
　　　　23-56 頁
第 9 章 「立法裁量論をめぐる問題」植野妙実子編『現代国家の憲法的考察』信山社
　　　　2000 年 179-206 頁
第 10 章「フランスにおける権力分立の観念」法学新報 115 巻 9・10 号（2009 年）93-
　　　　117 頁
第 11 章「フランスにおける立法過程」比較法雑誌 48 巻 1 号（2014 年）1-30 頁

（出版社名のないものはすべて中央大学出版部の発刊のものである．第 6 章と第 11 章に
ついては後半をあらたに付加．他の章については若干修正，付加してある．また，第 2
章と第 12 章は，あらたに書きおろしたものだが，科学研究費補助金基盤研究 C 平成 23
年度-25 年度「立法過程・政策決定過程における各機関の自立と協働」の成果が含まれ
ている．）

植野　妙実子
中央大学教授
専攻：憲法，フランス公法

東京都出身．中央大学法学部法律学科卒業後，
中央大学大学院法学研究科博士前期課程修了，後期課程満期退学．
中央大学理工学部専任講師，中央大学理工学部助教授を経て，
1993 年より中央大学理工学部教授．
2004 年より中央大学大学院法学研究科後期課程，及び大学院公共政策研究科の担当教授．
2006 年フランス　エックス・マルセイユ第 3 大学にて法学博士取得．

〈主な著書〉
単著『Justice, Constitution et droits fondamentaux au Japon』（LGDJ・2010）
　　『憲法二四条　今，家族のあり方を考える』（明石書店・2005）
　　『憲法の基本―人権・平和・男女共生』（学陽書房・2000）
編著『法・制度・権利の今日的変容』（中央大学出版部・2013）
　　『フランス憲法と統治構造』（中央大学出版部・2011）
　　『21 世紀の女性政策』（中央大学出版部・2001）

フランスにおける憲法裁判
日本比較法研究所研究叢書（99）

2015 年 3 月 20 日　初版第 1 刷発行

著　者　植　野　妙実子

発行者　神　﨑　茂　治

発行所　中　央　大　学　出　版　部
〒 192-0393
東京都八王子市東中野 742 番地 1
電話 042-674-2351・FAX 042-674-2354
http://www2.chuo-u.ac.jp/up/

©　2015　植野妙実子　　　ISBN978-4-8057-0598-8　　　㈱千秋社

日本比較法研究所研究叢書

1	小島 武司 著	法律扶助・弁護士保険の比較法的研究	Ａ５判 2800円
2	藤本 哲也 著	CRIME AND DELINQUENCY AMONG THE JAPANESE-AMERICANS	菊 判 1600円
3	塚本 重頼 著	アメリカ刑事法研究	Ａ５判 2800円
4	小島 武司 外間 寛 編	オムブズマン制度の比較研究	Ａ５判 3500円
5	田村 五郎 著	非嫡出子に対する親権の研究	Ａ５判 3200円
6	小島 武司 編	各国法律扶助制度の比較研究	Ａ５判 4500円
7	小島 武司 著	仲裁・苦情処理の比較法的研究	Ａ５判 3800円
8	塚本 重頼 著	英米民事法の研究	Ａ５判 4800円
9	桑田 三郎 著	国際私法の諸相	Ａ５判 5400円
10	山内 惟介 編	Beiträge zum japanischen und ausländischen Bank- und Finanzrecht	菊 判 3600円
11	木内 宜彦 M・ルッター 編著	日独会社法の展開	Ａ５判 (品切)
12	山内 惟介 著	海事国際私法の研究	Ａ５判 2800円
13	渥美 東洋 編	米国刑事判例の動向 Ⅰ	Ａ５判 (品切)
14	小島 武司 編著	調停と法	Ａ５判 (品切)
15	塚本 重頼 著	裁判制度の国際比較	Ａ５判 (品切)
16	渥美 東洋 編	米国刑事判例の動向 Ⅱ	Ａ５判 4800円
17	日本比較法研究所 編	比較法の方法と今日的課題	Ａ５判 3000円
18	小島 武司 編	Perspectives on Civil Justice and ADR：Japan and the U. S. A	菊 判 5000円
19	小島・清水：渥美・外間 編	フランスの裁判法制	Ａ５判 (品切)
20	小杉 末吉 著	ロシア革命と良心の自由	Ａ５判 4900円
21	小島・清水：渥美・外間 編	アメリカの大司法システム(上)	Ａ５判 2900円
22	小島・清水：渥美・外間 編	Système juridique français	菊 判 4000円

日本比較法研究所研究叢書

23	小島・渥美 清水・外間 編	アメリカの大司法システム(下)	A5判 1800円
24	小島武司・韓相範編	韓 国 法 の 現 在 (上)	A5判 4400円
25	小島・渥美・川添 清水・外間 編	ヨーロッパ裁判制度の源流	A5判 2600円
26	塚 本 重 頼 著	労使関係法制の比較法的研究	A5判 2200円
27	小島武司・韓相範編	韓 国 法 の 現 在 (下)	A5判 5000円
28	渥 美 東 洋 編	米 国 刑 事 判 例 の 動 向 Ⅲ	A5判 (品切)
29	藤 本 哲 也 著	Crime Problems in Japan	菊 判 (品切)
30	小島・渥美 清水・外間 編	The Grand Design of America's Justice System	菊 判 4500円
31	川 村 泰 啓 著	個 人 史 と し て の 民 法 学	A5判 4800円
32	白 羽 祐 三 著	民 法 起 草 者 穂 積 陳 重 論	A5判 3300円
33	日本比較法研究所編	国際社会における法の普遍性と固有性	A5判 3200円
34	丸 山 秀 平 編著	ド イ ツ 企 業 法 判 例 の 展 開	A5判 2800円
35	白 羽 祐 三 著	プロパティと現代的契約自由	A5判 13000円
36	藤 本 哲 也 著	諸 外 国 の 刑 事 政 策	A5判 4000円
37	小 島 武 司 他 編	Europe's Judicial Systems	菊 判 (品切)
38	伊 従 寛 著	独 占 禁 止 政 策 と 独 占 禁 止 法	A5判 9000円
39	白 羽 祐 三 著	「日 本 法 理 研 究 会」の 分 析	A5判 5700円
40	伊従・山内・ヘイリー編	競争法の国際的調整と貿易問題	A5判 2800円
41	渥 美 ・ 小 島 編	日 韓 に お け る 立 法 の 新 展 開	A5判 4300円
42	渥 美 東 洋 編	組 織 ・ 企 業 犯 罪 を 考 え る	A5判 3800円
43	丸 山 秀 平 編著	続ドイツ企業法判例の展開	A5判 2300円
44	住 吉 博 著	学生はいかにして法律家となるか	A5判 4200円

日本比較法研究所研究叢書

45	藤本哲也 著	刑 事 政 策 の 諸 問 題	A 5 判 4400円
46	小島武司 編著	訴訟法における法族の再検討	A 5 判 7100円
47	桑田三郎 著	工業所有権法における国際的消耗論	A 5 判 5700円
48	多喜寛 著	国 際 私 法 の 基 本 的 課 題	A 5 判 5200円
49	多喜寛 著	国 際 仲 裁 と 国 際 取 引 法	A 5 判 6400円
50	眞田・松村 編著	イ ス ラ ー ム 身 分 関 係 法	A 5 判 7500円
51	川添・小島 編	ドイツ法・ヨーロッパ法の展開と判例	A 5 判 1900円
52	西海・山野目 編	今日の家族をめぐる日仏の法的諸問題	A 5 判 2200円
53	加美和照 著	会 社 取 締 役 法 制 度 研 究	A 5 判 7000円
54	植野妙実子 編著	21 世 紀 の 女 性 政 策	A 5 判 (品切)
55	山内惟介 著	国 際 公 序 法 の 研 究	A 5 判 4100円
56	山内惟介 著	国際私法・国際経済法論集	A 5 判 5400円
57	大内・西海 編	国 連 の 紛 争 予 防・解 決 機 能	A 5 判 7000円
58	白羽祐三 著	日 清・日 露 戦 争 と 法 律 学	A 5 判 4000円
59	伊従・山内 ヘイリー・ネルソン 編	APEC諸国における競争政策と経済発展	A 5 判 4000円
60	工藤達朗 編	ド イ ツ の 憲 法 裁 判	A 5 判 (品切)
61	白羽祐三 著	刑法学者牧野英一の民法論	A 5 判 2100円
62	小島武司 編	Ａ Ｄ Ｒ の 実 際 と 理 論 Ⅰ	A 5 判 (品切)
63	大内・西海 編	United Nation's Contributions to the Prevention and Settlement of Conflicts	菊 判 4500円
64	山内惟介 著	国 際 会 社 法 研 究 第 一 巻	A 5 判 4800円
65	小島武司 著	CIVIL PROCEDURE and ADR in JAPAN	菊 判 (品切)
66	小堀憲助 著	「知的(発達)障害者」福祉思想とその潮流	A 5 判 2900円

日本比較法研究所研究叢書

67	藤本哲也編著	諸外国の修復的司法	A 5 判 6000円
68	小島武司編	ＡＤＲの実際と理論Ⅱ	A 5 判 5200円
69	吉田豊著	手付の研究	A 5 判 7500円
70	渥美東洋編著	日韓比較刑事法シンポジウム	A 5 判 3600円
71	藤本哲也著	犯罪学研究	A 5 判 4200円
72	多喜寛著	国家契約の法理論	A 5 判 3400円
73	石川・エーラース グロスフェルト・山内編著	共演 ドイツ法と日本法	A 5 判 6500円
74	小島武司編著	日本法制の改革：立法と実務の最前線	A 5 判 10000円
75	藤本哲也著	性犯罪研究	A 5 判 3500円
76	奥田安弘著	国際私法と隣接法分野の研究	A 5 判 7600円
77	只木誠著	刑事法学における現代的課題	A 5 判 2700円
78	藤本哲也著	刑事政策研究	A 5 判 4400円
79	山内惟介著	比較法研究第一巻	A 5 判 4000円
80	多喜寛編著	国際私法・国際取引法の諸問題	A 5 判 2200円
81	日本比較法研究所編	Future of Comparative Study in Law	菊 判 11200円
82	植野妙実子編著	フランス憲法と統治構造	A 5 判 4000円
83	山内惟介著	Japanisches Recht im Vergleich	菊 判 6700円
84	渥美東洋編	米国刑事判例の動向Ⅳ	A 5 判 9000円
85	多喜寛著	慣習法と法的確信	A 5 判 2800円
86	長尾一紘著	基本権解釈と利益衡量の法理	A 5 判 2500円
87	植野妙実子編著	法・制度・権利の今日的変容	A 5 判 5900円
88	畑尻剛 工藤達朗編	ドイツの憲法裁判第二版	A 5 判 8000円

日本比較法研究所研究叢書

89	大村雅彦 著	比 較 民 事 司 法 研 究	A5判 3800円
90	中野目善則 編	国 際 刑 事 法	A5判 6700円
91	藤本哲也 著	犯罪学・刑事政策の新しい動向	A5判 4600円
92	山内惟介 編著 ヴェルナー・F・エブケ	国 際 関 係 私 法 の 挑 戦	A5判 5500円
93	森津孝司 編 米	ドイツ弁護士法と労働法の現在	A5判 3300円
94	多喜寛 著	国 家 （ 政 府 ） 承 認 と 国 際 法	A5判 3300円
95	長尾一紘 著	外国人の選挙権ドイツの経験・日本の課題	A5判 2300円
96	只木誠 編 ハラルド・バウム	債権法改正に関する比較法的検討	A5判 5500円
97	鈴木博人 著	親子福祉法の比較法的研究Ⅰ	A5判 4500円
98	橋本基弘 著	表 現 の 自 由 　理 論 と 解 釈	A5判 4300円

＊価格は本体価格です。別途消費税が必要です。